ASSiMiL®
Il metodo intuitivo

Il tedesco

Collana Senza Sforzo

di Bettina Schödel

Adattamento italiano
di Manuela Benetton

Illustrazioni di Nicolas Sautel

10034 Chivasso (TO) - ITALIA
+390119131965 - info@assimil.it
www.assimil.it

ISBN 978-88-85695-68-9

ASSiMiL
Il metodo intuitivo

I nostri metodi

possono essere completati con l'audio in lingua di tutti i dialoghi.

Inquadra il codice QR per acquistare l'audio di questo corso su **assimil.it**:

Senza Sforzo

Arabo, Cinese, Ebraico, Francese, Giapponese, Greco moderno, Greco antico, Hindi, Inglese, Inglese americano, Latino, Neerlandese, Persiano, Polacco, Portoghese, Portoghese brasiliano, Romeno, Russo, Spagnolo, Svedese, Tedesco, Turco, Ungherese

Perfezionamenti

Francese - Inglese - Russo - Spagnolo - Tedesco

Affari

Inglese

E-Metodi

Francese
Greco moderno
Inglese americano
Inglese britannico
Perfezionamento dell'inglese
Russo
Spagnolo
Perfezionamento dello spagnolo
Tedesco
Perfezionamento del tedesco

Titolo dell'edizione originale francese:
L'allemand – Collection Sans Peine

Sommario

Introduzione

Il tedesco

Il tedesco è la lingua ufficiale di Germania, Austria, Liechtenstein e Svizzera tedesca. Ma sapevate che il tedesco è riconosciuto come lingua minoritaria in una decina di altri paesi? Per esempio nel Belgio orientale il tedesco è la lingua della comunità germanofona, mentre in Italia è una delle lingue riconosciute del Trentito Alto Adige.

Come quasi tutte le lingue vive, anche il tedesco continua a evolversi. La globalizzazione, i social media, l'uso dell'inglese e i nuovi stili di vita sono fattori che influenzano lo sviluppo di una lingua. Pertanto l'obiettivo di questa nuova edizione non è soltanto insegnarvi il vocabolario di base e le regole grammaticali, ma anche quello di introdurvi alle "novità" del tedesco moderno tra cui la grammatica semplificata e l'uso del **Denglisch**, ossia di anglicismi adattati alla lingua tedesca. La parola **Denglisch** è di fatto la combinazione dei termini **Deutsch** (*tedesco*) e **Englisch** (*inglese*).

Una volta concluso il ciclo di cento lezioni progressive avrete raggiunto il livello B2 richiesto da molte università tedesche. I dialoghi, che si rifanno a momenti e situazioni di vita quotidiana e utilizzano il linguaggio parlato, saranno l'occasione per imparare alcuni modi di dire e anche qualche termine colloquiale. E poiché imparare una lingua significa anche scoprirne la cultura, abbiamo aggiunto numerose note culturali su Germania e Austria.

Prima di cominciare, leggete con attenzione i nostri consigli su come utilizzare al meglio il nostro metodo unico di apprendimento. Vi suggeriamo di non tralasciare le note esplicative, né le tabelle sulla pronuncia del tedesco.

Come imparare il tedesco con il metodo Assimil

La chiave principale per imparare con successo una lingua seguendo il metodo Assimil è lo studio costante e regolare. Impegnatevi sin da oggi a studiare con regolarità e a dedicare al tedesco trenta minuti al giorno, tutti i giorni, avendo cura di non tralasciare questo impegno. Uno studio regolare e assiduo, oltre a farvi immergere nella lingua, vi farà progredire velocemente e vi permetterà di ottenere un ottimo risultato.

La fase passiva

È la fase di assimilazione o prima ondata del metodo Assimil. Ecco come dovrete procedere:

• se possedete le registrazioni, cosa che vi raccomandiamo, ascoltate il dialogo di ogni lezione e allenate l'orecchio alla sonorità del tedesco. In ogni caso, anche la nostra trascrizione fonetica vi verrà in aiuto: a questo proposito leggete, alla pagina successiva, il capitolo dedicato alla pronuncia con i suoi preziosi consigli su come familiarizzare con i suoni di questa lingua.

• leggete il dialogo di ogni lezione seguendone la traduzione italiana a fronte. Per la maggior parte delle lezioni affiancheremo al testo in tedesco la sua traduzione letterale, parola per parola: vi aiuterà ad assimilare più facilmente alcune particolarità del tedesco come la sintassi o le declinazioni.

• Oltre a trattare alcuni tra i punti più complessi della lingua, come termini ed espressioni particolari, le note sono un'importante risorsa per confermare ciò che è stato acquisito in modo naturale.

• Una volta compreso il significato, ripetete il dialogo frase per frase ad alta voce, fino a riuscire spontaneamente a non aiutarvi con il testo.

• Al termine di ogni lezione svolgete gli esercizi proposti. Sono l'occasione per fissare nella mente ciò che avete appena incontrato.

• Una volta alla settimana vi proporremo una lezione di ripasso in cui approfondiremo le nozioni grammaticali incontrate nelle sei lezioni precedenti. Attenzione! Il ripasso è fondamentale: dedicate a questa lezione lo stesso tempo che dedicate alle lezioni nuove.

La fase attiva

Conclusa la fase passiva di apprendimento con la lezione 49, a partire dalla lezione 50 ha inizio la fase attiva o seconda ondata. Durante questa fase continuerete a svolgere le nuove lezioni e a progredire nell'apprendimento, però contemporaneamente dovrete riprendere una a una tutte le lezioni già svolte, a partire dalla prima, seguendo le indicazioni che troverete al termine di ciascuna lezione. In questa fase vi chiederemo di tradurre dall'italiano al tedesco il dialogo di ogni lezione: questo esercizio servirà ad applicare le conoscenze apprese e a consolidarle, ma ne riparleremo al momento opportuno.

Le registrazioni

Realizzate da locutori madrelingua, servono ad abituare l'orecchio alla sonorità del tedesco.
Per farvi avvicinare dolcemente a questa lingua abbiamo registrato due volte le lezioni dalla 1 alla 6 e dalla 8 alla 13: la prima volta il dialogo è ripetuto interamente dall'inizio alla fine, la seconda volta, invece, abbiamo lasciato una pausa silenziosa dopo ogni frase per darvi il tempo di ripetere. Il resto delle lezioni è invece registrato una sola volta. Vi consigliamo di mettere l'audio in pausa e di prendervi il tempo per ripetere il testo appena ascoltato.

L'alfabeto tedesco e la pronuncia

Anche se alcuni suoni non esistono nella nostra lingua, il tedesco non è poi così difficile da pronunciare per un italiano. Non esistono troppe eccezioni e con un po' di allenamento è possibile imparare velocemente a leggere parole e frasi con il giusto accento.
• Cominciamo dalle basi: l'alfabeto. La trascrizione fonetica della pronuncia è indicata in corsivo tra parentesi quadre. I due punti dopo la vocale ne segnalano il suono lungo: **a** *[a:]*, **b** *[be:]*, **c** *[tse:]*, **d** *[de:]*, **e** *[e:]*, **f** *[èf]*, **g** *[ghe:]*, **h** *[ha]*, **i** *[i:]*, **j** *[iòt]*, **k** *[ka:]*, **l** *[èl]*, **m** *[èm]*, **n** *[èn]*, **o** *[ò]*, **p** *[pe:]*, **q** *[ku:]*, **r** *[èr]*, **s** *[ès]*, **t** *[te:]*, **u** *[u:]*, **v** *[fau]*, **w** *[ve:]*, **x** *[ics]*, **y** *[uepsilòn]*, **z** *[tsèt]*. Esistono ancora una lettera che non abbiamo nell'alfabeto italiano **ß** *[ès-tsèt]*, e le vocali con **Umlaut** segnalato da due puntini soprascritti: **ä** *[è:]*, **ö** *[oe]*, **ü** *[ue]*.

• Tutte le lettere di una parola si pronunciano, anche se alcune si sentono appena. Questo è il caso della **e** finale che è mormorata o mangiata: *Heute* si pronuncia *[hoitə]*. Lo stesso vale per la **e** nella desinenza finale atona **en** come in *Freunden*. Per arrivare a pronunciare la **n** dovete prima mormorare una **e** breve, aspirata *[froindən]*. La **n** ha un suono nasale nei gruppi consonantici *ñg* come in Ping Pong ed *ñk* come in Sankt.

• Vediamo adesso alcuni aspetti della pronuncia a cui prestare particolare attenzione. Per prima cosa sappiate che la pronuncia di una lettera può variare a seconda della posizione che questa occupa all'interno della parola. Attenzione! Nelle tabelle qui di seguito abbiamo trascritto principalmente le lettere o i gruppi di lettere la cui pronuncia è diversa dall'italiano. Non dimenticate che si tratta di una trascrizione semplificata adattata alla pronuncia italiana e non della trascrizione fonetica ufficiale.

1 I dittonghi

Dittongo	Pronuncia	Esempi
ie*	*[i:] lunga* come in *[fi:li]*	**Viel!** *[fi:l], molto!*
äu/eu	*[oi]* come in *poi*	**Räume** *[**roi**mə], stanze*; **Euro** *[**oi**ro], euro*
ai/ei**	*[ai]* come in *zaino*	**Mai** *[mai], maggio*; **Reise** *[**rai**zə], viaggio*

Attenzione! Sussistono differenze di pronuncia regionali o a discrezione del locutore.

* Generalmente è un dittongo pronunciato *i:*, ma in alcuni casi le due vocali si pronunciano separatamente **i-e** come in **Familie** *famili-ə* o **Italien** *italiə-n*.

** Esistono pochi vocaboli con il dittongo **ai**.

2 Le vocali

Possono essere lunghe o brevi. Seguita da una sola consonante o dalla **h**, la vocale è lunga. Seguita da più consonanti, la vocale è breve.

Vocale/-i	Pronuncia	Esempi
ä	*[è:]* pronunciata come una *e* aperta e lunga	**Kälte** *[**kè:**ltə], freddo*; **erzählen** *[èr**tsè:**lən], raccontare*
e/ee chiusa e lunga **e** aperta	*[e:]* come in *nero* *[è]* come in *bello*	**lesen** *[**le:**zən], leggere* **essen** *[**ès**sən], mangiare*
e finale/ **en**	*[ə]* appena mormorata, aspirata	**bitte** *[**bit**tə], prego*; **Tasse** *[**tas**sə]*
o aperta breve **o** chiusa	*[ò]* come in *nord* *[o]* come in *Roma*	**Sonne** *[Z**ò**nnə], sole* **Notar** *[No**ta:**a], notaio*
ö breve e lunga	*[oe] / [oe:]* suono intermedio tra *e* e *o*, ottenuto articolando una *e* con le labbra nella posizione di *o*, come *eu* in francese	**plötzlich** *[**ploets**liçh], improvvisamente* **Söhne** *[**zoe:**nə], figli (pl.)*
ü breve e lunga	*[ue] / [ue:]* suono intermedio tra *i* e *u*, ottenuto articolando una *i* con le labbra nella posizione di u, come la *u* francese	**müssen** *[**mues**sən], dovere* **Gemüse** *[ghe**mue:**zə], verdura*; **früher** *[**frue:**[a]], prima*

3 Le consonanti

Consonanti	Pronuncia	Esempi
b/d/g a fine parola	*[p] / [t] / [k]* poco marcate	**lieb** *[li:p], gentile*; **Lied** *[li:t], canzone*; **weg** *[vèk], (andato) via*
a/au/o/u + ch	*[cH]* suono gutturale, raschiato in fondo alla gola	**auch** *[aucH], anche*; **Achtung!** *[acHtuñg], attenzione!*

ä/e/ei/eu/ i/ie/ö/ü + ch	*[çh]* dolce: suono aspirato pronunciato spingendo la lingua contro i denti inferiori	**leicht** *[laiçht], leggero*; **Licht** *[liçht], luce*
dt	*[t]* come in *tavolo*	**Stadt** *[shtat], città*
ge/gi	*[ghe]* / *[ghi]*. La **g** è sempre dura come in *gatto*	**geben** *[**ghe:**bən], dare*; **du gibst** *[du: **ghi**pst], tu dai*
gn	*[g-n]* si pronuncia come la *g* dura di *gatto* seguita da *n*	**Wagner** *[**va**g-n*^{a}*]*; **Magnet** *[**ma**g-nət], calamita*
h	*[H]* a inizio parola è aspirata come nell'inglese ***hello***. Dopo la vocale è muta e ne allunga il suono	**Hallo!** *[**Ha**lo], ciao!*; **wohnen** *[**vo:**nən], abitare*
j	*[i]* come in *juventus*	**ja** *[ia:], sì*
ng/nk	*[ñg]* / *[ñk]* come in *ping pong* e *pink* (*rosa*) in inglese	**Ausgang** *[**aus**gañk], uscita*; **danke** *[**dañ**kə], grazie*
r/er a fine parola	*[*^{a}*]* come una *a* breve appena pronunciata	**Bier** *[bi:*^{a}*], birra*; **Lehrer** *[**le:**r*^{a}*], insegnante*
qu	*[kv]* si pronuncia come *k* seguita da *v*	**Quatsch!** *[kvatsc], sciocchezze!*
s + vocale	*[z]* come in *sveglia*	**suchen** *[**zu:**cHən], cercare*; **lesen** *[**le:**zən], leggere*
sch/sp/st a inizio parola	*[sh]* come il suono *sh* di *shampoo* seguito da *p* o *t*	**schwarz** *[shvarts], nero* **spielen** *[**shpi:**lən], giocare* **Stuhl** *[shtu:l], sedia*
tsch	*[tsc]* come il suono *c* di *ciao*	**Deutsch** *[dòitsc], tedesco*

ß	*[ss]* come in *passo*	**Straße** *[**shtra:**ssə]*, *via/strada*
v	*[f]* come in *farina*	**Volk** *[folk]*, *popolo*
w	*[v]* come in *vela*	**warum** *[va**rum**]*, *perché*
z/tz	*[ts]* come il suono *ts* della mosca *tsé-tsé*	**Zeit** *[tsait]*, *tempo*; **putzen** *[**put**sən]*, *pulire*

L'accento tonico è molto marcato in tedesco. Alcune parole composte recano due accenti tonici. Quello principale è marcato, il secondo è più debole. Nella trascrizione fonetica e nei dialoghi indicheremo in grassetto soltanto l'accento principale.

In generale l'accento cade sulla prima sillaba nelle parole semplici, ossia che non recano prefisso o suffisso. L'aggiunta di prefissi o suffissi può infatti modificare la posizione dell'accento, ma ve lo spiegheremo meglio nel corso delle lezioni. Al momento quello che dovete fare è assimilare il vocabolario in maniera naturale, senza entrare troppo nei dettagli: **per questo ci sono le note esplicative e le registrazioni.** Ma non esitate a utilizzare altri supporti audio o video oppure a leggere testi e dialoghi presi da altre fonti. A partire dall'inizio della fase attiva vi consigliamo di leggere anche articoli e notizie, che troverete facilmente in rete. Siate curiosi! Ogni risorsa servirà ad aumentare la vostra capacità di assimilazione e a migliorare l'apprendimento.

Fidatevi dei nostri consigli e non scoraggiatevi se, talvolta, avrete l'impressione di non avanzare nello studio o di non capire a fondo un argomento. Continuate a lavorare con regolarità. Vi assicuriamo che troverete le risposte a tutte le vostre domande e che vi renderete presto conto dei progressi che state facendo. Ma adesso tocca a voi! Vi auguriamo dunque **Viel Spaß!** *[fi:l shpass]* (letteralmente, "molto divertimento"), *Buon divertimento!*

Prima di iniziare il vostro percorso è fondamentale che leggiate attentamente l'introduzione e tutte le spiegazioni preliminari che contiene: sono indispensabili per ottenere i migliori risultati nell'apprendimento.

1

Erste Lektion *[è:ᵃstə lèk**tsio:n**]*

Deutsch lernen [1]

1 – **Hal**lo **Pier**re! Lernst du [2] Deutsch [3]? [4]
2 – Ja.
3 – Und?

Pronuncia

*dòitsc **lèr**nən **1** **Ha**lo: **pier**! **lèr**nst du: dòitsc **2** ia **3** unt*

Osservazioni sulla pronuncia

I numeri tra parentesi rimandano alla frase del dialogo in cui si trova la parola che viene trattata nelle note.

(Titolo), (1), (5) Deutsch: la doppia vocale **eu** si pronunica *[oi]* come nell'italiano "poi" → *[dòitsc]*.

Note

1 **Deutsch lernen**, *imparare (il) tedesco, studiare (il) tedesco*. Attenzione! A differenza dell'italiano, nella frase infinitiva tedesca il verbo all'infinito occupa sempre l'ultima posizione preceduto dai complementi. Notate inoltre che il suffisso **-en** è la desinenza di quasi tutti i verbi all'infinito: **lernen**, *studiare*; **verstehen**, *capire*; **kennen**, *conoscere*.

2 I pronomi personali soggetto **ich** e **du** corrispondono ai nostri *io* e *tu*. Al presente indicativo, i verbi aggiungono generalmente una **-e** alla prima persona singolare e la desinenza **-st** alla seconda persona singolare: **ich verstehe**, *io capisco* (cfr. F4); **du lernst**, *tu studi*; **du kennst**, *tu conosci* (cfr. F5).

Nella versione italiana i termini tra parentesi tonde corrispondono alla traduzione letterale del tedesco, mentre i termini tra parentesi quadre non compaiono in tedesco, ma sono necessari per la sintassi italiana.

1

Prima lezione

Studiare [il] tedesco

(Tedesco studiare)

1 – Ciao Pierre! Impari *(Studi tu)* [il] tedesco?

2 – Sì.

3 – E?

(Titolo), (4), (5) La **e** finale *[ə]* così come la **e** nella desinenza **en** *[ən]* è appena pronunciata → **lernen** ***[lèrnən]***; verstehe *[fèₐ**shte**:ə]*; Mühe ***[mue:ə]***.
(1) Se a inizio parola o sillaba, la **h** *[H]* è aspirata come nell'inglese ***Hello!*** → **Hallo** ***[Halo:]***. Si sa che per noi italiani l'**h** aspirata è un ostacolo, ma non scoraggiamoci! Per pronunciarla correttamente basta solo esercitarsi.
(1), (2) Allungate leggermente il suono delle vocali **a**, **o** e **u** quando le trovate a fine parola → **Hallo** ***[Halo:]***; **du** *[du:]*; **ja** *[ia:]*. Diversamente, però, la **o** finale di **Hallo** può anche essere breve ***[Halo]***.
(1), (5) La **u** si pronuncia *[u]* come in italiano *[du:]*, ma **ü** si pronuncia come in francese *[ue]*: Mühe ***[mue:ə]***.

3 Come avrete certamente notato, il sostantivo **Deutsch** non è mai preceduto dall'articolo. Questa regola vale per tutte le lingue.

4 In una domanda senza pronome interrogativo, il verbo coniugato occupa generalmente la posizione I ed è seguito dal soggetto: **Lernst du Deutsch?; Kennst du „Deutsch Ohne Mühe"?** (cfr. F5). Ma si possono invertire anche il soggetto e il verbo. In questo caso la frase lascia intendere una certa sorpresa da parte dell'interlocutore: **Du lernst Deutsch?**, *Tu studi tedesco?* sottintendendo *Veramente? Che sorpresa!*

4 – Ich ver**ste**he nichts.
5 – Mmh… Kennst du „Deutsch **Oh**ne **Mü**he"?

*4 içh fèa**shte**:ə niçhts **5** mmh… kènst du: dòitsc **o**:nə **mue**:ə*

Osservazioni sulla pronuncia

(4) Il **ch** *[çh]* di **ich** si pronuncia stirando le labbra come per sorridere → **ich** *[içh]*; **nichts** *[niçhts]*. Anche in questo caso occorre solo un po' di pazienza.
(4), (5) La **h** dopo una vocale ne allunga il suono ed è generalmente muta: **verstehe** *[fèa**shte**:ə]*; **ohne** *[**o**:nə]*; **Mühe** *[**mue**:ə]*.

***

Übung 1 – Übersetzen Sie bitte!
Esercizio 1 – Traducete *(prego)*!

❶ Hallo! ❷ Ich kenne „Deutsch Ohne Mühe". ❸ Verstehst du? ❹ Ja! Und? ❺ Ich lerne nichts.

Übung 2 – Ergänzen Sie bitte!
Esercizio 2 – Completate *(prego)*!

❶ Studi tedesco?
. . . . Deutsch?

❷ Sì, conosco "[il] tedesco senza sforzo".
. . , ... „Deutsch Ohne Mühe".

❸ Tu non capisci niente.
Du . . . .

4 – *(io)* **[Non] capisco niente.**

5 – Mmm... Conosci *(tu)* **"[il] tedesco senza sforzo"?**

***

Soluzioni dell'esercizio 1

❶ Ciao! ❷ Conosco "[il] tedesco senza sforzo". ❸ Capisci? ❹ Sì! E? ❺ Non imparo niente.

❹ imparare e comprendere
lernen ... .

❺ Sì, capisco.
Ja, ...

Soluzioni dell'esercizio 2

❶ Lernst du – ❷ Ja, ich kenne – ❸ – verstehst nichts ❹ – und verstehen ❺ – ich verstehe

2

Zweite Lektion *[tsvaitə lèktsio:n]*

Die neue [1] Russischlehrerin [2]

1 – Oh! Wer ist das [3]?
2 – Das ist Ana**sta**sia, die **neu**e **Ru**ssischlehrerin.
3 – **Woher** [4] kommt sie [5]?

Pronuncia

*di: **noi**ə **ru**ssish-le:rərin **1** o: ve:ª ist das **2** das ist anas**ta:**zia di: **noi**ə **ru**ssishle:rərin **3** vo**He:**ª kommt zi:*

Osservazioni sulla pronuncia

(Titolo), (1), (2), (3) Fate sentire bene la differenza tra la *[i:]* lunga di **die** e **sie** e la **i** breve *[i]* di **ist** o **Russischlehrerin**.
(Titolo), (5) Il gruppo consonantico **sch** equivale al suono *[sh]* in **shampoo**: **Russischlehrerin** *[**ru**ssish-le:rərin]*; **schöne** *[**shoe:**nə]*.
(1), (3) In tedesco, **w** si pronuncia *v*: **wer** *[ve:ª]*; **woher** *[vo**He:**ª]*. Nelle parole ▸

Note

1 Come in italiano, anche in tedesco l'aggettivo attributivo si declina, ossia si accorda per genere e per numero al sostantivo a cui si riferisce. Le desinenze (sono numerose!) vanno imparate bene. Per adesso ricordate che al femminile singolare l'aggettivo preceduto dall'articolo determinativo femminile **die**, *la*, aggiunge una **-e**: **neu** → **die neue Russischlehrerin**; **schön** → **schöne Frau** (cfr. F5). Quando l'aggettivo è unito al verbo essere è invariabile: **verheiratet** *[fèr**Hai**ratət]* → **Sie ist verheiratet**, *è sposata*; **Pierre ist verheiratet**, *Pierre è sposato*.

2 Ecco un punto importante della lingua tedesca: tutti i sostantivi si scrivono in maiuscolo, non solo i nomi propri o i sostantivi a inizio frase come in italiano. Scriverli in minuscolo è considerato un grave errore d'ortografia.

Seconda lezione

La nuova insegnante di russo
(russo-insegnante)

1 – Oh! Chi è *(questo/a)*?
2 – *(Questo/a è)* Anastasia, la nuova insegnante di russo *(russo-insegnante)*.
3 – Da dove viene *(lei)*?

▶ di origine straniera, **w** e **v** mantengono la pronuncia originale.
(1), (3), (4) -er a fine parola si pronuncia perlopiù **a** breve che trascriviamo *[ª]*: wer *[ve:ª]*; woher *[vo**He:**ª]*; Sankt Petersburg *[zañkt **pe:**tªs-burk]*.
(3) L'h di **woher** è aspirata. Si tratta di un suono un po' complesso per noi italiani. Per esercitarvi nella pronuncia di questo suono vi consigliamo di ripetere più volte i termini **woher** e **Hallo**.

3 Per specificare o indicare una persona o un oggetto si usa **das ist**, *(questo/a) è* (cfr. F2), ma in una frase interrogativa si usa l'inversione **ist das?**, *è (questo/a)?* Qui **das** è il pronome dimostrativo = *questo/a*; **ist** = *è*, la 3ª persona singolare del presente indicativo di **sein**, *essere*.

4 Il pronome interrogativo **woher**, *da dove*, serve a chiedere la provenienza di qcn o qcs e si usa insieme alla preposizione **aus**, *da* (cfr. F4): **Woher kommt sie? – Aus Sankt Petersburg,** *Da dove viene? – Da San Pietroburgo.*

5 Ecco per la prima volta il pronome personale femminile **sie**, *lei,* insieme al verbo al presente indicativo. Generalmente, alla 3ª persona singolare il verbo aggiunge una **-t** alla radice. Fanno eccezione alcuni verbi irregolari tra cui **sein** che cambia completamente: **kommen**, *venire* → **sie kommt**, *lei viene*; ma **sein**, *essere* → **sie ist**, *lei è* (cfr. F5). **sein** è uno dei rari verbi il cui infinito non termina in **-en**.

4 – Aus Sankt **Pe**tersburg.
5 – **Schö**ne Frau! Ist sie neu hier? □

*4 aus zañkt **pe:**t[ə]s-burk 5 **shoe**:nə frau! ist zi: noi Hi:[a]*

Osservazioni sulla pronuncia

(4) **-nk** sono consonanti nasali. Per pronunciare **Sankt**, articolate prima il suono **Sa** poi il gruppo nasale **-nk**, che trascriviamo *[ñk]*.
(5) Vi ricordiamo che tutte le lettere si pronunciano! Ma il dittongo **ie** di **sie** in questa frase, ha il suono di una **i**: allungata.

***

Übung 1 – Übersetzen Sie bitte!
Esercizio 1 – Traducete *(prego)*!

❶ Woher kommt die Russischlehrerin? ❷ Sie ist verheiratet. ❸ Sie ist schön. ❹ Ich komme aus Sankt Petersburg. ❺ Das ist die neue Russischlehrerin.

Übung 2 – Ergänzen Sie bitte!
Esercizio 2 – Completate *(prego)*!

❶ Chi è?
... ist das?

❷ Da dove vieni?
..... kommst du?

❸ L'insegnante di russo viene da San Pietroburgo.
Die Russischlehrerin .... Sankt Petersburg.

❹ La nuova insegnante di russo è bella.
Die neue Russischlehrerin ... .

❺ È sposata?
Ist ... .?

4 – Da San Pietroburgo.
5 – Bella donna! È *(lei)* nuova qui?

***

Soluzioni dell'esercizio 1

❶ Da dove viene l'insegnate di russo? ❷ È sposata. ❸ È bella. ❹ Vengo da San Pietroburgo. ❺ Questa è la nuova insegnante di russo.

Soluzioni dell'esercizio 2

❶ Wer – ❷ Woher – ❸ – kommt aus – ❹ – ist schön ❺ – sie verheiratet

In questa lezione abbiamo avuto un piccolo assaggio delle parole composte, che in tedesco possono essere molto lunghe: il termine **die Russischlehrerin**, *è composto da* **Russisch**, russo, *e* **die Lehrerin**, l'insegnante, *e conta ben 16 lettere. Nella trascrizione fonetica i singoli termini sono separati da un trattino. Si noti che il genere delle parole composte è determinato dall'ultimo sostantivo, in questo caso* **die Lehrerin**. *Lo sapevate che esistono parole che sono composte anche da 90 lettere? Non preoccupatevi, per ora non andremo così lontano.*

3

Dritte Lektion *[drittə lèktsio:n]*

Ruhe!

1 – Pst! Ich **schla**fe [1].
2 – Paul, du schläfst zu viel.
3 Und du **ar**beitest [2] zu **we**nig.
4 – Ich bin [3] aber **mü**de [4].
5 – Bist du **mü**de **o**der faul?

Pronuncia

ru:ə* 1 *pst! içh* shla:*fə* 2 *paul du: shlè:fst tsu: fi:l* 3 *unt du:* ar*baitəst tsu:* ve:*nik* 4 *içh bin* a:*bª* mue:*də* 5 *bist du:* mue:*də* o:*dª faul

Osservazioni sulla pronuncia

(Titolo), (1), (2), (4) L'**Umlaut**, segnalato dai due puntini o dieresi, modifica la pronuncia della vocale: **u** si pronuncia come in italiano, ma **u** + **Umlaut**, → **ü** si pronuncia come l'*[ue]* francese: **Ruhe** ***[ru:ə]***; **du** *[du:]*, ma **müde** ***[mue:də]***. La **a** si pronuncia come in italiano, ma **a** + **Umlaut** → **ä** si pronuncia *[è:]* aperta e lunga: **ich schlafe** ***[shla:fə]*** e **du schläfst** *[shlè:fst]*.

Note

1 Alcuni verbi (non tutti!) la cui radice dell'infinito è **a** modificano la vocale alla 2ª e alla 3ª persona singolare del presente indicativo: la **a** diventa **ä**. Alle altre persone il verbo si coniuga regolarmente: **schlafen**, *dormire* → **ich schlafe**, *dormo*; **du schläfst**, *tu dormi* (cfr. F2); **sie schläft**, *lei dorme*.

2 I verbi la cui radice è **-t** aggiungono generalmente una **e** alla 2ª e alla 3ª persona singolare del presente indicativo al fine di facilitare la pronuncia. Questa **e** si intercala tra la radice del verbo e la desinenza: **arbeiten**, *lavorare* → **du arbeitest**, *tu lavori*; **sie arbeitet**, *lei lavora*. Come vedremo in seguito questa regola vale anche alla 2ª persona plurale.

***

Übung 1 – Übersetzen Sie bitte!

❶ Ruhe! Ich schlafe. ❷ Arbeitest du? ❸ Ich arbeite zu viel. ❹ Schläfst du? ❺ Du bist faul.

Terza lezione

Silenzio!

1 – Shhh! Sto dormendo *(Io dormo)*.
2 – Paul, tu dormi troppo *(troppo molto)*.
3 E lavori troppo poco.
4 – Ma sono *(Io sono ma)* stanco.
5 – Sei *(tu)* stanco o pigro?

(2), (3) Per il suono della **z** *[ts]*, pensate alla mosca "tse-tse": **zu** *[tsu:]*.
(3) **-ig** finale si pronuncia generalmente **ich** *[içh]*: **wenig** *[ve:niçh]*, ma in alcune regioni della Germania lo sentirete pronunciato *[ik]*.

3 Alla 1ª e alla 2ª persona singolare del presente indicativo, **sein**, *essere*, che abbiamo incontrato alla lezione 2 e che sappiamo essere irregolare, si coniuga rispettivamente: **ich bin**, *io sono* (cfr. F4); **du bist**, *tu sei* (cfr. F5).

4 La congiunzione **aber**, *ma*, può occupare diverse posizioni all'interno della frase: può stare all'inizio (come in italiano) oppure al centro per rafforzare la parola che la segue: **Ich bin aber müde**, *Ma sono stanco*. In questo caso l'interlocutore mette l'accento su **müde**, *stanco*.

***

Soluzioni dell'esercizio 1

❶ Silenzio! Sto dormendo *(Dormo)*. ❷ Lavori? ❸ Lavoro troppo. ❹ Dormi? ❺ Sei pigro.

Übung 2 – Ergänzen Sie bitte!

1. Lavori troppo.
   Du arbeitest . . . .

2. Dormo troppo poco.
   Ich schlafe . . . .

3. Sei stanco?
   . . . . müde?

4

Vierte Lektion *[fi:ªtə lèktsio:n]*

Das ist das [1] neue Haus [2]

1 – Das sind [3] die **Schla**fzimmer.

Pronuncia

das ist das ***noi****ə Haus* ***1*** *das zint di:* ***shla:f****-tsimmª*

Osservazioni sulla pronuncia

(Titolo) Il dittongo **eu** in **neue** si pronuncia **oi**.
(Titolo), (1), (3), (4) Attenzione alle diverse pronunce della lettera **s**: la s ▶

Note

1 In questa lezione introdurremo gli articoli determinativi e, con l'occasione, anche i tre generi del sostantivo: **der**, *il/lo/l'* (cfr. F2) = maschile singolare → **der Garten**, *il giardino*; **die**, *la/l'* (cfr. F2) = femminile singolare → **die Küche**, *la cucina*, e **das** = neutro singolare e terzo genere di cui non esiste un corrispettivo italiano → **das Haus**, *la casa*. Al plurale invece, si ha un solo articolo determinativo per tutti e tre i generi = **die**, *i/gli/le* → **die Schlafzimmer**, *le camere da letto* (cfr. F1), singolare **das Schlafzimmer**, e **der Garten** = **die Gärten**; **die Küche** = **die Küchen** e **das Haus** = **die Häuser** al plurale. All'inizio è importante imparare i sostantivi insieme al loro articolo e alla desinenza del plurale. Molto spesso non sussiste una corrispondenza con i sostantivi in italiano. Può essere d'aiuto notare che il genere dei sostantivi indicanti persone o il genere di numerosi nomi di animale corrisponde al loro sesso; per i più

❹ Silenzio! Sto lavorando *(Io lavoro)*.
Ruhe! . . . .

❺ Sei pigro.
Du . . . .

Soluzioni dell'esercizio 2
❶ – zu viel ❷ – zu wenig ❸ Bist du – ❹ – Ich arbeite ❺ – bist faul

4

Quarta lezione

Ecco *(Questa è)* la casa nuova

1 – Queste sono le camere da letto *(sonno-stanze)*.

▶ finale *[s]* si pronuncia sorda come la s in "autobus"; la **s** prima di una vocale *[z]* è invece sonora come in "sveglia": **das** *[das]*; **Haus** *[haus]*; **es** *[ès]* ma **sind** *[zint]* e **tausend** *[**tau**zènt]*.
(1), (4) La **d** finale si pronuncia *[t]*: **sind** *[zint]*; **tausend** *[**tau**zənt]*.

piccoli o per i giovani si usa il neutro: **das Kind**, *il bambino*, **die Frau**, *la donna*. Attenzione all'articolo determinativo che, come vedremo più avanti, si declina (= aggiunge una desinenza) a seconda della funzione del gruppo nominale.

2 Preceduto dall'articolo determinativo **das**, l'aggettivo aggiunge una **-e** finale. Senza l'articolo, l'aggettivo alla forma neutra aggiunge la desinenza **-es**: **das neue Haus** → **neues Haus**, *(la) casa nuova*, **das schöne Haus** → **schönes Haus**, *(la) bella casa* (cfr. F3).

3 Abbiamo già visto alcuni esempi con **das ist**, *(questo/a è)* che nel titolo possiamo tradurre con *ecco*, sottintendendo che chi parla stia mostrando al proprio interlocutore le varie stanze della casa. Come in italiano, questa costruzione vuole il verbo al singolare. Se il soggetto è plurale occorre usare **das sind** (lett. "questo/a sono"): **Das sind die Schlafzimmer**, *Ecco / Queste sono le camere da letto*.

2 Das ist die **Kü**che, das ist der **Gar**ten.
3 – **Schö**nes Haus, **a**ber wie viel **kos**tet es [4]?
4 – **Vier**hundertfünfzigtausend **Eu**ro [5].
5 – **Vier**hundertfünfzigtausend **Eu**ro! Das ist das Pro**blem**.

*2 das ist di: **kue**çhə das ist de:ᵃ **gar**tən 3 **shoe**:nəs Haus **a**:bᵃ vi: fi:l **kos**tət ès 4 **fi**:ᵃ-Hundᵃt-fuenfziçh-tauzənt **oi**ro 5 **fi**:ᵃ-Hundᵃt-fuenfziçh-tauzənt **oi**ro das ist das pro**ble:m***

Osservazioni sulla pronuncia

(4), (5) A fine parola e dopo una vocale lunga e tonica la **r** si pronuncia **a** breve come in **vier** *[fi:ᵃ]* e **vierhundertfünfzigtausend**.

Note

4 Ecco il pronome personale soggetto **es**, *esso/a*: Corrisponde alla 3ª persona singolare neutra. A seconda del contesto, in italiano lo possiamo tradurre *lui/lei*, *questo/questa*, o lasciarlo sottinteso. Qui **es** si riferisce a **das Haus**, *la casa*.

***

Übung 1 – Übersetzen Sie bitte!

❶ Das ist der Garten. ❷ Das sind die Schlafzimmer. ❸ Die Schlafzimmer sind schön. ❹ Wie viel kostet das Haus? ❺ Ist das Haus schön?

Übung 2 – Ergänzen Sie bitte!

❶ Ecco *(Questa è)* la cucina.
. . . . . . die Küche.

❷ Il giardino è bello.
. . . . ist schön.

❸ Ecco *(Queste sono)* le camere da letto.
. . . . die Schlafzimmer.

❹ È questa la casa?
Ist das . . . . ?

2 **Questa è la cucina, questo è il giardino.**
3 – Bella casa, ma quanto *(come tanto)* **costa** *(esso)***?**
4 – 450.000 euro.
5 – 450.000 euro! Questo è il problema.

5 Il termine **Euro** resta invariabile quando è preceduto da una cifra o da un numero. Aggiunge una **-s** quando è preceduto dall'articolo determinativo plurale **die**: **1 euro → 450.000 euro**, ma **der Euro**, *l'euro* → **die Euros**, *gli euro*. Questa regola vale per tutte le monete o valute.

***

Soluzioni dell'esercizio 1

❶ Ecco il giardino. ❷ Ecco le camere da letto. ❸ Le camere da letto sono belle. ❹ Quanto costa la casa? ❺ La casa è bella?

❺ La cucina è nuova.
Die Küche ... .

Soluzioni dell'esercizio 2

❶ Das ist – ❷ Der Garten – ❸ Das sind – ❹ – das Haus ❺ – ist neu

In tedesco i numeri si scrivono tutto attaccato, in un'unica parola, fino a 999.999. Rimarrete sorpresi dalla lunghezza di alcune cifre. Composto da ben 25 lettere, 450.000 sembra un record difficile da battere. E invece, ci sono numeri che hanno anche 55/60 lettere in totale, tra cui 777.777: **siebenhundertsiebenundsiebzigtausendsiebenhundertsiebenundsiebzig***!*

5

Fünfte Lektion *[fuenftə lèk**tsio:n**]*

A meno che non sussistano grandi differenze con la nostra lingua, a partire da questa lezione il testo tedesco non sarà più affiancato dalla traduzione letterale italiana.

Sie [1] oder du?

1 – **Gu**ten Tag! Wie [2] **hei**ßen [3] Sie?
2 – **Ro**bert Braun und du... und Sie?
3 Ent**schul**digung! Ich **sa**ge **im**mer du.
4 – Kein Pro**blem** [4].
5 Wir **kön**nen uns [5] **du**zen.

Pronuncia

*zi: **o**:dª du: **1 gu:**tən ta:k! vi: **Hai**ssən zi: **2 ro:**bªt braun unt du: unt zi: **3** ènt**shul**diguñg içh **za:**ghə **imm**ª du: **4** kain pro**ble:m 5** vi:ª **koe**nnən uns **du:**tsən*

Osservazioni sulla pronuncia

(Titolo), (1), (2), (3), (5) Il gruppo **ie** *[i:]* si pronuncia come una **i** allungata: **sie** *[si:]*; **wie** *[vi:]*; la **i** può essere lunga come in **wir** *[vi:ª]* o breve come in **Entschuldigung** *[ènt**shul**diguñg]*. Ma è sempre breve quando è seguita da doppia consonante: **immer** *[immª]*.

Note

1 In questa frase incontriamo due nuovi pronomi personali soggetto: **wir** che equivale a *noi*, e **Sie** maiuscolo, che corrisponde al *Lei/Voi* di cortesia e si usa per dare del Lei o per rivolgersi a più persone. Non confondetelo con il pronome personale femminile singolare **sie**, *lei*, che si scrive minuscolo. Al presente indicativo, il verbo coniugato alle persone **wir** (cfr. F5) e **Sie** è identico all'infinito: **heißen**, *chiamarsi* → **wir heißen**, *noi ci chiamiamo*, **Sie heißen**, *Lei si chiama / Voi vi chiamate*. **können**, *potere* → **wir können**, *noi possiamo* / **Sie können**, *Lei può / Voi potete*. Fa eccezione **sein**, *essere*: **wir sind**, *noi siamo*; **Sie sind**, *Lei è/Voi siete*.

Quinta lezione

Lei o tu?

1 – Buongiorno *(Buono giorno)*! Come si chiama [Lei]?
2 – Robert Braun e tu... e Lei?
3 Scusi *(Scusa)*! Do sempre del tu *(dico sempre tu)*.
4 – Nessun problema.
5 Possiamo darci del tu.

(1) La lettera **ß** *[ès-tsèt]* non esiste in italiano. Corrisponde alla doppia **ss**: **heißen** ***[Hai****ssən]*, e si usa dopo i dittonghi, tra cui **ei**, o dopo una vocale lunga.
(1), (4) **ei** si pronuncia *[ai]* come in "mai": **heißen** ***[Hai****ssən]*; **kein** *[kain]*.
(3) **Entschuldigung**: la **g** finale si pronuncia come una k poco marcata.

2 Questa lezione introduce il pronome interrogativo **wie**, *come*. Mentre in quella precedente abbiamo incontrato **wie viel** (lett. "come tanto"), *quanto*.

3 Il verbo *chiamarsi*, **heißen** non è pronominale in tedesco. Altri verbi sono invece pronominali in tedesco, ma non in italiano.

4 **Kein Problem**: **kein** è la negazione dei sostantivi con l'articolo indeterminativo. Equivale a *nessuno/a*. Ritorneremo sul suo uso e sulla sua declinazione nelle prossime lezioni.

5 Il pronome reciproco **uns** è la forma declinata di **wir**, *noi*, e si traduce *ci*. Lo approfondiremo più avanti.

Übung 1 – Übersetzen Sie bitte!

❶ Wie heißt sie? ❷ Ich heiße Anastasia. ❸ Entschuldigung! ❹ Kein Problem. ❺ Heißen Sie Robert?

Übung 2 – Ergänzen Sie bitte!

❶ Come si chiama (Lei)?
Wie . . . . ?

❷ Scusi. Chi è?
. . . . Wer ist das?

❸ Si chiama Anastasia.
. . . . Anastasia.

❹ Dici di sì?
. . . . ja?

❺ Io non dico niente.
. . . . nichts.

6

Sechste Lektion *[zèkstə lèktsio:n]*

Schöne Ferien!

1 – Hi! Wie geht es dir? [1]
2 – Gut, **dan**ke. Und dir?

Pronuncia

***shoe:**nə **fe:**riən **1** Hai! vi: ghe:t ès di:ª **2** gu:t **dañ**kə. unt di:ª*

Osservazioni sulla pronuncia

(Titolo), (4) La **o** senza **Umlaut** si pronuncia coma la *[o]* italiana. Ma la **o** + **Umlaut**, → **ö** ha un suono intermedio tra *[e]* e *[o]*: **wohin** *[vo**hin**]*, ma **schöne** *[**shoe:**nə]*.
(1) Il gruppo **ge** si pronuncia *[ghe]*. In questo caso *[ghe:]* è seguito dalla **h** che allunga il suono della vocale **e**: **geht** *[ghe:t]*.

Soluzioni dell'esercizio 1

❶ Come si chiama? ❷ Mi chiamo Anastasia. ❸ Scusa! ❹ Nessun problema. ❺ Lei si chiama Robert?

Soluzioni dell'esercizio 2

❶ – heißen Sie ❷ Entschuldigung – ❸ Sie heißt – ❹ Sagst du – ❺ Ich sage –

6

Sesta lezione

Buone *(Belle)* ferie!

1 – Ciao! Come stai *(va esso a te)*?
2 – Bene, grazie. E tu *(a te)*?

Note

1 **Wie geht es dir? – Gut und dir?** (cfr. F1 e F2) si traduce letteralmente "Come va esso a te? – Bene e a te?". In tedesco il soggetto non può mai essere omesso. Pertanto alcuni verbi, forme impersonali o locuzioni fisse, come questa, impiegano **es** come soggetto. In italiano non lo traduciamo. Nel parlato è spesso eliso: **Wie geht's dir?** Il pronome personale **dir**, *a te*, è la forma declinata al dativo di **du**. Affronteremo nuovamente questo argomento in seguito.

3 – **Su**per! Ich **fah**re [2] **heu**te in **Ur**laub [3].
4 – Du **Glücks**pilz! [4] **Wohin** [5] fährst du?
5 – Nach **Ca**pri! Ciao!

*3 **zu:**p^a! içh **fa:**rə **Hoi**tə in **u:**^a laup **4** du: **gluecs**-pilts! vo**Hin** fè:rst du: **5** na:cH **ca**:pri! ciao*

Note

2 **fahren** significa *andare con un veicolo a ruote* e, a seconda della frase o del contesto, si traduce *partire, andare* o *guidare*. Il verbo **fahren** si coniuga come **schlafen**: la **a** diventa **ä** alla 2ª e alla 3ª persona singolare: **ich fahre, du fährst, sie fährt**. *Andare (in aereo), volare* si traduce **fliegen**: **Ich fliege nach Capri**, *Vado a Capri (in aereo)*.

3 **die Ferien** = *le ferie*, **der Urlaub** = *le vacanze*. Come in italiano, in certe locuzioni valgono entrambi i termini: **in Urlaub / in die Ferien fahren**, *andare in vacanza / in ferie*.

***

Übung 1 – Übersetzen Sie bitte!

❶ Wohin fährst du? ❷ Ich fahre nach Capri. ❸ Wie geht's dir? ❹ Gut und dir? ❺ Du Glückspilz!

Übung 2 – Ergänzen Sie bitte!

❶ Vado in vacanza.
Ich fahre . . . .

❷ Come stai?
. . . . es dir?

❸ Lei va a Capri. *(in auto / in treno)*
. . . . nach Capri.

❹ Come stai? Bene e tu?
Wie geht's dir? . . . . ?

❺ Dove vai?
. . . . . fährst du?

3 – Benissimo! Oggi vado *(parto oggi)* **in vacanza.**
4 – Fortunato *(Tu fortuna-fungo)*! *(Verso)* **Dove vai?**
5 – A *(Verso)* **Capri. Ciao!**

Osservazioni sulla pronuncia

(3) La **b** finale si pronuncia *[p]*: **Urlaub** ***[u:ªlaup]***.
(5) Il **ch** preceduto dalla vocale **a** ha un suono gutturale simile a un raschiamento di gola.

4 **Du Glückspilz!**, *Fortunato/a!* (lett. "tu fortuna-fungo"). Questa espressione idiomatica si può usare sia per il maschile, sia per il femminile.

5 Il pronome interrogativo **wohin**, *dove*, sottinteso *verso dove*, serve a conoscere la direzione di qcn o qcs: **Wohin fährst du?**, *Dove vai?* La preposizione **nach** + nome del paese (cfr. F5), città o regione si traduce *a/in*, e indica il luogo verso cui si è diretti: **Nach Capri**, *A Capri*.

***

Soluzioni dell'esercizio 1

❶ Dove vai? ❷ Vado a Capri. ❸ Come stai? ❹ Bene e tu? ❺ Che fortunato/a!

Soluzioni dell'esercizio 2

❶ – in Urlaub ❷ Wie geht – ❸ Sie fährt – ❹ – Gut und dir ❺ Wohin –

Sono molte le parole straniere a essere entrate nel vocabolario tedesco, in particolare i prestiti dall'inglese, ma anche da altre lingue come l'italiano. ***Hi!*** *è usato al posto di* **Hallo!**, *e* ***Ciao!*** *o* ***Tschau!*** *(ortografia tedesca) ha sostituito* **Tschüs!** *[tchue:ss] o* **Tschüss!** *[tchue:ss]*, ciao (quando si va via) *(entrambe le forme ortografiche sono corrette). Gli anglicismi mescolati alla grammatica tedesca hanno generato una nuova lingua ibrida nota con il termine* **Denglisch**: **Deutsch Englisch**. *Eccone due esempi: i verbi* ***to update***, aggiornare, *e* ***to download***, scaricare, *perdono il* ***to*** *e aggiungono la desinenza dell'infinito* **-en**: **updaten** *e* **downloaden**.

7

Siebte Lektion *[zi:ptə lèk**tsio:n**]*

Wiederholung – Ripasso

Eccoci finalmente alla prima lezione di ripasso. In questa lezione approfondiremo tutti i punti grammaticali che abbiamo incontrato nel corso delle sei lezioni precedenti. Lo scopo del ripasso è mettere alla prova le conoscenze acquisite e consolidarle prima di procedere con un nuovo ciclo di lezioni. Vi consigliamo di consultare queste pagine ogni volta che avrete un dubbio o che qualcosa non vi sarà chiaro.

1 I pronomi personali e i pronomi impersonali

• Finora abbiamo incontrato i pronomi personali soggetto:
– **ich** *io*, **du** *tu* e **wir**, *noi*.
– **sie** (con la **s** minuscola) *lei*, e il pronome neutro **es** *esso*, che, a seconda del genere del sostantivo italiano, si traduce *lui/lei*, *questo/questa*.
– **Sie** (con la **S** maiuscola). Si tratta del pronome della forma di cortesia e si usa per dare del Lei/Voi a una o più persone.
– **es** pronome impersonale. Poiché in tedesco il soggetto non può mai essere omesso, come invece accade in italiano, **es** può svolgere la funzione di soggetto di alcuni verbi impersonali o in locuzioni fisse come **Wie geht es dir?** o **Wie geht's dir?**, *Come stai?* (lett. "Come va esso a te?"). Si tratta di costruzioni che non sempre hanno una corrispondenza in italiano e che pertanto vanno imparate così come sono.
• le forme declinate **wir** → **uns**, *ci* e **du** → **dir**, *ti/(a) te*.

Iniziate a ricordare parole, piccole frasi o espressioni colloquiali? Complimenti! Vi raccomandiamo di ripetere sempre i dialoghi ad alta voce e di ascoltare le registrazioni più e più volte in modo da abituare il più possibile l'orecchio ai suoni del tedesco. Affrontare la grammatica a piccoli passi vi aiuterà a formare rapidamente molti automatismi. L'idea alla base del nostro corso è proprio interiorizzare e assimilare la lingua tedesca in maniera intuitiva, come se si trattasse della vostra lingua madre.

7

Settima lezione

2 I verbi all'infinito e al presente indicativo

La maggior parte dei verbi forma l'infinito con il suffisso **-en** aggiunto alla radice: **lernen**, *imparare*; **kennen**, *conoscere*; **verstehen**, *capire* ecc. Abbiamo imparato che:

• i verbi regolari si coniugano regolarmente;

• alcuni verbi irregolari modificano la vocale radicale **a** in **ä** alla 2ª e alla 3ª persona singolare;

• i verbi con una particolarità fonetica, tra cui i verbi la cui radice termina in **-t,** aggiungono una **e** eufonica alla 2ª e alla 3ª persona singolare e alla 2ª persona plurale;

• il verbo **sein**, *essere*, ha una coniugazione particolare.

	Verbo regolare **lernen**	Verbo **a → ä** **fahren**	Verbo con una particolarità fonetica **arbeiten**	Verbo **sein**
ich	**lerne**	**fahre**	**arbeite**	**bin**
du	**lernst**	**fährst**	**arbeitest**	**bist**
sie, es	**lernt**	**fährt**	**arbeitet**	**ist**
wir	**lernen**	**fahren**	**arbeiten**	**sind**
Sie	**lernen**	**fahren**	**arbeiten**	**sind**

In questa tabella abbiamo riportato solo la coniugazione dei pronomi personali imparati in queste prime sei lezioni.

3 Gli articoli determinativi

Al singolare esiste un articolo determinativo per ciascun genere. Al plurale, invece, un solo articolo per tutti e tre i generi. Attenzione! Questa tabella fa riferimento solo al caso nominativo (soggetto).

	Maschile	Femminile	Neutro
Singolare	**der Garten**	**die Küche**	**das Haus**
Plurale	**die Gärten**	**die Küchen**	**die Häuser**

4 *das ist* e *das sind*

das ist e **das sind** corrispondono a *questo/a è, questi/e sono,* ma possiamo anche tradurli *ecco/eccoli/e* o lasciarli sottintesi. Si usano come segue: **das ist** + soggetto al singolare e **das sind** + soggetto al plurale:
Das ist das Problem, *Questo è il problema.*
Das sind die Schlafzimmer, *Ecco le camere da letto.*

5 Due pronomi interrogativi e due preposizioni di luogo

• Il pronome interrogativo **wohin** si usa per conoscere la direzione di qcn o qcs:
Wohin fährst du?, *Dove vai?*
• La preposizione **nach** si usa nella risposta per indicare verso dove si va:
Ich fahre nach Capri, *Vado a Capri.*
• Il pronome interrogativo **woher** serve a conoscere la provenienza di qcn o qcs:
Woher kommt sie?, *Da dove viene?*
• La preposizione **aus** si usa nella risposta per indicare il luogo da dove si viene/proviene:
Sie kommt aus Sankt Petersburg, *Viene da San Pietroburgo.*
Questa regola vale per i nomi geografici senza l'articolo. Per i nomi geografici con l'articolo e per altri complementi di luogo indicanti persone, luoghi pubblici ecc., la regola è diversa.

Wiederholungsdialog – Dialogo di ripasso

Ecco un breve dialogo finale in cui sono ripresi i punti grammaticali appena visti. Leggetelo ad alta voce, traducetelo in italiano, ma soprattutto affrontatelo con divertimento.

1 – Hallo! Wie geht's dir?
2 – Ruhe, ich arbeite.
3 – Du arbeitest? Das ist aber neu!
4 – Ich lerne Russisch.
5 – Oh, wer ist das? Sie ist schön.
6 – Guten Tag!
7 – Guten Tag! Wie heißen Sie?
8 – Anastasia. Ich bin die neue Russischlehrerin.
9 – Russischlehrerin! Ich verstehe.

Traduzione del dialogo

1 Ciao! Come stai? **2** Silenzio, sto lavorando. **3** Tu lavori? Ma è una novità! **4** Studio il russo. **5** Oh, chi è? È bella. **6** Buongiorno! **7** Buongiorno! Come si chiama? **8** Anastasia. Sono la nuova insegnante di russo. **9** Insegnante di russo! Capisco.

***

Übersetzen Sie bitte!

Al termine di ogni lezione di ripasso vi proporremo un esercizio guidato che vi aiuterà a memorizzare le basi della grammatica tedesca.

❶ ich lerne, du lernst, sie lernt ❷ ich schlafe, du schläfst, sie schläft ❸ ich bin, du bist, sie ist ❹ Wie geht es dir? ❺ Gut und dir?

Soluzioni dell'esercizio

❶ io studio, tu studi, lei studia ❷ io dormo, tu dormi, lei dorme ❸ io sono, tu sei, lei è ❹ Come stai? ❺ Bene e tu?

8

Achte Lektion *[acHtə lèktsio:n]*

Wie ist dein [1] Name? [2]

1 – Wie heißt [3] du?
2 – **Pa**trick **Pe**ter. **Pa**trick ist mein **Vor**name [4]
3 und **Pe**ter mein **Nach**name.
4 – **Wirk**lich! Ich **hei**ße **Pe**ter **Pa**trick.
5 Ge**nau um**gekehrt. ☐

Pronuncia

*vi: ist dain **na:**mə 1 vi: Haisst du: 2 **pa**trik **pe:**t[a]. **pa**trik ist main **fo:**[a]-na:mə 3 unt **pe:**t[a] main **na:cH**-na:mə 4 **virk**liçh! içh **Hai**ssə **pe:**t[a] **pa**trik 5 ghe**nau um**gheke:[a]t*

Osservazioni sulla pronuncia

(Titolo), (1), (4) La **w** si pronuncia come la *v* italiana → **wie** *[vi:]*; **wirklich** *[**virk**liçh]*.

(Titolo), (2), (3) **Name**, **Vorname**, **Nachname**: l'accento tonico cade sulla prima sillaba *[**na:**mə]*, ma quando il sostantivo è preceduto da un prefisso come **vor** o **nach**, l'accento tonico cade sul prefisso: *[**fo:**[a]-na:mə]* e *[**na:cH**-na:mə]*.

(5) La **g** di **genau** è dura come la **g** di gatto → *[ghe**nau**]*.

Note

1 In questa lezione incontriamo gli aggettivi possessivi **mein**, *mio*, e **dein**, *tuo*. **der Name**, *il nome* → **dein Name**, *il tuo nome*; **der Vorname**, *il nome* → **mein Vorname**, *il mio nome* (cfr. F2); **der Nachname**, *il cognome* → **mein Nachname**, *il mio cognome* (cfr. F3).

2 Per chiedere a qcn come si chiama si può usare sia **Wie ist dein Name?**, *Qual è il tuo nome?* sia **Wie heißt du?**, *Come ti chiami?* (cfr. F1). In entrambi questi esempi si sta dando del tu. Alla lezione 5 abbiamo incontrato la forma di cortesia **Wie heißen Sie?** *Come si chiama?*, mentre *Qual è il Suo nome?* si traduce **Wie ist Ihr Name?**

Ottava lezione

Come ti chiami?

(Come è tuo nome)

1 – Come [ti] chiami?
2 – Patrick Peter. Patrick è il mio nome *(prima/davanti-nome)*
3 e Peter il mio cognome *(dopo-nome)*.
4 – Veramente! Io [mi] chiamo Peter Patrick.
5 Esattamente il contrario *(invertito)*.

3 Alla 2ª persona singolare i verbi la cui radice termina per **-ß**, **-(s)s**, **-(t)z** aggiungono il suffisso **-t** e non **-st**: **heißen**, *chiamarsi* → **du heißt**, *tu ti chiami*; **reisen** ***[raizən]***, *viaggiare* → **du reist**, *tu viaggi*. La coniugazione della 3ª persona singolare è la stessa (cfr. tabella L14, §4).

4 In tedesco molti sostantivi sono composti da parole di categorie diverse (aggettivi, sostantivi, preposizioni, verbi...). L'ultimo sostantivo che le compone è quello che ne determina il genere. **Die Russischlehrerin**, *l'insegnante di russo*, è composto dai sostantivi: **Russisch**, *(il) russo* (la lingua) + **die Lehrerin**, *l'insegnante*; **das Schlafzimmer**, *la camera da letto*, è composto dal verbo **schlafen**, *dormire* + il sostantivo **das Zimmer**, *la camera*. I sostantivi **der Vorname**, *il nome* (cfr. F2), e **der Nachname**, *il cognome* (cfr. F3), sono entrambi composti da un avverbio + sostantivo → **vor**, *prima/davanti* e **nach**, *dopo* + **der Name**, *il nome* (**nach** è anche un avverbio di luogo usato per indicare la direzione di qualcuno o qualcosa; a questo proposito vi rimandiamo alla lezione 6, **Nach Capri**, *A Capri*). Notate infine un altro nome composto e sinonimo di **der Nachname**: **der Familienname**, *il nome di famiglia, il cognome* → **die Familie**, *la famiglia* + **n** + **der Name**, *il nome*. In alcuni casi i nomi composti si formano con l'aggiunta o con l'elisione di una o due lettere.

Übung 1 – Übersetzen Sie bitte!

❶ Wie ist dein Vorname? ❷ Mein Name ist Anna Schmidt. ❸ Heißt du Peter? ❹ Woher kommt dein Nachname? ❺ Genau umgekehrt!

Übung 2 – Ergänzen Sie bitte!

❶ Come ti chiami?
Wie ..... du?

❷ Ciao! Il mio nome è Peter Patrick.
Hallo! Mein .... Peter Patrick.

❸ Qual è il tuo nome?
... ist .... Name?

❹ Il mio cognome è Peter.
.... / .... ist Peter.

❺ Veramente!
........!

9

Neunte Lektion *[nointə lèktsio:n]*

Was [1] macht ihr [2]?

1 – Es [3] ist schon spät!

Pronuncia

vas macHt i:ᵃ ***1*** *ès ist shon shpè:t*

Osservazioni sulla pronuncia

(Titolo) Il **ch** preceduto dalla **a** ha un suono gutturale: **macht** *[macHt]*.
(1) Pronunciate **spät** *[shpè:t]*, con la bocca bene aperta. Il gruppo **sp** si pronuncia *[shp]* e la **ä** ha il suono di una **e** lunga e aperta: *[è:]*.

Note

1 Ecco un nuovo avverbio/pronome interrogativo: **was**, che corrisponde a *cosa/che cosa*. Può svolgere la funzione di complemento oggetto,

Soluzioni dell'esercizio 1

❶ Qual è il tuo nome? ❷ Il mio nome è Anna Schmidt. ❸ Tu ti chiami Peter? ❹ Da dove viene il tuo cognome? ❺ Esattamente l'opposto!

Soluzioni dell'esercizio 2

❶ – heißt – ❷ – Name ist – ❸ Wie – dein – ❹ Mein Nachname / Familienname – ❺ Wirklich

9

Nona lezione

Cosa fate?

1 – È *(Esso è già)* **tardi!**

come in questo esempio, o di soggetto: **Was ist das?**, *Cos'è?*. Qui **schon** *[sho:n]*, *già, ormai,* è rafforzativo, pertanto possiamo non tradurlo.

2 Ecco il pronome personale **ihr**, *voi*; corrisponde alla 2ª persona plurale e si usa per rivolgersi a più persone. Al presente indicativo il verbo alla 2ª persona plurale aggiunge il suffisso **-t** oppure **-et** se la radice termina già per **-t**: **machen**, *fare* → **ihr macht**, *voi fate*; **arbeiten**, *lavorare* → **ihr arbeitet**, *voi lavorate*. Eccezione: **sein**, *essere* → **ihr seid**, *voi siete* (cfr. F3).

3 Poiché in tedesco il soggetto è obbligatorio e non può mai essere omesso, il pronome neutro **es**, *esso,* viene usato come soggetto di molti verbi impersonali, per esempio per indicare l'ora, la data o il tempo. In italiano non lo traduciamo: **Es ist sehr** *[zè:ª]* **früh** *[frue:]*, è *prestissimo/molto presto*.

2 – Wir **kom**men [4] so**fort**.
3 – **End**lich seid ihr da [5]!
4 Habt [6] ihr auch **al**les da**bei**?
5 – Ja, wir **kön**nen los [7]! ☐

*2 vi:ª **ko**mmən zo**fort** 3 **ènt**liçh zait i:ª da: 4 Hapt i:ª aucH **a**lles da**bai** 5 ia: vi:ª **koe**nnən lo:s*

Osservazioni sulla pronuncia

(3) A fine sillaba o a fine parola (cfr. L4), la **d** si pronuncia come una leggera **t**: **endlich** *[**ènt**liçh]*.

(4) La **b** si pronuncia come una leggera **p**: **habt** *[Hapt]*.

Note

4 A seconda del contesto **kommen** si traduce *arrivare* o *venire* (cfr. L2). In alcuni casi entrambe le traduzioni si equivalgono.

5 **da**, *qui/qua*, ma anche *lì/là*. La sintassi tedesca è molto complessa e diversa da quella italiana e pertanto l'affronteremo a piccoli passi. Per il momento prestate attenzione a questa prima regola: quando la frase semplice (soggetto + verbo + complemento/i) comincia con un complemento (di tempo, luogo ecc.), il verbo si posiziona subito dopo il complemento ed è seguito dal soggetto: **Endlich seid ihr da!** (lett. "finalmente siete voi qui!"). Osservate ora la stessa frase con il soggetto in posizione I: **Ihr seid endlich da**, *Siete finalmente qui*.

***

Übung 1 – Übersetzen Sie bitte!

❶ Was macht ihr? ❷ Seid ihr da? ❸ Kommt ihr sofort? ❹ Endlich! ❺ Wir können los!

Übung 2 – Ergänzen Sie bitte!

❶ Anche voi avete tutto *(con voi)*?
. . . . auch alles dabei?

❷ È già tardi.
. . . . . schon spät.

❸ Finalmente (loro) sono qui!
Endlich . . . . da!

2 – **Arriviamo subito.**
3 – **Finalmente siete qui!**
4 **Anche voi avete tutto** *(Avete voi anche tutto con voi)*?
5 – **Sì, possiamo andare** *(possiamo partire)*!

6 Il verbo **haben** corrisponde al nostro *avere*. La sua coniugazione è regolare alla 2ª persona plurale dell'indicativo → **ihr habt**, *voi avete*, ma è irregolare ad altre persone. Lo vedremo in seguito. Memorizzate il verbo composto: **dabeihaben**, *avere/portare con sé* → **Habt ihr alles dabei?**, *Avete preso tutto/avete tutto (con voi)?*

7 Unita a un verbo modale come **können**, *potere*, la particella **los** traduce *partire/andare via* → **Wir können los!** *Possiamo andare/partire!* Questa locuzione non ha equivalenti in italiano per cui occorre impararla così com'è.

***

Soluzioni dell'esercizio 1

❶ Cosa fate? ❷ Siete qui? ❸ Arrivate subito? ❹ Finalmente! ❺ Possiamo partire!

❹ **Arriva subito.**
Sie kommt ....

❺ **Siete già là?**
.... **schon da?**

Soluzioni dell'esercizio 2

❶ Habt ihr – ❷ Es ist – ❸ – sind sie – ❹ – sofort ❺ Seid ihr –

Zehnte Lektion *[tsè:ntə lèktsio:n]*

Bitte [1] kommen Sie [2] herein [3]!

1 – **Bi**tte **neh**men [4] Sie Platz!
2 Wie ist Ihr [5] **Na**me?
3 – **E**va **Schnei**der.

Pronuncia

***bi**ttə **ko**mmən zi: **hè**rain **1** **bi**ttə **ne:**mən zi: plats **2** vi: ist i:ª **na:**mə **3** **e:**fa **shnai**dª*

Osservazioni sulla pronuncia

Esercitiamoci con le vocali!

(Titolo) La **e** del suffisso **-en**, ha lo stesso suono mormorato della **e** finale *[ə]*: **kommen** *[kommən]*, **nehmen** *[ne:mən]*.

(Titolo), (1), (5), (7) La vocale seguita da una consonante doppia o da più consonanti è breve e chiusa: **bitte** *[**bi**ttə]*, **kommen** *[**ko**mmən]*, **Platz** *[plats]*, **Konstanz** *[**kon**stants]*, **indiskrete** *[**in**diskretə]*.

(1), (2), (3), (4), (7) La vocale a fine sillaba seguita dalla **h** è lunga: **nehmen** *[**ne:**mən]*, **wohnen** *[**vo:**nən]*, ma anche la **E** di **Eva** *[**e:**fa]* o la **a** di **Name** *[**na:**mə]*, **aber** *[**a:**bª]* e **Frage** *[**fra:**ghə]*.

(3), (4) La vocale a fine parola può essere lunga **wo** *[vo:]* o breve: **Eva** *[**e:**fa]*.

Note

1 **bitte** quando si da del tu o del Lei: *per favore, ti/La prego.*

2 Ecco due esempi d'imperativo. Alla forma di cortesia, la coniugazione è uguale a quella della 3ª persona plurale del presente indicativo, ma il pronome personale **Sie**, *Lei*, si posiziona dopo il verbo: **sie kommen herein**, *entrano* → **kommen Sie herein!**, *entri/entrate…!*; **sie nehmen Platz**, *si accomodano* → **nehmen Sie Platz!**, *si accomodi/accomodatevi!* (cfr. F1). Attenzione però alla coniugazione di **sein**, *essere*: **sie sind**, *loro sono* → **seien Sie…!**, *sia/siate…!*

Decima lezione

Prego entri!
(venga all'interno)

1 – Prego si accomodi *(prenda posto)*!
2 Qual è *(Com'è)* il Suo nome?
3 – Eva Schneider.

3 **hereinkommen**, *entrare*, è uno dei numerosi verbi composti da una particella separabile (anche detti "verbi separabili"): **herein** è la particella separabile con il significato di *dentro/all'interno*, e **kommen**, *venire, andare*, è il verbo a cui è unita. All'imperativo, la particella separabile si separa dal verbo e si posiziona in fondo alla frase: **Bitte kommen Sie herein!** Ma è corretto anche dire soltanto **Herein!**, *Entri!/Entrate!* e lasciare il verbo **kommen** sottinteso.

4 Oltre a modificare la vocale radicale, il verbo **nehmen**, *prendere*, aggiunge una doppia **m** alla 2ª e alla 3ª persona singolare (**e** → **i**): **du nimmst**, *tu prendi*, e **er/sie/es nimmt**, *lui/lei prende*.

5 Il pronome possessivo **Ihr** corrisponde a *Suo/Vostro* (forma di cortesia). Qui si riferisce al soggetto maschile o attributo del soggetto: **der Name**, *il nome* → **Ihr Name**, *il Suo nome*. Anche il pronome possessivo va scritto con l'iniziale maiuscola **I**, come la **S** maiuscola di **Sie**, *Lei*.

4 – Wo [6] **woh**nen Sie?
5 – **Rhein**straße 9 (neun) in **Kons**tanz.
6 – Und wie alt sind Sie? [7]
7 – Das ist **a**ber **ei**ne **in**diskrete **Fra**ge [8]. □

4 vo: ***vo:****nən zi:* ***5 rain****-shtra:ssə noin in* ***kons****tants* ***6*** *unt vi: alt zint zi:* ***7*** *dass ist* ***a:****b*ᵃ ***ai****nə* ***in****diskretə* ***fra:****ghə*

Note

6 Il pronome interrogativo **wo**, *dove*, si usa per conoscere il luogo/dove si trova qcn o qcs Non confondetelo con **wohin**, *dove*, che si usa per conoscere la direzione di qcn o qcs Se la risposta indica un luogo geografico (città, paese, regione), questa si costruisce con la preposizione **in**, *a/in*: **Wo wohnen Sie?**, *Dove abita?* –... **in Konstanz** (cfr. F5), *...a Costanza*. I nomi di vie e strade si indicano come segue: nome della via, qui **Rhein**, *Reno*, a cui si unisce il sostantivo **-straße**, *via, strada*, **die Straße(n)** *la via/le vie, la strada/le strade*.

***

Übung 1 – Übersetzen Sie bitte!

❶ Kommen Sie herein! ❷ Wie alt ist Eva? ❸ Wo wohnt Eva? ❹ Wohnen Sie in Konstanz? ❺ Ich wohne in Konstanz.

Übung 2 – Ergänzen Sie bitte!

❶ Dove abita?
.. wohnen Sie?

❷ Qual è il Suo nome?
Wie ist ... .?

❸ Quanti anni ha?
.... sind Sie?

4 – Dove abita?
5 – Rheinstrasse 9 *(Reno-via/strada 9)* **a Costanza.**
6 – E quanti anni ha *(come vecchia è Lei)***?**
7 – Ma questa è una domanda indiscreta *(Questa è ma un'indiscreta domanda)*.

Osservazioni sulla pronuncia

(5) A inizio parola o sillaba, **st** si pronuncia *[sht]*: **Rheinstraße** ***[rain**-shtra:ssə]*.

7 Per domandare l'età, si usa la costruzione **wie alt** + il verbo **sein**: **Wie alt sind Sie?** (lett. "come vecchia è Lei"), *Quanti anni ha?*

8 **eine** è l'articolo indeterminativo femminile singolare e corrisponde a *una/un'*. Se è unito all'aggettivo attributivo, quest'ultimo si declina e aggiunge la desinenza **-e**: **eine indiskrete Frage**, *un domanda indiscreta*. Un punto importante: in tedesco l'aggettivo attributivo si posiziona sempre tra l'articolo, qui **eine**, e il sostantivo, qui **Frage**, e mai dopo il sostantivo.

***

Soluzioni dell'esercizio 1

❶ Entri! ❷ Quanti anni ha Eva? ❸ Dove abita Eva? ❹ Abita a Costanza? ❺ Abito a Costanza.

❹ Prego, entri!
Bitte .... herein!

❺ Prego si accomodi!
Bitte .... Platz!

Soluzioni dell'esercizio 2

❶ Wo – ❷ – Ihr Name ❸ Wie alt – ❹ – kommen Sie – ❺ – nehmen Sie –

Tra i cognomi più diffusi in Germania ci sono i nomi di professione. Si tratta di una convenzione che risale al XII secolo in cui il cognome corrispondeva al lavoro esercitato dalla persona che lo portava: **Schneider** sarto, **Müller** mugnaio, **Koch** cuoco, **Fischer** pescatore.

11

Elfte Lektion *[èlftə lèktsio:n]*

Können wir bitte anfangen?

1 – Sind **a**lle da?
2 – Nein, Paul und sein **Bru**der [1] **ko**mmen [2] **et**was **spä**ter [3]
3 und auch **A**nna und **ih**re **Schwes**ter.
4 – Ach Mensch [4]! Sie [5] **ko**mmen **i**mmer zu spät.

Pronuncia

***koe**nnən vi:ª **bi**ttə **an**fañghən **1** zint **a**llə da: **2** nain paul unt zain **bru**:dª **ko**mmə **è**tvass **shpè**:tª **3** unt aucH **a**nna unt **i**:rə **shvès**tª **4** acH mènsc! zi: **ko**mmən **i**mmª tsu: shpè:t*

Osservazioni sulla pronuncia

(Titolo) anfangen: Nasalizzate il gruppo **-ng** *[ñg]* poi pronunciate la **-g** dura di *gatto*, seguita dal suono debole della **-e** nel suffisso **-en**.

Note

1 Ecco l'aggettivo possessivo della 3ª persona singolare: se il possessore è maschile, l'aggettivo è **sein**, se è femminile, **ihr**: **Paul und sein Bruder… und auch Anna und ihre Schwester** (cfr. F3), *Paul e suo fratello… e anche Anna e sua sorella*. Se la persona o l'oggetto posseduto – qui **die Schwester**, *la sorella* – è femminile, l'aggettivo aggiunge la desinenza **-e**. Osservate ora questa frase *Paul e sua sorella e Anna e suo fratello* → **Paul und seine Schwester und Anna und ihr Bruder**. Anche questi esempi, come i precedenti, si riferiscono al soggetto o all'attributo del soggetto.

2 Se l'idea di futuro è già indicata da un complemento di tempo come **etwas später**, *un po' più tardi*, il verbo si coniuga generalmente al presente.

Oggi molti di questi mestieri sono ormai rari. Si pensi a **Müller** mugnaio, **Wagner** mastro carraio *(artigiano che fabbricava calessi, aratri o altri veicoli trainati da animali) o a* **Pfeiffer** pifferaio.

11

Undicesima lezione

Possiamo cominciare per favore?

(Possiamo per favore cominciare)

1 – Ci sono tutti *(Sono tutti qui)***?**

2 – No, Paul e suo fratello arrivano un po' *(qualcosa)* **più tardi**

3 e anche Anna e sua sorella.

4 – Che noia *(Ah uomo/persona)***! Arrivano sempre in ritardo** *(troppo tardi)***.**

3 In generale, il comparativo di maggioranza dell'avverbio e dell'aggettivo qualificativo si forma con il suffisso **-er**: **spät**, *tardi* → **später**, *più tardi*. In alcuni casi la vocale prende l'**Umlaut**: **alt**, *vecchio/anziano* → **älter**, *più vecchio/più anziano*; **jung**, *giovane* → **jünger**, *più giovane*.

4 **Mensch** (lett. "uomo/essere umano/persona") è un'esclamazione colloquiale molto diffusa che, a seconda del tono della voce, serve a esprimere stati d'animo diversi. In questo caso si vuole esprimere disappunto e quindi lo traduciamo *che noia!*

5 Il pronome personale soggetto **sie** (con la **s** minuscola) non corrisponde soltanto al pronome *lei,* ma anche al pronome *loro*. Ricordatevi che al plurale il pronome è lo stesso per tutti i generi! Nel dialogo **sie** è maiuscolo perché è all'inizio della frase quindi significa *loro* perché si riferisce sia a Paul e a suo fratello sia ad Anna e a sua sorella. **Sie kommen...**, *loro vengono...* All'indicativo presente della 3ª persona plurale il verbo aggiunge **-en** alla radice, tranne **sein**, *essere,* che è irregolare: **sie sind**, *loro sono*.

5 – Da hast du [6] recht!
6 – **Al**so! Was **ma**chen wir jetzt?
7 – Wir **blei**ben cool. □

*5 da: Hast du: rèçht **6 al**zo:! vas **ma**cHən vi:ª iètst **7** vi:ª **blai**bən cu:l*

Osservazioni sulla pronuncia

(5) Il gruppo **ch** preceduto dalla **e** ha lo stesso suono dolce di **ich**, *io*. Ascoltate bene le registrazioni (se le avete) perché si tratta di un suono che noi italiani non riproduciamo naturalmente. Per pronunciarlo toccate il palato con la parte posteriore della lingua e soffiate: **recht** *[rèçHt]*.

Note

6 La coniugazione del verbo **haben**, *avere*, è irregolare alla 2ª persona singolare dell'indicativo presente: **du hast**, *tu hai*.

***

Übung 1 – Übersetzen Sie bitte!

❶ Anna und ihr Bruder sind nicht da. ❷ Sind Paul und seine Schwester da? ❸ Sie kommen später. ❹ Du hast recht. ❺ Wo sind Paul und sein Bruder?

Übung 2 – Ergänzen Sie bitte!

❶ Ci sono tutti?
.... alle da?

❷ Anna e suo fratello sono qui.
Anna und .... sind da.

❸ Anna e sua sorella arrivano subito.
Anna und .... kommen sofort.

❹ Tu hai sempre ragione.
...... immer recht.

❺ Possiamo cominciare.
Wir können ....

5 – *(Qui)* Hai ragione.
6 – Allora! Cosa facciamo adesso?
7 – Restiamo tranquilli.

***

Soluzioni dell'esercizio 1

❶ Anna e suo fratello non sono qui. ❷ Paul e sua sorella sono qui? ❸ Arrivano più tardi. ❹ Hai ragione. ❺ Dove sono Paul e suo fratello?

Soluzioni dell'esercizio 2

❶ Sind – ❷ – ihr Bruder – ❸ – ihre Schwester – ❹ Du hast – ❺ – anfangen

La puntualità tedesca: mito o realtà? La mentalità cambia, cambiano anche i vizi e le virtù. I tedeschi, però, restano perlopiù puntuali e i ritardatari sono coscienti che non rispettare gli orari viene considerato segno di maleducazione. Cosa non così scontata in altri paesi…

Zwölfte Lektion *[tsvoelftə lèktsio:n]*

Ein [1] gutes Essen [2]

1 – Wer [3] kocht denn da?
2 – Mein Mann. Pro**bier** [4] mal [5]!
3 – Mmh! Es schmeckt gut. [6]
4 Kocht er oft?

Pronuncia

*ein **gu:**təs **è**ssən **1** vè:ª kocHt dènn da: **2** main mann. pro**bi:**ª ma:l*
***3** mmh! ès shmèkt gu:t **4** kocHt è:ª oft*

Osservazioni sulla pronuncia

(1), (2), (4), (5), (7) Ecco l'occasione per esercitarsi con la pronuncia della **r** finale il cui suono corrisponde a quello di una **a** breve e soffiata, che trascriviamo *[ª]*: wer *[vè:ª]*, probier *[pro**bi:**ª]*, er *[è:ª]*, sehr *[zè:ª]*, guter *[**gu:**tª]*.
(4), (7) Il **ch** del gruppo **och** *[ocH]*, è gutturale come in **ach**!: **kocht** *[kocHt]*, **Koch** *[kocH]*.

Note

1 L'articolo indeterminativo **ein** si usa sia per il neutro sia per il maschile singolare: **ein gutes Essen**, *un buon pasto*, **ein guter Koch**, *un buon cuoco* (cfr. F7), **ein guter Arzt**, *un buon dottore* (cfr. F7). → **das Essen** è un sostantivo neutro, ma **der Koch**, *il cuoco*, e **der Arzt**, *il dottore/medico*, sono sostantivi maschili. L'aggettivo qualificativo preceduto dall'articolo indeterminativo aggiunge il suffisso **-es** al neutro singolare e **-er** al maschile singolare. Per il momento ci limitiamo a osservare il caso del soggetto e dei suoi attributi.

2 In tedesco molti verbi all'infinito possono essere sostantivati: **das Essen**, *il pasto/cibo*, è il sostantivo che deriva dal verbo **essen**, *mangiare*. Gli infiniti sostantivati sono sempre neutri e si scrivono con l'iniziale maiuscola. Non hanno la forma plurale e in italiano possiamo tradurli con un sostantivo, un verbo all'infinito o un gerundio.

Dodicesima lezione

Un pasto saporito *(buon mangiare)*

1 – Chi cucina *(allora qui)*?
2 – Mio marito. Dai, assaggia *(Prova volta)*!
3 – Mmm! Che buono *(Esso è saporito)*!
4 Cucina *(lui)* spesso?

3 **wer**, che abbiamo incontrato alla lezione 2, corrisponde al pronome/avverbio interrogativo e pronome relativo soggetto *chi*: **Wer ist das?**, *Chi è?*; **Wer kocht denn da?**, *Chi cucina?*

4 **Probier...!**, *Assaggia/Prova...!* è l'imperativo della 2ª persona singolare **du**, *tu*. Per la maggior parte dei verbi, l'imperativo si forma dal presente indicativo della 2ª persona singolare senza il pronome personale **du**, *tu,* e senza la desinenza **-st**: **probieren**, *assaggiare* → **du probierst**, *tu assaggi* → **Probier mal!**, *Dai assaggia!*

5 La particella modale rafforzativa **mal**, forma abbreviata di **einmal**, *una volta*, è molto usata nel linguaggio colloquiale. Possiamo tradurla in vari modi a seconda del contesto: *dai*, *un po'*, *su*, o non tradurla affatto.

6 Il verbo **schmecken** si usa in riferimento a bevande e alimenti e ha il significato di *essere buono, avere un buon sapore*. Spesso lo si usa con **gut**, *buono*; **sehr gut**, *buonissimo*; **nicht gut**, *cattivo/non buono*, ecc: **Es schmeckt gut!**, *È buono!* Per chiedere a qcn se apprezza ciò che sta mangiando o bevendo, potete usare: **Schmeckt's?/Wie schmeckt's?**, *È buono?, Ha un buon sapore?* Notate **'s**: è la contrazione del pronome neutro **es**, *esso*.

5 – Ja, sehr oft.
6 – Was für ein Glück! [7] Man [8] sagt ja [9]:
7 „Ein **gu**ter Koch ist ein **gu**ter Arzt.“ □

5 *ia: zè:ª oft* ***6*** *vass fu:ª ain gluek! man za:gt ia:* ***7*** *ain* ***gu:****tª kocH ist ain* ***gu:****tª artst*

Osservazioni sulla pronuncia

(7) **La a** di **Arzt** può essere breve o avere un suono allungato: *[a:rtst]*. Diffidate dell'ortografia! Anche se si pronuncia *[tst]*, **Arzt** si scrive con una sola **t** finale. La prima **t** fa parte della pronuncia della **z** *[ts]*.

Note

7 In questa frase la locuzione **Was für ein(e)...** (lett. "cosa per un(a)"), *Che...* + sostantivo serve a esprimere un'esclamazione: **Was für ein Glück!**, *Che fortuna!*

***

Übung 1 – Übersetzen Sie bitte!

❶ Er kocht sehr oft. ❷ Mein Mann ist Koch. ❸ Wer ist ein guter Arzt? ❹ Wie schmeckt's? ❺ Ein guter Koch ist ein guter Arzt.

Übung 2 – Ergänzen Sie bitte!

❶ Tu cucini spesso?
. . . . oft?

❷ Chi cucina oggi?
. . . . heute?

❸ È buonissimo!
. . . . sehr gut.

5 – **Sì, spessissimo** *(molto spesso)*.
6 – **Che** *(Cosa per una)* **fortuna! Si può ben dire** *(Si dice sì)*:
7 **"Un buon cuoco è un dono degli dei** *(è un buon dottore)*."

8 **man** corrisponde al nostro *si* impersonale. Si usa quando non si può o non si vuole specificare il soggetto della frase: **Man sagt ja...**, *Si dice che...* In tedesco **man** non può mai sostituire **wir,** *noi,* come avviene con il *si* impersonale italiano: **Was machen wir jetzt?**, *Che si fa adesso?* (cfr. L11).

9 **ja** non è solo l'affermazione *sì*. All'interno di una frase, serve a rafforzare un'affermazione o un'esclamazione con il significato di *bene*, *veramente* o *ma*: **Man sagt ja...**, *Si può ben dire...*

***

Soluzioni dell'esercizio 1

❶ Cucina spesso. ❷ Mio marito è cuoco. ❸ Chi è un buon medico? ❹ È buono? ❺ Un buon cuoco è uno dono degli dei *(un buon dottore)*.

❹ Dai, assaggia!
.... **mal!**

❺ Mio marito è un buon cuoco.
Mein Mann ist ... . **Koch.**

Soluzioni dell'esercizio 2

❶ Kochst du – ❷ Wer kocht – ❸ Es schmeckt – ❹ Probier – ❺ – ein guter –

13 Dreizehnte Lektion *[**drai**-tse:ntə lèk**tsio:n**]*

Alle aufstehen [1]!

1 – **Gu**ten **Mor**gen! [2] Was trinkt ihr zum [3] **Früh**stück?
2 – Ich **trin**ke Tee und **Pie**rre **Ka**ffee [4].
3 – Und was esst [5] ihr?
4 – **Pie**rre isst **we**nig,
5 **a**ber ich **es**se viel:
6 Brot mit **But**ter, **Kä**se und Wurst, Obst.
7 Und nicht zu ver**ges**sen [6] das **Früh**stücksei! ☐

Pronuncia

*allə **auf**shte:ən **1 gu:**tən **mor**ghən! vass triñkt i:ᵃ tsum **frue:**-shtuek **2** içh **triñ**kə te: unt **pie**rre **ka**fe: **3** unt vass ist i:ᵃ **4 pie**rre isst **ve:**niçh **5 a:**bᵃ içh **è**ssə fi:l **6** bro:t mit **butt**ᵃ **kè:**zə unt vurst opst **7** unt niçht tsu: fèr**ghè**ssən das **frue:**-shtueks-ai*

Osservazioni sulla pronuncia

(1) La pronuncia del gruppo **nk** in **trinken** è nasalizzata. Come quella dei gruppi **ang**, **ank** e **ung** che abbiamo incontrato nelle scorse lezioni.
(2) **Der Kaffee**, *il caffè* (la bevanda), si può pronunciare in due modi: facendo cadere l'accento sulla prima sillaba e producendo una **e** finale breve *[**ka**fe]*, oppure facendo cadere l'accento sulla seconda sillaba e allungando leggermente il suono della **e** *[ka**fe:**]*.

Note

1 In tedesco, per impartire un ordine, oltre all'imperativo è possibile usare il verbo all'infinito, nel titolo: **Aufstehen!** (lett. "[sopra]-stare"). Attenzione: **aufstehen** non è pronominale come il suo equivalente italiano *alzarsi*.

2 **Guten Morgen!** (lett. "buon mattino"), *Buongiorno!* corrisponde all'inglese ***Good morning!*** Si usa dall'alba fino alle 10.30 / 11.00 del mattino. **Der Morgen** significa *il mattino*.

Tredicesima lezione

Tutti in piedi!
(Tutti alzarsi)

1 – Buongiorno *(Buono mattino)*! Cosa bevete *(voi)* a colazione *(presto-pezzo)*?
2 – Io tè e Pierre caffè.
3 – E cosa mangiate *(voi)*?
4 – Pierre mangia poco
5 ma io mangio molto:
6 pane con burro, formaggio e salumi *(salsiccia)*, frutta.
7 E non dimentichiamoci *(non da dimenticare)* l'uovo sodo *(colazione-uovo)*!

3 **zum** è la forma contratta di **zu dem**, ossia della preposizione **zu** unita all'articolo **dem**. Per il momento ricordate soltanto che **dem** è la forma declinata al dativo di **das**: **das Frühstück** → **zum (= zu dem) Frühstück**.

4 **der Tee**, **der Kaffee**, **der Käse**, sono sostantivi maschili, **die Wurst** è invece un sostantivo femminile. *La frutta* si traduce sia con il neutro singolare **das Obst**, sia con la forma plurale **die Früchte**. In italiano per indicare una quantità imprecisata ricorriamo generalmente agli articoli partitivi: *di, del, dello/a, degli/delle* seguiti dal sostantivo, mentre in tedesco il sostantivo è usato senza l'articolo. Facile, no? **Ich trinke Tee und Pierre Kaffee**, *Io bevo (del) tè e Pierre (del) caffè* (cfr. F6).

5 Alcuni verbi modificano la vocale radicale **-e** alla 2ª e alla 3ª persona singolare: la **e** diventa **i** o **ie**: **essen**, *mangiare*: **ich esse**, *io mangio*; **du isst**, *tu mangi*; **er/sie/es isst**, *lui/lei/esso mangia*; **wir essen**, *noi mangiamo*; **sehen** ***[ze:ən]***, *vedere*: **ich sehe**, *io vedo*; **du siehst**, *tu vedi*; **er/sie/es sieht**, *lui/lei/esso vede*; **wir sehen**, *noi vediamo*.

6 **zu** + verbo all'infinito corrisponde alla frase infinitiva italiana introdotta dalle preposizioni *a/per/di/da*... + verbo all'infinito: **Und nicht zu vergessen:** *da non dimenticare / senza dimenticare*...

Übung 1 – Übersetzen Sie bitte!

❶ Guten Morgen! Trinkt ihr Kaffee? ❷ Was esst ihr zum Frühstück? ❸ Er isst Brot mit Käse. ❹ Ich trinke Tee. ❺ Wo ist das Frühstücksei?

Übung 2 – Ergänzen Sie bitte!

❶ Tu bevi caffè e tè?
.... Kaffee und Tee?

❷ Mangio pane e formaggio.
Ich esse ....

❸ Noi mangiamo molto.
.... viel.

***

Nei paesi di lingua tedesca la colazione è un pasto sostanzioso e solitamente più a base dolce che salata. Se siete amanti del pane, in Germania ne troverete circa 300 varietà: bianco, nero, di segale, ai cereali, ai semi di girasole... Ma anche di tutte le forme: a cassetta, già affettato, a forma triangolare o di pallina. E in nessuna panetteria potrà mai mancare il famoso panino **das Brötchen**.

14

Vierzehnte Lektion *[fi:ª-tse:ntə lèk**tsio:n**]*

Wiederholung – Ripasso

Eccoci finalmente alla seconda lezione di ripasso. In questa lezione ripercorreremo le regole grammaticali che abbiamo incontrato nelle ultime sei lezioni e completeremo le spiegazioni su quanto imparato nelle prime sette lezioni. Se qualcosa non fosse chiaro, non esitate a rileggere la prima lezione di ripasso. E ricordate sempre il celebre detto: "Per costruire una casa forte ci vogliono fondamenta solide".

1 Introduzione alla declinazione

Il sostantivo, insieme a tutti gli elementi che lo accompagnano (articolo, aggettivo qualificativo), o il pronome possono svolgere

Soluzioni dell'esercizio 1
❶ Buongiorno! Bevete il caffè? ❷ Cosa mangiate a colazione? ❸ Lui mangia pane e *(con)* formaggio. ❹ Io bevo il tè. ❺ Dov'è l'uovo sodo?

❹ Cosa mangi tu?
Was . . . . . ?
❺ Mangia il formaggio a colazione?
Isst er Käse . . . . ?

Soluzioni dell'esercizio 2
❶ Trinkst du – ❷ – Brot und Käse ❸ Wir essen – ❹ – isst du ❺ – zum Frühstück

14

Quattordicesima lezione

varie funzioni all'interno della frase: soggetto, complemento oggetto, complemento di termine o di specificazione. A ciascuna di queste quattro funzioni corrisponde un caso e l'insieme di questi quattro casi forma la declinazione. Il primo caso è il nominativo, il caso del soggetto e dei suoi attributi.

2 I pronomi personali al nominativo

– singolare: **ich**, *io*; **du**, *tu*; **er**, *lui/egli*; **sie**, *lei/ella*; **es** *esso,* pronome personale neutro, che, come abbiamo visto, può essere usato come soggetto in alcune costruzioni impersonali o locuzioni fisse.
– plurale: **wir**, *noi*; **ihr**, *voi;*, **sie**, *loro*;
– forma di cortesia: **Sie**, *Lei/Voi*, per rivolgersi a una o più persone. Il verbo si coniuga come alla 3ª persona plurale.

3 Gli articoli al caso nominativo

– Al singolare l'articolo determinativo ha tre generi: **der** maschile, **die** femminile e **das** neutro.
– Al plurale c'è un solo articolo per tutti e tre i generi: **die**.
– Gli articoli indeterminativi **ein**, *un, uno*; **eine**, *una/un'*, non hanno la forma plurale. Il gruppo nominale si costruisce senza articolo: **Das ist ein schönes Haus**, *È una bella casa*; **Das sind schöne Schlafzimmer**, *(Queste) Sono delle belle camere da letto.*

Articolo	M	F	N	Plurale
Determinativo	**der** **Garten**	**die** **Küche**	**das** **Haus**	**die** **Schlafzimmer**
Indeterminativo	**ein** **Garten**	**eine** **Küche**	**ein** **Haus**	**-** **Schlafzimmer**

Questa tabella si limita alla declinazione dell'articolo al nominativo.

4 Il presente indicativo

In questa tabella è riportata la coniugazione a tutte le persone:
– dei verbi regolari;
– dei verbi che cambiano la vocale alla 2ª e alla 3ª persona singolare: **a → ä** e **e → i/ie**;
– dei verbi regolari la cui radice termina per **-t**: aggiunta della **e** eufonica alla radice. Questa regola vale anche per i verbi la cui radice termina in **-d** o con un gruppo consonantico come **-chn**;
– dei verbi la cui radice termina con **-ß**, **-s(s)**, **-(t)z**;
– dei verbi/ausiliari **sein**, *essere*, e **haben**, *avere*.

	Verbo regolare **lernen**	Verbo in **a → ä** **fahren**	Verbo in **e → i** **essen**	Verbo in **e → ie** **sehen**
ich	**lerne**	**fahre**	**esse**	**sehe**
du	**lernst**	**fährst**	**isst**	**siehst**
er, sie, es	**lernt**	**fährt**	**isst**	**sieht**

wir	lernen	fahren	essen	sehen
ihr	lernt	fahrt	esst	seht
sie	lernen	fahren	essen	sehen
Sie	lernen	fahren	essen	sehen

	Verbo la cui radice termina per **-t**, **-d** o più consonanti **arbeiten**	Verbo la cui radice termina in **-ß**, **-(s)s**, **-(t)z** **heißen**	Verbo **sein**	Verbo **haben**
ich	arbeite	heiße	bin	habe
du	arbeitest	heißt	bist	hast
er, sie, es	arbeitet	heißt	ist	hat
wir	arbeiten	heißen	sind	haben
ihr	arbeitet	heißt	seid	habt
sie	arbeiten	heißen	sind	haben
Sie	arbeiten	heißen	sind	haben

5 L'imperativo: 2ª persona singolare e forma di cortesia

Il suo uso è uguale a quello del suo equivalente in italiano. La sua coniugazione è simile a quella del presente indicativo e si forma come segue:

• 2ª persona singolare = si coniuga generalmente come il presente indicativo senza il pronome **du** e senza la desinenza **-st** (o **-t** per i verbi terminanti in **-ß**, **-s(s)**, **-(t)z**):

du probierst, *tu assaggi* → **Probier!**, *Assaggia!*
du isst, *tu mangi* → **Iss!**, *Mangia!*
du arbeitest, *tu lavori* → **Arbeite!**, *Lavora!*

Prestate attenzione a questa forma irregolare: i verbi che cambiano la vocale radicale da **a** → **ä** perdono l'**Umlaut** all'imperativo:

du fährst, *tu vai (in auto...) / guidi* → **Fahr!**, *Vai! / Guida!*

Eccezione: **du bist**, *tu sei* → **Sei!**, *Sii!*

• forma di cortesia = si coniuga generalmente come il presente indicativo della 3ª persona plurale, ma soggetto e verbo si invertono:

Sie probieren, *loro assaggiano* → **Probieren Sie!**, *Assaggi!*
Sie arbeiten, *loro lavorano* → **Arbeiten Sie!**, *Lavori!*
Sie fahren, *loro vanno (in auto) / guidano* → **Fahren Sie!**, *Vada! / Guidi!*
Eccezione: **Sie sind**, *Loro sono* → **Seien Sie!**, *Sia!/Siate!*

6 Il pronome interrogativo *wo* e la preposizione di luogo *in*

Il pronome interrogativo **wo** si usa per domandare la posizione o il luogo in cui si trova qualcuno o qualcosa:
Wo wohnen Sie?, *Dove abita?*

La preposizione **in** si usa con i nomi geografici nelle risposte alle domande introdotte da **wo**, *dove?* Serve a indicare il luogo in cui si trova qcn o qcs:
Ich wohne in Konstanz, *abito a Costanza*.

7 Altri pronomi interrogativi

Abbiamo incontrato: **wer**, *chi*, al nominativo; **wie**, *come/quanto*; **was**, *cosa/che cosa*.

8 Sintassi di una frase semplice (= proposizione indipendente)

La sintassi tedesca è abbastanza complessa e varia in funzione del tipo di frase che si vuole costruire. In una frase affermativa semplice (soggetto + verbo + complemento), il verbo coniugato occupa sempre la posizione II, mentre il soggetto occupa la posizione I: → **Wir kommen sofort**, *Veniamo subito.* E poiché il verbo occupa sempre la posizione II, se la frase è introdotta da un complemento, il soggetto va a occupare la posizione III subito dopo il verbo → **Endlich seid ihr da!**, *Finalmente siete qui!* La costruzione della frase in questi casi è simile a quella italiana. Ma non è sempre così... Ne riparleremo più avanti perché ora è il momento di mettere alla prova le conoscenze acquisite con il dialogo di ripasso.

Wiederholungsdialog

1 – Bitte komm herein!
2 – Können wir anfangen?
3 – Nein, Paul kommt etwas später.
4 – Mensch! Was macht er denn?
5 – Er trinkt Kaffee... mit Anastasia.
6 – Mit Anastasia! Was für ein Glück!
7 Und wir arbeiten.
8 – Hi, da bin ich.
9 Wir können anfangen.
10 – Nein, zu spät.
11 Jetzt bin ich müde.

Traduzione del dialogo

1 Prego, entra! **2** Possiamo cominciare? **3** No, Paul arriverà un po' più tardi. **4** Uffa! Ma cosa fa? **5** Prende *(Beve)* il caffè... con Anastasia. **6** Con Anastasia! Che fortuna! **7** E noi lavoriamo. **8** Ciao! Sono qui. **9** Possiamo cominciare. **10** No, troppo tardi. **11** Adesso sono stanco.

***

Übersetzen Sie bitte!

❶ du isst, er isst, ihr esst ❷ Paul und sein Bruder ❸ Anna und ihre Schwester ❹ Bitte kommen Sie herein. ❺ Alle aufstehen! Es ist spät.

Soluzioni dell'esercizio

❶ tu mangi, lui mangia, voi mangiate ❷ Paul e suo fratello ❸ Anna e sua sorella ❹ Prego, entri. ❺ Tutti in piedi! È tardi.

Fünfzehnte Lektion *[fuenf-tse:ntə lèktsio:n]*

Mist! [1]

1 – Ich **fin**de [2] die **Au**topapiere [3] nicht [4].
2 – Und ich **fin**de den **Haus**schlüssel nicht.

Pronuncia

*mist **1** içh **fin**də di: **au**to-papi:rə niçht **2** unt içh **fin**də de:n **Haus**-shluessəl niçht*

Osservazioni sulla pronuncia

(1), (2), (3) La vocale seguita dalla **n** è breve: **finde** *[**fin**də]*, **Wunder** *[**vund**[ə]]* e **Unordnung** *[**un**ordnuñg]*.

Note

1 **Mist!** è un'esclamazione. Serve a esprimere una delusione, un rimpianto o una sorpresa spiacevole. Deriva da **der Mist**, *il letame*, ed equivale ai nostri *che sfiga!/accidenti!/cavolo!*

2 Il verbo **finden** è regolare, ma aggiunge una **e** eufonica alla 2ª e alla 3ª persona singolare e alla 2ª persona plurale in quanto la radice termina per **-d** (si coniuga come **arbeiten**, *lavorare*): **ich finde, du findest, er/sie/es findet, wir finden, ihr findet, sie/Sie finden**.

3 Questa lezione introduce l'accusativo. Si tratta del secondo caso della declinazione tedesca e corrisponde al complemento oggetto. In genere i verbi tedeschi reggono l'accusativo come i loro equivalenti italiani: **etwas finden/aufräumen/kaputt machen/haben**, *trovare, riordinare, rompere, avere qualcosa*. La sua declinazione è piuttosto semplice, in quanto è uguale al caso nominativo tranne che al maschile. Osserviamo la declinazione dell'articolo determinativo e indeterminativo: **der**, *il*, diventa **den** e **ein**, *un*, diventa **einen**: **der Hausschlüssel**, *la chiave di casa* → **Ich finde den Hausschlüssel nicht**, *Non trovo la chiave di casa* (cfr. F2) / **ein Teller**, *un piatto* → **Ich habe einen Teller kaputt gemacht**, *Ho rotto un piatto* (cfr. F6). La declinazione dei generi neutro e femminile e del plurale è identica a quella del nominativo: **das Wohnzimmer** (n.), *il*

Quindicesima lezione

Accidenti (*Letame*)!

1 – Non trovo la patente *(macchina-documenti)*.
2 – E io non trovo le chiavi di casa *(casa-chiave)*.

salotto; **die Küche** (f.), *la cucina* → **Ich räume das Wohnzimmer auf, und du die Küche** (cfr. F5); **die Autopapiere** (plurale), *la patente, i documenti della macchina* → **Ich finde die Autopapiere nicht**; **eine Tasse** (f.), *una tazza*; **ein Glas** (n.), *un bicchiere* → **Ich habe eine Tasse** *[tassə]* **und ein Glas** *[gla:ss]* **kaputt gemacht**.

4 In tedesco la negazione si costruisce in due modi:
1) con **nicht**, *non…*, che è la negazione principale e occupa diverse posizioni all'interno della frase: soggetto + verbo coniugato + complemento oggetto + **nicht**: **Ich finde die Autopapiere nicht**; **Und ich finde den Hausschlüssel nicht**. In questo caso si nega l'intera frase.
2) con **kein** *nessuno/a*, che serve a negare il gruppo nominale senza articolo o l'articolo indeterminativo: **(Es ist) ein Wunder**, *(È) un miracolo* → **(Es ist) Kein Wunder bei der Unordnung**, *Non c'è da meravigliarsi* (non è nessun miracolo) *con questo disordine*; **Ich habe einen Teller kaputt gemacht** (cfr. F6) → **Ich habe keinen Teller kaputt gemacht**, *Non ho rotto nessun piatto*. Contrariamente a **nicht**, **kein** è declinabile: si declina come l'articolo indeterminativo al singolare (si vedano gli esempi precedenti) e possiede la forma plurale: **keine** al nominativo e all'accusativo plurale → **Es sind keine Ferien**, *(Queste) Non sono ferie*; **Ich habe keine Papiere**, *Non ho i documenti*.

3 – Kein **Wun**der bei der **Un**ordnung [5]!
4 – Stimmt! [6] Lass uns [7] mal [8] **auf**räumen.
5 Ich **räu**me das **Wohn**zimmer auf, und du die **Kü**che.
6 – **Okay**!... Mist, ich **ha**be **ei**nen **Te**ller ka**putt** ge**macht**. [9]
7 – Das [10] macht nichts. „**Scher**ben **brin**gen Glück". □

*3 kain **vund**ª bai de:ª **un**ordnuñg **4** shtimt! lass uns mal **auf**roimən **5** içh **roi**mə das **vo:n**-tsimmª auf unt du: di: **kue**çhə **6** o**key**! mist içh **Ha**bə **ai**nə **tèll**ª ka**put** ghe**macHt 7** das macHt niçhts. **shèr**bən **briñ**ghən gluek*

Osservazioni sulla pronuncia

(3), (7) Il gruppo **ng/nk** preceduto da una vocale ha un suono nasalizzato che trascriviamo: *[ñg]/[ñk]* (Unordnung *[**un**-ordnuñg]*; bringen *[**briñ**ghən]*; danke *[**dañ**kə]* (cfr. L6).
(4), (5) Il dittongo **äu** si pronuncia *[oi]* come nell'italiano "poi": **aufräumen** *[**auf**-roimən]*; räume... auf *[**roi**mə auf]*.
(6) La vocale **e** nel gruppo **ell** è aperta *[è]*: Teller *[**tèll**ª]*.

Note

5 • **bei der Unordnung**, *con questo disordine*. Ecco il dativo, il terzo caso della declinazione. La preposizione **bei** regge sempre il dativo. Infatti qui **der** è il dativo dell'articolo determinativo femminile **die**. Ma lo approfondiremo in seguito.
• **die Ordnung** traduce *l'ordine*, e **die Unordnung**, *il disordine*. Il prefisso **un-** serve a negare o a esprimere il contrario di qcs: **das Glück**, *la fortuna/felicità*, e **das Unglück**, *la sfortuna/infelicità*; **glücklich**, *felice/fortunato*, e **unglücklich**, *infelice/sfortunato*. I sostantivi terminanti in **-ung** sono tutti femminili.

6 **Stimmt!** è la 3ª persona singolare al presente indicativo del verbo **stimmen** e si traduce *essere giusto/vero/corretto*. Memorizzate la locuzione **Es stimmt!** o **Das stimmt!**

3 – **Non c'è da meravigliarsi** *(Nessuna meraviglia)* **con questo disordine!**
4 – **Giusto! Riordiniamo** *(Lasciaci una volta riordinare)*.
5 **Io riordino il salotto** *(abitare-stanza)* **e tu la cucina.**
6 – **OK!... Cavolo, ho rotto un piatto** *(un piatto rotto fatto)*.
7 – **Non fa niente** *(Questo fa niente)*. **"I cocci portano fortuna."**

7 • **Lass uns aufräumen!** (lett. "lasciaci riordinare"), *riordiniamo!*, è l'imperativo con il pronome personale plurale **uns**, *noi*, che è l'accusativo di **wir**. Si costruisce con il verbo **lassen**, *lasciare*.
• **Lass uns...! / Lasst uns...!** + verbo all'infinito in fondo alla frase serve a costruire l'imperativo della 1ª persona plurale. Questa costruzione equivale esattamente a quella inglese **Let's** + infinito: **Lasst uns gehen!**, *Andiamo!*; **Lass uns essen!**, *Mangiamo!* (lett. "lasciateci andare!, lasciaci mangiare!"). L'imperativo della 1ª persona plurale si costruisce anche in un altro modo, ossia invertendo il verbo al presente indicativo con il soggetto: **wir sagen**, *noi diciamo* → **Sagen wir!**, *Diciamo!* Eccezione: **wir sind**, *noi siamo* → **Seien wir!**, *Siamo!*
• Osservate un altro esempio, molto diffuso, con **lassen** all'imperativo unito al pronome personale **ich** all'accusativo: **Lass mich (mal)...!**, *Lasciami/Fammi...!* / **Lasst mich (mal)...!**, *Lasciatemi/Fatemi...!*; **Lass mich mal machen!**, *Lasciami fare!*; **Lasst mich schlafen!**, *Lasciatemi/Fatemi dormire!*

8 Qui **mal**, *volta*, è usato come intercalare e pertanto non si traduce.

9 **Mist, ich habe einen Teller kaputt gemacht**, *Cavolo, ho rotto un piatto*. Questa frase è al Perfekt, che equivale al nostro passato prossimo. Come avrete notato, il participio passato **kaputt gemacht** si trova in ultima posizione, in fondo alla frase.

10 L'articolo **das** ricorre nel linguaggio parlato come pronome dimostrativo con il significato di *ciò/questo/questa cosa*. Serve a conferire maggiore enfasi rispetto al pronome neutro **es**, *esso*: **Das macht nichts**, *Non fa niente*.

Übung 1 – Übersetzen Sie bitte!

❶ Wir finden den Hausschlüssel nicht. ❷ Kein Wunder! ❸ Wir räumen auf. ❹ Lass uns aufräumen! ❺ Ich habe den Teller kaputt gemacht.

Übung 2 – Ergänzen Sie bitte!

❶ Non trovo il piatto.
Ich finde . . . . nicht.

❷ Ho rotto un bicchiere.
Ich habe . . . . kaputt gemacht.

❸ Tu riordini la cucina.
Du räumst . . . . auf.

❹ Non fa niente!
Das . . . . . nichts!

❺ I cocci portano fortuna.
Scherben . . . . Glück.

16

Sechzehnte Lektion *[zè**çh**-tse:ntə lèk**tsio:n**]*

Seid ihr sicher,

1 – ihr kennt [1] den Weg?
2 – Ja, es ist ganz **ein**fach.
3 Wir **geh**en **imm**er gerade**aus**.

Pronuncia

*zait i:ª **ziçh**ª **1** i:ª kènt de:n ve:k **2** ia: ès ist gants **ain**facH **3** vi:ª **ghe:**ən **imm**ª ghera:de-**aus***

Osservazioni sulla pronuncia

(Titolo), (2), (4) Vi ricordate che il dittongo **ei** si pronuncia *[ai]* come in *mai*? Benissimo! Ecco allora altri esempi presi dal dialogo: **seid** *[zait]*, **einfach** *[**ain**facH]*, **nein** *[nain]*.

Soluzioni dell'esercizio 1

❶ Non troviamo la chiave di casa. ❷ Non c'è da meravigliarsi! ❸ Noi riordiniamo. ❹ Riordiniamo! ❺ Ho rotto il piatto.

Soluzioni dell'esercizio 2

❶ – den Teller – ❷ – ein Glas – ❸ – die Küche – ❹ – macht – ❺ – bringen –

***

Il proverbio tedesco **Scherben bringen Glück**, I cocci portano fortuna, *si usa quando si rompe involontariamente un oggetto di vetro o di porcellana. Si tratta di un detto piuttosto diffuso che, secondo molte fonti, deriva da* **Polterabend**, *festa d'addio al celibato (anche detta "sera del baccano"), una festa che trae origine dalle antiche tradizioni germaniche pagane e che i futuri sposi celebrano alla vigilia delle nozze. Secondo la tradizione gli invitati degli sposi devono portare alla festa delle stoviglie da rompere nel corso della serata. Il rumore provocato dalla rottura dei piatti avrebbe lo scopo di spaventare e allontanare gli spiriti cattivi e quindi di portare felicità al matrimonio.* **poltern** *significa* fare baccano *e* **das Poltern** il baccano.

16

Sedicesima lezione

Siete sicuri,

1 – [che] conoscete la strada?
2 – Sì, è facilissimo *(completamente facile)*.
3 Andiamo sempre dritto *(tutto dritto)*.

Note

1 Tra i verbi che reggono l'accusativo c'è **kennen**, *conoscere* + complemento oggetto: **der Weg**, *la strada* → **Kennt ihr den Weg?**, *Conoscete la strada?*

4 – Nein! Wir **müssen** [2] nach links.
5 – Quatsch! Wir **müssen** nach rechts.
6 – Na [3], so **ein**fach ist es doch nicht! [4]
7 Warum [5] **fra**gen [6] wir nicht den Herrn [7] da? ☐

*4 nain! vi:ª**mue**ssən na:cH liñks **5** kvatsc! vi:ª **mue**ssən na:cH rèçhts **6** na: zo: **ain**facH ist ès docH niçht **7** va**rum fra:**ghən vi:ª niçht de:n Hèªn da:*

Osservazioni sulla pronuncia

(5) La **u** nel gruppo **qu** *[kv]*, si pronuncia *[v]*: Quatsch *[kvatsc]*.

Note

2 **müssen**, *dovere*, è un verbo modale. Si usa per impartire un ordine, un obbligo o un comando e lo possiamo anche tradurre con la locuzione *bisogna*... + infinito. Anche in tedesco il verbo modale regge generalmente un verbo all'infinito. Ma a differenza dell'italiano, se l'infinito è facilmente deducibile dal contesto, questo è omesso e si usa il verbo modale da solo: **Wir müssen nach links/rechts** (cfr. F4-5), sottinteso **gehen**, *andare*, *Dobbiamo andare a sinistra/destra*. **müssen** è irregolare al singolare: la radice cambia e non aggiunge la desinenza alla 1ª e alla 3ª persona singolare. Al plurale, invece, si coniuga regolarmente: **ich muss, du musst, er/sie/es muss, wir müssen, ihr müsst, sie/Sie müssen**.

3 **na** è un'interiezione che esprime diverse emozioni (gioia, dubbio, fastidio...). A seconda del contesto può valere *bene*, *eh*, *allora*.

4 La sintassi tedesca vi riserverà spesso delle piccole sorprese. È quindi importante che vi abituiate ad alcune costruzioni che possono risultare complesse, specie all'inizio: **Na, so einfach ist es doch nicht** (lett. "eh, così facile è questo ma non"). In tedesco l'informazione o l'elemento

***

Übung 1 – Übersetzen Sie bitte!

❶ Ich muss nach rechts. ❷ Wir müssen nach links. ❸ Gehen Sie immer geradeaus. ❹ Der Herr kennt den Weg. ❺ Warum fragen wir nicht?

4 – No, dobbiamo [andare] a sinistra.
5 – Macché *(Sciocchezza)*! **Dobbiamo [andare] a destra.**
6 – Eh, non è così semplice *(così facile è esso ma non)*!
7 Perché non chiediamo al signore *(il signore)* **laggiù?**

che si vuole enfatizzare si trova generalmente all'inizio della frase come in questo caso: **so einfach**, *così facile*. Non dimenticatevi che il soggetto è posposto al verbo coniugato.

5 Ecco il pronome interrogativo **warum**, *perché*.

6 Attenzione! A differenza del suo equivalente italiano *domandare/chiedere a,* che regge il complemento di termine, il verbo **fragen** regge il complemento oggetto, il caso dell'accusativo: **Warum fragen wir nicht den Herrn da?**, *Perché non chiediamo al signore laggiù?*

7 In generale, i sostantivi all'accusativo non aggiungono desinenze. Tuttavia esistono alcuni sostantivi maschili che aggiungono il suffisso **-n** oppure, per ragioni fonetiche, il suffisso **-en**! Questa regola vale, tra gli altri, per i sostantivi terminanti in **-e**: **der Name**, *il nome* → **Kennst du den Namen?**, *Conosci il nome?* oltre che per **der Herr**, *il signore* → **Ich frage mal den Herrn**, *Chiedo al signore* (lett. "chiedo una volta al signore").

***

Soluzioni dell'esercizio 1

❶ Devo andare a destra. ❷ Dobbiamo andare a sinistra. ❸ Vada sempre dritto. ❹ Il signore conosce la strada. ❺ Perché non chiediamo?

Übung 2 – Ergänzen Sie bitte!

1. Conosco la strada.
   Ich kenne ... .
2. Andate sempre dritto.
   Gehen Sie ... ...
3. Chiediamo al signore.
   Wir fragen ... ...
4. Conosci il signore?
   ... . den Herrn?
5. È molto facile.
   Es ist ... ...

17

Siebzehnte Lektion *[**zi:p**-tse:ntə lèk**tsio:n**]*

Hallo!

1 – Ich **hö**re Sie [1] schlecht.
2 – Und jetzt? **Hö**ren Sie mich **bes**ser?

Pronuncia

***Ha**lo 1 içh **Hoe:**rə zi: shlèçht **2** unt iètst? **Hoe:**rən zi: miçh **bè**ss[a]*

Osservazioni sulla pronuncia

(1), (2), (3), (6) Ecco l'occasione per esercitarsi con il suono della vocale ö che può essere breve o lunga. Si pronuncia articolando una *[e]* con le labbra nella posizione di *[o]* come il francese *[eu]* oppure *[eu:]* quando la vocale è lunga: hōre *[**hoe:**rə]*, hören *[**hoe:**rən]*, möchten *[**moeçH**tən]*, e können *[**koen**nən]*.

Note

1 Questa lezione introduce i pronomi personali all'accusativo. Si declinano come segue: mich *[miçh]*, *me/mi*; dich *[diçh]*, *te/ti*; ihn *[i:n]*, *lo*; sie *[zi:]*, *la*; es *[ès]*, *lo/la*; uns *[uns]*, *ci*; euch *[oiçH]*, *vi*; sie *[zi:]*, *li/le/loro*; Sie *[zi:]*, *La/Le/Vi* (cortesia): Ich höre Sie schlecht, *La sento male*; Hören Sie mich besser?, *Mi sente meglio?* (cfr. F2); Sie können ihn auf seinem

Soluzioni dell'esercizio 2
❶ – den Weg ❷ – immer geradeaus ❸ – den Herrn ❹ Kennst du – ❺ – ganz einfach

Non scoraggiatevi se la sintassi tedesca vi sembra complicata o se alcune frasi vi appaiono troppo complesse. All'inizio limitatevi a costruire frasi semplici composte da: soggetto + verbo + complemento. Quando vi sentirete più sicuri rispetto al vocabolario o alle regole grammaticali da applicare formulate delle frasi con altri complementi, per esempio di tempo, ma non dimenticate l'inversione soggetto/verbo. Piano, piano vi abituerete a questo tipo di costruzioni e allora potrete cimentarvi con frasi più articolate.* Na, so einfach ist es doch nicht. *Ma al momento è la priorità.

17

Diciassettesima lezione

Pronto!

1 – La sento *(Sento Lei)* male.
2 – E adesso? Mi sente *(Sente Lei me)* meglio?

Handy anrufen, *Lo può chiamare sul suo cellulare* (cfr. F6). Il pronome personale si posiziona dopo il gruppo soggetto/verbo coniugato e non tra il soggetto e il verbo coniugato come con le forme deboli dei pronomi personali in italiano.

3 – Ja, es geht. Wen [2] **möch**ten Sie **spre**chen? [3]
4 – Herrn Schmidt, Schmidt mit d t.
5 – Herr Schmidt ist **lei**der nicht da,
6 aber Sie **kö**nnen [4] ihn auf **sei**nem [5] **Han**dy **an**rufen.
7 – Wie ist [6] **sei**ne **Han**dynummer?
8 **Ha**llo?... **Ha**lloo? Ich **hö**re nichts. ☐

*3 ia: ès ghe:t. ve:n **moeçh**tən zi: **shprè**çhən 4 Hèᵃn shmit shmit mit de: te: 5 Hèᵃ shmit ist **lai**dᵃ niçht da: 6 **a:**bᵃ zi: **koe**nnən i:n auf **zai**nəm **Hèn**di **an**ru:fən 7 vi: ist **zai**nə **Hèn**di-nummᵃ 8 **Ha**lo? **Ha**loo? içh **hoe**:rə niçhts*

Osservazioni sulla pronuncia

(6), (7) **Handy**, *cellulare*, si pronuncia all'inglese *[**Hèn**di]*, sebbene non si tratti di un prestito dall'inglese.

Note

2 Il pronome interrogativo **wen**, *chi*, è all'accusativo: **Wen möchten Sie sprechen?**, *[Con] chi vorrebbe parlare?* In tedesco **sprechen**, *parlare*, regge l'accusativo, mentre in italiano *parlare* regge il complemento di termine: *parlare a qcn* **Sprechen** si costruisce molto spesso con la preposizione **mit** e si traduce *parlare con/a*. Ci ritorneremo.

3 **möcht-** è la forma coniugata di **mögen** e corrisponde al **Konjunktiv II** (= condizionale presente italiano). **mögen** è un verbo particolare che svolge funzioni diverse con significati diversi. Al **Konjunktiv II** svolge la funzione di verbo modale e si usa per formulare un desiderio o una richiesta cortese con il significato di *volere/desiderare*: **Wen möchten Sie sprechen?**, *Con chi vuole/desidera parlare?* Ma può anche tradurre *piacere/amare* o esprimere una predisposizione o un'avversione per qcn o qcs: **Ich mag keinen Kaffee**, *Non amo il caffè*. L'infinito, come avrete

***

Übung 1 – Übersetzen Sie bitte!

❶ Hören Sie mich? ❷ Ich höre ihn schlecht. ❸ Wen möchten Sie sprechen? ❹ Du kannst ihn auf seinem Handy erreichen. ❺ Wie ist seine Telefonnummer?

3 – **Sì, va bene. [Con] chi desidera parlare?**
4 – **[Con] il Signor Schmidt, Schmidt con d t.**
5 – **Il signor Schmidt putroppo non è qui,**
6 **ma lo può chiamare al suo cellulare** *(sul suo cellulare chiamare)*.
7 – **Qual è** *(Com'è)* **il suo numero di cellulare** *(cellulare-numero)*?
8 **Pronto?... Prontoo? [Non] sento niente.**

notato, va in fondo alla frase. Questa regola vale per tutti gli infiniti che sono retti da un verbo modale. Per adesso memorizzate la coniugazione di **mögen** al **Konjunktiv II** presente: **ich möchte, du möchtest, er/sie/es möchte, wir möchten, ihr möchtet, sie/Sie möchten**.

4 Anche **können** è un verbo modale e si usa per esprimere una possibilità, opportunità o capacità: *potere*:...**Sie können ihn auf seinem Handy anrufen/erreichen** *[**èrraiç**Hən]*,...*può chiamarlo / raggiungerlo al suo cellulare*. Anche in questo caso il verbo all'infinito va in fondo alla frase. All'indicativo presente **können** segue la stessa coniugazione di **müssen**: la radice cambia al singolare, non aggiunge le desinenze della 1ª e della 3ª persona singolare e al plurale si coniuga regolarmente: **ich kann, du kannst, er/sie/es kann, wir können, ihr könnt, sie/Sie können**. **möchten**.

5 L'aggettivo possessivo **seinem** è al dativo. Ne riparleremo.

6 **Wie ist...?** (lett. "com'è...") si traduce spesso *Qual è...?*: **Wie ist seine Handynummer?**, *Qual è il suo numero di cellulare?*; **Wie ist seine Telefonnummer** *[**telefo:n-numm**ª**]***?, *Qual è il suo numero di telefono?*; **Wie ist dein Name?**, *Qual è il tuo nome?* (cfr. L8). Per chiedere il numero di telefono si può anche usare: **Wie lautet seine Handynummer/Telefonnummer?**, *Qual è il suo numero di cellulare?* Sia **die Handynummer** sia **die Telefonnummer** sono sostantivi composti femminili e formano il plurale con il suffisso **-n**: **die Handynummern und die Telefonnummern**.

***

Soluzioni dell'esercizio 1

❶ Mi sente? ❷ Lo sento male. ❸ Con chi desidera parlare? ❹ Lo puoi raggiungere al suo cellulare. ❺ Qual è il suo numero di telefono?

Übung 2 – Ergänzen Sie bitte!

❶ Mi sente meglio?
Hören Sie .... ?

❷ Sì, va bene.
Ja, ...

❸ Qual è il suo numero di telefono? *(due opzioni possibili)*
Wie ... / ...... seine Handynummer?

❹ Purtroppo non è qui.
Er ist .... da.

❺ La sento male.
Ich .... schlecht.

18

Achtzehnte Lektion *[acHt-tse:ntə lèktsio:n]*

Gesund essen [1]

1 – Was darf [2] es für Sie [3] sein?

Pronuncia
ghezunt èssən 1 vas darf ès fu:ª zi: zain

Note

1 In un sintagma con il verbo all'infinito, il complemento o i complementi occupano la posizione I e sono quindi seguiti dall'infinito: **gesund essen** (lett. "sano mangiare"), *mangiare sano/in modo salutare*; **Deutsch lernen** (lett. "tedesco imparare"), *imparare il tedesco*.

2 Osservate la locuzione **Was darf es für Sie sein?**, *In cosa posso servirla?* **dürfen** è un verbo modale e si usa per chiedere un permesso, esprimere un diritto o un divieto. Lo traduciamo *potere/avere il diritto/il permesso di*. In questo esempio, tuttavia, **dürfen** perde il significato originale.

3 L'accusativo può essere retto da una preposizione. In questa frase la preposizione è **für**, *per*: **Was darf es für Sie sein?** → **Sie** = *Lei* di cortesia all'accusativo. **Das ist mein Vorsatz für das neue Jahr** → **das neue Jahr**

Soluzioni dell'esercizio 2
❶ – mich besser ❷ – es geht ❸ – ist/lautet – ❹ – leider nicht – ❺ – höre Sie –

Insieme a **Müller** *e a* **Meier, Schmidt/tt** *è il cognome più diffuso in Germania. Lo si può scrivere sia con* **-dt** *sia con* **-tt** *finale. Esiste una teoria per cui questa doppia ortografia sarebbe da attribuire alla confessione praticata. Il suffisso* **-dt** *designerebbe i cattolici,* **-tt** *i protestanti. Si tratta tuttavia di una teoria piuttosto controversa.*

18

Diciottesima lezione

Mangiare sano *(Sano mangiare)*

1 – Come posso servirla *(Cosa può per Lei essere)*?

= accusativo neutro (cfr. F9); **Ich mache es für dich**, *Lo faccio per te* → **dich** = accusativo del pronome personale **du**, *tu*. Altre preposizioni usate con l'accusativo sono: **durch**, *attraverso/per*; **gegen**, *contro*; **ohne**, *senza*; **um**, *circa/intorno a*: **Er ist gegen mich**, *È contro di me* → **mich** = accusativo del pronome personale **ich**, *io*.

2 – Wir **möch**ten [4] 2 (zwei) [5] **Ki**lo [6] **Äp**fel, 2 **Ki**lo **Bir**nen,
3 und was **kos**ten [7] die **Kir**schen?
4 – 5 (fünf) **Eu**ro das **Ki**lo. Pro**bie**ren Sie mal!
5 – Mmh! **Ge**ben Sie mir [8] **bi**tte zwei **Ki**lo **Kir**schen.
6 Und **ge**ben Sie mir **bi**tte auch O**ran**gen.
7 – **Kir**schen, **Äp**fel, **Bir**nen, O**ran**gen!
8 Was **wol**len [9] wir mit so viel Obst **ma**chen?
9 – Ge**sund** essen! Das ist mein **Vor**satz für das **neu**e Jahr.

*2 vi:ᵃ**moeçh**tən tsvai **ki**lo **èp**fəl tsvai **ki**lo **bir**nən **3** unt vass **kos**tən di: **kir**shən **4** fuenf **oi**ro das **ki**lo. pro**bi:**rən zi: ma:l **5** mmmh! **ghe:**bən zi: mi:ᵃ **bi**ttə tsvai **ki**lo **kir**shən **6** unt **ghe:**bən zi: mi:ᵃ **bi**ttə aucH o**ran**jən **7** **kir**shən **èp**fəl **bir**nən o**ran**jən **8** vass **vo**llən vi:ᵃ mit zo: fi:l o:pst **ma**cHən **9** ghe**zunt** **è**ssən! dass ist main **fo:ᵃ**-zats fue:ᵃ das **noi**ə ia:ᵃ*

Osservazioni sulla pronuncia

(6) **Orange** *[oranjə]*: la seconda g viene pronunciata come la j francese in "bonjour".

Note

4 **Wir möchten 2 Kilo Birnen**, *Vorremmo 2 chili di pere*. In questa frase **möchten** svolge la funzione di verbo principale con il significato di *volere/desiderare*. Diversamente dalla sua funzione di verbo modale non si costruisce con un verbo all'infinito.

5 I numeri da **1** a **12** vanno imparati così come sono in quanto rappresentano la base per costruire tutti gli altri numeri: **eins** *[ains]*, *uno*; **zwei** *[tsvai]*, *due*; **drei** *[drai]*, *tre*; **vier** *[fi:ᵃ]*, *quattro*; **fünf** *[fuenf]*, *cinque*; **sechs** *[zèks]*, *sei*; **sieben** *[**zi:**bən]*, *sette*; **acht** *[acHt]*, *otto*; **neun** *[noin]*, *nove*; **zehn** *[tse:n]*, *dieci*; **elf** *[èlf]*, *undici*; **zwölf** *[tsvoelf]*, *dodici*; **null** *[nul]* *zero*. Per allenarvi con la pronuncia dei numeri in tedesco vi suggeriamo di leggere ad alta voce i numeri di pagina. In tedesco le cifre e i numeri sono tutti femminili: **die Eins**, *l'uno*; **die Fünf**, *il cinque*.

2 – Vorremmo 2 chili [di] mele, 2 chili [di] pere
3 e quanto *(cosa)* **costano le ciliegie?**
4 – 5 euro al *(il)* **chilo. Assaggi** *(volta)*!
5 – Mmm! Mi dia *(Dia a me per favore)* **2 chili [di] ciliegie per favore.**
6 E mi dia *(a me)* **per favore anche [delle] arance.**
7 – Ciliegie, mele, pere, arance!
8 Cosa vogliamo fare con tutta questa frutta *(con così tanta frutta fare)*?
9 – Mangiare sano *(Sano mangiare)*! **È il mio** *(buon)* **proposito per l'anno nuovo.**

6 Se precedute da una cifra o da un numero, le unità di misura non aggiungono la desinenza del plurale: **2 Kilo**, *2 chili*, e **5 Euro**, *5 euro* (cfr. F4).

7 Il verbo **kosten** traduce *costare*. Per domandare il prezzo di qcs potete usare una di queste formule: **Was kostet** + soggetto al singolare / **Was kosten** + soggetto al plurale oppure **Wie viel kostet** + soggetto al singolare/ **Wie viel kosten** + soggetto al plurale?; **wie viel**, *quanto* (lett. "come tanto") → **Was/Wie viel kostet ein Kilo Kirschen?**, *Quanto costa 1 chilo di ciliegie?*; **Was/Wie viel kosten die Kirschen?**, *Quanto costano le ciliegie?*

8 • **mir**, *a me*, è il pronome personale **ich** al dativo, il caso del complemento di termine: **Geben Sie mir bitte...**, *Per favore mi dia...* In questo esempio il pronome al dativo è retto dal verbo **geben**, *dare*. Ritorneremo a parlare del caso dativo più avanti.
• **geben** è tra i verbi che modificano la vocale radicale: alla 2ª e alla 3ª persona singolare del presente indicativo la **e** diventa **i**: **ich gebe, du gibst, er/sie/es gibt, wir geben**...

9 **wollen**, *volere*, è un verbo modale e si usa per esprimere una volontà, un'intenzione, un proposito (per il futuro) o un desiderio: **Was wollen wir mit so viel Obst machen?**, *Cosa vogliamo fare con tutta questa frutta?* Segue la stessa coniugazione dei verbi modali **müssen**, *dovere*, e **können**, *potere* (cfr. L16, N2 e L17, N4): **ich will, du willst, er/sie/es will, wir wollen, ihr wollt, sie/Sie wollen**.

Übung 1 – Übersetzen Sie bitte!

❶ Wir möchten Obst. ❷ Wir essen gesund. ❸ Geben Sie mir bitte 2 Kilo Äpfel! ❹ Ich möchte auch Kirschen. ❺ Wie viel kosten die Birnen?

Übung 2 – Ergänzen Sie bitte!

❶ Quanto costa un chilo di ciliegie?
Was .... Kirschen?

❷ Vorrei un chilo di pere.
Ich ...... ein Kilo ....

❸ Come posso servirla?
Was darf es ...... sein?

❹ Mi dia delle mele per favore.
.... mir bitte Äpfel.

❺ È per il nuovo anno.
Das ist ....

19

Neunzehnte Lektion *[noin-tse:ntə lèktsio:n]*

Wie spät ist es? [1]

1 – Schlaft [2] **end**lich!

Pronuncia

vi: shpè:t ist ès **1** *shla:ft* ***ènt****lich*

Note

1 **Wie spät ist es?**, *Che ora è/sono?* (lett. "come tardi è esso"). Avrete probabilmente notato come molte frasi interrogative che si riferiscono a un'unità di misura si costruiscono con l'avverbio interrogativo **wie**, *come* + aggettivo: **Wie alt sind Sie?**, *Quanti anni ha?* (lett. "come vecchio è Lei...", cfr. L10); **Wie viel kostet es?**, *Quanto costa?* (lett. "come

Soluzioni dell'esercizio 1

❶ Vorremmo della frutta. ❷ Mangiamo sano. ❸ Mi dia per favore due chili di mele! ❹ Vorrei anche delle ciliegie. ❺ Quanto costano le pere?

Soluzioni dell'esercizio 2

❶ – kostet ein Kilo – ❷ – möchte – Birnen ❸ – für Sie – ❹ Geben Sie – ❺ – für das neue Jahr

Abbiamo dedicato diverse lezioni all'accusativo, e ormai vi sarete resi conto che le declinazioni sono sì un punto complesso della grammatica tedesca, ma facile da gestire con un po' di impegno e soprattutto con la pratica. Ecco due consigli: è importante imparare le declinazioni insieme a tutte le varie eccezioni e alla lista di preposizioni che reggono ciascun caso. Inoltre bisogna evitare di cercare delle corrispondenze con l'italiano: non sempre un verbo tedesco regge lo stesso complemento e quindi lo stesso caso del suo equivalente italiano.

19

Diciannovesima lezione

Che ora *(Come tardi)* è?

1 – Dormite dai *(infine)*!

tanto costa esso?", cfr. L18). Per chiedere l'ora, potete anche usare la formula **Wie viel Uhr ist es?** (lett. "come tanto ora è esso?").

2 L'imperativo della 2ª persona plurale è uguale al presente indicativo senza il pronome personale **ihr**: **schlafen**, *dormire* → **ihr schlaft**, *voi dormite* → **Schlaft endlich!**, *Dormite dai!*; **zählen**, *contare* → **ihr zählt**, *voi contate* → **Zählt doch Schäfchen!**, *Contate le pecore!* (cfr. F5). Il verbo **schlafen** è tra i verbi che modificano la vocale radicale: alla 2ª e 3ª persona singolare del presente indicativo, la **a** diventa **ä**: **ich schlafe, du schläfst, er/sie/es schläft, wir schlafen**…

2 Es ist schon elf Uhr [3],
3 und **mor**gen müsst ihr um halb sechs **auf**stehen [4].
4 – Wir sind **a**ber nicht **mü**de [5].
5 – Dann zählt doch **Schäf**chen [6]! Das macht **mü**de.

*2 ès ist shoe:n èlf u:ª **3** unt **mor**ghən musst i:ª um Halp zèks **auf**shte:ən **4** vi:ª zint **a:**bª niçht **mue:**də **5** dan tsè:lt docH **shè:**fçhən! dass macHt **mue:**də*

Note

3 • L'ora intera è sempre indicata da un numero da **1** a **12**, tranne che negli orari ufficiali (treni, aerei...). A seconda del contesto, è preceduta da **Es ist...** *è/sono*, dalla preposizione **um** *alle* o è seguita dal sostantivo **Uhr**, *ora(e)*: **Es ist schon 11 (elf)./Es ist schon 11 (elf) Uhr**, *Sono già le 11*. Per indicare la mezz'ora si usa **halb**, *e mezza* (lett. "metà, mezzo"), e poi si indica l'ora che verrà dopo, ma non si aggiunge **Uhr**: **um halb sechs**, *alle cinque e mezza* (lett. "metà sei", cfr. F3); **Es ist halb drei**, *Sono le due e mezza* (lett. "sono metà tre"); **um halb vier**, *alle tre e mezza* (lett. "a metà quattro").
• **Uhr**, *ora/e*, si usa esclusivamente per indicare l'ora intera ed equivale all'inglese ***o'clock***, mentre l'unità di tempo *l'ora/le ore* è **die Stunde(n)**. *Mezz'ora* si dice **die halbe Stunde**.

4 • Osservate la costruzione della proposizione: ...**morgen müsst ihr um halb sechs aufstehen**, *...domani dovete alzarvi alle cinque e mezza*. Qui sono messi in evidenza due punti importanti della grammatica:
1) la posizione I all'interno della frase è occupata dall'avverbio/complemento di tempo **morgen**, mentre il verbo coniugato si trova in posizione II seguito dal soggetto: **müsst ihr**.
2) l'infinito **aufstehen** è retto dal verbo modale **müssen** e si trova in fondo alla frase.
• **aufstehen**, *alzarsi*, è un verbo separabile: **ich stehe auf**, *io mi alzo*; **du stehts auf**, *tu ti alzi*...

5 In una frase soggetto + verbo + aggettivo predicativo come **Wir sind aber nicht müde**, *Ma non siamo stanchi*, **nicht** si posiziona davanti all'aggettivo. In generale **nicht** si posiziona davanti all'elemento che

2 **Sono già le undici**
3 **e domani dovete alzarvi alle cinque e mezza** *(dovete a metà sei alzarvi).*
4 – **Ma non siamo** *(Noi siamo ma non)* **stanchi.**
5 – **Allora contate** *(ma)* **[le] pecore** *(pecorelle)*. **Vi stancherà** *(Questo rende stanchi).*

s'intende negare: **Ich bin nicht Anna**, *Non sono Anna* (negazione del soggetto); **Er schläft nicht viel**, *Non dorme molto* (negazione dell'avverbio). Se invece si vuole negare l'intera frase, **nicht** si posiziona al fondo: **Er kommt nicht**, *Non viene*. Ci ritorneremo.

6 In tedesco il diminutivo di un sostantivo si forma con il suffisso **-chen** o **-lein** + **Umlaut**, *metafonia*, se il sostantivo reca la vocale **a**, **o**, **u**. I diminutivi sono sempre neutri e non aggiungono desinenze al plurale: **das Schaf(e)**, *la pecora* → **das Schäfchen** (-), *la pecorella*; **der Mann** (¨-er), *l'uomo/il signore* → **das Männchen** (-) o **das Männlein** (-), *l'ometto/il buon uomo*; **die Frau (-en)**, *la signora* → **das Fräulein** (-), *la signorina* (termine obsoleto). Quanto alla parola **das Mädchen** (-), *la ragazza*, si tratta di una variazione di **das Mägdchen**, termine che era utilizzato fino al XVII secolo e che deriva da **die Magd** (¨-e), un sostantivo che è stato anch'esso abbandonato e che indicava una ragazza o una donna non sposata. Qui **doch**, *ma, tuttavia*, ha valore rafforzativo e serve a conferire enfasi alla frase, pertanto non lo traduciamo

6 – **Okay**, wir ver**su**chen's! Eins, zwei... **drei**zehn... **zwan**zig...
7 **neun**undzwanzig, **drei**ßig, **ein**unddreißig... **neun**undneunzig [7]... Jetzt... bin ich **a**ber... **mü**de...
8 – Ich auch... **Gu**te Nacht. □

*6 **okei** vi:ª fèr**zu:**cHən's! ains tsvai **drai-**tse:n **tsvan**tsiçh **7 noin**-unt-tsvantsiçh **drai**ssiçh **ain**-unt-draissiçh **noin**-unt-nointsiçh iètst bin içh **a:**bª **mue:**də **8** içh aucH **gu:**tə nacHt*

Osservazioni sulla pronuncia

(6) Nel linguaggio parlato si usa perlopiù la forma contratta di **es**, ossia **'s**. Pronunciatelo come se facesse parte della parola che lo precede: **wir versuchen es** → **wir versuchen's** *[vi:ª fèr**zu:**cHən's]*.
(6), (7) Il gruppo **-ig** a fine parola si pronuncia come **ich** *[içh]*. Le labbra sono stirate come per sorridere. Esercitatevi a pronunciare le decine e non scoraggiatevi se il risultato non è sempre dei migliori. Si tratta pur sempre di un suono che non esiste in italiano: parte dalla gola mentre la lingua si solleva leggermente per toccare il palato: **zwanzig** *[**tsvan**tsiçh]*, **dreißig** *[**drai**ssiçh]*, **neunzig** *[**noin**tsiçh]*.

***

Übung 1 – Übersetzen Sie bitte!

❶ Wie spät ist es? ❷ Wir müssen aufstehen. ❸ Es ist halb vier. ❹ Es ist schon fünf Uhr. ❺ Ich schlafe jetzt. Gute Nacht!

Übung 2 – Ergänzen Sie bitte!

❶ Devo alzarmi.
Ich muss ....

❷ Dai dormite!
.... endlich!

❸ Conto le pecore.
Ich zähle ....

6 – Ok, ci proviamo! 1, 2... 13 *(tre-dieci)*... **20...**
7 29 *(nove-e-venti)*, **30, 31** *(uno-e-trenta)*... **99** *(nove-e-novanta)*... **Adesso... sono veramente** *(ma)*... **stanca...**
8 – Anche io *(lo anche)*... **Buona notte.**

Note

7 Per formare i numeri dal 13 al 19 si indica prima l'unità poi la decina: **drei + zehn → dreizehn (13)** *[**drai**-tse:n]*; **vier + zehn → vierzehn (14)** *[fi:ª-tse:n]* ecc. Notate le eccezioni in **sechzehn (16)** *[**zèçH**-tse:n]* (**sechs + zehn**), in cui **sechs** perde la **-s** finale, e in **siebzehn (17)** *[**zi:p**-tse:n]* (**sieben + zehn**), in cui **sieben** perde l'**-en** finale. A partire dal 20 i numeri si formano seguendo lo stesso principio, ma bisogna aggiungere l'**und** intercalare tra l'unità e la decina: **neun + und + zwanzig (29) → neunundzwanzig** *[**noin**-unt-tsvantsiçH]*; **neun + und + neunzig (99) → neunundneunzig** *[**noin**-unt-nointsiçH]*. Attenzione: **eins** perde la **-s** finale: **eins + und + dreißig (31) → einunddreißig** *[**ain**-unt-draissiçH]*; **eins + und + vierzig (41) → einundvierzig** *[**ain**-unt-fi:ªtsiçH]*. Trovate la lista completa delle decine nella prossima lezione di ripasso.

***

Soluzioni dell'esercizio 1

❶ Che ore sono? ❷ Dobbiamo alzarci. ❸ Sono le tre e mezza. ❹ Sono già le cinque. ❺ Dormo adesso. Buona notte!

❹ Che ora è?
. . . . **Uhr ist es?**

❺ Sono le tre e mezza.
Es ist . . . . **.**

Soluzioni dell'esercizio 2

❶ – aufstehen ❷ Schlaft – ❸ – Schäfchen ❹ Wie viel – ❺ – halb vier

Zwanzigste Lektion *[tsvantsikstə lèktsio:n]*

Wann [1] hast du Zeit [2]?

1 – Ich **möch**te dich zum **E**ssen [3] **ein**laden.
2 – Am **Diens**tag und am **Mitt**woch [4] **ha**be ich **kei**ne Zeit [5].
3 – Und am **Do**nnerstag?
4 – Am **Do**nnerstag **tre**ffe ich **ei**nen **al**ten Freund [6].
5 – Hm... **Sa**gen wir **al**so am **Frei**tag?
6 – Tut mir leid [7], da **ha**be ich auch **kei**ne Zeit.
7 Und **näch**ste **Wo**che **kom**men **mei**ne **El**tern.

Pronuncia

van hast du: tsait ***1*** *içh* ***moeçh****tə diçh tsum* ***è****ssən* ***ain****la:dən* ***2*** *am* ***di:ns****ta:k unt am* ***mit****wocH* ***Ha****bə içh* ***kai****nə tsait* ***3*** *unt am* ***do****nnªsta:k* ***4*** *am* ***do****nnªsta:k* ***trè****ffə içh* ***ai****nən* ***al****tən froint* ***5*** *mmm* ***za:****ghən vi:ª* ***al****zo: am* ***frai****ta:k* ***6*** *tut mi:ª lait da:* ***Ha:****bə ich aucH* ***kai****nə tsait* ***7*** *unt* ***nèks****tə* ***vo****cHə* ***ko****mmən* ***mai****nə* ***èl****tªn*

Note

1 Ecco un nuovo pronome interrogativo: **wann**, *quando*.

2 Come in italiano anche in tedesco la locuzione *avere tempo*, **Zeit haben**, si costruisce senza l'articolo: **Wann hast du Zeit?**, *Quando hai tempo?*

3 Anche in tedesco la preposizione può unirsi all'articolo determinativo in una forma contratta, come **zum**, che è la contrazione di **zu** + l'articolo determinativo dativo **dem** = **zum**, che qui traduciamo *a*; **zum** + verbo sostantivato equivale alla locuzione *di/a/da/per* + sostantivo → **Ich möchte dich zum Essen einladen**, *Vorrei invitarti a pranzo/cena*, o alla locuzione *a/per/da* + infinito → **Ich habe keine Zeit zum Lernen**, *Non ho tempo di studiare*.

Ventesima lezione

Quando hai tempo?

1 – Vorrei invitarti a cena *(a mangiare invitare)*.
2 – *(Al)* Martedì e *(al)* mercoledì [non] ho *(nessun)* tempo.
3 – E *(al)* giovedì?
4 – *(Al)* giovedì, incontro un vecchio amico.
5 – Mmm... Facciamo *(Diciamo)* allora *(al)* venerdì?
6 – Mi spiace *(Fa a-me dispiacere)*, ma anche [venerdì] non ho tempo *(là ho io anche nessun tempo)*.
7 E [la] prossima settimana vengono i miei genitori.

4 I giorni della settimana sono: **Montag** ***[mo:nta:k]***, *lunedì*; **Dienstag** ***[di:nsta:k]***, *martedì*; **Mittwoch** ***[mitvocH]***, *mercoledì*; **Donnerstag** ***[donnᵃsta:k]***, *giovedì*; **Freitag** ***[fraita:k]***, *venerdì*; **Samstag** ***[zamsta:k]***, *sabato*; **Sonntag** ***[zonta:k]***, *domenica*. Sono tutti sostantivi maschili e sono introdotti dalla preposizione **am**, che è la forma contratta di **an** + **dem**: **am Dienstag**; **am Mittwoch** *martedi, il/di martedì; mercoledì, il/ di mercoledì*.

5 Come abbiamo visto alla lezione 15, **kein** serve a negare il sostantivo senza l'articolo: **Ich habe (keine) Zeit**, *Non ho tempo*. Qui **keine Zeit** è all'accusativo ed è retto dal verbo **haben**, ma è anche declinato al femminile perché **die Zeit** è un sostantivo femminile.

6 All'accusativo maschile l'aggettivo aggiunge il suffisso **-en**: **Am Donnerstag treffe ich einen alten Freund**, *Giovedì incontro un vecchio amico*; **Kennst du den neuen Russischlehrer?**, *Conosci il nuovo insegnante di russo?*

7 In tedesco molte locuzioni sono al caso dativo, tra cui: **Tut mir leid**, *Mi dispiace*, o **Wie geht es dir?**, *Come stai?* (cfr. L6) → **mir**, *mi/a me* e **dir,** *ti/a te* sono pronomi personali al dativo. Queste locuzioni sono da imparare bene in quanto non hanno corrispettivi in italiano.

8 **A**ber am **Mon**tag in zwei **Wo**chen [8] **ha**be ich Zeit.

9 – Am **Mon**tag in zwei **Wo**chen!

10 Da **ha**be ich **a**ber **kei**ne Lust mehr [9]. □

*8 **a:**b^a am **mo:n**ta:k in tsvai **vo**cHən **Ha**bə içh tsait 9 am **mo:n**ta:k in tsvai **vo**cHən 10 da: **Ha**bə içh **a:**b^a **kai**nə lust mè:^a*

Osservazioni sulla pronuncia

(10) Il gruppo **ehr** *[e:^a]* si pronuncia come **er** in **der**: **mehr** *[me:^a]*, **der** *[de:^a]*, **er** *[e:^a]*. Si sente il suono di una **a** leggermente allungata, diversamente dal suono di **er** finale come in **aber** dove la **a** è breve *[a:b^a]*.

Note

8 In tedesco le preposizioni svolgono funzioni diverse e hanno significati diversi. Nell'esempio che segue **in** è una preposizione di tempo e si traduce *tra*: ...**in zwei Wochen**, ...*tra due settimane*.

***

Übung 1 – Übersetzen Sie bitte!

❶ Hast du am Montag Zeit? ❷ Nächsten Dienstag kommt mein Bruder. ❸ Am Mittwoch habe ich keine Zeit. ❹ Wir haben keine Lust. ❺ Wann habt ihr Zeit?

Übung 2 – Ergänzen Sie bitte!

❶ Mi dispiace.
Tut mir . . . . .

❷ Arrivo venerdì.
Ich komme . . . .

❸ Facciamo sabato!
Sagen wir . . . . !

❹ Vorrei invitarti a cena.
Ich möchte dich . . . . einladen.

❺ Non ho tempo.
Ich habe . . . .

8 **Ma** *(al)* **lunedì, tra due settimane, ho tempo.**
9 – *(Al)* **Lunedì tra due settimane!**
10 **Ma allora non avrò più voglia io** *(là ho io ma nessuna voglia più)*.

9 La negazione **kein(e)... mehr** equivale a *non... più*. Si declina come **kein**. Serve a negare un gruppo nominale senza l'articolo determinativo e si posiziona sempre davanti al sostantivo. Invece **mehr** va posposto al sostantivo e non è declinabile. Vediamo due esempi:
die Lust è femminile → **Lust haben**, *avere voglia*, si costruisce come **Zeit haben**, ossia senza l'articolo→ **Da habe ich aber keine Lust mehr**, *Allora non avrò più voglia io*; **das Auto** è un sostantivo neutro → **ein Auto haben**, *avere un'auto/una macchina* → **Ich habe kein Auto mehr**, *Non ho più la macchina*.

***

Soluzioni dell'esercizio 1

❶ Hai tempo lunedì? ❷ Martedì prossimo arriva mio fratello. ❸ Mercoledì non ho tempo. ❹ Non abbiamo voglia. ❺ Quando avete tempo?

Soluzioni dell'esercizio 2

❶ – leid ❷ – am Freitag ❸ – am Samstag ❹ – zum Essen – ❺ – keine Zeit

21

Einundzwanzigste Lektion

[ain-unt-tsvantsikstə lèktsio:n]

Wiederholung – Ripasso

1 L'accusativo

1.1 Declinazione del gruppo nominale

Al caso nominativo cambia solo la declinazione del maschile (cfr. tabella del nominativo L14). Al caso accusativo cambiano maschile e neutro.

Articoli	Maschile	Femminile	Neutro	Plurale
Determinativo	den **Garten**	die **Küche**	das **Haus**	die **Schlafzimmer**
Indeterminativo	einen **Garten**	eine **Küche**	ein **Haus**	- **Schlafzimmer**

1.2 Declinazione del pronome personale

Nominativo	**ich**	**du**	**er**	**sie**	**es**	**wir**	**ihr**	**sie**	**Sie**
Accusativo	**mich**	**dich**	**ihn**	**sie**	**es**	**uns**	**euch**	**sie**	**Sie**

L'accusativo è il secondo caso della declinazione tedesca:

- corrisponde al caso del complemento oggetto. I verbi che reggono l'accusativo sono numerosi, tra questi ci sono: **aufräumen**, *riordinare*; **finden**, *trovare*; **haben**, *avere*; **kaputt machen**, *rompere*; **kennen**, *conoscere*... Generalmente anche i loro equivalenti italiani reggono il complemento oggetto: **Ich kenne den Mann**, *Conosco quel signore*; **Ich habe einen Hausschlüssel**, *Ho una chiave di casa*. Attenzione alle eccezioni come **fragen**, *chiedere*, che regge il complemento di termine in italiano ed è usato insieme alla preposizione, mentre in tedesco si costruisce con l'accusativo e senza preposizione: **Ich frage den Mann**, *chiedo al signore*.
- tra le preposizioni che reggono l'accusativo ci sono: **durch**, *attraverso/per*; **für**, *per*; **gegen**, *contro*; **ohne**, *senza*; **um**, *intorno a*: **Das ist für das neue Haus**, *Questo è per la casa nuova*; **Warum bist du gegen mich?**, *Perché sei contro di me?*

Ventunesima lezione

1.3 Declinazione dei pronomi interrogativi *wer*, "chi" e *was* "cosa/che cosa"

Al nominativo (= soggetto) si usa **wer**, all'accusativo **wen**: **Wer ist das?**, *Chi è (questo)?*; **Wen möchten Sie treffen?**, *Chi vuole incontrare?* Il pronome interrogativo **was** si usa al nominativo e all'accusativo: **Was ist das?**, *Cos'è questo?*; **Was machst du?**, *Cosa fai?*
La loro declinazione è simile a quella dell'articolo determinativo maschile e neutro: nominativo **wer** ↔ **der**; accusativo **wen** ↔ **den**; nominativo/accusativo **was** ↔ **das**. Lo ricordavate?

2 L'imperativo

Verbo regolare **gehen**	Radice **a → ä** **fahren**	Radice **e → i** **essen**	**sein**
Geh!	**Fahr!**	**Iss!**	**Sei!**
Gehen wir!	**Fahren wir!**	**Essen wir!**	**Seien wir!**
Geht!	**Fahrt!**	**Esst!**	**Seid!**
Gehen Sie!	**Fahren Sie!**	**Essen Sie!**	**Seien Sie!**

L'imperativo si coniuga come segue:
– alla 2ª persona singolare si coniuga come al presente indicativo senza il pronome **du** e senza la desinenza **-st** (o **-t** se il verbo termina in **-ß**, **-s(s)**, **-(t)z**). I verbi che modificano la vocale **a** → **ä** perdono l'**Umlaut**;
– alla 1ª persona plurale e alla forma di cortesia la coniugazione è uguale a quella del presente indicativo, ma il soggetto e il verbo sono invertiti;
– alla 2ª persona plurale si coniuga come il presente indicativo senza **ihr**.
Eccezione: **sein**, *essere*. Tranne che alla 2ª persona plurale.

3 La costruzione *Lass uns…! / Lasst uns…!*

È molto diffusa in tedesco per esprimere l'imperativo della 1ª persona plurale. **Lass uns…** (lett. "lasciaci/facci…") si usa per rivolgersi

a una persona a cui si dà del tu e **Lasst uns...** (lett. "lasciateci/fateci...") quando ci si rivolge a più persone a cui si dà del tu.
Lass uns aufräumen! (lett. "lasciaci/facci riordinare"), *Riordiniamo!*
Lasst uns gehen! (lett. "lasciateci/fateci andare"), *Andiamo!*

4 Gli avverbi interrogativi *warum, wann* e *wie*

Warum, *perché* nelle domande
Warum fragen wir nicht den Herrn da?, *Perché non chiediamo al signore laggiù?*
Warum rufst du ihn an?, *Perché lo chiami/gli telefoni?*

Wann, *quando*
Wann hast du Zeit?, *Quando hai/avrai tempo?*
Wann kommen sie?, *Quando vengono/arrivano?*

Wie, *come*
Wie geht's dir?, *Come stai?*
Ma **wie ist** traduce spesso *qual è*:
Wie ist dein Name?, *Qual è il tuo nome?*
Wie ist seine Handynummer?, *Qual è il suo numero di cellulare?*
Unito a un aggettivo o in **wie viel** traduce *quanto* e si usa per riferirsi a una misura o a una quantità specifica:
Wie alt bist du? *Quanti anni hai?*
Wie groß ist das Haus? *Quant'è grande la casa?*
Wie viel kostet es? *Quanto costa?*

5 La negazione *nicht* o *kein*: prima parte

• **nicht**, *non*, si usa per negare un verbo, un aggettivo o un avverbio. La sua posizione all'interno della frase cambia a seconda dell'elemento che si vuole negare. Lo possiamo trovare
- dopo il verbo: **Ich schlafe nicht**, *Non dormo*;
- dopo il complemento oggetto quando nega un sostantivo specifico: **Ich finde die Autopapiere nicht**, *Non trovo la patente*;
- davanti all'aggettivo, all'avverbio o all'attributo del soggetto: **Wir sind aber nicht müde**, *Ma non siamo stanchi*; **Es ist nicht neu**, *Non è nuovo*; **Wir essen nicht viel**, *Non mangiamo molto*; **Das ist nicht mein Name**, *Non è il mio nome/Non mi chiamo così*.
Attenzione! **nicht** va posposto agli avverbi di tempo **heute**, *oggi*, **morgen**, *domani*, e **gestern**, *ieri*: **Ich komme heute nicht**, *Oggi non vengo*.

• **kein**, serve a negare il sostantivo senza l'articolo o con l'articolo indeterminativo. Per la sua declinazione riferitevi alla tabella qui sotto:
Ich habe Zeit / Ich habe keine Zeit, *Ho tempo/Non ho tempo* → **keine** corrisponde all'accusativo femminile.
Ich habe einen Bruder / Ich habe keinen Bruder, *Ho un fratello / Non ho un fratello* → **keinen** corrisponde all'accusativo maschile.

	Maschile	Femminile	Neutro	Plurale
Nominativo	**kein Garten**	**keine Küche**	**kein Haus**	**keine Schlafzimmer**
Accusativo	**keinen Garten**	**keine Küche**	**kein Haus**	**keine Schlafzimmer**

6 I numeri fino al 99

I numeri cardinali da 0 a 12 vanno imparati così come sono: **0 null, 1 eins, 2 zwei, 3 drei, 4 vier, 5 fünf, 6 sechs, 7 sieben, 8 acht, 9 neun, 10 zehn, 11 elf, 12 zwölf**.

Dal 13 al 19 i numeri si formano con il suffisso **zehn**. Notate le eccezioni, indicate in rosso: **13 dreizehn, 14 vierzehn, 15 fünfzehn, 16 sechzehn, 17 siebzehn, 18 achtzehn, 19 neunzehn**.

Le decine terminano tutte in **-zig** (o **-ßig** nel caso di **30**): **20 zwanzig, 30 dreißig, 40 vierzig, 50 fünfzig, 60 sechzig, 70 siebzig, 80 achtzig, 90 neunzig**.

I numeri cardinali formati da una decina e da un'unità si formano come segue: unità + **und** + decina: **22 zweiundzwanzig, 33 dreiunddreißig, 54 vierundfünfzig, 83 dreiundachtzig**... Attenti: **eins** perde la **s** finale! **21 einundzwanzig, 31 einunddreißig... 91 einundneunzig**.

7 L'ora: le ore intere e la mezz'ora

Gli orari non ufficiali si indicano con un numerale da 1 a 12 preceduto, a seconda del contesto, da **es ist**, *sono*, o da **um**, *alle*, o da altre preposizioni che vedremo più avanti;

- le ore intere si indicano con un numerale a cui si può aggiungere **Uhr**, *ora/e*: **um 3 (drei) / um 3 (drei) Uhr**, *alle tre,* / **Es ist 3 (drei) Uhr**, *sono le tre*;

***

Wiederholungsdialog

1 – Kennst du sie?
2 – Wen?
3 – Na, die Frau da!
4 – Nein. Warum?
5 – Ich finde sie sehr schön.
6 Ich möchte sie zum Essen einladen.
7 – Warum fragst du sie nicht?
8 – Es ist nicht so einfach.
9 – Du fragst sie: „Wann haben Sie Zeit?"
10 – Hm...
11 – Lass mich mal machen.

22

Zweiundzwanzigste Lektion

*[**tsvai**-unt-tsvantsikstə lèk**tsio:n**]*

Die Überraschung

1 – Um wie viel Uhr soll ich dich **ab**holen [1]?

Pronuncia

*di: ue:b^{a}**rra**shuñg **1** um vi: fi:l u:^{a} zol içh diçh **ap**Holən*

Note

1 Il verbo modale **sollen** traduce *dovere*, e serve a esprimere un dovere morale o religioso, un ordine impartito da terzi o una raccomandazione. Si utilizza anche per chiedere un consiglio oppure ciò che si deve fare: **Um wie viel Uhr soll ich dich abholen?**, *A che ora devo passare a prenderti?* Diversamente dagli altri verbi modali, al presente indicativo la radice non cambia: **ich soll**, **du sollst**, **er/sie/es soll**, **wir sollen**, **ihr**

- la mezz'ora appena trascorsa si indica con **halb**, *mezza*, seguito dall'ora che verrà dopo: **um halb drei**, *alle due e mezza*; **Es ist halb vier**, *Sono le tre e mezza*.

***

Traduzione del dialogo

1 La conosci? **2** Chi? **3** La signora là! **4** No. Perché? **5** La trovo molto bella. **6** Vorrei invitarla a cena. **7** Perché non glielo chiedi? **8** Non è così semplice. **9** Le chiedi: "Quando ha tempo?" **10** Mmm... **11** Ci provo *(fammelo fare)*.

***

Übersetzen Sie bitte!

❶ Es ist halb sechs. ❷ Es ist halb sieben. ❸ Wir müssen um fünf Uhr aufstehen. ❹ Er ist nicht müde. ❺ Sie hat keine Zeit.

Soluzioni dell'esercizio

❶ Sono le cinque e mezza. ❷ Sono le sei e mezza. ❸ Dobbiamo alzarci alle cinque. ❹ Non è stanco. ❺ Non ha tempo.

22

Ventiduesima lezione

La sorpresa

1 – A che *(Quanto)* ora devo *(te)* passare a prenderti?

Osservazioni sulla pronuncia

(1), (2), (3), (8), (9) Approfittiamo di questa lezione per ripassare la pronuncia della **s** e della **z**. La **s** seguita da vocale si pronuncia *[z]* come in "sveglia". Per pronunciare la **z** *[ts]* pensate invece alla mosca "tse-tse": **soll** *[zol]*; **sieben** *[**zi:**bən]*; **sag** *[za:k]*; **sonst** *[zonst]*, ma **zehn** *[tse:n]*.

sollt, sie/Sie sollen. Non confondetelo con **müssen** che significa *dovere*, ma si usa per esprimere un obbligo, un dovere esplicito o una necessità (cfr. L16, F4). **abholen**, *passare/andare a prendere qcn/qcs, ritirare*.

2 Es ist jetzt zehn nach fünf [2].
3 – **Sa**gen wir um **Vier**tel vor **sie**ben.
4 Ich **brau**che [3] **un**gefähr **an**derthalb **Stun**den [4].
5 – **Okay**! Ich **war**te auf dich [5] am **Aus**gang [6].
6 – Per**fekt**! Und was **ma**chen wir da**nach**?
7 – Ha! Das ist **ei**ne Über**ra**schung.
8 – **Bit**te, sag schon [7]!

2 ès ist iètst tse:n na:cH fuenf **3 za:**ghən vi:ᵃ um **fi**ᵃtəl fo:ᵃ **zi:**bən **4** *içh* **brau**cHə **un**ghefè:ᵃ **and**ᵃtHalp **shtun**dən **5** *o***kay**! *içh* **var**tə *auf diçh am* **auss**gañg **6** *pèr***fèkt**! *unt vass* **ma**cHən *vi:ᵃ da***na:cH** **7** *Ha! dass ist* **ai**nə *ue:b*ᵃ**ra**shuñg **8** **bit**tə *za:K sho:n*

Note

2 Abbiamo già imparato come esprimere l'ora intera e la mezz'ora, vediamo adesso come indicare gli altri orari.
• Fino a venti minuti dopo l'ora intera si usa **nach**: **Es ist jetzt zehn nach fünf**, *Adesso sono le cinque e dieci* (lett. "adesso è dieci dopo cinque");
• **Es ist fünf vor halb sechs**, *Sono le cinque e venticinque* (lett. "è cinque prima mezza sei");
• **Es ist fünf nach halb sechs**, *Sono le cinque e trentacinque* (lett. "è cinque dopo mezza sei").
• A partire da venti minuti prima dell'ora intera si usa **vor**: **um zwanzig vor sieben**, *alle sette meno venti* (lett. "a venti prima di sette");
• **Viertel nach**, *e un quarto*; **Viertel vor**, *meno un quarto*; **um Viertel nach vier**, *alle quattro e un quarto* (lett. "al quarto dopo quattro"); **um Viertel vor sieben** (cfr. F3), *alle sette meno un quarto* (lett. "al quarto prima sette").

2 **Adesso sono le 5 e 10** *(dieci dopo cinque)*.
3 – **Facciamo** *(Diciamo noi)* **alle sette meno un quarto** *(quarto prima sette)*.
4 **Ho bisogno di circa un'ora e mezza** *(una-e-metà ora)*.
5 – **OK! [Ti] aspetto** *(sopra te)* **all'uscita.**
6 – **Perfetto! E dopo cosa facciamo?**
7 – **Ah! È una sorpresa.**
8 – **Per favore, dimmelo** *(di' già)*!

Osservazioni sulla pronuncia

(4) A inizio di parola o di sillaba, **st** si pronunica *[sht]*: **Stunden** ***[shtun**dən]*; **stimmt** *[shtimt]* (cfr. L15); **verstehe** *[fèr**shte**:ə]* (cfr. L1).
(8) A fine parola, la **g** si pronuncia come una leggera *[k]*: **sag** *[za:k]*.

3 **brauchen** traduce *avere bisogno/necessitare di, servire*: **Ich brauche ungefähr anderthalb Stunden**, *ho bisogno di circa un'ora e mezza*; **Ich brauche eine Stunde**, *Ho bisogno di un'ora/Mi serve un'ora*. Come avrete intuito **brauchen** regge l'accusativo.

4 Per dire *un'ora e mezza*, possiamo usare sia **anderthalb** sia **eineinhalb** seguito dal sostantivo al plurale: **Ich brauche anderthalb/eineinhalb Stunden** → **Stunden**, *ore*, è il plurale di **die Stunde**, *l'ora*.

5 Anche in tedesco molti verbi si costruiscono con la preposizione: **warten auf**, *aspettare*. La preposizione precede sempre il complemento e ne dermina il caso. Pertanto, oltre alla preposizione è importante memorizzare il caso retto dalla preposizione. **warten auf** + accusativo: **Ich warte auf den Aufzug** *[**auf**tsu:k]*, *Aspetto l'ascensore*. **warten** si usa anche come verbo intransitivo (= senza complemento oggetto): **Ich warte hier**, *Aspetto qui*.

6 **am** è la forma contratta della preposizione **an**, *a* + **dem**, *il* (dativo) → **am**. I sostantivi **der Ausgang** (¨-e), *l'uscita*, e **der Eingang** *[**ain**gañg]* (¨-e), *l'entrata*, sono entrambi maschili → **am Eingang**, *all'entrata*.

7 Ricordate la locuzione: **Sag schon!**, *Dai/Su dimmelo!* (lett. "di' già").

9 – Nein, sonst **wä**re es [8] **kei**ne Über**ra**schung mehr. □

9 nain zonst **vè:**rə èss **kai**nə ue:b^{a}**ra**shuñg me:^{a}

Note

8 **es wäre**, *(questo) sarebbe*, è il **Konjunktiv II** che corrisponde al nostro condizionale: **Sonst wäre es keine Überraschung mehr**, *Altrimenti non sarebbe più una sorpresa*. Quando lo traducete, fate attenzione a non confonderlo con il congiuntivo italiano: Osserviamo altri esempi: **Es wäre gut**, *Sarebbe bene*; **Es wäre besser**, *Sarebbe meglio*; **Es wäre kein Problem für mich**, *Non sarebbe un problema per me*.

***

Übung 1 – Übersetzen Sie bitte!

❶ Es ist fünf vor halb vier. ❷ Es ist zwanzig vor neun. ❸ Wann sollen wir dich abholen? ❹ Ich warte auf dich am Eingang. ❺ Es ist keine Überraschung mehr.

Übung 2 – Ergänzen Sie bitte!

❶ Sarebbe una sorpresa.
. . . . eine Überraschung.

❷ Quando devo passare a prenderti?
Wann . . . . dich abholen?

❸ Vi aspetto all'uscita.
Ich . . . . euch am Ausgang.

9 – No, altrimenti non sarebbe più una sorpresa *(sarebbe nessuna sorpresa più).*

***

Soluzioni dell'esercizio 1

❶ Sono le 3 e 25. ❷ Sono le 9 meno 20. ❸ Quando dobbiamo passare a prenderti? ❹ Ti aspetto all'entrata. ❺ Non è più una sorpresa.

❹ **Sono le 6 e 35.**
Es ist .... halb sieben.

❺ **Sono le dieci meno un quarto.**
Es ist .... zehn.

Soluzioni dell'esercizio 2

❶ Es wäre – ❷ – soll ich – ❸ – warte auf – ❹ – fünf nach – ❺ – Viertel vor –

23

Dreiundzwanzigste Lektion
*[**drai**-unt-tsvantsikstə lèk**tsio:n**]*

Hier darf [1] man nicht parken! [2]

1 – Kannst du nicht **le**sen? [3]
2 Hier steht [4]: **Par**ken ver**bo**ten. [5]
3 – Hahaha! Sehr **wit**zig!
4 Was soll ich **ma**chen?
5 **A**lles ist **voll**geparkt.

Pronuncia
*Hi:ᵃ darf man niçht **par**kən 1 kanst du: niçht **le:**zən 2 Hi:ᵃ shte:t **par**kən fèr**bo:**tən 3 HaHaHa! ze:ᵃ **vi**tsiçh 4 vass zol içh **ma**cHən 5 **a**llèss ist **fol**gheparkt*

Osservazioni sulla pronuncia
Allenatevi ad aspirare l'**h** quando è a inizio di parola o di sillaba: **hier** *[Hi:ᵃ]*; **hahaha** *[HaHaHa]*; **hierher** *[Hi:ᵃ-He:ᵃ]*.

Note
1 **(nicht) dürfen** è un verbo modale. Serve a esprimere un permesso oppure un divieto se è unito a una negazione. Si traduce: *(non) avere il diritto/permesso* e, in alcuni casi, *(non) potere*: **Hier darf man nicht parken!**, *Qui non si può (non è permesso) parcheggiare*; **Du darfst hier nicht rauchen** *[**rau**çHən]*, *Non puoi fumare qui*. Come gli altri verbi modali incontrati finora, anche **dürfen** modifica la radice al singolare, ma al plurale si coniuga regolarmente: **ich darf**, **du darfst**, **er/sie/es darf**, **wir dürfen**, **ihr dürft**, **sie/Sie dürfen**.

2 L'infinito che è retto da un verbo modale si posiziona sempre in fondo alla frase. Se la frase è con **nicht**, l'infinito si posiziona subito dopo la negazione: **Er kann morgen (nicht) kommen**, *non può venire domani*.

3 Il verbo **können** non ha solo il significato di *potere* (cfr. L17, F6), ma anche quello di *sapere*, nel senso di essere capaci di fare qcs: **Kannst du nicht lesen?**, *Non sai leggere?*; **Sie kann schon schwimmen** *[**shvi**mmən]*, *Sa già nuotare*. Domandare a qcn se sa parlare il tedesco o un'altra lingua

Ventitreesima lezione

Qui non si può parcheggiare
(Qui può si non parcheggiare)

1 – Non sai *(Sai tu non)* leggere?
2 C'è scritto *(Qui sta)*: vietato parcheggiare.
3 – Hahaha! Molto divertente!
4 Cosa vuoi che faccia *(devo fare)*?
5 È tutto pieno *(pieno-parcheggiato)*.

si dice: **Kannst du Deutsch/Englisch** *[ènglish]*/**Französisch/Spanisch** *[shpa:nish]*... **(sprechen)?**, *Sai parlare tedesco/inglese/francese/spagnolo...?* Il verbo **sprechen**, *parlare*, può essere sottinteso.

4 Il verbo **stehen** ha vari utilizzi e traduzioni. In riferimento a qualcosa che si trova scritto, si traduce *è/c'è scritto*: **Hier steht: Parken verboten**, *Qui c'è scritto: vietato parcheggiare*; **Was steht hier?**, *Cosa c'è scritto qui?*

5 In questa frase **Parken** è un verbo sostantivato (cfr. L12, N2, **ein gutes Essen**, *un pasto saporito*). Quando è unito a **verboten**, vietato, **Parken** non vuole l'articolo e si traduce con l'infinito: **Rauchen verboten!** (lett. "fumare vietato"), *Vietato fumare!*; **Essen und Trinken verboten!** (lett. "mangiare e bere vietato"), *Vietato consumare cibi e bevande!*

6 **O**der willst [6] du die **Ko**ffer bis **hier**her [7] **tra**gen?
7 – **So**rry [8], du hast recht.
8 Lass uns dann schnell das **Au**to **aus**laden,
9 be**vor** die Poli**zei** kommt. □

***6 o:dᵃ** vilst du: di: **koffᵃ** bis **Hi:ᵃ**-He:ᵃ **tra:**ghən **7 so**rri du: Hast rèçht*
***8** lass uns dan shnèl dass **auto auss**la:dən **9** be**fo:ᵃ** di: poli**tsai** komt*

Note

6 Il verbo modale **wollen** significa *volere*, e serve a esprimere il desiderio, il proposito, l'intenzione di, o la determinazione a voler fare qcs: **Oder willst du die Koffer bis hierher tragen?**, *O vuoi trascinare le valigie fino a qui?*; **Er will nicht aufstehen**, *Non vuole alzarsi*. Per il suo uso e la sua coniugazione vi rimandiamo alla lezione 18, nota 9.

***

Übung 1 – Übersetzen Sie bitte!

❶ Wo darf man parken? ❷ Kann er lesen? ❸ Können Sie Deutsch? ❹ Was steht hier? ❺ Was soll er machen?

Übung 2 – Ergänzen Sie bitte!

❶ Vietato parcheggiare
Parken ....

❷ Non vogliono venire.
Sie .... kommen.

❸ Qui è vietato parcheggiare.
Hier .... nicht parken.

6 **O vuoi trascinare le valigie fino a qui** *(le valigie fino a qui portare)*?
7 – Perdonami, hai ragione.
8 **Scarichiamo velocemente la macchina** *(Lascia noi allora velocemente la macchina scaricare)*
9 **prima [che] arrivi la polizia** *(prima la polizia arriva)*.

7 L'avverbio **hierher**, *fino a qui*, indica l'avvicinamento a qcn o qcs e l'avverbio **hier**, *qui*, il luogo o la posizione in cui si trova qcn o qcs: **Willst du das Gepäck** *[**ghe**pe:k]* **bis hierher tragen?**, *Vuoi portare i bagagli fino a qui?* (**das Gepäck**, *i bagagli*, è sempre singolare in tedesco); **Ich gehe nur** *[nu:[a]]* **bis hierher**, *Arrivo solamente fino a qui*. Ma **Hier darf man nicht parken**, *Qui è vietato parcheggiare*; **Ich wohne hier**, *Abito qui*.

8 Nel linguaggio parlato, per dire *scusa* si usa sempre più spesso il termine inglese ***sorry***.

***

Soluzioni dell'esercizio 1

❶ Dove si può parcheggiare? ❷ Sa leggere? ❸ Sa il tedesco? ❹ Cosa c'è scritto qui? ❺ Cosa deve fare?

❹ Vuoi portare tu le valigie?
. . . . **die Koffer tragen?**

❺ Cosa legge?
Was . . . . **?**

Soluzioni dell'esercizio 2

❶ – verboten ❷ – wollen nicht – ❸ – darf man – ❹ Willst du – ❺ – liest er

Vierundzwanzigste Lektion

*[fi:[a]-unt-tsvantsikstə lèk**tsio:n**]*

Der 40. [1] Geburtstag

1 – Es wird [2] be**stimmt** toll.

2 – Komm doch mit! [3] Wir **fah**ren am **drei**ßigsten **Ju**ni [4] los [5].

3 – **Dan**ke, ich bin **a**ber zu [6] alt für **so**was [7].

Pronuncia

*de:[a] **fi[a]**tsikstə ghe**burts**ta:k* ***1*** *èss virt besh**timt** tol* ***2*** *kom docH mit! vi:[a]* ***fa:***rən am **drai**ssikstən **iu:**ni lo:ss* ***3*** ***dañ**kə içh bin **a:**b[a] tsu: alt fu:[a]* ***zo:***vass*

Osservazioni sulla pronuncia

(2), (5) Il dittongo **ei** si pronuncia *[a]* + *[i]* con l'accento sulla *[a]*: **dreißigsten** *[**drai**ssikstən]*; **neununddreißig** *[**noin**-unt-draissiçh]*; **zweiten** *[**tsvai**tən]*.

Note

1 I numeri ordinali scritti in cifre sono sempre seguiti da un punto: **Der 40. Geburtstag**, *Il quarantesimo compleanno*.

2 Il verbo **werden** significa *diventare*, e si usa per indicare un evento che avverrà nel futuro. A seconda del contesto si traduce *diventare*, *essere*, o con una costruzione al futuro: **Es wird bestimmt toll**, *Sarà sicuramente fantastico*; **Am zweiten Juli werde ich vierzig**, *Il 2 luglio compio quarant'anni* (cfr. F5). **werden** si usa anche per le previsioni meteorologiche: **Es wird kalt** *[kalt]*/**warm** *[varm]*, *Farà freddo/caldo*. La coniugazione è irregolare alla 2ª e alla 3ª persona singolare del presente indicativo: **ich werde, du wirst, er/sie/es wird, wir werden ihr werdet, sie/Sie werden**.

3 **mitkommen**, *venire con qcn*, è un verbo con particella separabile (**mit** = particella) e traduce letteralmente "con-venire". La persona o le persone che vengono insieme a noi o che ci accompagnano restano sottintese: **Komm doch mit!** (lett. "vieni dunque con"), *Vieni con noi!*

Ventiquattresima lezione

Il 40° compleanno

1 – Sarà *(Esso diventa)* sicuramente fantastico.
2 – Vieni con [noi]! Partiamo il 30 giugno *(al trentesimo giugno)*.
3 – Grazie, ma sono *(sono ma)* troppo vecchia per questo genere di cose *(così-qualcosa)*.

4 • Per indicare la data si usa **am**, *il* + numero ordinale. I numeri ordinali si costruiscono come segue:
– da 1 a 19: cifra/numero + **ten**: **zwei** → **am zweiten Juni**, *Il 2 giugno*; **fünf** → **am fünften Juni**, *Il 5 giugno*. Fanno eccezione: **eins** → **am ersten...**, *il 1°...*; **drei** → **am dritten...**, *il 3...*; **sieben** → **am siebten...**, *il 7...*
– a partire dal 20: numero + **sten**: **einundzwanzig** → **am einundzwanzigsten Juni**, *il 21 giugno*; **dreißig** → **am dreißigsten Juni**, *il 30 giugno*.
Avrete notato che i numeri delle lezioni (Vierundzwanzigste Lektion) non aggiungono il suffisso **-n**. Questo dipende dalla declinazione, la cui regola verrà spiegata più avanti.
• In tedesco i nomi dei mesi sono di origine latina e pertanto sono molto simili ai loro equivalenti italiani: **Januar** *[ianu^a]*, **Februar** *[**fe:**bru^a]*, **März** *[mèrts]*, **April** *[a**pril**]*, **Mai** *[mai]*, **Juni** *[**iu:**ni]*, **Juli** *[**iu:**li]*, **August** *[au**gust**]*, **September** *[zèp**tèmb**^{a}]*, **Oktober** *[ok**to:**b^a]*, **November** *[no**vèmb**^{a}]*, **Dezember** *[de**tsèmb**^{a}]*.

5 **los** è una particella separabile che esprime una partenza o il distacco da qcs: **losfahren**, *partire*: **Wir fahren (...) los**, *Partiamo*; **loslassen** *[**lo:**slassən]*, *lasciare andare, mollare, liberare*: **Lass mich los!**, *Lasciami!*

6 **zu** + aggettivo qualificativo o avverbio significa *troppo*: **Ich bin zu alt**, *Sono troppo vecchio*.

7 **sowas** è un termine colloquiale. Si tratta della contrazione dell'avverbio/congiunzione **so** e del pronome indefinito **etwas** (lett. "così qualcosa"), *qualcosa così/di questo genere/tipo*.

4 – Ach was! [8] Wie alt [9] bist du **ei**gentlich? [10]
5 – **Neun**unddreißig, **a**ber nicht mehr [11] **lan**ge. Am **zwei**ten **Ju**li **wer**de ich **vier**zig [12].
6 – Na, und? Man ist so alt, wie man sich fühlt. [13] □

*4 acH vass! vi: alt bist du: **ai**ghentliçh **5 noin**-unt-draissiçh **a:**b[a] niçht me:[a] **lañ**ghə. am **tsvait**ən **iu:**li **vè:**[a]də içh **fir**tsik **6** na unt? man ist zo: alt vi: man ziçh fu:lt*

Note

8 **Ach was!** è un'esclamazione e traduce i nostri *Ma dai!, Ma no!*

9 Per chiedere o per dire l'età si usa il verbo **sein**, *essere*: **Wie alt bist du?**, *Quanti anni hai?* **Ich bin neununddreißig (Jahre alt)**, *Ho trentanove anni*. Ma è anche corretto indicare soltanto il numero degli anni: **Neununddreißig** (cfr. F5): Nel linguaggio parlato **Jahre alt** è spesso tralasciato.

10 **Eigentlich**, *veramente, in realtà*.

11 La negazione **nicht mehr** equivale a *non… più*: …**aber nicht mehr lange**, *…ma non per molto, non… ancora per molto/a lungo*, (sottinteso: **Ich bin aber nicht mehr lange 39**, *Ma non avrò 39 anni ancora per molto*);

***

Übung 1 – Übersetzen Sie bitte!

❶ Es wird bestimmt sehr schön. ❷ Am ersten Mai wird er dreißig. ❸ Wie alt ist sie? ❹ Du bist nicht zu alt. ❺ Er ist zweiundvierzig.

Übung 2 – Ergänzen Sie bitte!

❶ Compirò 20 anni.
Ich . . . .

❷ Parto il 10 gennaio.
Ich fahre . . . . los.

❸ Sarà fantastico!
Es . . . . !

4 – **Ma dai** *(Ah cosa)*! **Quanti anni hai** *(veramente)*?
5 – **39, ma non ancora per molto** *(più lungo)*. **Il 2 luglio compio quarant'anni** *(divento quaranta)*.
6 – **E allora? Ognuno ha l'età che si sente** *(Si è così vecchi come ci si sente)*.

Sie ist nicht mehr da, *Non è più qui*; **Er kommt nicht mehr**, *Non viene più*. Alla lezione 20, nota 9, abbiamo incontrato: **kein(e)... mehr**, *non... più*. Per l'uso di **nicht mehr** e **kein-... mehr** riferitevi alla regola sull'uso e la funzione di **nicht** e **kein-**.

12 Per dire l'età che si andrà a compiere si usa **werden**: **Ich werde vierzig (Jahre alt)**, *compio/compirò quarant'anni* (lett. "io divento 40 anni vecchio"). La domanda corrispondente è quindi: **Wie alt wirst du?**, *Quanti anni compi?* (lett. "come vecchio diventi?").

13 **Man ist so alt, wie man sich fühlt**, *L'età è quella che ci si sente* (lett. "si è così vecchi come ci si sente"). Memorizzate quest'espressione idiomatica perché vi potrà servire.

***

Soluzioni dell'esercizio 1

❶ Sarà certamente bellissimo. ❷ Il 1° maggio compie trent'anni. ❸ Quanti anni ha? ❹ Non sei troppo vecchio. ❺ Ha 42 anni.

❹ Dai, vieni con noi!
.... **doch** ...!

❺ Sono troppo stanco.
Ich bin .. ..

Soluzioni dell'esercizio 2

❶ – werde zwanzig ❷ – am zehnten Januar – ❸ – wird toll ❹ Komm – mit ❺ – zu müde

Siete invitati a una festa di compleanno con persone che parlano tedesco? Ecco alcune espressioni che potrete utilizzare: **Alles Gute zum Geburtstag!**, Buon Compleanno!, *o* **Ich gratuliere dir zum Geburtstag**, Ti auguro buon compleanno. *E quando arriverà la torta intonerete sicuramente:* **Zum Geburtstag viel Glück! Zum Geburtstag viel Glück! Zum Geburtstag liebe**, cara *(+ nome femminile)* **/ lieber**, caro *(+ nome maschile)*, **zum Geburtstag viel Glück!**

25

Fünfundzwanzigste Lektion

*[**fuenf**-unt-tsvantsikstə lèk**tsio:n**]*

Hundertfünfundvierzig [1] Stundenkilometer.

1 – **End**lich **Fe**rien! [2] Freust du dich? [3]

2 – Ja, **a**ber fahr **bit**te **lang**samer [4]!

Pronuncia

***Hun**d^{a}t-fuenf-unt-fi:^{a}tssiçh **shtun**dən-kilome:t^a **1 ènt**liçh **fe:**riən! froist du: diçh **2** ia: **a:**b^a fa:^{a} **bi**ttə **lañg**zam^a*

Osservazioni sulla pronuncia

(Titolo), (7) In tedesco i numeri scritti sono spesso composti da una ventina di lettere, molte di più a partire dalle migliaia. Per pronunciare più facilmente le centinaia, potete fare una breve pausa tra le centinaia e le decine, questo vi servirà anche per riprendere un po' di fiato: **145 → hundert** *[**Hun**d^{a}t]* e **fünfundvierzig** *[**fuenf**-unt-fi:^{a}tssiçh]*.

Note

1 I numeri da 100 a 1000: le centinaia piene si costruiscono come in italiano: numero + **hundert 100** scritto tutto attaccato → **zweihundert 200**, **siebenhundert 700**. *Cento*, si traduce sia **hundert** sia **einhundert**. Le decine e le unità seguono le centinaia: **hundertfünf 105**, **hundertzwanzig 120**, **hundertvierzig 140**, **hundertfünfundvierzig 145**, **neunhundertneunundneunzig 999**; **1000** si dice **tausend** *[**tau**zènt]* o **eintausend**.

25

Venticinquesima lezione

145 chilometri all'ora!
(cento-cinque-e-quaranta ora-chilometri)

1 – Finalmente [le] ferie! Sei contenta *(Rallegri tu te)*?
2 – Sì, ma guida più lentamente per favore *(per favore più lentamente)*!

2 Le locuzioni **Endlich Ferien!**, *Finalmente le ferie!*; **Achtung Polizei!**, *Attenzione, Polizia!* (cfr. F4), si costruiscono senza l'articolo. Ecco altri esempi: **Feuer!** (lett. "fuoco"), *Al fuoco!*; **Hilfe!**, *Aiuto!*; **Hände hoch!** (lett. "mani alto"), *Mani in alto!*

3 **sich freuen**, *essere contenti per qcs / rallegrarsi*, è un verbo pronominale. **Freust du dich?** (lett. "rallegri tu te"), *Sei contento/a?* Ritorneremo sui pronomi riflessivi nelle prossime lezioni.

4 **langsam** significa *lento/lentamente*, (cfr. F3) e **langsamer**, *più lento/lentamente*. Il suffisso **-er** serve a costruire il comparativo di maggioranza. Ecco altri esempi con alcuni degli aggettivi e avverbi visti finora: **schnell**, *veloce* → **schneller**, *più veloce*; **schön**, *bello/a* → **schöner**, *più bello/a*; **spät**, *tardi* → **später**, *più tardi*.

3 – Mit dem **Au**to [5] kann man nicht **lang**sam **fah**ren.
4 – Das ist **Un**sinn!... **Ach**tung Poli**zei**!
5 – **Gu**ten Tag, **Ih**re [6] Pa**pie**re **bit**te! **Ha**ben Sie die **Schil**der nicht ge**se**hen? [7]
6 – Na, ja... [8]
7 – Sie **müs**sen **hun**dertzwanzig **Eu**ro **Stra**fe **zah**len.
8 – Das fängt ja gut an! [9]

***3** mit de:m **au**to kann mann niçht **lañg**zam **fa:**rən **4** dass ist **un**zin! **ac**Htuñg poli**tsai** **5** **gu:**tən ta:k **i:**rə pa**pi:**rə **bit**tə! **Ha**bən zi: di: **shild**[a] niçht ghe**ze:**ən **6** na ia **7** zi: **mues**sən **hund**[a]t-tsvantsiçh **oi**ro **shtra:**fə **tsa**:lən **8** dass fèñgt ia gu:t an*

Note

5 Osserviamo, scomponendola, la costruzione **Mit dem Auto...** (lett. "con la macchina"), *Con quest'auto...*:
– si tratta di una costruzione al dativo retta dalla preposizione **mit**, *con;*
– **dem** = articolo determinativo neutro al dativo. **dem** corrisponde anche al dativo maschile;
– in tedesco l'articolo determinativo può svolgere la funzione di aggettivo dimostrativo. Quando parliamo dobbiamo marcarlo con il tono della voce;
– genere e forma plurale del sostantivo: **das Auto** (neutro), **die Autos** (plurale).

***

Übung 1 – Übersetzen Sie bitte!

❶ Kannst du bitte langsamer fahren? ❷ Hast du die Schilder gesehen? ❸ Ich muss zweihundertdreißig Euro Strafe zahlen. ❹ Freust du dich? ❺ Endlich Ferien!

3 – **Con questa** *(la)* **auto non si può guidare lentamente** *(lentamente guidare)*.

4 – **È assurdo** *(Questa è assurdità)*!... **Attenzione, [la] polizia!**

5 – **Buongiorno, [favorisca] i** *(suoi)* **documenti** *(per favore)*! **Non ha visto i cartelli** *(Ha i cartelli non visto)*?

6 – **Beh sì...**

7 – **Deve pagare 120 euro [di] multa.**

8 – **Cominciamo** *(Questo sì comincia)* **bene.**

6 **Ihre Papiere bitte!**, *(Suoi) Documenti, prego!* **Ihr-** con la **I** maiuscola è l'aggettivo possessivo alla forma di cortesia *Suo/Vostro* (cfr. L10, N5). La **-e** finale unita al sostantivo è la desinenza del plurale.

7 **Haben Sie die Schilder nicht gesehen?**, *Non ha letto i cartelli?* è una frase al Perfekt che equivale al nostro passato prossimo. Il participio passato, qui **gesehen**, *visto*, si posiziona sempre in fondo alla frase. **Ich habe die Schilder nicht gesehen**, *Non ho visto i cartelli*.

8 L'esclamazione **Na, ja** ha diverse traduzioni: *Beh sì, Insomma!, Oh!*...

9 • **Das fängt ja gut an!**, *Cominciamo bene!* **Ja**, che abbiamo appena incontrato alla nota 8, è una particella modale (come **mal**). Funge da rafforzativo e pertanto non occorre tradurla.

• **anfangen**, *cominciare, iniziare*, è un verbo separabile. Al presente indicativo modifica la vocale alla 2ª e alla 3ª persona singolare, ossia la **a** diventa **ä**: **ich fange an, du fängst an, er/sie/es fängt an, wir fangen an**.

***

Soluzioni dell'esercizio 1

❶ Puoi guidare più lentamente per favore? ❷ Hai visto i cartelli? ❸ Devo pagare 230 euro di multa. ❹ Sei contento/a? ❺ Finalmente le ferie!

Übung 2 – Ergänzen Sie bitte!

❶ 135 chilometri all'ora
. . . . Stundenkilometer

❷ Alt *(Attenzione)*, polizia!
Achtung . . . . !

❸ 753 euro
. . . . Euro

***

È vero che sulle autostrade tedesche, **die deutschen Autobahnen**, *non ci sono limiti di velocità? Sì, ma solo su alcuni tratti (***die Bahn, -en***) e tuttavia la velocità raccomandata è di 130 km/h. Su alcuni tratti di strada possono essere applicati dei limiti di velocità temporanei dovuti a lavori in corso, condizioni atmosferiche ecc. e su altri, invece, il limite è di 120 km/h. Il primo troncone autostradale costruito in Germania fa parte dell'autostrada che oggi collega Bonn e Colonia. Con una lunghezza di 20 chilometri, il tratto venne inaugurato il 6 agosto del 1932 da Konrad Adenauer, all'epoca sindaco di Colonia.*

26

Sechsundzwanzigste Lektion

*[**zèks**-unt-tsvantsikstə lèk**tsio:n**]*

Der Reisepass [1]

1 – Wir **mü**ssen los. [2] Wir ver**pa**ssen sonst den **Flie**ger.

Pronuncia

*de:ª **rai**zə-pass **1** vi:ª **mue**ssən lo:ss. vi:ª fèr**pa**ssən zonst de:n **fli:**gª*

Note

1 Nel parlato, **der Reisepass/die Reisepässe**, *il passaporto/i passaporti*, è spesso abbreviato **der Pass/die Pässe**.

❹ Non guido più veloce.
Ich ..... nicht ....

❺ È assurdo
Das ist ....

Soluzioni dell'esercizio 2
❶ hundertfünfunddreißig – ❷ – Polizei ❸ siebenhundertdreiundfünfzig – ❹ – fahre – schneller ❺ – Unsinn

***

26

Ventiseiesima lezione

Il passaporto

1 – Dobbiamo andare. Altrimenti perdiamo l'aereo.

2 **Wir müssen los.** In questa frase, la particella **los** unita al verbo modale **müssen**, *dovere*, serve a tradurre *Dobbiamo andare/partire.* Abbiamo già incontrato questa costruzione, ma con il verbo modale **können**, *potere* (cfr. L9, F5): **Ja, wir können los**, *Sì, possiamo andare*. È molto importante che memorizziate tutti questi esempi in quanto si tratta di espressioni idiomatiche che sono molto comuni in tedesco.

2 – Ich weiß [3], aber...
3 – **A**ber was? Was ist los? [4]
4 – Ich **fin**de **mei**nen Pass [5] nicht.
5 – Du **fin**dest **dei**nen Pass nicht! Das darf doch nicht wahr sein! [6] Ich...
6 – Ist ja gut! [7] Hilf mir [8] **lie**ber, **mei**nen Pass zu **fin**den [9]. Vier **Au**gen **se**hen mehr als zwei. [10] □

*2 içh vaiss **a:**b[a] 3 **a:**b[a] vass? vass ist lo:ss 4 içh **fin**də **mai**nən pass niçht 5 du: **fin**dəst **dai**nən pass niçht! dass darf docH niçht va:[a] zain! içh 6 ist ia gu:t! Hilf mi:[a] **li:**b[a] **mai**nən pass tsu **fin**dən. fi:[a] **au**ghən **ze:**ən me:[a] als tsvai*

Osservazioni sulla pronuncia

(2), (5), (6) Approfittiamo di questa lezione per ripassare i suoni che corrispondono alla trascrizione *[a]*, ossia il gruppo finale **-er** e la **r** che segue una vocale lunga. La loro pronuncia equivale al suono di una **a** breve appena mormorata: **aber** *[**a:**b[a]]*; **wahr** *[va:[a]]*; **mir** *[mi:[a]]*; **lieber** *[**li:**b[a]]*; **vier** *[fi:[a]]*.

Note

3 Il verbo **wissen**, *sapere*, è irregolare. Al presente indicativo si coniuga come i verbi modali. La radice cambia al singolare e il plurale è regolare: **ich weiß, du weißt, er/sie/es weiß, wir wissen, ihr wisst, sie/Sie wissen**.

4 **Was ist los?**, *Che succede?* Qui la particella **los** non implica l'idea di partenza o di distacco come abbiamo imparato finora. Poiché non esiste un'espressione equivalente italiana, il nostro suggerimento è di tenerla a mente così com'è.

5 Gli aggettivi possessivi si declinano come la negazione **kein**: **...aber ich finde meinen Pass nicht**, *...ma non trovo il mio passaporto* → **meinen Pass; Du findest deinen Pass nicht**, *Non trovi il tuo passaporto* → **deinen Pass** (cfr. F5). Ecco due esempi all'accusativo maschile. La desinenza dell'aggettivo è la stessa di **keinen** (cfr. tabella L21, §5).

6 **Das darf doch nicht wahr sein!**, *Non può essere vero!* Ecco un altro esempio di verbo modale usato con un significato diverso da quello originale.

2 – Lo so, ma...
3 – Ma cosa? Che succede?
4 – Non trovo il mio passaporto.
5 – Non trovi il tuo passaporto! Ma non può essere vero *(Questo può ma non vero essere)*! Io...
6 – Va bene! Aiutami piuttosto a trovare il mio passaporto. Quattro occhi vedono meglio *(più)* di due.

7 **Ist ja gut!** è un'espressione colloquiale. Si usa per interrompere chi sta parlando ed evitare di discutere di qualcosa d'irritante o di poco conto. Corrisponde ai nostri *Va bene, Ho capito!* La particella **ja** funge da rafforzativo e pertanto non occorre tradurla. Anche in questo caso è importante che vi abituiate, piano piano, alle diverse paroline usate con valore enfatizzante.

8 Il pronome personale **mir**, *mi/a me*, è il dativo di **ich**, *io*, qui usato insieme al verbo **helfen**, *aiutare*. Per il momento sappiate che **helfen** è tra i verbi che modificano la **e** al presente indicativo: **ich helfe**, **du hilfst**, **er hilft**, **wir helfen**...

9 **zu** + infinito equivale alla costruzione infinitiva italiana *a/di* + infinito. In tedesco l'infinito si posiziona in fondo alla frase: **Hilf mir lieber, meinen Pass zu finden**, *Aiutami piuttosto a trovare il mio passaporto*.

10 **Vier Augen sehen mehr als zwei** (lett. "quattro occhi vedono più di due"), *Quattro occhi vedono meglio di due*. **mehr als**, *più di*: **mehr**, *più*, è il comparativo di maggioranza di **viel**, *molto* (è irregolare) e **als** serve a introdurre il secondo termine di paragone. Corrisponde a *di*.

Übung 1 – Übersetzen Sie bitte!

❶ Ich weiß alles. ❷ Hast du meinen Pass? ❸ Ich finde deinen Pass nicht. ❹ Hilf mir bitte! ❺ Wir müssen los.

Übung 2 – Ergänzen Sie bitte!

❶ Ho il tuo passaporto.
Ich habe ....

❷ Va bene! Aiutami!
Ist . . . . .! Hilf mir!

❸ Aiutami a trovare il *(mio)* passaporto.
Hilf mir, ... zu finden.

27

Siebenundzwanzigste Lektion

*[**zi:**bən-unt-tsvantsikstə lèk**tsio:n**]*

Alles hat ein Ende [1]

1 – Wollt ihr nicht **ba**den [2]? Das **Was**ser ist **herr**lich.
2 – Wir **kom**men so**fort**...
3 – Wie schön! [3] Es ist wie im Traum. [4]

Pronuncia

*a**llèss** Hat ain **èn**də **1** volt i:ᵃ niçht **ba:**dən? dass **vass**ᵃ ist **hèr**liçh **2** vi:ᵃ **ko**mmən zo**fort** **3** vi: shoe:n! èss ist vi: im traum*

Note

1 **das Ende** traduce *la fine*, da cui l'espressione idiomatica **Alles hat ein Ende**, *Tutto ha una fine*. Notate la locuzione **zu Ende sein**, *essere finito*: **Der Film ist zu Ende**, *Il film è finito*; **Es ist zu Ende**, *È finito*.

2 *bagnarsi, fare il bagno (in mare, al lago o in piscina)* oppure *fare il bagno a qcn*, si traduce **baden**: **Wollt ihr nicht baden?**, *Non volete fare il bagno? lavarsi, farsi il bagno*, si traduce **(sich) baden**. Il pronome riflessivo è facoltativo → **Ich bade (mich)**, *Mi faccio il bagno*.

Soluzioni dell'esercizio 1
❶ So tutto. ❷ Hai il mio passaporto? ❸ Non trovo il tuo passaporto. ❹ Aiutami per favore! ❺ Dobbiamo andare.

❹ Sa tutto lei.
.... alles.

❺ Altrimenti perderai l'aereo.
Du verpasst sonst ... .

Soluzioni dell'esercizio 2
❶ – deinen Pass ❷ – ja gut – ❸ – meinen Pass – ❹ Sie weiß – ❺ – den Flieger

27

Ventisettesima lezione

Tutto ha una fine

1 – Non volete fare il bagno *(Volete voi non bagnare)*? L'acqua è magnifica.
2 – Arriviamo subito...
3 – Che bello! Sembra di stare *(È come)* in un sogno.

3 La congiunzione **wie** traduce *come*, (**Wie du weißt,...**, *Come sai,...*), ma in una frase esclamativa, unita all'aggettivo qualificativo, **wie** si traduce *che* + aggettivo qualificativo: **Wie schön!**, *Che bello!*; **Wie schade!**, *Che peccato!*; **Wie komisch!**, *Che strano!*

4 Ecco un'altra frase al dativo: **Es ist wie im Traum** (lett. "è come nel sogno"), *Sembra di stare in un sogno* → **im** è la contrazione della preposizione **in**, *in* + **dem**, *il* (articolo determinativo maschile dativo) unita al sostantivo maschile **der Traum**, al plurale **die Träume**. Per il momento imparate anche quest'espressione idiomatica. Sull'uso grammaticale del dativo torneremo più avanti.

4 – **Schade**, dass **heu**te der **letz**te Tag ist [5].
5 – Tja [6]... Es war [7] aber ein **tol**ler **Ur**laub [8].
6 – Denkt nicht an [9] **mor**gen und ge**nießt** den Mo**ment**! **Mor**gen ist ein **an**derer Tag. □

*4 **sha:**də dass **Hoi**tə de:[a] **lèts**tə ta:k ist 5 tcha: èss va:[a] **a:**b[a] ain **to**l[a] **u:**[a]laup 6 dèñkt niçht an **mor**ghən unt ghe**ni:st** de:n mo**mènt**! **mor**ghən ist ain **an**der[a] ta:k*

Note

5 Affrontiamo adesso un punto importante della sintassi tedesca: in una proposizione subordinata introdotta da una congiunzione, in questa frase **dass**, *che*, il verbo coniugato occupa sempre l'ultima posizione. Osserviamo alcuni esempi:
Heute ist der letzte Tag → **Schade, dass heute der letzte Tag ist**, *Peccato che oggi sia* (lett. "è") *l'ultimo giorno*; **Es ist wie im Traum** → **Ich finde, dass es wie im Traum ist**, *Trovo che sia* (lett. "è") *come in un sogno*; **Er kann nicht kommen** → **Schade, dass er nicht kommen kann**, *Peccato che non possa* (lett. "può") *venire*.

6 In questa frase l'interazione **Tja!**, *Già, Eh già!* serve a esprimere rassegnazione.

7 **Es war...**, *Era, Fu, È stato/a...*, è il Präteritum di **Es ist...**, *È...*

***

Übung 1 – Übersetzen Sie bitte!

❶ Alles hat ein Ende. ❷ Das Wasser ist herrlich. ❸ Ich denke an dich. ❹ Wie schön! ❺ Sie will baden.

Übung 2 – Ergänzen Sie bitte!

❶ Pensate alle vacanze!
. . . . den Urlaub!

❷ Peccato che oggi sia *(è)* l'ultimo giorno.
Schade, dass heute der letzte . . . .

❸ Peccato che tutto abbia *(ha)* una fine
. . . . . . , ... alles ein Ende hat.

4 – Peccato che oggi sia l'ultimo giorno *(è)*.
5 – Già... Ma è stata *(ma)* una bellissima vacanza.
6 – Non pensate a domani e godetevi questo *(il)* momento! Domani è un altro giorno.

• Il Präteritum equivale ai nostri imperfetto e passato remoto, ma in italiano lo possiamo anche tradurre con il passato prossimo.

8 toll, *bello/fantastico*. L'aggettivo in posizione attributiva che è preceduto dall'articolo indeterminativo va declinato per genere e numero: nominativo maschile → **Es war ein toller Urlaub**, *È stata una bellissima vacanza*; nominativo femminile → **Du bist eine tolle Frau**, *Sei una bella donna*. Al contrario, l'aggettivo in posizione predicativa, ossia unito al verbo essere, non si declina: **Er ist toll**, *È bellissimo*; **Sie ist toll**, *È fantastica*; **Sie sind toll**, *Sono fantastici*. Facile, no?

9 • **denken an**, *pensare a*, è un verbo con preposizione: **Denkt nicht an morgen**, *Non pensate a domani*. Si costruisce con l'accusativo: **Ich denke an dich**, *Ti penso*; **Denkst du an mich?**, *Mi pensi?*
• In questa frase la negazione **nicht** si posiziona davanti alla preposizione.

***

Soluzioni dell'esercizio 1

❶ Tutto ha una fine. ❷ L'acqua è magnifica. ❸ Ti penso. ❹ Che bello! ❺ Vuole fare il bagno *(in mare)*.

❹ È stato bellissimo
Es war .....

❺ Era come in un sogno.
..... wie im Traum.

Soluzioni dell'esercizio 2

❶ Denkt an – ❷ – Tag ist ❸ Schade, dass – ❹ – toll ❺ Es war –

28

Achtundzwanzigste Lektion

*[**acht**-unt-tsvantsikstə lèk**tsio:n**]*

Wiederholung – Ripasso

1 I sei verbi modali + *wissen*

Nel corso di queste lezioni avete imparato i verbi modali. Nella tabella alla pagina seguente ne abbiamo indicato la coniugazione al presente indicativo. A questa tabella abbiamo aggiunto anche il verbo **wissen**, *sapere*, in quanto si coniuga come un verbo modale benché non lo sia.
In generale i verbi modali sono verbi ausiliari che si costruiscono con un altro verbo all'infinito che si posiziona in fondo alla frase. Tuttavia, se il significato del verbo a cui si accompagnano è facilmente deducibile, quest'ultimo può essere sottinteso.
Il loro uso dipende dal contesto e da ciò che si vuole esprimere. Avendo più sfumature dei loro equivalenti italiani, molto spesso per tradurli dobbiamo ricorrere ad altri verbi o a espressioni equivalenti:
– **können** significa *potere, avere la possibilità di fare qcs,* ma anche *sapere, avere la capacità di fare qcs*: **Sie können ihn auf seinem Handy anrufen**, *Lo può chiamare sul suo cellulare*; **Kannst du nicht lesen?**, *Non sai leggere?*
– **dürfen** significa *potere,* nel senso di *avere il diritto, il permesso,* mentre **nicht dürfen** esprime un divieto: **Ich darf mitkommen**, *Posso venire anch'io (con voi/te)*; **Hier darf man nicht parken!** (lett. "qui può si non parcheggiare"), *Qui non si può parcheggiare!*
– **müssen**, *dovere*, serve a esprimere *un ordine, un obbligo perentorio*: **Sie müssen 120 Euro Strafe zahlen**, *Deve pagare 120 euro di multa*; **Er muss aufstehen**, *Deve alzarsi*.
– **sollen**, *dovere*: esprime un dovere morale, un ordine attenuato, una raccomandazione o un consiglio. Si usa anche per chiedere cosa si debba fare: **Was soll ich machen?**, *Cosa devo fare?*; **Du sollst nicht rauchen**, *Non devi fumare*.
– **wollen** significa *volere,* con intenzione e determinazione: **Willst du die Koffer bis hierher tragen?**, *Vuoi portare le valigie fino a qui?*; **Ich will hier bleiben**, *Voglio restare qui*.

Ventottesima lezione

– **mögen** *volere, desiderare*. Al **Konjunktiv II** può svolgere la funzione di verbo modale ausiliare: **Ich möchte dich zum Essen einladen**, *Vorrei invitarti a cena (mangiare)*. Ma può anche essere autonomo e fungere da verbo principale: **Wir möchten 2 Kilo Äpfel**, *Vorremmo due chili di mele*.

	können *potere / sapere*	**dürfen** *potere / avere il diritto o il permesso*	**müssen** *dovere / bisogna che*	**sollen** *dovere* (morale)
ich	**kann**	**darf**	**muss**	**soll**
du	**kannst**	**darfst**	**musst**	**sollst**
er, sie, es	**kann**	**darf**	**muss**	**soll**
wir	**können**	**dürfen**	**müssen**	**sollen**
ihr	**könnt**	**dürft**	**müsst**	**sollt**
sie	**können**	**dürfen**	**müssen**	**sollen**
Sie	**können**	**dürfen**	**müssen**	**sollen**

	wollen *volere*	**mögen** (Konjunktiv II) *volere/desiderare*	**wissen** *sapere*
ich	**will**	**möchte**	**weiß**
du	**willst**	**möchtest**	**weißt**
er, sie, es	**will**	**möchte**	**weiß**
wir	**wollen**	**möchten**	**wissen**
ihr	**wollt**	**möchtet**	**wisst**
sie	**wollen**	**möchten**	**wissen**
Sie	**wollen**	**möchten**	**wissen**

2 Il verbo *werden*

Traduce *essere* al futuro o *diventare*. Implica un cambiamento di stato che avverrà nel futuro: **Es wird bestimmt toll**, *Sarà sicuramente fantastico*; **Ich werde 40**, *Compio 40 anni*. Attenzione alla sua coniugazione perché è irregolare: **ich werde, du wirst, er/sie/es wird, wir werden, ihr werdet, sie/Sie werden.**

3 Il pronome indefinito *man*

Equivale al nostro *si* impersonale e si coniuga alla 3ª persona singolare: **Man ist so alt, wie man sich fühlt**, *Si ha l'età che ci si sente*. Attenzione! Diversamente dall'italiano il *si* impersonale tedesco non può mai sostituire il pronome personale **wir**, *noi*: **Also! Was machen wir?**, *Allora, cosa facciamo? Che si fa?*

4 I numeri fino al 999

– *100* si può dire **hundert** o **einhundert**. Per le altre centinaia piene si indica prima l'unità seguita da **hundert**: *200* → **zweihundert**, *500* → **fünfhundert**, *900* → **neunhundert** (come avviene in italiano).
– I numeri con le centinaia si indicano in questo modo: centinaia + (unità + **und**) + decina: *120* → **(ein)hundert + zwanzig → (ein)hundertzwanzig**, *145* → **(ein)hundert + fünf und + vierzig → (ein)hundertfünfundvierzig**, *457* → **vierhundert + sieben und + fünfzig → vierhundertsiebenundfünfzig**.
Ricordate che i numeri fino a 999.999 si scrivono in un'unica parola.

***

Wiederholungsdialog

1 – Willst du nicht baden? Das Wasser ist herrlich.
2 – Nein wir haben keine Zeit. Dein Bruder wartet schon auf uns.
3 – Wie spät ist es?
4 – Halb fünf.
(...)

5 L'ora

– L'ora intera si indica con il numero seguito da **Uhr**, *ora/e* (facoltativo): **3 (drei) (Uhr)**, *le tre*. Attenzione! *l'una* si traduce sia **eins**, sia **ein Uhr**;
– per indicare la mezz'ora trascorsa dall'ora in punto occorre riferirsi all'ora che verrà dopo: **halb zwei**, *l'una e mezza*; **halb vier**, *tre e mezza*.
– fino a *venti* minuti dopo l'ora intera si usa **nach**, *dopo*, preceduto dai minuti e seguito dall'ora intera: **zwanzig nach drei**, *tre e venti*;
– a partire da *meno venti*, si usa **vor**, *prima*, preceduto dai minuti e seguito dall'ora intera: **zehn vor drei**, *tre meno dieci*;
– *e un quarto* si dice **Viertel nach** e *meno un quarto* **Viertel vor**: **Viertel vor fünf**, *cinque meno un quarto*; **Viertel nach fünf**, *cinque e un quarto*.
– ... *e 25*: **fünf vor halb ...** (lett. "cinque prima mezza ...").
– ... *e 35*: **fünf nach halb ...** (lett. "cinque dopo mezza ...").

Avete per caso qualche dubbio in merito? Non preoccupatevi, è normale. Molte spiegazioni grammaticali verranno ripetute più volte al fine di approfondirle meglio. Adesso rilassatevi con il dialogo di ripasso e ricordate che nulla vale come la pratica!

***

5 – Anna! Was machst du? Es ist Viertel vor fünf. Wir müssen los. Wir verpassen sonst den Flieger.
6 – Ich komme sofort. Schade, dass die Ferien zu Ende sind. Es ist toll hier.
7 – Tja, alles hat ein Ende.

Traduzione del dialogo

1 Non vuoi fare il bagno? L'acqua è magnifica. **2** No, non abbiamo tempo. Tuo fratello ci aspetta. **3** Che ore sono? **4** Le quattro e mezza. **5** Anna! Cosa fai? Sono le cinque meno un quarto. Dobbiamo andare. Altrimenti perdiamo l'aereo. **6** Arrivo subito. Peccato che le ferie siano finite. Qui è bellissimo. **7** Eh, tutto ha una fine!

29

Neunundzwanzigste Lektion

A partire da questa lezione la trascrizione fonetica sarà alleggerita. Indicheremo soltanto quella dei suoni più complessi o meno facili da intuire.

Gratuliere! [1]

1 – **Gu**ten Tag Frau Schmidt! Wie kann ich **Ih**nen **hel**fen? [2]

2 – Ich **su**che ein **lan**ges Kleid.

3 – Für **wel**che Ge**le**genheit?

Pronuncia

*gratu**li:**rə **1** … shmit… i:nən… **2** … **zu:**cHə… **lañ**ghess klait **3** … **vèl**çhə ghe**le:**ghenHait*

Osservazioni sulla pronuncia

(1), (3), (5), (6) La **w** si pronuncia come la *[v]* italiana: **wie** *[vi:]*; **welche** *[**vèl**çhə]*; **wenn** *[vèn]*.

Note

1 **Gratuliere!** (lett. "congratulo") o **Ich gratuliere!** (lett. "io congratulo") (cfr. F5) corrisponde a *Congratulazioni, Auguri!*

2 Se siete in un negozio e state cercando un articolo da acquistare (abbigliamento, scarpe…) i commessi si rivolgeranno a voi con: **Wie kann ich**

Übersetzen Sie bitte!

❶ Es ist zwanzig vor fünf. ❷ Es ist zehn nach sieben. ❸ Wir dürfen hier nicht parken. ❹ Es wird sehr warm. ❺ Kannst du schwimmen?

Soluzioni dell'esercizio

❶ Sono le 5 meno 20. ❷ Sono le 7 e 10. ❸ Non possiamo parcheggiare qui. ❹ Farà caldissimo. ❺ Sai nuotare?

29

Ventinovesima lezione

Congratulazioni! *(Congratulo)*

1 – Buongiorno Signora Schmidt. Come posso aiutarla?
2 – Cerco un abito lungo *(un lungo vestito)*.
3 – Per quale occasione?

Ihnen helfen? (lett. "come posso io a Lei aiutare?"), *Come posso aiutarla?* e molto probabilmente aggiungeranno **Wenn Sie mir bitte folgen wollen/möchten** (lett. "se Lei a me per favore seguire vuole/desidera"), *Prego, se vuole seguirmi* (cfr. F5). **wenn** è una congiunzione subordinante e uno dei suoi significati è *se*. L'approfondiremo alla lezione 31, nota 5.

4 – **Unsere** [3] **Tochter heiratet** [4].

5 – **Ihre Tochter heiratet**! Ich gratu**lie**re! Wenn Sie mir **bi**tte **fol**gen **wo**llen.

6 **Wel**che [5] **Größe tra**gen [6] Sie? 40 (**vier**zig) / 42 (**zwei**undvierzig)?

7 – Nein, **heu**te **tra**ge ich **Grö**ße 44 (**vier**undvierzig)! Mit dem **Al**ter nimmt man ja zu. [7]

*4 **un**zerə **tocH**tª **Hai**ra:tət 5 … vèn… **fol**ghən… 6 … **groe:**ssə **tra:**ghən… 7 … **al**tª nimt… tsu:*

Note

3 **Unsere Tochter heiratet**, *Nostra figlia si sposa*. In questa frase incontriamo l'aggettivo possessivo **unser-**, *nostro*. Mentre **Ihr-**, (con la **I** maiuscola), che abbiamo visto alla lezione 10, frase 2, equivale a *Suo/Vostro* di cortesia: **Ihre Tochter heiratet**, *Sua figlia si sposa*. Come ricorderete, **ihr-** (con la **i** minuscola) si usa per la 3ª persona femminile singolare → **Anna und ihre Schwester sind da**, *Anna e sua sorella sono qui* (cfr. L11, N1). **ihr-** (con la **i** minuscola) si usa anche per la 3ª persona plurale → **Ja, ihr Sohn heiratet**, *Sì, loro figlio si sposa*. Ricordatevi che gli aggettivi possessivi si declinano come la negazione **kein-** (cfr. L21, §5).

4 Diversamente dall'equivalente italiano *sposarsi*, **heiraten**, non è pronominale: **ich heirate**, *io mi sposo*; **du heiratest**, *tu ti sposi* ecc.

5 Il pronome o aggettivo interrogativo **welch-** corrisponde a *quale/che*. Si declina come l'articolo determinativo (cfr. L14, §3 e L21, §1.1). **Welche**

***

Übung 1 – Übersetzen Sie bitte!

❶ Wann heiratet Ihr Sohn? ❷ Welche Größe trägt er? ❸ Warum nimmt er zu? ❹ Es wäre eine gute Gelegenheit. ❺ Unsere Tochter heiratet.

4 – Nostra figlia [si] sposa.
5 – Sua figlia [si] sposa! Congratulazioni *(lo congratulo)*! Prego, se vuole seguirmi *(Se a me prego seguire vuole)*.
6 Che taglia porta? 40 (quaranta) / 42 (quarantadue)?
7 – No, oggigiorno indosso [la] *(taglia)* 44 (quarantaquattro). Con l'età si prende peso.

Größe tragen Sie?, *Che taglia porta?* = accusativo femminile; **Welches Buch liest du?**, *Che libro stai leggendo* (lett. "leggi")? = accusativo maschile; **Welcher Tag ist heute?** *Che giorno è oggi?* = nominativo maschile. Come in italiano, il pronome o aggettivo interrogativo può essere preceduto da una preposizione: **Für welche Gelegenheit?**, *Per quale occasione?* (cfr. F3), accusativo femminile. **für** regge l'accusativo. Il sostantivo **die Gelegenheit (en)**, *l'occasione*, è femminile.

6 • **tragen**, *portare, indossare*: **Welche Größe tragen Sie?**, *che taglia porta?*; **Ich trage Größe 44...** (lett. "porto taglia..."), *Porto la 44.*
• **tragen** modifica la vocale alla 2ª e alla 3ª persona singolare del presente indicativo: **ich trage**, **du trägst**, **er/sie/es trägt**...

7 **zunehmen**, *ingrassare, prendere peso*, è un verbo separabile. La particella è rimandata in fondo alla frase: **Mit dem Alter nimmt ja man zu**, *Con l'età s'ingrassa*. Anche il suo contrario: **abnehmen**, *dimagrire, perdere peso*, è separabile → **ich nehme ab**, *dimagrisco*.

***

Soluzioni dell'esercizio 1

❶ Quando si sposa Suo figlio? ❷ Che taglia porta? ❸ Perché ingrassa? ❹ Sarebbe una bella occasione. ❺ Nostra figlia si sposa.

Übung 2 – Ergänzen Sie bitte!

❶ Per quale occasione?
…… …… Gelegenheit?

❷ Ci sposiamo domani.
Wir …….. morgen.

❸ Come posso aiutarla?
…… …. ich Ihnen helfen?

30

Dreißigste Lektion

Liebe Hannah, lieber Thomas [1]

1 – Wie geht's euch? [2]
2 Ich bin seit [3] **Ende August** in Wien.

Pronuncia

***li:bə Hanna: li:bª to:mas 1** … oich **2** … zait…*

Note

1 La formula d'apertura di una lettera poco formale o rivolta a un amico o a un famigliare è **Lieber (Thomas...)**, *Caro (Thomas…)*; **Liebe (Hannah...)**, *Cara (Hannah…)*; **Liebe (Kinder...)** *Cari (figli/bambini, …)*. Nel caso di una lettera informale si usa **Sehr geehrter** *[gheeªtª]* **Herr Schmidt***... (lett. "molto egregio Sig. Schmidt"), *Egregio signor Schmidt*; **Sehr geehrte** *[gheeªtə]* **Frau Schmidt***... (lett. "molto egregia Sig.ra Schmidt"), *Gentile Signora Schmidt*; **Sehr geehrte Damen und Herren** (lett. "molto egregi signore e signori") *Gentili Signore, Egregi Signori*.
*Al singolare bisogna sempre aggiungere il cognome della persona a cui ci si rivolge.

❹ Che vestito vuoi?
.... willst du?

❺ Conosco Suo figlio. *(forma di cortesia)*
Ich kenne ....

Soluzioni dell'esercizio 2

❶ Für welche – ❷ – heiraten – ❸ Wie kann – ❹ Welches Kleid – ❺ – Ihren Sohn

30

Trentesima lezione

Cara Hannah, caro Thomas

1 – Come state *(va questo a voi)*?
2 Sono *(da fine agosto)* a Vienna da fine agosto.

2 **Wie geht's euch?**, *Come state?*, si usa per rivolgersi a più persone. **Wie geht's/es Ihnen?**, *Come sta?*, quando ci si rivolge a una o più persone alla forma di cortesia. Nel parlato al posto di **es** si usa spesso l'abbreviazione **'s**. Alla forma di cortesia l'uso dell'abbreviazione è meno frequente.

3 Ecco una nuova preposizione: **seit**, *da*, con valore temporale. La approfondiremo quando torneremo a parlare del dativo.

3 Ich **füh**le mich [4] hier sehr wohl, und ich **ha**be **ei**ne **net**te WG [5] ge**fun**den [6].
4 **Ges**tern **hat**te ich [7] **mei**nen **ers**ten **Gei**genunterricht.
5 Mein **Leh**rer ist **klas**se [8], und er sieht ganz gut aus [9]!!!
6 **Ü**bermorgen **ha**be ich **wie**der **Un**terricht. Ich **freu**e mich schon da**rauf**.
7 **Herz**liche **Grü**ße,
8 **Eu**re **Stef**fi. [10]

*3 … **fue:**lə… vo:l… **nè**ttə ve ghe ghe**fun**dən 4 **ghès**t^ən **Ha**ttə… **èrs**tən **gai**ghən-unt^ərriçht 5 … **le:**r^ə … **kla**ssə… zi:t… auss 6 **ue:**b^ə-morghən… **unt**^ərriçht… **froi**ə… da**rauf** 7 **hèrts**liçhə **grue:**ssə 8 **oi**rə **shtè**fi*

Osservazioni sulla pronuncia

(3) Attenzione alla pronuncia di **WG**; la **w** tedesca si pronuncia *[ve]* e la **g** *[ghe]*. Per il ripasso dell'alfabeto tedesco vi rimandiamo all'introduzione.

Note

4 I verbi **sich fühlen**, *sentirsi* (cfr. F3) e **sich freuen (auf...)**, *essere contenti per/di qcs, non vedere l'ora* (cfr. F6) sono pronominali: **Ich fühle mich hier sehr wohl**, *Sto benissimo qui*; **Ich freue mich schon darauf**, *Non vedo l'ora* (cfr. F6). Attenzione: **sich freuen (auf...)** si usa in riferimento a qcs che accadrà nel futuro. Per la declinazione del pronome riflessivo riferitevi alla nota 2 della lezione 33. Torneremo a parlare dell'uso della preposizione **darauf** e di altre costruzioni simili più avanti.

5 **WG**, *abitazione condivisa (con coinquilini)*, è l'abbreviazione **die Wohngemeinschaft (en)**, composto dal verbo **wohnen**, *abitare* + il sostantivo **die Gemeinschaft (en)**, *la comunità*.

***

Übung 1 – Übersetzen Sie bitte!

❶ Sie fühlt sich nicht wohl. ❷ Wir freuen uns schon darauf. ❸ Sie sieht gut aus. ❹ Heute hatte ich meinen ersten Unterricht. ❺ Er ist klasse.

3 **Qui sto benissimo** *(Sento me qui molto bene)*, **e ho trovato dei** *(un alloggio con)* **coinquilini simpatici.**
4 **Ieri ho avuto la mia prima lezione di violino.**
5 **Il mio insegnante è fantastico, ed è piuttosto bello** *(appare piuttosto bene)***!!!**
6 **Dopodomani** *(oltre-domani)* **ho di nuovo lezione. Non vedo l'ora** *(Sono già contenta su questo)*.
7 **Con affetto** *(Saluti cordiali/affettuosi)*,
8 *(La vostra)* **Steffi**

6 **gefunden**, *trovato*, è il participio passato di **finden**, *trovare*. Si costruisce con l'ausiliare **haben**, *avere*: **Ich habe… gefunden**.

7 **ich hatte, du hattest, er/sie/es hatte, wir hatten, ihr hattet, sie/Sie hatten**, *io avevo, tu avevi, lui/lei aveva, noi avevamo, voi avevate, loro avevano/Lei aveva (forma di cortesia)…*, è il Präteritum, imperfetto o passato remoto, di **haben**, *avere*. In italiano lo possiamo anche tradurre con il passato prossimo.

8 **klasse sein** è il sinonimo di **super/toll sein**, *essere bellissimo/fantastico*: **Mein Lehrer ist klasse**, *Il mio professore è fantastico*.

9 Per descrivere l'aspetto fisico di qcn o qcs si usa il verbo separabile **aussehen**, *avere l'aspetto di*, *essere fisicamente*, *apparire*: **Wie sieht er aus?**, *Com'è fisicamente?*; **Er sieht sehr gut aus**, *È bello/di bell'aspetto*. Ma **aussehen** può anche essere usato per chiedere notizie di qcn o qcs: **Wie sieht's aus?**, *Come va?* o *Com'è?*

10 La formula di chiusura di una lettera è **Herzliche Grüße**, *cordiali saluti*, *con affetto* o **(Viele) Liebe Grüße** (*tanti*), *cari saluti* seguito da **dein**, *tuo* / **euer**, *vostro* + nome maschile (**Dein/Euer Michael**) o **deine**, *tua* / **eure**, *vostra* + nome femminile (**Deine/Eure Steffi**). Nel caso di una lettera più formale si usa **Freundliche Grüße** (lett. "amichevoli saluti") o **Mit freundlichem Gruß / freundlichen Grüßen** (lett. "con amichevole/i saluto/i"), *cordiali saluti*.

***

Soluzioni dell'esercizio 1

❶ Non si sente bene. ❷ Non vediamo l'ora. ❸ Ha un bell'aspetto. ❹ Oggi ho avuto la mia prima lezione ❺ È fantastico.

Übung 2 – Ergänzen Sie bitte!

❶ Caro Paul,
...... Paul,

❷ Si trovano *(sentono)* bene qui.
Sie .... hier wohl.

❸ Non ho avuto tempo.
.... keine Zeit.

❹ Com'è fisicamente?
Wie ..... sie ...?

❺ Ho trovato dei coinquilini simpatici.
Ich habe eine nette .. ..

31

Einunddreißigste Lektion

In questa lezione parleremo dell'aggettivo possessivo e dei suoi diversi usi. Seguite attentamente le spiegazioni del nostro linguista e germanista, il Professor Tupige.

Das ist so schwer [1]!

1 – „Ergänzen Sie **bitte eu**(e)r- **o**der Ihr-?" [2] Ich ver**steh**e nur **Bahn**hof! [3]

Pronuncia

... zo: shve:ᵃ ***1 erghèntsən...*** ***o:dᵃ*** *... nu:ᵃ* ***ba:n****-ho:f*

Osservazioni sulla pronuncia

(1), (2), (3), (7) I prefissi verbali **ver-**, **be-**, **er-** sono atoni. L'accento tonico cade sulla seconda sillaba: **verstehe** *[fèr****shte:****ə]*, **benutzt** *[be****nutst****]*, **verstanden** *[fèr****shtan****dən]*, **ergänzen** *[er****ghènts****ən]*. Esistono altri prefissi atoni: **emp-**, **ent-**, **er-**, **ge-**, **miss-**, **zer**. Questi prefissi sono detti particelle inseparabili, cfr. N4.

Note

1 so + aggettivo/avverbio corrisponde a *così, davvero, talmente* + aggettivo/avverbio: **Das ist so schwer**, *È davvero difficile* **Nicht so schnell!**, *Non così veloce!*

Soluzioni dell'esercizio 2
❶ Lieber – ❷ – fühlen sich – ❸ Ich hatte – ❹ – sieht – aus ❺ – WG gefunden

Die Wohngemeinschaft *o* **WG**, la coabitazione. *La pratica di condividere la casa con altri inquilini è molto più diffusa in Germania di quanto non lo sia in Italia. Non solo studenti universitari, ma persone di tutte le età, classi sociali e professioni scelgono di vivere insieme anche quando non si conoscono. Questa scelta è generalmente motivata da fattori economici piuttosto che dal desiderio di vivere in una* comunità, **die Gemeinschaft**, *cfr. N5.*

31

Trentunesima lezione

Che *(Questo è così)* difficile!

1 – "*(Prego)* Completate [con] **eu(e)r** oppure [con] **Ihr** *(Vostro/Suo)*"? Non ci capisco niente *(lo capisco solo stazione)*!

2 Gli aggettivi possessivi **eu(e)r-** e **Ihr-** traducono entrambi *vostro/Vostro*, ma in contesti differenti. Si usa **eu(e)r-** quando ci si rivolge a più persone a cui si dà del tu e **Ihr-** quando ci si rivolge a più persone a cui si dà del Lei (forma di cortesia): **Hallo Kinder! Habt ihr eure Bücher dabei**, *Ciao bambini! Avete con voi i (vostri) libri?* (cfr. F3); **Herr und Frau Schmidt, Ihre Tochter ist da**, *Signora e Signor Schmidt, Vostra figlia è qui*. Quando si declina, **eu(e)r-** perde la **e** della radice: **Ich treffe euren Sohn**, *Incontro vostro figlio*. Attenzione: Come avete già imparato **Ihr-** si traduce *Suo* quando ci si rivolge a una sola persona a cui si dà del Lei: **Herr Schmidt, Ihre Tochter ist da**, *Sig. Schmidt, Sua figlia è qui* (cfr. F6).

3 Se volete dire che non capite assolutamente nulla di qcs usate l'espressione idiomatica **Ich verstehe nur Bahnhof**, *Non ci capisco niente* (lett. "capisco soltanto stazione", cfr. nota culturale a fine lezione).

2 – Schau! Man be**nutzt** [4] „**eu**(e)r-“, wenn man **meh**rere Per**so**nen duzt [5], z.B (zum **Bei**spiel) [6]:

3 „**Ha**llo **Kin**der! Habt ihr **eu**re **Bü**cher da**bei**?“ Man be**nutzt** „Ihr-“, wenn man die Per**son**/Per**so**nen siezt:

4 „**Gu**ten **A**bend Herr **Mai**er, **ha**ben Sie **Ih**r Buch da**bei**?“ Und jetzt du! [7] Was sagt man?

5 – Mmh... „**Ha**llo! Ihr...“ Nein! „**eu**er **Va**ter ist da.

6 Herr Schmidt, **Ih**re **Mu**tter und **Ih**re **Schwes**ter sind da.“

7 – Na siehst du! [8] Du hast es ver**stan**den. [9] ☐

*2 shau... **be**nutst ... **mè:**rərə pèr**zo:**nən... tsum **bai**shpi:l 3 ... **kind**ᵃ... **bue:**çhᵃ ... pèr**zo:n**... zi:tst 4 ... Hèr **mai**ᵃ... 5 ... **fa:**tᵃ... 6 ... **mutt**ᵃ... **shvèst**ᵃ... 7 ... fèr**shtan**dən*

Note

4 In tedesco alcuni verbi possono essere separabili (cfr. L10, N3) o inseparabili come **ergänzen**, *completare* (cfr. F1), **benutzen**, *usare* (cfr. F2 e F3), e **verstehen**, *comprendere, capire* (cfr. F1 e F7). Le particelle separibili sono sette e vanno imparate così come sono: **be-**, **emp-**, **ent-**, **er-**, **ge-**, **miss-**, **ver-**, **zer**.

5 • Oltre a *se*, la congiunzione subordinante **wenn**, che abbiamo visto alla lezione 29, traduce anche *quando*: ...**wenn man mehrere Personen duzt**, ...*quando si dà del tu a più persone*. Ricordatevi che all'interno di una proposizione subordinata, il verbo coniugato occupa sempre l'ultima posizione (cfr. L27, N5).

• **mehrer-**, *più*, è un aggettivo indefinito e si declina come l'articolo determinativo plurale **die**, *i, gli, le*.

6 **z.B.** è l'abbreviazione di **zum Beispiel**, *per/ad esempio*, **das Beispiel (e)**, *l'esempio*.

7 Memorizzate quest'espressione idiomatica: **Und jetzt du!** (lett. "e adesso tu"), *Adesso tocca a te!*

2 – Guarda! Si usa **eu(e)r-** *(vostro)* quando si dà del tu a più persone, es. (per esempio):
3 "Hallo Kinder! Habt ihr eure Bücher dabei?" (Ciao bambini! Avete con voi i vostri libri?) Si usa **Ihr-** *(Suo/ Vostro)* quando si dà del Lei a una o a più persone *(alla persona/alle persone)*:
4 "Guten Abend Herr Maier, haben Sie Ihr Buch dabei?" (Buonasera Sig. Maier ha con sé il Suo libro?) Adesso tocca a te *(E adesso tu)*! Cosa dici *(si dice)*?
5 – Mmh... "Hallo! Ihr..." Nein! "euer Vater ist da". "Ciao! Suo..." No! "vostro padre è qui".
6 "Herr Schmidt, Ihre Mutter und Ihre Schwester sind da". (Sig. Schmidt, Sua madre e Sua sorella sono qui.)
7 – Ah vedi! *(Tu l')*Hai capito.

8 **Na, siehst du!**, *Ah vedi!*, è un'altra espressione idiomatica che vi capiterà di usare molto spesso.

9 **verstanden**, *capito*, è il participio passato di **verstehen**, *capire*, e si costruisce con l'ausiliare **haben**, *avere*. Osservate anche l'uso del pronome **es**: **Du hast es verstanden** (lett. "tu hai lo capito").

Übung 1 – Übersetzen Sie bitte!

❶ Die Übung ist so schwer. ❷ Haben Sie Ihren Pass dabei? ❸ Ich habe es verstanden. ❹ Wie heißt euer Bruder? ❺ Wo ist Ihre Mutter?

***

Übung 2 – Ergänzen Sie bitte!

❶ Non ci capisco niente. *(modo di dire)*
Ich verstehe … ……… .

❷ Tocca a te ora!
Und …… .!

❸ Non fa così freddo.
Es ist nicht …… .

❹ Si usa "**Ihr-**".
… ……. „Ihr-".

❺ Si dice "**eu(e)r-**" quando si dà del tu a più persone.
Man sagt „eu(e)r-", …. man mehrere Personen ….. .

32

Zweiunddreißigste Lektion

Der Wetterbericht

1 – „**Star**ke **Re**genfälle von **Mon**tag bis **Don**nerstag [1], und am **Frei**tag **sin**ken die Tempera**tu**ren."

Pronuncia

*… **vètt**ᵊ-beriçht **1 shtar**kə **re:**ghən-fèllə fon… biss… **ziñ**kən… tèmpera**tu:**rən*

Note

1 In questa lezione incontriamo le preposizioni **von… bis…**, *da… a…*: **von Montag bis Donnerstag**, *da lunedì a giovedì* **von 10 (zehn) bis 12 (zwölf)**, *dalle 10 alle 12*. Usata da sola, la preposizione **bis** traduce *fino*

Soluzioni dell'esercizio 1
❶ L'esercizio è davvero difficile. ❷ Ha con sé il *(Suo)* passaporto? ❸ Ho capito. ❹ Come si chiama vostro fratello? ❺ Dov'è Sua/Vostra madre?

***

Soluzioni dell'esercizio 2
❶ – nur Bahnhof ❷ – jetzt du ❸ – so kalt ❹ Man benutzt – ❺ – wenn – duzt

Ich verstehe nur Bahnhof!, Non ci capisco niente! *(lett. "capisco solo stazione") è un'espressione colloquiale molto diffusa. La sua origine si fa risalire ai tempi della prima guerra mondiale, quando i soldati al fronte aspettavano una cosa soltanto: ritornare a casa. Per questo si racconta che a tutte le domande rispondessero con:* **Ich verstehe nur Bahnhof**, *proprio per far intendere che il loro unico pensiero e scopo fosse quello di andare in stazione a prendere un treno che li portasse finalmente a casa.*

32

Trentaduesima lezione

Il bollettino meteo *(tempo-rapporto)*

1 – "Forti rovesci di pioggia *(pioggia-cadute)* **da lunedi a giovedì, e** *(al)* **venerdì [previsto] calo di** *(calano le)* **temperature."**

Osservazioni sulla pronuncia
(1), (4), (6) Allenatevi a pronunciare il suono leggero della **e** finale. Non marcatelo, ma pronunciatelo come se tratteneste il respiro: **starke** ***[shtarkə]***; **Regenfälle** ***[re:ghən-fèllə]***; **komme** ***[kommə]***; **fahre** ***[fa:rə]***.

a, e regge l'accusativo: **Ich arbeite bis Dienstag**, *Lavoro fino a martedì*; **Bis nächsten Dienstag**, *Fino a martedì prossimo*. Il suffisso **-en** è la desinenza dell'accusativo. La preposizione **von** significa anche *da, da parte di*, e regge il dativo. Ci ritorneremo.

2 Was **ma**chen wir hier **ei**gentlich [2]?
3 – Tja, wir **ha**ben **lei**der Pech mit dem **We**tter [3].
4 – Und wie! Es ist kalt und nass. [4] Ich **ko**mme nicht **wie**der **hier**her.
5 – Du über**treibst**. Es ist hier **su**per, wenn das **We**tter schön ist.
6 – Ja, das kann sein [5], aber ich **fah**re **näch**sten **So**mmer [6] in den **Sü**den. Ich will auf **Nu**mmer **si**cher **ge**hen. [7] □

***3** … **vètt**ª **4** … **nass**… **5** … ue:bª**traipst**… **6** … **nèk**stən **zomm**ª… **zue:**dən… **numm**ª **ziçh**ª…*

Note

2 L'avverbio **eigentlich** ha diverse traduzioni, tra cui *ma, allora*. In questa frase lo traduciamo con *quindi,* mentre alla lezione 24, frase 4, l'abbiamo tradotto con *veramente*.

3 La preposizione **mit**, *con*, che abbiamo incontrato più volte nel corso di queste lezioni, regge il dativo. Al dativo **das** (articolo determinativo neutro) diventa **dem**: **das Wetter** → **mit dem Wetter**, *con questo tempo*; **das Auto** → **mit dem Auto** (cfr. L25, F3); **das Alter** → **mit dem Alter** (cfr. L29, F7).

4 Per riferirsi al tempo atmosferico si ricorre alla costruzione impersonale **Es ist** + aggettivo, che traduciamo *è/fa* + aggettivo: **Es ist kalt und nass**, *Fa freddo ed è umido/È freddo e umido*; **Es ist warm**, *Fa caldo*; **Es ist schön**, *Fa/È bello*.

***

Übung 1 – Übersetzen Sie bitte!

❶ Seid ihr von Freitag bis Sonntag da? ❷ Wohin fahren wir nächstes Jahr? ❸ Nächstes Mal komme ich früher. ❹ Es ist besser, wenn es kalt ist. ❺ Ich habe wirklich Pech.

2 Quindi cosa facciamo qui?
3 – Eh, purtroppo abbiamo sfortuna con il tempo.
4 – E come! È freddo e umido *(bagnato)*. **[Non] ci tornerò più** *(Vengo non di nuovo qui)*.
5 – Esageri È bellissimo qui *(È qui super)* **quando il tempo è bello.**
6 – Sì, forse *(può essere)*, **ma la prossima estate vado al** *(nel)* **sud. Voglio andare a colpo sicuro** *(sul numero sicuro andare)*.

Osservazioni sulla pronuncia

(5) L'accento tonico del verbo **übertreiben** *[ue:b[a]**trai**bən]*, *esagerare*, cade sulla seconda sillaba perché è un verbo inseparabile.

---

5 **Ja, das kann sein** (lett. "sì, può essere"), *Sì, forse/possibile*.

6 *Il prossimo/la prossima*... si traduce generalmente **nächst-...** senza l'articolo. Qui è all'accusativo. Ecco altri esempi in cui l'aggettivo **nächst-** è usato all'interno di un sintagma nominale senza articolo. Le desinenze sono indicate in rosso: **nächsten Sommer**, *l'anno prossimo* (maschile); **nächste Woche**, *la settimana prossima* (femminile); **nächstes Jahr**, *l'anno prossimo* (neutro); **nächstes Mal**, *la prossima volta* (neutro).

7 L'espressione idiomatica **Ich will auf Nummer sicher gehen**, *voglio andare a colpo sicuro* (lett.:"voglio su numero sicuro andare").

***

Soluzioni dell'esercizio 1

❶ Siete qui da venerdì a domenica? ❷ Dove andiamo il prossimo anno? ❸ La prossima volta arrivo prima. ❹ È meglio quando fa freddo. ❺ Ho veramente sfortuna.

Übung 2 – Ergänzen Sie bitte!

❶ Esageri sempre.
Du .... immer.

❷ Lavoro dalle 9 alle 18.
Ich arbeite .... Uhr.

❸ È meglio quando il tempo è bello.
Es ist besser, ... schön ist.

33

Dreiunddreißigste Lektion

Schnell, schnell!

1 – Ich **ge**he mit To**bi**as Bier **kau**fen. [1]
2 – **Gu**te **Idee**, aber be**eilt** euch [2]! Gleich be**ginnt** die WM [3].
(...)

Pronuncia

*shnèl... **1** ... to**bi:**ass bi:ª **kau**fən **2** ... **ide:** ...**beailt** oiçh! glaiçh be**ghint**... ve èm*

Osservazioni sulla pronuncia

(2), (4), (5), (6), (7) In questa lezione incontreremo numerosi verbi inseparabili. L'accento tonico cade sempre sulla sillaba che segue la particella (**be-**, **ent-**, **ver-**): **beeilt** *[beailt]*; **verboten** *[fe:ªbo:tən]*. Questa regola vale anche per altre parole che recano un prefisso: **sich entschuldigen** *[èntshuldighən]*, *scusarsi* = verbo → **Entschuldigung!** *[èntshuldiguñg] Scusa!* = sostantivo.

Note

1 • Come in italiano, **gehen**, *andare*, può essere usato insieme a un altro infinito: **Ich gehe mit Tobias Bier kaufen**, *Vado a comprare la birra con Tobias*; **Wir gehen jetzt schlafen**, *Adesso andiamo a dormire*.
• Non dimenticate che in tedesco l'articolo partitivo non esiste e che i sostantivi di cibi e bevande, qui **Bier**, non prendono l'articolo.

❹ Non fa caldo.
. . . . . nicht warm.

❺ Vengo la prossima settimana.
Ich komme . . . .

Soluzioni dell'esercizio 2
❶ – übertreibst – ❷ – von 9 bis 18 – ❸ – wenn das Wetter – ❹ Es ist – ❺ – nächste Woche

33

Trentatreesima lezione

Presto, presto *(Veloce, veloce)*!

1 – Vado con Tobias a comprare [la] birra.
2 – Buona idea, ma sbrigatevi. I mondiali stanno per cominciare *(Subito inizia il campionato del mondo)*.
(...)

2 **sich beeilen**, *sbrigarsi*, è pronominale; **sich**, *si*, è il pronome riflessivo. Si usa il pronome riflessivo all'accusativo quando il verbo è intransitivo, ossia quando non regge un complemento oggetto (cfr. L30, F3 e F6). I pronomi riflessivi si declinano come segue: **ich beeile mich**, *io mi sbrigo*; **du beeilst dich**, *tu ti sbrighi*; **er/sie/es beeilt sich**, *lui/lei si sbriga*; **wir beeilen uns**, *noi ci sbrighiamo*; **ihr beeilt euch**, *voi vi sbrigate* (cfr. F2, all'imperativo: **Beeilt euch!**, *Sbrigatevi!*); **sie beeilen sich**, *loro si sbrigano*; **beeilen Sie sich**, *si sbrighi / sbrigatevi*.

3 **WM**, *i mondiali*, è l'abbreviazione di **die Weltmeisterschaft-(en)**, *il campionato del mondo*, composto da **die Welt**, *il mondo* + **die Meisterschaft**, *il campionato*. Osservate ora **Europa**, *Europa* e **die Europameisterschaft (en)**, abbreviato in **EM**, *il campionato europeo, gli europei*.

3 – Mensch, **a**lles ist **voll**geparkt… Ist mir jetzt e**gal** [4], ich **par**ke hier.
4 – **A**ber **Pa**pa [5], das ist ver**bo**ten.
5 – **Kei**ne Angst [6], ich be**ei**le mich.
6 – Ent**schul**digung! Sie **dür**fen hier nicht **par**ken.
7 – **Bi**tte! Es **dau**ert nur zwei Mi**nu**ten. [7] Gleich be**ginnt** die WM.
8 – In **Ord**nung [8], aber **bi**tte **ma**chen Sie schnell. □

*3 … e**ga:l**… 4 … **pa**pa… fèr**bo:**tən 5 … añgst… 7 … **dau**ªt… mi**nu:**tən… 8 … **ort**nuñg…*

Note

4 **(Es/Das) Ist mir egal,** *Non me ne importa, Chi se ne importa, Mi è indifferente*, è un'espressione idiomatica. I pronomi **es/das** possono anche essere omessi.

5 *Mamma e papà*, si traduce **Mama und Papa** o **Mami und Papi**.

6 Se volete rassicurare qcn usate **Keine Angst!** (lett. "nessuna paura"), *Non ti preoccupare, Stai tranquillo/a!*

***

Übung 1 – Übersetzen Sie bitte!

❶ Wir beeilen uns. ❷ Die WM dauert vier Wochen. ❸ Das ist mir nicht egal. ❹ Es dauert nur fünf Minuten. ❺ Sie geht jetzt schlafen.

Übung 2 – Ergänzen Sie bitte!

❶ Per favore sbrigati!
Bitte, ...!

❷ Non preoccuparti, non ci vuole molto.
...., es dauert nicht lange.

❸ Non vede l'ora.
Er ..... schon.

3 – Cavoli, è tutto pieno *(completamente-parcheggiato)*... **Chi se ne importa** *(È a me ora uguale)*, **io posteggio qui.**
4 – Ma papà, è vietato.
5 – Non ti preoccupare, mi sbrigo.
6 – Scusi *(Scusa)*! **Qui non si può parcheggiare.**
7 – La prego *(Per favore)*! **Ci metto** *(Questo dura)* **solo due minuti. I mondiali stanno per cominciare** *(Subito iniziano i mondiali)*.
8 – D'accordo, ma faccia in fretta *(veloce)* **per favore.**

7 In questo contesto **dauern**, *durare*, è tradotto *metterci*, nel senso di *impiegarci, volerci*: **Der Unterricht dauert eine Stunde**, *La lezione dura un'ora*; **Es dauert nur zwei Minuten**, *Ci impiego due minuti soltanto.*

8 *D'accordo! Va bene!*, si traduce **In Ordnung!** (lett. "in ordine").

***

Soluzioni dell'esercizio 1

❶ Ci sbrighiamo. ❷ I mondiali durano quattro settimane. ❸ Non mi è indifferente. ❹ Ci vogliono solo cinque minuti. ❺ Va a dormire adesso.

❹ D'accordo, ma sbrigatevi!
. . . . , **aber beeilt euch!**

❺ Vado a comprare il caffè.
Ich . . . . **Kaffee** . . . .

Soluzioni dell'esercizio 2

❶ – beeil dich ❷ Keine Angst – ❸ – freut sich – ❹ In Ordnung – ❺ – gehe – kaufen

34

Vierunddreißigste Lektion

Ein gutes Gehalt

1 – Wow! Ihr seid ja ganz schön braun ge**wor**den! Wart [1] ihr in **Ur**laub?

2 – Ja, wir **wa**ren zwei **Wo**chen auf Ta**hi**ti [2].

3 – Cool! Und wie war's [3]?

4 – Das war toll! Wir **wa**ren in **ei**nem **Ho**tel [4] mit Pri**vat**strand und **a**llem Drum und Dran [5].

Pronuncia

*... ghe**Halt** **1** uau... braun... **2** ... ta**Hi**ti **4** ... **Ho**tèl... **priva:t**-shtrant... **a**llèm drum unt dran*

Note

1 Ecco la coniugazione del verbo **sein** al Präteritum (equivale ai nostri imperfetto e passato remoto italiani, ma lo traduciamo anche con il passato prossimo): **ich war, du warst, er/sie/es war, wir waren, ihr wart, sie/Sie waren**, *io ero, tu eri, lui/lei era, noi eravamo, voi eravate, loro erano/Lei era*...

2 **...auf Tahiti**, *...a Tahiti* (lett. "su Tahiti"). Quando ci si riferisce a un'isola la preposizione corretta è **auf**, *in/a/su/sopra*: **Ich war auf Korsika**, *Sono stato in Corsica*.

3 Anche in quest'esempio il pronome **es** è abbreviato **'s**: **Und wie war's?** *E com'era?*

I tedeschi hanno la reputazione di essere amanti dell'ordine, **die Ordnung**, *e questo si riflette anche nella lingua.* **In Ordnung!**, D'accordo! *(lett. "in ordine!"). Per chiedere se va tutto bene o è tutto a posto si dice* **Ist alles in Ordnung?** *(lett. "è tutto in ordine?").*

34

Trentaquattresima lezione

Un buono stipendio

1 – Wow! Siete abbronzatissimi *(completamente bel marrone diventati)* **! Siete stati in vacanza?**
2 – Siamo stati due settimane a *(su)* **Tahiti.**
3 – Bello! E com'era?
4 – *(Questo era)* **Fantastico! Siamo stati in un hotel con spiaggia privata** *(privata-spiaggia)* **e tutti gli annessi e connessi.**

Osservazioni sulla pronuncia

(Titolo), (5), (6) Prima di procedere, rivediamo insieme la regola generale sull'uso dell'accento tonico. I sostantivi semplici (senza prefisso o suffisso) recano l'accento tonico sulla prima sillaba. I sostantivi composti dal prefisso **ge-** o da una particella inseparabile recano l'accento sulla seconda sillaba. Alla lezione 31 abbiamo visto diversi esempi di verbi con particella inseparabile. In questa lezione vedremo i verbi composti dal prefisso **ge-** con cui si formano numerosi sostantivi e la maggior parte dei participi passati: **Gehalt** *[ghe**Halt**]*; **gewonnen** *[ghe**vonn**ən]* o **gewechselt** *[ghe**vèk**sèlt]*.

4 La frase: **Wir waren in einem Hotel...**, *Siamo stati in un hotel...* è al dativo. Per il momento osservate l'uso dell'articolo indeterminativo neutro e maschile dativo **einem**: **ein Hotel** = neutro; **ein Garten** = maschile → **in einem Garten**, *in un giardino*.

5 **mit allem Drum und Dran** corrisponde alle espressioni *con tutti i crismi, con tutti gli annessi e connessi.*

5 – Habt ihr in der Lotte**rie** ge**won**nen? [6]
6 – Nein, ich **ha**be den Job ge**wech**selt. Und die **Fir**ma zahlt gut, so**gar** sehr gut.
7 Wir **ha**ben **un**seren **näch**sten **Ur**laub schon ge**bucht**. [7]

5 … ghevonnən 6 … djob ghevèksèlt… firma tsa:lt… zoga:[a] … 7 … ghebu:cHt

Note

6 Attenzione alla preposizione: *vincere alla lotteria,* si traduce **in der Lotterie gewinnen** (lett. "vincere nella lotteria"): **Habt ihr in der Lotterie gewonnen?**, *Avete vinto alla lotteria?*

***

Übung 1 – Übersetzen Sie bitte!

❶ Wo war er? ❷ Sie ist braun geworden. ❸ Sie haben hundertfünfundzwanzig Euro gewechselt. ❹ Wer hat die WM gewonnen? ❺ Warst du auf Korsika?

Übung 2 – Ergänzen Sie bitte!

❶ Eri molto abbronzato.
. . . . sehr braun.

❷ Com'era l'hotel?
. . . . . . das Hotel?

❸ Mio fratello ha vinto alla lotteria.
Mein Bruder . . . in der Lotterie . . . .

❹ Chi ha cambiato *(il)* lavoro?
Wer . . . den Job . . . . ?

❺ Non ho vinto.
Ich habe . . . .

5 – Avete vinto alla lotteria *(nella lotteria vinto)*?
6 – No, ho cambiato lavoro. E la ditta paga bene, fin troppo bene.
7 Abbiamo già prenotato le prossime vacanze *(nostra prossima vacanza)*.

7 **Ihr seid ja ganz schön braun geworden**, *Siete abbronzatissimi* (cfr. F1), **Habt ihr in der Lotterie gewonnen?**, *Avete vinto alla lotteria?* (cfr. F5), **Nein, ich habe den Job gewechselt**, *No, ho cambiato lavoro* (cfr. F6), **Wir haben den nächsten Urlaub schon gebucht**, *Abbiamo già prenotato le prossime vacanze* (cfr. F7), sono quattro frasi al Perfekt. La maggior parte dei verbi costruisce il Perfekt con l'ausiliare **haben**, *avere*, e solo alcuni verbi con **sein**, *essere*. Il participio passato si costruisce invece con il prefisso **ge-** e occupa sempre l'ultima posizione all'interno della frase (cfr. L15, F6).

***

Soluzioni dell'esercizio 1

❶ Dov'era? ❷ Si è abbronzata. ❸ Hanno cambiato 125 euro. ❹ Chi ha vinto i mondiali? ❺ Sei stato in Corsica?

Soluzioni dell'esercizio 2

❶ Du warst – ❷ Wie war – ❸ – hat – gewonnen ❹ – hat – gewechselt ❺ – nicht gewonnen

Complimenti! Avete competatato un altro ciclo di lezioni e la domanda che vi facciamo adesso è: **Haben Sie alles verstanden?** Avete capito tutto? ***Lo scoprirete con la prossima lezione di ripasso. Se dopo averla terminata avete ancora dei dubbi, non esitate a***

35

Fünfunddreißigste Lektion

Wiederholung – Ripasso

1 Gli aggettivi possessivi al nominativo

	Maschile	Femminile	Neutro	Plurale
ich	**mein**	**meine**	**mein**	**meine**
du	**dein**	**deine**	**dein**	**deine**
er	**sein**	**seine**	**sein**	**seine**
sie	**ihr**	**ihre**	**ihr**	**ihre**
es	**sein**	**seine**	**sein**	**seine**
wir	**unser**	**unsere**	**unser**	**unsere**
ihr	**euer**	**eure**	**euer**	**eure**
sie	**ihr**	**ihre**	**ihr**	**ihre**
Sie	**Ihr**	**Ihre**	**Ihr**	**Ihre**

Nel corso delle precedenti lezioni abbiamo incontrato tutti gli aggettivi possessivi a eccezione di **sein/seine** che corrisponde all'aggettivo possessivo della 3ª persona neutra **es** ed è identico a all'aggettivo possessivo della 3ª persona maschile.

Tenete bene a mente queste caratteristiche dell'aggettivo possessivo:
• al nominativo, il maschile e il neutro si declinano allo stesso modo, così come al femminile e al plurale;
• la radice (in grassetto) dipende dal possessore, la desinenza (in rosso) dalla cosa o dalla persona posseduta. Al nominativo maschile e neutro non si aggiungono desinenze: possessore **ich**,

riprendere le lezioni precedenti soffermandovi sugli argomenti o sulle regole che non vi sono chiari. Noi vi consigliamo di ripassare una lezione al giorno. Tuttavia, se necessario, ripassate più lezioni fino a quando non sarete certi di averne assimilato il contenuto.

35

Trentacinquesima lezione

io, e persona posseduta **der Bruder**, *il fratello* (maschile) → **Mein Bruder heißt Michael**, *Mio fratello si chiama Michael*; possessore **sie**, *loro*, persona posseduta **die Eltern**, *i genitori* (plurale) → **Wer sind ihre Eltern?**, *Chi sono i loro genitori?*

• alla 3ª persona singolare, se il possessore è maschile o neutro la radice dell'aggettivo è **sein-**, se è femminile, **ihr-**; **ihr-** è anche la radice dell'aggettivo possessivo della 3ª persona plurale:

a) possessore maschile **Michael** e persona posseduta femminile **die Mutter** → **Seine Mutter ist da**, *Sua madre è qui*;

b) possessore neutro **das Kind**, *il bambino/la bambina, il figlio/la figlia*, e persona posseduta maschile **der Vater** → **Sein Vater ist da**, *Suo padre è qui*;

c) possessore femminile **Anna** e persona posseduta **die Mutter** → **Ja, ihre Mutter ist da**, *Sì, sua madre è qui*;

d) possessore plurale **Anna und Tobias** e persona posseduta al neutro **das Kind** → **Ja, ihr Kind heißt Elena**, *Sì, la loro figlia si chiama Elena*;

• l'aggettivo possessivo *vostro* si traduce **eu(e)r-** se si dà dal tu e **Ihr-** se si dà del Lei a più persone: **Hi Michael! Hi Anna! Wo sind eure Pässe?**, *Ciao Michael! Ciao Anna! Dove sono i vostri passaporti?*; **Guten Tag Herr and Frau Schneider, wo sind Ihre Pässe bitte?**, *Buongiorno Sig. e Sig.ra Schneider. Prego, dove sono i Vostri passaporti?* Attenzione alla particolarità fonetica di **eu(e)r** che perde la **e** della radice prima di aggiungere la desinenza.

2 Gli aggettivi possessivi all'accusativo

Si declinano come la negazione **kein** (cfr. L21 §5). La declinazione è identica a quella del nominativo tranne che al maschile.

	Maschile	Femminile	Neutro	Plurale
ich	**meinen**	**meine**	**mein**	**meine**
du	**deinen**	**deine**	**dein**	**deine**
er	**seinen**	**seine**	**sein**	**seine**
sie	**ihren**	**ihre**	**ihr**	**ihre**
es	**seinen**	**seine**	**sein**	**seine**
wir	**unseren**	**unsere**	**unser**	**unsere**
ihr	**euren**	**eure**	**euer**	**eure**
sie	**ihren**	**ihre**	**ihr**	**ihre**
Sie	**Ihren**	**Ihre**	**Ihr**	**Ihre**

Ecco alcuni esempi:
– possessori **Anna und Tobias** e persona posseduta maschile **der Sohn**, *il figlio* → **Kennst du ihren Sohn?**, *Conosci il loro figlio?*
– possessori **Anna und Tobias** e persona posseduta femminile **die Tochter**, *la figlia* → **Kennst du ihre Tochter?**, *Conosci la loro figlia?*
– possessore **du**, *tu*, oggetto posseduto neutro **das Handy**, *il cellulare* → **Hast du dein Handy dabei?**, *Hai il tuo telefono (con te)?*
– possessori **ihr**, *voi*, e persona posseduta plurale **die Kinder**, *i figli* → **Wo sind eure Kinder?**, *Dove sono i vostri figli?*
– possessore **er**, *lui*, e oggetto posseduto maschile **der Hausschlüssel**, *la chiave di casa* → **Er sucht seinen Hausschlüssel**, *Cerca la (sua) chiave di casa.*

3 Pronome e aggettivo interrogativo *welch-*, "che, quale/i"

Si declina come l'articolo determinativo.

	Maschile	Femminile	Neutro	Plurale
Nominativo	**welcher**	**welche**	**welches**	**welche**
Accusativo	**welchen**	**welche**	**welches**	**welche**

– nominativo neutro: **Welches Buch ist es?**, *Che libro è?*
– nominativo plurale: **Welche Eltern kennen das nicht?**, *Quali genitori non sanno questo?*

– accusativo maschile: **Welchen Schlüssel suchst du?**, *Che chiave cerchi?*
– accusativo femminile: **Welche Größe tragen Sie?**, *Che taglia porta?*
– accusativo femminile introdotto dalla preposizione **für**, *per*: **Für welche Gelegenheit?**, *Per quale occasione?*

4 *bis*, "fino a" e *von... bis...*, "da... a..."

Wir waren bis Mittwoch in Berlin, *Eravamo a Berlino fino a mercoledì.*
Ich arbeite von Montag bis Donnerstag, *Lavoro dal lunedì al giovedì.*
Wo warst du von 3 bis 5?, *Dov'eri dalle 3 alle 5?*

5 La congiunzione subordinante *wenn*, "se/quando"

wenn corrisponde alle congiunzioni subordinanti *se* condizionale e *quando*. Nota: in una subordinata, il verbo coniugato occupa sempre l'ultima posizione:
Wenn Sie mir bitte folgen wollen, *Se vuole seguirmi.*
...wenn man mehrere Personen duzt, *...quando si dà del tu a più persone,...*

6 I pronomi riflessivi all'accusativo

	sich beeilen, *sbrigarsi*	**sich freuen** *rallegrarsi*	**sich fühlen** *sentirsi*
ich	**beeile mich**	**freue mich**	**fühle mich**
du	**beeilst dich**	**freust dich**	**fühlst dich**
er, sie, es	**beeilt sich**	**freut sich**	**fühlt sich**
wir	**beeilen uns**	**freuen uns**	**fühlen uns**
ihr	**beeilt euch**	**freut euch**	**fühlt euch**
sie	**beeilen sich**	**freuen sich**	**fühlen sich**
Sie	**beeilen sich**	**freuen sich**	**fühlen sich**

Un verbo pronominale si costruisce con il pronome riflessivo all'accusativo se è intransitivo, ossia se non regge il complemento oggetto. Il pronome riflessivo funge quindi da complemento oggetto:

***

Wiederholungsdialog

1 – Was ist los?
2 – Wir fühlen uns nicht wohl und sind müde. Wir hatten von neun bis vier Uhr Französischunterricht.
3 – Warum schlaft ihr nicht eine halbe Stunde?
4 – Wir haben keine Zeit. Wir müssen unsere Übungen machen, und wir verstehen nur Bahnhof. Französisch ist so schwer!
5 – Warum ruft ihr nicht Leo an? Er ist Französischlehrer.
6 – Er ist leider nicht da.

***

Übersetzen Sie bitte!

❶ Kennen Sie seinen Vater? ❷ Haben Sie Ihren Pass dabei? ❸ Beeil dich! ❹ Welches Buch suchst du? ❺ Ich rufe dich an, wenn ich da bin.

Beeilt euch!, *Sbrigatevi!*
Freust du dich?, *Sei contento/a?*
Ich fühle mich in Wien sehr wohl, *Mi trovo (Mi sento) benissimo a Vienna.*

***

7 – Schade, ich habe aber eine andere Idee. Kennt ihr das Buch „Französisch ohne Mühe"?
8 – Jaaa! Das ist eine sehr gute Idee.

Traduzione del dialogo

1 Che succede? **2** Non ci sentiamo bene e siamo stanchi. Abbiamo avuto lezione di francese dalle 9 alle 4. **3** Perché non dormite una mezz'oretta *(mezz'ora)*? **4** Non abbiamo tempo. Dobbiamo fare gli *(i nostri)* esercizi, e non ci capiamo niente. Il francese è davvero difficile! **5** Perché non telefonate a Leo? Lui è professore di francese. **6** Purtroppo non c'è. **7** Peccato, ma ho un'altra idea. Conoscete il libro "[il] francese senza sforzo"? **8** Sììì! Questa è una buonissima idea.

***

Soluzioni dell'esercizio

❶ Conosce suo padre? ❷ Ha con sé il passaporto? ❸ Sbrigati! ❹ Che libro cerchi? ❺ Ti telefono, quando sono lì.

Sechsunddreißigste Lektion

Die Bikini-Diät

1 – Was **möch**tet ihr zum **Nach**tisch [1]?
2 – **Ei**nen **Ku**chen!
3 – Und was für **ei**nen **Ku**chen [2]?
4 – **Ei**nen Schoko**la**denkuchen.
5 – Oh nein, nicht schon **wie**der [3]! Ich will **ei**nen **Obst**kuchen mit **Sah**ne.
6 – Ich mag [4] aber **kei**nen **Obst**kuchen und auch **kei**ne **Sah**ne.

Pronuncia

*... b**iki:**ni-d**iè:t** 1 ... **na:cH**-tish 2 ... **ku:**cHən 4 ... shoko**la:**dən-ku:cHən 5 ... **o:pst**-ku:cHən...*

Osservazioni sulla pronuncia

(Titolo), (10) In tedesco la seconda **i** di **Bikini** ha un suono allungato e l'accento tonico cade sulla seconda sillaba: ***[biki:ni]***. Il sostantivo **Diät** ha una pronuncia simile a quella di *dieta* in italiano, ma senza la **a** finale→ ***[diè:t]***.
(Titolo), (4), (10) Nelle parole di origine straniera, l'accento cade generalmente sull'ultima o sulla penultima sillaba: **Schokolade** *[shoko**la:**də]*, *cioccolato*, da cui la parola composta **Schokoladenkuchen**, *torta al cioccolato*.

Note

1 Osservate la costruzione **zum** (**zu** + **dem**) **Nachtisch**, *per dessert*.

2 La costruzione **Was für ein(-)...?**, *Che genere / Che tipo di...?*, si usa per formulare una domanda in riferimento a una categoria di cose, persone o animali ecc. La risposta si costruisce con l'articolo indeterminativo. Attenzione: qui **für** non svolge la funzione di preposizione e l'articolo indeterminativo **ein** si declina in base al gruppo nominale contenuto nella frase: accusativo maschile → **Und was für einen Kuchen?**, *E che tipo/genere di torta?* (sottinteso **möchtet ihr**, *desidera-*

Trentaseiesima lezione

La dieta bikini *(bikini-dieta)*

1 – Cosa desiderate come *(per il)* dessert?
2 – Una torta.
3 – E che tipo di *(per una)* torta?
4 – Una torta al cioccolato.
5 – Oh no, non di nuovo! Io voglio una torta alla frutta con panna.
6 – Ma a me non piace la torta alla frutta e nemmeno *(anche nessuna)* la panna.

te) – **Einen Schokoladenkuchen**, *Una torta al cioccolato*; nominativo maschile→ **Was für ein Kuchen ist das?**, *Che tipo di torta è questa?* – **Ein Obstkuchen**, *Una torta alla frutta*.
Al plurale si usa **was für** senza articolo, dal momento che l'articolo indeterminativo non ha il plurale! → **Was für Bücher suchen Sie?**, *Che tipo di libri sta cercando?* – **Sprachbücher**, *Dei libri di lingua straniera*. Non confondetevi con l'esclamazione **Was für ein...!**, *Che...!* + sostantivo (cfr. L12, F6).

3 *Non di nuovo!* si dice **Nicht schon wieder!** (lett. "non ancora di nuovo").

4 Al presente indicativo **mögen** significa *amare, piacere* e si usa da solo, senza un altro infinito: **Ich mag keinen Obstkuchen**, *Non mi piace la torta alla frutta*. Si coniuga come segue: **ich mag**, **du magst**, **er/sie/es mag**, **wir mögen**, **ihr mögt**, **sie/Sie mögen**. Al **Konjunktiv II** funge da ausiliare ed equivale a *volere, desiderare*... (cfr. L28, §1).

7 – Hm!... Und du **Ste**ffi? Was **möch**test du?
8 – Ich will **kei**nen **Nach**tisch. **Dan**ke.
9 – Wie**so**? [5] Isst du nicht gern [6] **Ku**chen?
10 – Doch, nur **ha**be ich schon mit der Bi**ki**ni Di**ät** be**go**nnen. [7]

*9 vizo: ...ghern... **10** docH... be**go**nnən*

Note

5 **wieso** è sinonimo di **warum**, *perché*.

6 L'avverbio **gern** (nel Sud della Germania si scrive anche **gerne**) unito al verbo serve a esprimere che si ama fare qcs: **Isst du nicht gern Kuchen?**, *Non ti piacciono i dolci?* (lett. "mangi non volentieri i dolci"); **Ich koche gern**, *Mi piace cucinare* (lett. "cucino volentieri"). Da solo,

***

Übung 1 – Übersetzen Sie bitte!

❶ Was möchtest du zum Nachtisch? ❷ Er mag keinen Kaffee. ❸ Was für ein Kleid suchen Sie? ❹ Was isst du gern? ❺ Wieso isst du nichts?

Übung 2 – Ergänzen Sie bitte!

❶ Che tipo di libro vorresti?
. . . . Buch möchtest du?

❷ Le piace il cioccolato? *(forma di cortesia)*
. . . . Schokolade?

❸ Gli piace la birra.
. . . . . Bier.

7 – Mmm !... E tu Steffi? Cosa vorresti?
8 – Io non voglio il dessert. Grazie.
9 – Perché? Non ti piacciono i dolci *(Mangi non volentieri torte)***?**
10 – Sì, solo ho già cominciato la mia dieta bikini *(con la bikini dieta)***.**

gern(e) ha valore affermativo o di approvazione: **Möchtest du einen Kaffee?**, *Vorresti un caffè?* – **Ja, gern(e)!**, *Sì, volentieri!*

7 • È una frase al Perfekt. L'infinito è **beginnen**, *cominciare, iniziare,* e il suo participio passato è **begonnen**, *cominciato, iniziato.*
• **die Diät** è femminile da cui la costruzione al dativo **mit der Diät**.

***

Soluzioni dell'esercizio 1

❶ Cosa vorresti per dessert? ❷ Non gli piace il caffè. ❸ Che tipo di abito cerca? ❹ Cosa ti piace mangiare? ❺ Perché non mangi niente?

❹ Amo leggere.
Ich ....

❺ Oh, non di nuovo!
Oh nein, nicht ....!

Soluzioni dell'esercizio 2

❶ Was für ein – ❷ Mögen Sie – ❸ Er mag – ❹ – lese gern ❺ – schon wieder

37

Siebenunddreißigste Lektion

Meine Heimat

1 – Ich **ha**be **vie**le **Län**der ge**se**hen [1] und **mei**ne **Hei**mat ist die **gan**ze Welt.
2 Schon als Kind **ha**be ich im **Aus**land [2] ge**wohnt**.
3 Auf **ei**ner **mei**ner **Rei**sen [3] **ha**be ich mich in **ei**ne **Glo**betrotterin ver**liebt**. [4]

Pronuncia

*... **Hai**mat **1** ... **lènd**ᵃ gheze:ən... vèlt **2** ... kint... **auss**lant ghe**vo:nt***
3** ... **rai**zən... **glo:**bətrotterin fèr**li:pt

Osservazioni sulla pronuncia

(1), (2), (4), (6) Tutte queste frasi contengono un participio passato. Come spiegato alla lezione 34, l'accento tonico cade sulla sillaba successiva al prefisso **ge-**. Osservate o ascoltate bene il testo.
(3), (5), (6) I prefissi **ver-**, **be-** e **ge-** dei participi passati **verliebt** *[fèr**li:pt**]*; **bekommen** *[be**komm**ən]* e **geboren** *[ghe**bo:**rən]* sono particelle inseparabili. Anche in questo caso l'accento cade sulla sillaba che segue il prefisso (cfr. anche L33).

Note

1 In questa lezione approfondiremo il Perfekt. Equivale al nostro passato prossimo e si forma come segue:
• con l'ausiliare **sein**, *essere*, se il verbo è intransitivo (senza complemento oggetto) e indica un cambiamento di stato o di luogo → **wir sind... gereist**, *abbiamo viaggiato...* (cfr. F4 e F6). **Sein** si usa anche con i verbi **bleiben**, *restare*; **sein**, *essere*, e **werden**, *diventare, essere* → **Wo bist du gewesen?**, *Dove sei stato* (lett. "sei tu stato")?
• Si usa l'ausiliare **haben**, *avere*, con tutti gli altri verbi, ossia:
a) con i verbi transitivi (con complemento oggetto) → **Ich habe viele Länder gesehen**, *Ho visto molti paesi* (cfr. F4 e F5);
b) con i verbi intransitivi che indicano la posizione o lo stato in cui si trova qcn o qcs → **Ich habe im Ausland gewohnt**, *Ho abitato all'estero* (cfr. F2);

Trentasettesima lezione

[La] Mia patria

1 – Ho visitato *(visto)* molti paesi, e la mia patria è il mondo intero.

2 Già da bambino ho vissuto all'estero *(abitato nell'estero)*.

3 Durante uno [dei] miei *(Su uno miei)* viaggi mi sono innamorato di una giramondo *(ho io me in una giramondo innamorato)*.

c) con i verbi pronominali → **ich habe mich... verliebt**, *mi sono innamorato...* (cfr. F3).

• Il participio passato dei verbi regolari (detti "deboli") si forma con il prefisso **ge-** + radice dell'infinito + **(e)t**: **reisen**, *viaggiare* → **gereist**, *viaggiato* (cfr. F4); **heiraten**, *sposare / sposarsi* → **geheiratet**, *sposato/a* (cfr. F4). (Sull'uso della **e** eufonica vi rimandiamo alle regole sull'uso del presente indicativo, L14, §4.)

Il participio passato dei verbi irregolari (detti "forti") si forma con il prefisso **ge-** + radice del verbo + **en**. La radice del verbo può essere identica a quella dell'infinito oppure diversa: **sehen**, *vedere* → **gesehen**, *visto*; **finden**, *trovare* (cfr. L30, F3) → **gefunden**, *trovato*.

Il participio passato dei verbi terminanti in **-ieren** si forma con la radice del verbo + **t**, ma senza **ge-**: **probieren**, *assaggiare* (cfr. L12, F2) → **hat probiert**, *ha assaggiato*. Attenzione! Il participio passato si posiziona in fondo alla frase o proposizione.

2 **das Ausland** significa *l'estero*. *All'estero* si dice **im Ausland** (lett. "nell'estero").

3 **Auf einer meiner Reisen...**, *Durante uno dei miei viaggi...* Memorizzate questa costruzione come se fosse un'espressione idiomatica.

4 I verbi inseparabili non aggiungono il prefisso **ge-**. Per tutti gli altri verbi vale la regola alla nota 1: **sich verlieben** (verbo debole), *innamorarsi* → **sich verliebt haben**, *essersi innamorati*; **bekommen** (verbo forte), *ricevere* → **bekommen haben**, *aver ricevuto* (cfr. F5); **erklären** (verbo debole), *spiegare* → **Er hat das gut erklärt**, *L'ha spiegato bene*.

4 Ich **ha**be sie ge**hei**ratet und wir sind zu**sam**men um die Welt [5] ge**reist**.
5 Wir **ha**ben zwei **Kin**der be**ko**mmen.
6 **Un**ser Sohn ist bei den **Es**kimos [6] ge**bo**ren, **un**sere **Toch**ter **ü**ber den **Wol**ken [7].
7 **Heu**te sind wir zu alt zum **Rei**sen, **a**ber wir sind **glück**lich.
8 Die **schö**nen Er**in**nerungen **blei**ben uns für **im**mer.

*4 … ghe**hai**ratət… tsu**za**mmən… vèlt ghe**raist** 5 … **kin**dª be**ko**mmən 6 … **bai**… **ès**kimo:ss ghe**bo:**rən… **ue:**bª… **vol**kən 7 … **glueck**liçh 8 … èr**in**neruñghən…*

Note

5 La preposizione **um**, *intorno a*, regge l'accusativo → **um die Welt**, *intorno al/per tutto il mondo*. Si dice anche **um die Welt herum**.

***

Übung 1 – Übersetzen Sie bitte!

❶ Er hat im Ausland gewohnt. ❷ Sie haben eine Tochter bekommen. ❸ Anna hat sich in unseren Sohn verliebt. ❹ Wo ist euer Sohn geboren? ❺ Warum hat er bei Elena gewohnt?

Übung 2 – Ergänzen Sie bitte!

❶ Ho viaggiato per tutto il mondo.
Ich … um die Welt ……. .

❷ Siamo sopra le nuvole.
Wir …. …. den Wolken.

❸ Sì, l'ho visto.
Ja, ich …. sie ……. .

❹ Mi sono innamorata di Luca.
Ich …. mich in Luca …….. .

❺ Abitano all'estero.
Sie wohnen .. …….. .

4 **L'ho sposata e abbiamo viaggiato insieme per tutto il** *(intorno al)* **mondo.**
5 **Abbiamo avuto** *(ricevuto)* **due figli.**
6 **Nostro figlio è nato tra** *(presso)* **gli eschimesi, nostra figlia sopra le nuvole.**
7 **Oggi siamo troppo vecchi per viaggiare, ma siamo felici.**
8 *(I bei ricordi)* **Ci resteranno per sempre i bei ricordi.**

6 La preposizione di luogo **bei**, traduce *presso, da, a casa di,* e regge il dativo. **Unser Sohn ist bei den Eskimos geboren,** *Nostro figlio è nato tra* (lett. "presso") *gli eschimesi*; **den** è il dativo dell'articolo determinativo plurale **die**.

7 Tra le varie traduzioni, la preposizione **über** ha anche quella di *sopra, aldisopra, oltre*: **über den Wolken**, *sopra le nuvole*. L'approfondiremo quando parleremo delle preposizioni miste che reggono sia l'accusativo sia il dativo.

***

Soluzioni dell'esercizio 1

❶ Ha abitato all'estero. ❷ Hanno avuto una figlia. ❸ Anna si è innamorata di nostro figlio. ❹ Dov'è nato vostro figlio? ❺ Perché ha abitato a casa di Elena?

Soluzioni dell'esercizio 2

❶ – bin – gereist ❷ – sind über – ❸ – habe – gesehen ❹ – habe – verliebt ❺ – im Ausland

Achtunddreißigste Lektion

Beim Ausverkauf

1 – **Ma**ma, **heu**te be**ginnt** der **Aus**verkauf [1]. Kommst du mit mir **sho**ppen [2]?

2 – Ja, **ger**ne.
(...)

3 – Wie ge**fällt** dir [3] der **gel**be **Pu**lli [4]?

4 – Hm! Mir ge**fällt** der **ro**te **bes**ser.

5 – Ich **fin**de den **gel**ben **coo**ler. Und wie **fin**dest du das **blaue** Kleid?

Pronuncia

*baim **auss**fèrkauf **1** ... be**ghint** ... **sho**ppən **3** ... ghe**fèlt**... **ghèl**bə **pu**lli **4** ... **ro:**tə... **5** ... **ghèl**bən **cu:**l[a]... **blau**ə klait*

Osservazioni sulla pronuncia

(Titolo), (1), (5), (7), (8) Approfittiamo del dialogo per ripassare i dittonghi:
ei si pronunica *[ai]* come in **Kleid** *[klait]*; **meine** *[**mai**nə]*; **meinst** *[mainst]*; **sei** *[zai]*; **streiten** *[**shtrai**tən]*;
au si pronuncia *[au]* come in **Ausverkauf** *[**auss**fèrkauf]*; **blau** *[blau]*;
eu si pronuncia *[oi]* come in **Freundinnen** *[**froin**dinnən]*.

Note

1 **Der Ausverkauf**, *i saldi* (lett. "la svendita"), è singolare in tedesco.

2 Ecco un altro esempio di **Denglisch** (cfr. L6, nota culturale): **shoppen** deriva dall'inglese **to shop**, *comprare* + **-en** (desinenza dei verbi all'infinito in tedesco).

3 In questa lezione abbiamo diversi esempi al dativo. Si tratta del terzo caso della declinazione, quello del complemento di termine. Tra i verbi che reggono questo caso ci sono: **gefallen**, *piacere a*; **geben**, *dare a ecc.*: **Wie gefällt dir...?** (lett. "come piace a te"), *Ti piace...?*; **Mir gefällt... besser**, (lett. "a me piace... meglio"), *Preferisco...* (cfr. F4); **Geben Sie mir bitte...**, *Mi dia per favore...* (cfr. L18, F5). I pronomi personali **mir**, *mi/(a) me*, e

Trentottesima lezione

I *(Ai)* Saldi

1 – Mamma, oggi iniziano i saldi. Vieni a fare shopping con me?
2 – Sì, volentieri.
(...)
3 – *(Come)* Ti piace il maglione giallo?
4 – Mmm! Preferisco il rosso *(Mi piace il rosso meglio)*.
5 – Trovo [che] il giallo [sia] più bello. E come trovi il vestito blu?

dir, *ti/(a) te*, sono la forma al dativo rispettivamente di **ich**, *io*, e **du**, *tu*. I verbi + dativo in tedesco corrispondono generalmente ai loro equivalenti italiani + complemento di termine. Tra le eccezioni più comuni c'è **helfen**, *aiutare*, che regge il dativo in tedesco, ma in italiano si costruisce con il complemento oggetto: **Hilf mir...**, *Aiutami...* (cfr. L26, F6); **Wie kann ich Ihnen helfen?**, *Come posso aiutarLa?* (cfr. L29, F1), **Ihnen** è il dativo di **Sie**, *Lei*, di cortesia. La preposizione **mit**, *con*, regge il dativo: **Kommst du mit mir shoppen?**, *Vieni a fare shopping con me?*

4 L'aggettivo attributivo si declina per genere e per numero, ma anche in funzione dell'articolo e del caso. Per adesso è importante che vi abituiate piano piano alle diverse desinenze. Osserviamo ora alcuni esempi di aggettivo attributivo insieme all'articolo determinativo:
der gelbe Pulli, *il maglione giallo* = nominativo maschile;
den gelben, *il giallo* (cfr. F5) sottinteso **Pulli**, *maglione* = accusativo maschile;
das blaue Kleid, *il vestito blu* (cfr. F5) = accusativo neutro (esempio nel dialogo); nominativo neutro: **Das blaue Kleid ist schön**, *Il vestito blu è bello*. Osservate ora gli stessi esempi, ma con l'articolo indeterminativo:
ein gelber Pulli, *un maglione giallo* = nominativo maschile; **einen gelben Pulli**, *un maglione giallo* = accusativo maschile;
ein blaues Kleid, *un vestito blu* = nominativo e accusativo neutro.

6 – Ich **fin**de es zu kurz.

7 – Ach **Ma**ma! Sei nicht so **alt**modisch! **A**lle **mei**ne **Freun**dinnen [5] **tra**gen **kur**ze **Klei**der.

8 – Wenn du meinst... „**Ü**ber Ge**schmack** lässt sich nicht **strei**ten" [6]. □

*6 ... kurts **7** ... zai... **alt**-mo:dish... **froin**dinnən... **kur**tsə **klai**d[a] **8** ... mainst... ghe**shmak** ... **shtrai**tən*

Übung 1 – Übersetzen Sie bitte!

❶ Wie gefällt dir der blaue Pulli? ❷ Wann beginnt der Ausverkauf? ❸ Alle meine Freunde sind da. ❹ Ich möchte ein gelbes Kleid. ❺ Der Pulli gefällt mir.

Übung 2 – Ergänzen Sie bitte!

❶ I saldi iniziano oggi.
Heute beginnt ....

❷ Il vestito rosso è bello.
Das .... ist schön.

❸ Cerco un maglione blu.
Ich suche .... Pulli.

❹ Dove sono tutte le tue amiche?
Wo sind .... Freundinnen?

❺ Preferisco il maglione giallo.
.... der gelbe Pulli besser.

6 – Lo trovo troppo corto.

7 – Ah mamma! Non essere così antiquata *(vecchia-moda)*! **Tutte le mie amiche portano [i] vestiti corti.**

8 – Se [lo] dici *(pensi)* **tu... "I gusti non si discutono"** *(Sul gusto non si litiga)*.

Note

5 **alle**, *tutti/tutte*, vale sia per il plurale femminile (come nel dialogo) che per il plurale maschile: **alle meine/alle deine... Freunde**, *tutti i miei/ tutti i tuoi amici*.

6 L'espressione idiomatica **Über Geschmack lässt sich nicht streiten** (lett. "sul gusto lascia si non litigare") equivale a: *I gusti non si discutono*. **La preposizione über** vuol dire anche *su, a proposito di*.

***

Soluzioni dell'esercizio 1

❶ Ti piace il maglione blu? ❷ Quando iniziano i saldi? ❸ Tutti i miei amici sono qui. ❹ Vorrei un vestito giallo. ❺ Il maglione mi piace.

Soluzioni dell'esercizio 2

❶ – der Ausverkauf ❷ – rote Kleid – ❸ – einen blauen – ❹ – alle deine – ❺ Mir gefällt –

Avete appena imparato il modo di dire **Über Geschmack lässt sich nicht streiten**, *I gusti non si discutono. Tuttavia, alcune volte, questo stesso modo di dire può essere usato senza la negazione:* **Über Geschmack lässt sich streiten**. *E a ben ragione vi starete chiedendo: ma allora i gusti si discutono oppure no? Osservate ora quest'altra costruzione al dativo. Vi sarà utile quando andrete a fare shopping:* **Wie steht mir das Kleid/der Pulli...?**, Come mi sta il vestito / il maglione... ?; **Das Kleid / Der Pulli steht dir sehr gut**, Il vestito / il maglione ti sta bene.

Neununddreißigste Lektion

Die Auktion [1]

1 – Wann fängt es an?
2 – **Mei**ne **He**rren, **bi**tte **lei**se [2]. Es hat schon **an**gefangen [3]. Hier [4] sind noch zwei **Plä**tze frei.
3 – **Neunt**ausendfünfhundertfünfzig [5] zum **Ers**ten [6],

Pronuncia

... ***auk**tsio:n* ***2*** *...* ***Hè**rrən...* ***an**ghefañghən...* ***plè**tsə frai* ***3 noin**-tauzènt-fuenf-Hund*[ə]*t-fuenftsiçh...*

Osservazioni sulla pronuncia

(3), (4), (5), (7), (8) Per pronunciare i numeri in maniera corretta vi suggeriamo di fare una breve pausa tra le migliaia, le centinaia e le decine: neuntausend *[**noin**-tauzènt]* / fünfhundert *[**fuenf**-Hund*[ə]*t]* / fünfzig *[**fuenf**tsiçh]*;
zehntausend *[**tse:n**-tauzènt]* / einhundert *[**ain**-Hund*[ə]*t]*;
zweitausend *[**tsvai**-tauzènt]* / sechshundert *[**zèks**-Hund*[ə]*t]*.

Note

1 Come avrete intuito dall'articolo, anche in tedesco *l'asta*, **die Auktion**, è femminile.

2 *Silenzio per cortesia!* si dice **Bitte leise!**; **leise**, è sia aggettivo: *silenzioso*, sia avverbio: *silenziosamente, piano*.

3 I verbi separabili formano il participio passato con il prefisso **ge-** posizionato tra la particella e il verbo, secondo la regola spiegata alla lezione 37, nota 1: **anfangen**, *cominciare* → **Es hat schon angefangen**, *Ha già cominciato*, **zurückkommen**, *rientrare, ritornare* → **Wir sind spät zurückgekommen**, *Siamo rientrati/ritornati tardi*.

4 Osservate questi avverbi di luogo e le loro combinazioni: **hier**, *qui*; **da**, *là/qui*; **dort**, *là/laggiù*; **vorne**, *davanti*; **hinten**, *dietro* → **Hier sind noch zwei Plätze frei**, *Qui ci sono ancora due posti liberi*; ...**für die Dame**

Trentanovesima lezione

L'asta

1 – Quando comincia?
2 – *(Miei)* Signori, silenzio per cortesia *(silenziosamente)*. È già cominciata. Qui [ci] sono ancora due posti liberi.
3 – Novemilacinquecentocinquanta e uno *(per primo)*,

da vorne, *...per la signora qui davanti* (cfr. F5); ...**für den Herrn dort hinten**, *...per il signore là in fondo/dietro* (cfr. F7).

5 Le migliaia si formano come in italiano, ossia unità/decina + **tausend**: *1.000* → **eintausend** o anche solo **tausend**; *2.000* → **zweitausend**; *10.000* → **zehntausend** ecc. Seguono le centinaia (cfr. L28, §4) e le decine (cfr. L21, §6) scritte in una sola parola, *9.550* → **neuntausendfünfhundertfünfzig**, fino a 999.999. A partire da *1.000.000*, **eine Million**, bisogna separare i milioni dal resto del numero: *3.009.550* → **drei Millionen neuntausendfünfhundertfünfzig**. Per una lettura corretta, fate una breve pausa tra i milioni e le migliaia. I prezzi si scrivono sempre con un punto come separatore delle migliaia e con una virgola come separatore decimale: **1.888 Euro**; **3.221.000 Euro**; **25,30 Euro**.

6 Se avrete l'occasione di partecipare a un'asta, vi sarà utile un po' di vocabolario: **zum Ersten, zum Zweiten** (cfr. F4), **zum Dritten** (cfr. F8), *e uno, e due, e tre*, e **verkauft**, *venduto!* (cfr. F8); *aggiudicato* si traduce con un colpo di martello.

4 **neun**tausendfünfhundertfünfzig zum **Zwei**ten,
5 **zehn**tausendeinhundert für die **Da**me da **vor**ne.
(...)
6 Und nun **bie**ten wir ein bar**o**ckes Bett, in Schwarz-Weiß [7] aus dem 17. (**sieb**zehnten) **Jahr**hundert [8].
7 **Ein**tausend für den Herrn dort **hin**ten.
(...)
8 **Zwei**tausendsechshundert zum **Dri**tten, ver**kauft**!
9 – Sie **ha**ben **ei**nen sehr **gu**ten Kauf ge**macht**. Ich gratu**lie**re **Ih**nen da**zu** [9]. □

5 tse:n**-tauzènt-ainHund^at... **da:**mə... **for**nə **6** ... **bi**:tən... bar**o**kess bèt... shvarts/vaiss... **ja:**^a-Hund^at **7** ... dort **Hin**tən **8 tsvai**-tauzènt-zèks-Hund^at... fèr**kauft 9** ... kauf ghe**macHt**... dat**su:

Osservazioni sulla pronuncia

(9) Il gruppo **ehr** si pronuncia *[e:^a]*: **sehr** *[se:^a]*; **mehr** *[e:^a]* (cfr. L20, F10).

Note

7 **in Schwarz-Weiß**, *in bianco e nero*. I colori sono usati come sostantivi e pertanto si scrivono in maiuscolo.

8 La preposizione **aus**, *da (temporale), di, dell'(epoca)*, regge il dativo: **das 17. (siebzehnte) Jahrhundert**, *Il XVII secolo* → **aus dem 17. (siebzehnten) Jahrhundert**, *del XVII secolo*.

***

Übung 1 – Übersetzen Sie bitte!

❶ Schnell! Es hat schon angefangen. ❷ dreizehntausendfünfhundertvierunddreißig ❸ Fünftausendzweihundert zum Dritten. ❹ Ist der Platz hier vorne frei? ❺ Ich suche ein Bett aus dem achtzehnten Jahrhundert.

4 novemilacinquecentocinquanta e due *(per secondo)*,
5 diecimilacento per la signora qui davanti.
(...)
6 E ora proponiamo un letto [in stile] barocco, bianco [e] nero, del XVII secolo.
7 Mille per il signore là in fondo *(dietro)*.
(...)
8 Duemilaseicento e tre *(per terzo)*, [aggiudicato] *(venduto)*!
9 – Ha fatto un ottimo *(molto buono)* acquisto. Le faccio le mie congratulazioni *(per questo)*.

9 • Il pronome personale **Ihnen** è il dativo di **Sie**, *Lei/Voi* di cortesia: **Ich gratuliere Ihnen dazu**, *Le faccio le mie congratulazioni*. Attenzione! A differenza del suo equivalente italiano, in tedesco il verbo **gratulieren** non è riflessivo e regge il dativo. Inoltre il pronome, o il nome della persona con cui ci si congratula, non è preceduto dalla preposizone. In italiano lo traduciamo: *fare le proprie congratulazioni a qcn, congratularsi con qcn*
• Qui **dazu** sottintende *per l'acquisto*. Anche in italiano non lo traduciamo. Torneremo su questa costruzione più avanti.

***

Soluzioni dell'esercizio 1

❶ Presto! È già cominciato. ❷ tredicimilacinquecentotrentaquattro ❸ Cinquemiladuecento, e tre. ❹ È libero il posto qui davanti? ❺ Cerco un letto del XVIII secolo.

Übung 2 – Ergänzen Sie bitte!

❶ quattromilionitrecentomila
. . . . dreihunderttausend

❷ Duemila e tre... aggiudicato... *(venduto)*!
Zweitausend . . . . verkauft!

❸ Le facciamo le nostre congratulazioni. *(forma di cortesia)*
Wir . . . . dazu.

40

Vierzigste Lektion

Abi [1] und was dann?

1 – Der **Wie**vielte ist **heu**te? [2]
2 – Der **dri**tte **Au**gust.
3 – Schon! Die **Fe**rien sind so schnell ver**gan**gen. [3]
4 – Wann fängt bei dir die **Schu**le **wie**der an?

Pronunica

***abi*... *1* ... *vi:fi:ltə*... *3* ... *fèrgañghən 4* ... *shu:lə*...**

Osservazioni sulla pronuncia

In questa lezione non ci sono novità in termini di pronuncia. Ma potete esercitarvi facendo cadere l'accento tonico sulla sillaba corretta. Le sillabe toniche sono sempre indicate in grassetto.

Note

1 **das Abi**, *la maturità*, è l'abbreviazione di **das Abitur**.

2 Ci sono diversi modi di chiedere la data, memorizzateli tutti e ricordatevi che per indicarla si usano sempre i numeri ordinali (cfr. L24, N4). I mesi sono tutti maschili:
Der Wievielte ist heute? (lett. "il quanto è oggi?"), *Che giorno è oggi?*–
Der dritte August (lett. "il terzo agosto", F2) = nominativo, *Il 3 agosto*.
Den Wievielten haben wir heute? (lett. "il quanto abbiamo oggi"),

❹ Offriamo un violino del XVIII secolo.
Wir bieten eine Geige … dem 18. (achtzehnten) ………… .

❺ È già cominciato.
Es … schon ………… .

Soluzioni dell'esercizio 2
❶ vier Millionen – ❷ – zum Dritten – ❸ – gratulieren Ihnen – ❹ – aus – Jahrhundert ❺ – hat – angefangen

40

Quarantesima lezione

[La] maturità, e *(cosa)* dopo?

1 – Quanti ne abbiamo *(Il quanto è)* oggi?
2 – 3 *(Il terzo)* agosto.
3 – Di già! Le vacanze sono trascorse *(così)* in fretta.
4 – Quando ricomincia la scuola da te?

Quanti ne abbiamo oggi? – **Den dritten August** (lett. "il terzo agosto") = accusativo, *Il 3 agosto*.
A proposito di mesi e date, ecco un'espressione che sentirete spesso il 1° aprile: **April, April!** (lett. "aprile, aprile)", *Pesce d'aprile!*

3 **vergehen**, *passare, trascorrere* (il tempo), è inseparabile: **Die Ferien sind so schnell vergangen**, *Le vacanze sono trascorse (così) in fretta*.

5 – Bald. Am **neun**ten **Au**gust.
6 – Ach, du **Ärms**ter! [4] Ich **ha**be noch bis zum **zwan**zigsten [5] **Fe**rien.
7 Weißt du schon, was du nach [6] dem **A**bi machen wirst? [7]
8 – Uff, lass uns das **The**ma **wech**seln! Ich **ha**be **kei**ne **Ah**nung. [8]
9 – **Okay**! Weißt du, wo hier die **bes**ten **Or**te zum **Aus**gehen sind?
10 – Das ja! □

*5 balt… 6 … **èrmst**ᵃ… nocH… 7 … virst 8 uf… **te:**ma **vèk**seln… **a:**nuñg 9 … **bès**tən **or**tə… **auss**ghe:ən…*

Note

4 Ach, du Ärmster/Ärmste! *Ah, poverino/a!*

5 **bis zu**, *fino a*, regge il dativo → **bis zum zwanzigsten**, *fino al 20* (sottinteso **August**, *agosto*); **bis zum vierten April**, *fino al 4 aprile*. Osservate adesso **von… bis zu…**, *da… fino a…* (+ dativo): **vom ersten Mai bis zum zehnten Juli**, *dal 1° maggio al 10 luglio*.

6 Usato come preposizione temporale, **nach** significa *dopo*, e regge il dativo: **das Abi**, *la maturità* → **nach dem Abi**, *dopo la maturità*.

***

Übung 1 – Übersetzen Sie bitte!

❶ Die Zeit vergeht sehr schnell. ❷ Ich habe keine Ahnung, wer das ist. ❸ Den Wievielten haben wir heute? ❹ Wisst ihr, was er machen wird? ❺ Ich bleibe bis zum zwanzigsten Juni.

5 – **Presto. Il 9** *(Al nono)* **agosto.**
6 – **Ah, poverino** *(tu più povero)*! **Io sono in vacanza fino al 20** *(ho ancora fino al ventesimo vacanze)*.
7 **Sai già cosa farai dopo la maturità?**
8 – **Uffa, cambiamo argomento! Non [ne] ho idea.**
9 – **OK! Sai dove sono qui i posti migliori per** *(l')***uscire?**
10 – **Sì, Questo lo so** *(Questo sì)*!

7 • Le frasi: **Weißt du, was du nach dem Abi machen wirst?**, *Sai già cosa farai dopo la maturità?* e **Weißt du, wo hier die besten Orte zum Ausgehen sind?** (cfr. F9), *Sai dove sono qui i posti migliori per uscire?*, sono entrambe interrogative indirette. Sono introdotte da verbi o espressioni che servono a esprimere una domanda nella frase principale + pronome interrogativo nella frase secondaria. Il pronome interrogativo è preceduto dalla virgola e il verbo coniugato è posizionato in fondo alla frase.
• **machen wirst** è un futuro: *farai*.

8 **die Ahnung**, *l'idea, il presentimento, l'intuizione*. **Ich habe keine Ahnung**, *Non (ne) ho idea, Non lo so*.

***

Soluzioni dell'esercizio 1

❶ Il tempo passa in fretta. ❷ Non ho idea di chi sia. ❸ Quanti ne abbiamo oggi? ❹ Sapete cosa farà? ❺ Resto fino al 20 giugno.

Übung 2 – Ergänzen Sie bitte!

❶ Sai cosa fai domani?
........, ... du morgen machen wirst?

❷ Che giorno è oggi?
... . ist heute?

❸ Il 5 luglio. *(risposta alla domanda precedente)*
... . Juli.

***

In Germania le vacanze scolastiche estive durano sei settimane, generalmente dalla seconda metà di giugno alla fine di luglio. La data d'inizio e di fine delle vacanze varia a seconda dei **Bundesländer**, *Stati federali (la Germania è una repubblica federale divisa in sedici* **Bundesländer**, *ognuno dei quali ha i propri governo, assemblea e poteri). In alcuni stati federali le vacanze estive cominciano a inizio*

41 Einundvierzigste Lektion

Ich sterbe vor Hunger! [1]

1 – Was essen wir **heu**te **A**bend [2]?
2 – **Gu**te **Fra**ge! Hat der **Su**permarkt noch auf? [3]

Pronuncia

*... **shtèr**bə... **Huñ**g[a] **2** ... Hat... **zu:**p[a]-ma:[a]kt... auf*

Note

1 **Ich habe Hunger/Durst** significa *Ho fame/sete* e **Ich sterbe vor Hunger/Durst**, *Muoio di fame/sete*. In questo caso la preposizione **vor** esprime la causa di una condizione e si traduce *di*.

2 I diversi momenti della giornata si esprimono con **heute** + momento della giornata senza l'articolo: **der Abend**, *la sera* → **heute Abend**, *stasera* (lett. "oggi sera"); **der Morgen**, *il mattino* → **heute Morgen**, *stamattina* (lett. "oggi mattina") ecc.

❹ Puoi restare qui fino al 1° gennaio.
Du kannst …… ersten Januar hier bleiben.

❺ Cosa farai dopo la maturità?
Was wirst du …… Abi machen?

Soluzioni dell'esercizio 2

❶ Weißt du, was – ❷ Der wievielte – ❸ Der fünfte – ❹ – bis zum – ❺ – nach dem –

***

agosto quando per gli studenti di altri stati è tempo di rientrare a scuola. Lo scopo delle vacanze scaglionate è evitare che tutti partano contemporaneamente. Lo svantaggio è che non è sempre facile coordinare il calendario con la famiglia o con gli amici che vivono in un'altra regione.

41

Quarantunesima lezione

Muoio di fame!

1 – Cosa mangiamo stasera *(oggi sera)*?
2 – Bella domanda! Il supermercato è ancora aperto *(Ha il supermercato ancora su)*?

Osservazioni sulla pronuncia

(2), (3), (5), (6), (7) In questo dialogo ci sono molte parole che terminano in **-er**, **-or**, o **-ehr**. La pronuncia della **-r** finale è quella di una **a** quasi soffiata che trascriviamo *[ª]*: Supermarkt *[**zu:**pª- ma:ªkt]*; einer *[**ain**ª]*; vor *[fo:ª]*; Vorschlag *[**fo:**ªshla:**k**]*; Burger *[**bu:**rgª]*; Lieferservice *[**li:**fª-serviss]*; aber *[**a**:bª]*; mehr *[me:ª]*.

3 **aufhaben** e **zuhaben** sono separabili e traducono rispettivamente *essere aperto, essere chiuso*, in riferimento a supermercati, edifici, uffici ecc.: **Hat der Supermarkt noch auf?**, *Il supermercato è ancora aperto?* – **Nein er hat schon… zu**, *No, ha già chiuso…* (cfr. F3).

3 – Nein, er hat schon seit **ei**ner **Stun**de [4] zu. Willst du **in**disch **es**sen **ge**hen [5] ?
4 – Ach, wir **ha**ben schon **letz**tes Mal [6] **in**disch ge**ges**sen.
5 – Stimmt. Wir **könn**ten [7] auch **ei**ne **Pi**zza **es**sen **ge**hen **o**der was schlägst du vor [8]?
6 – Mein **Vor**schlag: Wir **ru**fen den **Bur**ger **Lie**ferservice an.
7 – Gern, **a**ber hast du nicht ge**sagt**, dass du kein Fast Food mehr **es**sen **woll**test [9]?
8 – Doch, es ist **a**ber **prak**tisch und ich muss **zu**geben, es schmeckt mir [10]. □

*3 … Hat… zait… tsu: …**in**dish… 4 … ghe**ghes**sən 5 … **koenn**tən… **pi**tsa… shlè:kst… fo:ª 6… **fo:**ª shla:k… **bu**:rgª **li**:f ª-serviss… 7 … fa:st fu:t… **vol**təst 8 … **prak**tish… **tsu**:ghe:bən… shmèkt…*

Osservazioni sulla pronuncia

(6), (7) Le parole di origine inglese come **Burger**, **-service** in **Lieferservice**, *servizio di consegna*, o **Fast Food**, mantengono la pronuncia originale.

Note

4 La preposizione o avverbio **seit**, *da*, regge il dativo: **seit einer Stunde**, *da un'ora*; **einer** è il dativo dell'articolo indeterminativo femminile **eine**, *una/un'*.

5 Osservate la locuzione **indisch**, **italienisch**, …**essen gehen**, *mangiare indiano, italiano…* (lett. "indiano, italiano… mangiare andare"). Il doppio infinito occupa l'ultima posizione.

6 **letzt-…**, *il/la (…) scorso/a*, si declina come **nächst-**, *il/la (…) prossimo/a* (cfr. L32, N6), senza l'articolo. Senza addentrarci troppo nella grammatica, osservate le desinenze: a) maschile: **letzten/nächsten Sonntag**, **Monat**, *domenica scorsa/prossima, il mese scorso/prossimo*; b) femminile: **letzte/nächste Woche**, *la settimana scorsa/prossima*; c) neutro: **letztes/nächstes Mal**, **Jahr**, *la volta scorsa/la prossima volta; l'anno scorso/il prossimo anno*.

3 – No, ha già chiuso da un'ora. Vuoi andare a mangiare [all]'indiano *(mangiare andare)*?
4 – Mmm, abbiamo già mangiato [all']indiano [la] volta scorsa.
5 – Giusto. Potremmo *(anche)* andare a mangiare una pizza o tu cosa proponi?
6 – La mia proposta [è]: ordiniamo un hamburger *(chiamiamo il servizio consegna di hamburger)*.
7 – Volentieri, ma non hai detto che non volevi più mangiare fast food?
8 – Sì, ma è pratico e devo ammettere [che] mi piace *(gusta a me)*.

7 **wir könnten**, *noi potremmo*, è il **Konjunktiv II** di **wir können**, *noi possiamo*. Il **Konjunktiv II** corrisponde al nostro condizionale.

8 Alle frasi 5 e 8 incontriamo due nuovi verbi separabili: **vorschlagen**, *proporre*, e **zugeben**, *ammettere*: **Was schlägst du vor?**, *Cosa proponi?*; **Ich gebe zu,...**, *Ammetto...* A partire da questo momento smetteremo d'indicare sistematicamente i verbi con particella separabile. Sarete in grado di riconoscerli da soli nel testo o nel lessico alla fine del libro.

9 **du wolltest**, *tu volevi*, è il Präteritum di **wollen** (= imperfetto e passato remoto) alla 2ª persona singolare.

10 Il verbo **schmecken** regge il dativo: **Es schmeckt mir gut**, *Mi piace*; **Schmeckt es/'s dir?**, *Ti piace?* Vi ricordate che nel parlato al posto di **es** si può usare la forma contratta **'s**?

Übung 1 – Übersetzen Sie bitte!

❶ Nächstes Mal kommen wir mit dem Auto. ❷ Hat der Supermarkt morgen auf? ❸ Was könnten wir machen? ❹ Warum hat es zu? ❺ Ich bin seit einer Stunde da.

***

Übung 2 – Ergänzen Sie bitte!

❶ È aperto stasera?
Hat es .... auf?

❷ Cosa propone? *(forma di cortesia)*
Was .... Sie ...?

❸ Mi piace.
Es .... gut.

42

Zweiundvierzigste Lektion

Wiederholung – Ripasso

1 Il dativo

Declinazione dell'articolo determinativo e indeterminativo

Gli articoli maschile e neutro sono identici, e al plurale i sostantivi aggiungono il suffisso **-n** tranne quelli che al nominativo plurale terminano già per **n**: **die Schlafzimmer**, *le camere da letto* (N e A) → **den Schlafzimmern**, *le camere da letto* (D); **die Küchen** (N e A), *le cucine* → **den Küchen** (D), *le cucine*.

Articolo	Maschile	Femminile	Neutro	Plurale
Determinativo	**dem Garten**	**der Küche**	**dem Haus**	**den Schlafzimmern**
Indeterminativo	**einem Garten**	**einer Küche**	**einem Haus**	**- Schlafzimmern**

Soluzioni dell'esercizio 1

❶ La prossima volta verremo *(veniamo)* in macchina. ❷ Il supermercato è aperto domani? ❸ Cosa potremmo fare? ❹ Perché ha chiuso? ❺ Sono qui da un'ora.

***

❹ Ti piace?
Schmeckt' . . . ?

❺ È in Germania da una settimana.
Er ist . . . . einer . . . . . in Deutschland.

Soluzioni dell'esercizio 2

❶ – heute Abend – ❷ – schlagen – vor ❸ – schmeckt mir – ❹ – 's dir ❺ – seit – Woche –

42

Quarantaduesima lezione

Declinazione dei pronomi personali

Nominativo	**ich**	**du**	**er**	**sie**	**es**	**wir**	**ihr**	**sie**	**Sie**
Dativo	**mir**	**dir**	**ihm**	**ihr**	**ihm**	**uns**	**euch**	**ihnen**	**Ihnen**

Il dativo è il terzo caso della declinazione tedesca. Il nominativo è il caso del soggetto, l'accusativo è il caso del complemento oggetto e di alcune preposizioni (cfr. L21, §1.2), e il dativo quello del complemento di termine e di alcune preposizioni.

– Tra i verbi che reggono il dativo ci sono **gefallen**, *piacere*; **geben**, *dare*; **sagen**, *dire*. Generalmente anche i loro equivalenti italiani si costruiscono con il complemento di termine: **Es gefällt mir**, *Mi piace*. Attenzione alle eccezioni tra cui **helfen**, *aiutare*, o **folgen**, *seguire*, che reggono il dativo in tedesco, ma il complemento oggetto in italiano: **Hilf mir...**, *Aiutami...*; **Ich folge Ihnen,** *La seguo*;

– Il dativo si usa dopo le preposizioni: **aus**, *da* (origine); **bei**, *a, presso* (stato in luogo); **mit**, *con*; **nach**, *dopo*; **seit**, *da*; **von**, *di, da parte di*, e **zu**, *a, verso* (direzionale): **Was wirst du nach dem Abi machen?**, *Cosa vuoi fare dopo la maturità?*; **Er hat schon seit einer**

Stunde zu, *Ha già chiuso da un'ora*; **Ich habe eine Mail von den Kindern bekommen**, *Ho ricevuto una mail dai bambini*.

2 I verbi separabili e inseparabili

	Verbi inseparabili **bekommen**, *ricevere*	Verbi separabili **anfangen**, *cominciare*
ich	**bekomme**	**fange an**
du	**bekommst**	**fängst an**
er, sie, es	**bekommt**	**fängt an**
wir	**bekommen**	**fangen an**
ihr	**bekommt**	**fangt an**
sie	**bekommen**	**fangen an**
Sie	**bekommen**	**fangen an**

– Sono particelle inseparabili: **be-**; **er-**; **ge-**; **emp-**; **ent-;** **miss-**; **ver-**; **zer-**. Come indica il loro nome, queste particelle non si separano mai dal verbo.
– le particelle separabili sono numerose. Le più comuni sono: **an-**; **auf-**; **vor-**; **zu-** ecc. Al presente e a tutti gli altri tempi verbali semplici si separano dal verbo e si posizionano in fondo alla frase. Per la formazione del participio passato dei verbi con particella separabile e inseparabile vi rimandiamo al paragrafo qui sotto.

3 Il Perfekt

Serve a esprimere il risultato o la conseguenza di un'azione che si è svolta nel passato e corrisponde al nostro passato prossimo. Il participio passato occupa sempre l'ultima posizione all'interno della frase. Rivediamo in dettaglio come si costruisce:
– verbi regolari (detti deboli): **ge-** + radice dell'infinito + **(e)t**. La **e** eufonica va aggiunta ai verbi che terminano per **-d**, **-t**, o con più consonanti;
– verbi irregolari (detti forti): **ge-** + radice del verbo + **en**. La radice verbale può essere identica a quella dell'infinito oppure diversa. In questo caso il verbo è irregolare e occorre impararlo così com'è;

– verbi inseparabili (regolari e irregolari): senza il prefisso **ge-**; per il resto vale la regola già indicata;
– verbi separabili (regolari e irregolari): il prefisso **ge-** si posiziona tra la particella e il verbo; per il resto vale sempre la regola che abbiamo appena visto;
– verbi che terminano in **-ieren**: senza il prefisso **ge-**; radice dell'infinito + **t**.

	Verbi regolari (detti "deboli"), es. **sagen/arbeiten**, *dire/lavorare*	Verbi irregolari (detti "forti"), es. **kommen/gehen**, *venire/andare*
ich	**habe gesagt/gearbeitet**	**bin gekommen/gegangen**
du	**hast gesagt/gearbeitet**	**bist gekommen/gegangen**
er, sie, es	**hat gesagt/gearbeitet**	**ist gekommen/gegangen**
wir	**haben gesagt/gearbeitet**	**sind gekommen/gegangen**
ihr	**habt gesagt/gearbeitet**	**seid gekommen/gegangen**
sie	**haben gesagt/gearbeitet**	**sind gekommen/gegangen**
Sie	**haben gesagt/gearbeitet**	**sind gekommen/gegangen**

	Verbi inseparabili **bekommen**, *ricevere*	Verbi separabili **anfangen**, *cominciare*
ich	**habe bekommen**	**habe angefangen**
du	**hast bekommen**	**hast angefangen**
er, sie, es	**hat bekommen**	**hat angefangen**
wir	**haben bekommen**	**haben angefangen**
ihr	**habt bekommen**	**habt angefangen**
sie	**haben bekommen**	**haben angefangen**
Sie	**haben bekommen**	**haben angefangen**

	Verbi in **-ieren**, es. **probieren**, *assaggiare*
ich	**habe probiert**
du	**hast probiert**
er, sie, es	**hat probiert**
wir	**haben probiert**
ihr	**habt probiert**
sie	**haben probiert**
Sie	**haben probiert**

• Uso dell'ausiliare (tranne eccezioni!):

– **sein**, *essere*, con i verbi:

1) intransitivi (senza complemento oggetto) che indicano un cambiamento di stato o di luogo: **Wir sind um die Welt gereist**, *Abbiamo viaggiato per tutto il mondo*;

2) **sein**, *essere*; **bleiben**, *restare*; **werden**, *diventare/essere* al futuro: **Ich bin hier geblieben**, *Sono rimasto qui*.

– **haben**, *avere*, con i verbi:

1) transitivi (con complemento oggetto) → **Ich habe viele Länder gesehen**, *Ho visto molti paesi*;

2) intransitivi (senza complemento oggetto) che indicano uno stato o una posizione → **Ich habe im Ausland gewohnt**, *Ho abitato all'estero*;

3) pronominali → **Ich habe mich verliebt**, *Mi sono innamorato*.

4 L'interrogativo *Was für ein-*

	Maschile	Femminile	Neutro	Plurale
Nominativo	**was für ein**	**was für eine**	**was für ein**	**was für**
Accusativo	**was für einen**	**was für eine**	**was für ein**	**was für**
Dativo	**was für einem**	**was für einer**	**was für einem**	**was für**

Traduce *Che genere/tipo di...?* Serve a chiedere il genere, la categoria o la classe a cui appartiene qcn o qcs Attenzione! Qui **für** non funge da preposizione e l'articolo indeterminativo **ein-** si declina in base al caso del gruppo nominale nella frase. La risposta corrispondente si costruisce con l'articolo indeterminativo:
– nominativo maschile → **Was für ein Kuchen ist das?**, *Che (tipo/genere di) torta è questa?* – **Ein Schokoladenkuchen**, *Una torta al cioccolato*
– accusativo maschile → **Was für einen Kuchen möchtet ihr?**, *Che (genere di) torta desiderate?* – **Einen Schokoladenkuchen**, *Una torta al cioccolato*.
Al plurale non c'è l'articolo: **Was für Bücher suchen Sie?**, *Che genere di libri sta cercando?* – **Sprachbücher**, *Dei libri di lingua*.

5 I numeri a partire da 1000

1.000 si può dire **eintausend** o **tausend**; *2.000* → **zweitausend**; *10.000* → **zehntausend** ecc. Ricordate che le decine e le centinaia si uniscono alle migliaia e formano un'unica parola fino a 999.999: *9.550* → **neuntausendfünfhundertfünfzig**.
1.000.000 si dice **eine Million** e nei numeri composti si scrive sempre separato dalle altre cifre:
3.009.550 **drei Millionen neuntausendfünfhundertfünfzig**.

6 I numeri ordinali per la data

La data si costruisce con i numeri ordinali:
– da 2 a 19: cifra/numero + **te(n)**;
– a partire da 20: numero + **ste(n)**.
Sono irregolari: *1.* **erste(n)**; *3.* **dritte(n)**; *7.* **siebte(n)**.
Per dire *il 3 maggio, il 21 giugno* ecc., si usa la preposizione **am**: **Es war am 3. (dritten) Mai / 21. (einundzwanzigsten) Juni**, *Era il 3 maggio / 21 giugno*. Il puntino dopo il numero è obbligatorio.
Abbiamo visto che ci sono diversi modi per chiedere *Quanti ne abbiamo oggi?* e formulare la risposta corrispondente, tra cui:
– **Der Wievielte ist heute? – Der dritte August** (nominativo);
– **Den Wievielten haben wir heute? – Den dritten August** (accusativo).

Wiederholungsdialog

1 – Meine Schwester hat in der Lotterie gewonnen.
2 – Super! Wie viel hat sie gewonnen?
3 – Viel!
4 – Wirklich?
5 – Ja. Sie hat fünfundzwanzig Millionen dreihunderttausend Euro gewonnen.
6 – Nein?
7 – Doch! Und heute Abend fliegt sie mit einer Freundin nach Tahiti.
8 – Was für ein Glück!
9 – Sie hat auch ein Auto gekauft und eine Geige aus dem 18. (achtzehnten) Jahrhundert.
10 – Aus dem 18. (achtzehnten) Jahrhundert!
11 – Ja. Und sie hat ein Haus mit Garten gekauft. Es kostet eine Million neunhundertfünfzigtausend Euro.
12 – Wow!
13 – Und...
14 – Und?
15 – Und... April, April!

Traduzione del dialogo

1 Mia sorella ha vinto alla lotteria. **2** Wow! Quanto ha vinto? **3** Tanto! **4** Veramente? **5** Sì. Ha vinto 25.300.000 euro. **6** No? **7** Sì! E stasera parte con un'amica per Tahiti. **8** Che fortuna! **9** E ha anche comprato un'auto e un violino del XVIII secolo. **10** Del XVIII secolo! **11** Sì. E ha comprato una casa con giardino. Costa 1.950.000 euro. **12** Wow! **13** E… **14** E? **15** E… Pesce d'aprile!

***

Übersetzen Sie bitte!

❶ Was für einen Pulli suchen Sie? ❷ Gefällt dir das Kleid? ❸ Was macht ihr nach der Schule? ❹ Der Wievielte ist heute? ❺ Welches Buch hast du gekauft?

Soluzioni dell'esercizio

❶ Che genere di maglione sta cercando? ❷ Ti piace il vestito? ❸ Cosa fate dopo la scuola? ❹ Quanti ne abbiamo oggi? ❺ Che libro hai comprato?

Dreiundvierzigste Lektion

Der Mauerfall

1 – Ich war **da**mals 40 (**vier**zig), und **mei**ne Frau 38 (**acht**unddreißig).
2 Wir **konn**ten [1] es nicht **glau**ben. Die **Mau**er war weg [2].
3 Wir sind mit **un**serem Sohn [3] so**fort** nach **West**berlin ge**fah**ren.
4 Die **West**berliner **ha**ben uns mit **Ka**ffee und Sekt emp**fan**gen.
5 **Alle** [4] **Menschen**[5] **haben** sich um**armt**, auch die **Volks**polizei [6].

Pronuncia

*... **mau**ᵊ-fal* **1** *... **da:**mals...* **2** *... **kon**tən... **glau**bən... vèk* **3** *... **vèst**-bèrli:n ghe**fa:**rən* **4** *... **vèst**-bèrli:nᵊ... zèkt èmp**fañ**ghən* **5** ***al**lə **mèn**shən... um**armt**... **folks**-politsai*

Osservazioni sulla pronuncia

(3), (4) Attenzione! **West-** si pronuncia come l'italiano "veste" *[vèst]* e non come l'inglese *[uèst]*.

Note

1 In tedesco per descrivere un fatto che si è svolto nel passato e che non ha conseguenze nel presente, si utilizza un solo tempo verbale: il Präteritum. In italiano possiamo invece ricorrere al passato prossimo e all'imperfetto oltre che al passato remoto. Nel parlato si usa il Präteritum con i verbi **sein**, *essere* (cfr. L34, N1), e **haben**, *avere* (cfr. L30, N7) e con pochi altri verbi, tra cui i modali: **Wir konnten es nicht glauben**, *Non potevamo crederlo*. Con tutti gli altri verbi si preferisce usare il Perfekt (cfr. dialogo, frasi 3, 4, 5 e 6). Anche in italiano, nel parlato, si preferisce usare il passato prossimo anziché il passato remoto.
Il Präteritum dei verbi modali si costruisce a partire dalla radice dell'infinito senza l'**Umlaut** (quando è presente) + le desinenze: **-te**; **-test**; **-te**;

Quarantatreesima lezione

La caduta del Muro

1 – All'epoca io avevo 40 anni e mia moglie 38.
2 Non potevamo crederlo. Il Muro era caduto *(era via)*.
3 Con nostro figlio siamo subito andati a Berlino ovest.
4 I berlinesi dell'ovest ci hanno accolto con caffè e spumante.
5 Tutta [la] gente si abbracciava *(Tutte persone hanno si abbracciato)*, anche la Volkspolizei.

-ten; -tet; -ten: **können**, *potere/sapere* → **ich konnte, du konntest, er/sie/es konnte, wir konnten, ihr konntet, sie/Sie konnten**; **wollen**, *volere* → **ich wollte, du wolltest** ecc. Eccezione: **mögen** *amare, piacere, desiderare* → **ich mochte, du mochtest**...

2 **weg** indica l'assenza, la partenza, la sparizione o la rimozione di qcn o qcs e insieme al verbo essere si traduce con *essere/andare via*, *partire*, *non esserci (più)*: **Die Mauer war weg**, *Il muro era caduto (non c'era più)*; **Anna ist weg**, *Anna è andata via / è partita / non c'è*.

3 Al singolare, l'aggettivo possessivo si declina come l'articolo indeterminativo o come la negazione **kein**. Al plurale si declina come la negazione **kein**: **mit unserem** (**einem**) **Sohn** = dativo maschile; **mit deiner** (**einer**) **Tochter** = dativo femminile.

4 L'aggettivo indefinito **alle** è plurale e corrisponde a *tutti i/gli*, *tutte le*. Si declina come l'articolo determinativo plurale: **alle** (**die**) = nominativo e accusativo; **allen** (**den**) = dativo. Esempio al nominativo: **Alle Menschen haben sich umarmt**, *Tutti si abbracciavano*.

5 **Der Mensch, die Menschen**, *la persona, la gente, l'essere umano, l'uomo*.

6 La **Volkspolizei** (lett. "polizia del popolo"), era la polizia nazionale della Germania dell'est.

6 Wir **ha**ben die **gan**ze Nacht [7] ge**fei**ert.
7 Wir **wa**ren **ü**berglücklich. **End**lich **wie**der frei! □

6 *... ghefaiᵃt* 7 *... ue:bᵃgluekliçh...*

Note

7 Wir haben **die ganze Nacht** gefeiert, *Abbiamo festeggiato tutta la notte* (lett. "l'intera notte"); Ich war **den ganzen Abend** hier, *Sono stato qui tutta la sera* (lett. "l'intera sera"). Entrambe le frasi contengono un com-

***

Übung 1 – Übersetzen Sie bitte!

❶ Peter ist weg. ❷ Ich konnte nicht kommen. ❸ Alle Menschen sind frei. ❹ Ich habe den ganzen Tag gearbeitet. ❺ Er wollte dich anrufen.

Übung 2 – Ergänzen Sie bitte!

❶ Ho festeggiato tutta la notte.
Ich habe .... Nacht gefeiert.

❷ Sono partiti.
Sie ....

❸ Non poteva crederci *(crederlo)*.
Sie ...... es nicht ....

❹ Tutti i bambini sono qui.
.... sind da.

❺ Non avevamo tempo.
.... keine Zeit.

***

Il muro di Berlino, **Berliner Mauer**, *è stato costruito nella notte tra il 12 e il 13 agosto del 1961 e ha tenuto separate Berlino ovest,* **Westberlin**, *e Berlino est,* **Ostberlin**, *per ventotto anni. Il Muro era un vero e proprio dispositivo militare sormontato da filo spinato e sorvegliato da guardie, cani e vedette il cui scopo era impedire che i berlinesi dell'est fuggissero nella Germania dell'ovest. Moltissime persone (il numero è tuttora indefinito) furono arrestate o vennero*

6 **Abbiamo festeggiato tutta la notte** *(l'intera notte)*.
7 **Eravamo strafelici. Finalmente di nuovo liberi!**

plemento di tempo all'accusativo senza preposizione. Come avrete notato, quando l'aggettivo attributivo è preceduto dall'articolo determinativo aggiunge la desinenza **-e** al femminile, la desinenza **-en** al maschile. I momenti della giornata sono tutti maschili: **der Morgen**, *il mattino*; **der Vormittag**, *la mattina*; **der Mittag**, *mezzogiorno*; **der Nachmittag**, *il pomeriggio*; **der Abend**, *la sera*, tranne **die Nacht**, *la notte*.

***

Soluzioni dell'esercizio 1

❶ Peter è partito. ❷ Non sono potuto venire. ❸ Tutti gli esseri umani sono liberi. ❹ Ho lavorato tutto il giorno. ❺ Voleva chiamarti.

Soluzioni dell'esercizio 2

❶ – die ganze – ❷ – sind weg ❸ – konnte – glauben ❹ Alle Kinder – ❺ Wir hatten –

***

uccise nel tentativo di raggiungere l'ovest. Il Muro prese così il triste soprannome di **Mauer der Schande**, muro della vergogna. *Grazie alla pressione esercitata dalle continue manifestazioni popolari nella Germania dell'est, e all'indebolimento del regime sovietico (durante la perestrojka di Michail Gorbačëv), il 9 novembre del 1989 il governo della RDT (Repubblica Democratica Tedesca),* **DDR (Deutsche Demokratische Republik)** *decise di far cadere il Muro. 11 mesi dopo, il 3 ottobre 1990, la Germania venne finalmente riunificata.*

Vierundvierzigste Lektion

Die Jugend von heute

1 – Als wir jung **wa**ren, war **al**les **bes**ser. [1] Die **Ju**gendlichen von **heu**te sind faul. Sie sind nur am **Han**dy **o**der am **Com**puter. [2]

2 – Das ist die Schuld der **El**tern. [3] Sie sind auch die **gan**ze Zeit [4] am **Han**dy.

3 – Da **ha**ben Sie recht.

Pronuncia

*... **iu:ghènt**... **1**... **iu:ghentlichən**... **compiu:tᵃ**... **2** ... shult...*

Note

1 La congiunzione subordinante **als**, *quando*, introduce un evento o un'azione che si sono svolti una sola volta nel passato: **Als wir jung waren,...**, *Quando eravamo giovani noi...* Non confondetelo con **wenn**, *quando*, che è invece usato per esprimere azioni ricorrenti.
• In una proposizione principale a inizio frase, il verbo coniugato occupa la posizione II: **Ich glaube aber nicht, dass es früher besser war**, *lo non credo che prima fosse meglio*. In una proposizione principale posposta alla subordinata, il verbo coniugato si trova in posizione I davanti al soggetto: **Als wir jung waren, war es nicht so**, *Quando eravamo giovani noi, non era così*. Il verbo coniugato della subordinata occupa sempre l'ultima posizione.

2 • La preposizione **an**, *a*, regge il dativo se è unita a un verbo che indica lo stato o la posizione di qcn o qcs, come il verbo **sein**, *essere*: **Sie sind nur am (= an dem) Handy...**, *Sono sempre al cellulare...* Ritorneremo su questo punto.
• A seconda del contesto, **nur** traduce *sempre*, o *solo/soltanto*, *non... che*: **Sie sind nur am Handy (...)**, *Sono sempre al cellulare (...)*; **Ich habe nur 10 (zehn) Euro**, *Ho solo / Non ho che 10 euro*.

3 Questa lezione introduce il quarto e ultimo caso della declinazione tedesca: il genitivo. Questo caso serve a esprimere la relazione tra una

Quarantaquattresima lezione

La gioventù d'oggi

1 – Quando eravamo giovani noi, tutto era *(era tutto)* meglio. I giovani d'oggi sono pigri. Sono sempre al cellulare o al computer.
2 – *(Questa è)* La colpa è dei genitori. Anche loro sono tutto il tempo al cellulare.
3 – Su questo *(Là)* ha ragione.

persona o cosa e un'altra e in generale serve a esprimere il possesso o la proprietà. Oltre a declinare l'articolo, l'aggettivo possessivo o qualificativo, al genitivo singolare occorre aggiungere il suffisso **-s** ai sostantivi maschili e neutri o **-es** se il sostantivo termina per **-s**, **-z**, **-ß**. Questo vale anche per i sostantivi monosillabici. Osserviamo la declinazione del gruppo nominale con l'articolo determinativo e indeterminativo: maschile → **die Schuld des/eines Vaters**, *la colpa del/di un padre*; femminile → **die Schuld der/einer Mutter**, *la colpa della/di una madre*; neutro → **die Schuld des/eines Kindes** o **Kinds**, *la colpa del/di un bambino*; plurale → **die Schuld der Eltern**, *la colpa dei genitori*.

4 Ecco un altro esempio di complemento di tempo all'accusativo senza preposizione: **Sie sind auch die ganze Zeit** (lett. "l'intero tempo") **am Handy**, *Anche loro sono tutto il tempo al cellulare*.

4 – Ja **mei**ne **lie**ben **Da**men, die **Zei**ten **ha**ben sich ge**än**dert [5]. Ich **glau**be **a**ber nicht, dass [6] es **frü**her **bes**ser war. Wem [7] darf ich noch ein Stück **Ku**chen **an**bieten?

5 – Mir **bit**te. Er schmeckt **le**cker.

6 – Mir auch **bit**te. Er schmeckt **wirk**lich sehr **le**cker.

7 – Das freut mich! Den [8] hat **mei**ne **En**kelin ge**ba**cken [9], spe**ziell** für uns. □

*4 … **tsai**tən… ghe**ènd**ᵊt… **glau**bə… vè:m… shtuk… **an**bi:tən **5** … **lèkk**ᵃ **7** … **eñ**kəlin ghe**ba**kən… shpe**tsièl**…*

Note

5 Il verbo **sich ändern**, *cambiare*, nel senso di diventare qualcos'altro, è pronominale in tedesco, ma non lo è in italiano: **Die Zeiten haben sich geändert**, *I tempi sono cambiati*. I tempi composti si costruiscono con l'ausiliare **haben**, *avere*.

6 **dass** con due **s** è una congiunzione subordinante e può equivalere al nostro *che*.

***

Übung 1 – Übersetzen Sie bitte!

❶ Kennst du die? ❷ Wem gefällt es nicht? ❸ Sie hat einen Kuchen gebacken. ❹ Das ist nicht die Schuld der Kinder. ❺ Alles ändert sich mit der Zeit.

Übung 2 – Ergänzen Sie bitte!

❶ A chi dici questo!
… ….. du das!

❷ La notte della caduta del muro.
Die Nacht … ……….. .

❸ Com'era quando avevi vent'anni?
Wie war es, … du 20 ….. ?

4 – **Sì, mie care signore, i tempi sono** *(hanno loro)* **cambiati. Ma non credo che prima fosse meglio. A chi posso offrire un altro** *(ancora un)* **pezzo di torta?**
5 – **A me, grazie** *(per piacere)*. **È** *(Gusta)* **deliziosa.**
6 – **Anche a me per favore. Ha un sapore davvero delizioso.**
7 – **Mi fa piacere! L'ha fatta mia nipote, apposta** *(specialmente)* **per noi.**

7 Il pronome interrogativo **wem**, *a chi*, è il dativo di **wer**, *chi*: **Wem darf ich noch ein Stück Kuchen anbieten?**, *A chi posso offrire un altro (ancora un) pezzo di torta?*

8 Per enfatizzare l'attenzione su qcn o qcs, al posto del pronome personale si possono usare i pronomi dimostrativi **der**, **die**, **das**. Si declinano come l'articolo determinativo eccetto al dativo plurale dove si usa **denen** e non **den**. L'uso enfatico dei pronomi dimostrativi è molto comune nel linguaggio parlato: **Den hat meine Enkelin gebacken...**, *L'ha fatta mia nipote...* → **den** e non **ihn**; **Hast du mit denen gesprochen?**, *Hai parlato con loro?* → **denen** anziché **den**.

9 Il verbo **backen**, traduce *fare, cuocere al forno*, e si usa in riferimento ai prodotti da forno o di pasticceria. Equivale a ***to bake*** in inglese.

***

Soluzioni dell'esercizio 1

❶ La conosci? ❷ A chi non piace? ❸ Ha fatto una torta. ❹ Non è *(la)* colpa dei bambini. ❺ Tutto cambia con il tempo.

❹ Quando avevo vent'anni era meglio.
Als ich 20 war, ... besser.

❺ I tempi sono cambiati.
Die Zeiten .... geändert.

Soluzioni dell'esercizio 2

❶ Wem sagst – ❷ – des Mauerfalls ❸ – als – warst ❹ – war es – ❺ – haben sich –

45

Fünfundvierzigste Lektion

Ein neues Leben [1]

1 – **Le**a, schön, dass du ge**ko**mmen bist [2]. Wann **ha**ben wir uns das **letz**te Mal ge**se**hen?

2 – Vor 8 (acht) **Jah**ren [3] in Rom.

3 – Wie die Zeit ver**geht**! [4] Du hast dich **a**ber nicht ver**än**dert [5]. Du bist noch ge**nau**so hübsch wie **frü**her [6].

4 – **Dan**ke! Er**zähl** mal von dir. **Ar**beitest du noch in **die**ser ja**pa**nischen **Fir**ma [7]?

Pronuncia

*... **le:**bən **2** fo:ᵃ... ro:m **3** ... fèr**ghe:t**... fèr**ènd**ᵃt... ghe**nau**zo: huebsh... **4** ... èr**tsè:l**... **di:**zᵃ ia**pa:**nishən...*

Note

1 **das Leben**, *la vita*, è l'infinito sostantivato del verbo **leben**, *vivere*.

2 Memorizzate quest'espressione. Potrete utilizzarla per accogliere gli amici che verranno a trovarvi: **Schön, dass du gekommen bist / ihr gekommen seid** *Che bello che sei venuto/a / che siete venuti/e*.

3 Per indicare il tempo trascorso da un evento o da un'azione si usa **vor**, *fa*, + dativo: **vor 8 (acht) Jahren**, *otto anni fa*; **vor einem Jahr**, *un anno fa*.

4 Il verbo **vergehen**, *passare*, si usa in riferimento al tempo che trascorre: *Come passa il tempo!* si traduce **Wie die Zeit vergeht!**

5 In tedesco *cambiare* ha due traduzioni: **sich verändern** e **sich ändern**. Sono entrambi verbi pronominali. Esprimono sfumature diverse, ma in alcuni casi sono intercambiabili. In generale, **sich verändern** indica un cambiamento fisico. La persona o la cosa rimane la stessa: **Du hast dich aber nicht verändert. Du bist genauso hübsch...**, *Non sei cambiata.*

Quarantacinquesima lezione

Una nuova vita

1 – Lea, [che] bello che sei venuta. Quando ci siamo *(abbiamo noi)* visti l'ultima volta *(visti)*?

2 – 8 *(otto)* anni fa a Roma.

3 – Come passa il tempo! Tu però non sei cambiata. Sei sempre *(esattamente)* bella *(come prima)*.

4 – Grazie! Raccontami di te. Lavori sempre *(ancora)* in quella ditta giapponese?

Sei sempre (esattamente) bella...; **Er hat sich verändert**, *È cambiato.* Per esprimere un cambiamento più radicale, una trasformazione o uno scambio si usa **sich ändern**. La cosa o la persona non è più la stessa: **Die Zeiten haben sich geändert** (cfr. L44, F4), *I tempi sono cambiati = I tempi non sono più gli stessi*. Per indicare un cambiamento della personalità o del carattere si dice: **Ja, ich habe mich verändert/geändert**, *Sì, sono cambiato* (non sono più quello di un tempo).

6 Il comparativo d'uguaglianza si costruisce con **genauso**, *altrettanto, tanto*, (o **so**) + aggettivo qualificativo + **wie**, *tanto* (o *come*) + aggettivo qualificativo o avverbio o sostantivo o pronome personale. **Du bist noch genauso/so hübsch wie früher**, *Sei sempre bella (come prima)*; **Anna ist genauso/so groß wie Lea**, *Anna è alta come Lea/Anna è tanto alta quanto Lea*.

7 Gli aggettivi dimostrativi **dieser** (m.), **diese** (f.), **dieses** (n.) e **diese** *(pl.)* = *questo, questa, questi*, si declinano come l'articolo determinativo: dativo femminile = **in dieser japanischen Firma** (**der**), *in questa ditta giapponese*; nominativo maschile = **dieser Mann** (**der**), *quest'uomo*. (Per la tabella completa, cfr. L49, §1).

5 – Nein, ich **ha**be ge**kün**digt.
6 – Ge**kün**digt!? Du **hat**test doch [8] **ei**nen **tol**len Job da.
7 – Ja, **a**ber ich **ha**be **kei**ne Lust mehr, so viel zu **rei**sen [9]. Ich **ha**be mich ver**än**dert **Le**a und ich **möch**te gern **ei**ne Fa**mi**lie **grün**den.
8 **Tan**zen wir?

*5 … ghe**kuen**dikt* **6** *… **to**llən… **7** … **rai**zən… fa**mi:**liə **gruen**dən*
*8 **tan**tsən…*

Note

8 L'avverbio **doch** può essere usato con il significato di *eppure*: **Du hattest doch einen tollen Job da**, *Eppure là avevi un bel lavoro*.

9 Dopo la frase **Ich habe (keine) Lust** (forma affermativa e negativa), *Ho voglia/Non ho voglia*, si usa la proposizione infinitiva introdotta da **zu**, *di* + infinito: **Ich habe keine Lust mehr, so viel zu reisen**, *Non ho più voglia di viaggiare così tanto*. **zu** + infinito sono posizionati in fondo alla frase.

***

Übung 1 – Übersetzen Sie bitte!

❶ Schön, dass ihr gekommen seid. ❷ Er ist so alt wie mein Bruder. ❸ Ich habe Lust, mit ihr zu tanzen. ❹ Er hat sich verändert. ❺ Wo warst du vor vier Jahren?

Übung 2 – Ergänzen Sie bitte!

❶ È stato un anno fa.
Es war .... Jahr.

❷ Come si chiama questa società?
Wie heißt .... ?

❸ Ho voglia di andare in vacanza.
Ich habe Lust, in Urlaub ....

5 – No, mi sono *(io ho)* licenziato.
6 – Licenziato!? Eppure là avevi un ottimo lavoro.
7 – Sì, ma non ho più voglia di viaggiare così tanto. Sono *(ho me)* cambiato Lea e vorrei costruire una famiglia.
8 Balliamo?

***

Soluzioni dell'esercizio 1

❶ [Che] Bello che siete venuti. ❷ Ha la stessa età di mio fratello *(Lui è tanto vecchio quanto mio fratello)*. ❸ Ho voglia di ballare con lei. ❹ È cambiato. ❺ Dov'eri quattro anni fa?

❹ Siamo stanchi come voi.
Wir sind (. . . . .). . müde . . . ihr.

❺ Il tempo passa in fretta.
Die . . . . schnell.

Soluzioni dell'esercizio 2

❶ – vor einem – ❷ – diese Firma ❸ – zu fahren ❹ – (genau)so – wie – ❺ – Zeit vergeht –

Sechsundvierzigste Lektion

Wussten Sie das? [1]

1 – So, jetzt geht **un**ser Quiz in die **dri**tte **Run**de. **Mar**co, wie gut sind Sie in **Erd**kunde [2]?

2 – Es kommt drauf an [3].

3 – Das **wer**den wir so**fort tes**ten [4]. **Ers**te **Fra**ge: „Wie **vie**le **Bun**desländer hat **Deutsch**land?"

4 – 16 (**sech**zehn).

5 – 16! Das ist **rich**tig. **Zwei**te **Fra**ge: „Wie hoch [5] ist der Mount **E**verest?"

Pronuncia

***vuss**tən… **1…** kviss… **run**də… **ma:r**co… **e:ªt**-kundə **2…** drauf… **3…** **tès**tən… **bun**dəss-lèndª… **5…** **riçh**tik… Ho:cH… maunt **è**verest*

Osservazioni sulla pronuncia

(5) La pronuncia del gruppo **-ig** a fine parola varia da regione a regione: *[ik]* o *[içh]*: richtig *[riçhtik]* o *[riçhtiçh]*.

Note

1 Al passato **wissen**, *sapere*, è usato perlopiù al Präteritum: **Wussten Sie das?**, *Lo sapevate?* Al Präteritum (come al presente, cfr. L28, §1), **wissen** aggiunge le stesse desinenze dei verbi modali: **ich wusste**, **du wusstest**, **er/sie/es wusste**, **wir wussten**, **ihr wusstet**, **sie/Sie wussten**.

2 Per domandare se qualcuno è bravo in qualcosa o se qualcosa va bene per un determinato scopo si usa **wie gut**: **Marco, wie gut sind Sie in Erdkunde?** (lett. "come buono è in geografia"), *Marco, come se la cava/quanto è bravo in geografia?*; **Wie gut kannst du singen?** (lett. "come bene sai cantare"), *Sai cantare bene?*

3 **ankommen**, *arrivare*, è separabile: **Um wie viel Uhr kommst du an?**, *A che ora arrivi?* Attenzione al suo uso e al significato in quest'espressione idiomatica assai frequente: **Es kommt darauf an/drauf an**, *dipende*.

Quarantaseiesima lezione

Lo sapevate?

1 – Eccoci alla terza manche del nostro quiz *(Così adesso va il nostro quiz dentro il terzo giro)*. Marco, quanto è bravo *(come buono è)* in geografia?
2 – Dipende.
3 – Lo testeremo subito. Prima domanda: "Quanti Stati federali ha la Germania?"
4 – 16 (sedici).
5 – 16! Risposta esatta *(Questo è corretto)*. Seconda domanda: "Quanto è alto il Monte Everest?"

4 Il tedesco ha tre verbi ausiliari: **sein**, *essere*, **haben**, *avere*, e **werden**, *diventare/essere* (al futuro). **werden**, serve anche a costruire il futuro semplice: **werden** al presente indicativo + infinito del verbo in ultima posizione: **Das werden wir sofort testen**, *Lo testeremo subito*.

5 Molti pronomi interrogativi tedeschi si formano con **wie**, *come* + aggettivo, in particolare quando si vuole conoscere una misura o una quantità specifica. Abbiamo già visto **wie alt**, *quanti anni*; **wie viel**, *quanti*; **wie spät/ wie viel Uhr**, *che ora*. **Wie hoch ist der Mount Everest?** (lett. "come alto è..."), *Quanto è alto il Monte Everest?*; **Wie lang ist der Nil?** (lett. "come lungo è..."), *Quant'è lungo il Nilo?* (cfr. F8). Notate ancora: **wie teuer** (lett. "come caro"), *quanto* (per i prezzi) → **Wie teuer ist das?**, *Quanto costa?*; **wie viel** + sostantivo singolare / **wie viele** + sostantivo plurale, *quanti* → **Wie viel Geld hast du?**, *Quanti soldi hai?*; **Wie viele Bundesländer hat Deutschland?**, *Quanti Länder ha la Germania?* (cfr. F3).

6 – 8 848 (**acht**tausendachthundertachtundvierzig) **Me**ter.
7 – Das ist auch **rich**tig. **Dri**tte und **letz**te **Fra**ge. Marco, Sie **kö**nnen 3 000 (**drei**tausend) **Eu**ro ge**win**nen.
8 **Ach**tung! „Wie lang ist **un**gefähr der Nil?“... Noch 7 (**sie**ben) Se**kun**den... 4 (vier)...
9 – Mmh... 6 700 (**sechs**tausendsiebenhundert) / 6 800 (**sechs**tausendachthundert) Kilo**me**ter.
10 – Gratu**lie**re! Mit **die**ser **Ant**wort **ha**ben Sie 3 000 **Eu**ro ge**won**nen!

*6... **me:**tᵊ 7... ghe**vi**nnən 8 **acH**tuñg... lañg... ni:l... nocH... se**kun**dən... 9... kilo-**me:**tᵊ 10... **ant**vort...*

***

Übung 1 – Übersetzen Sie bitte!

❶ Ich werde einen Kuchen backen. ❷ Ich wusste das nicht. ❸ Wirst du mich anrufen? ❹ Wie viele Kinder habt ihr? ❺ Wie gut sind Sie in Deutsch?

Übung 2 – Ergänzen Sie bitte!

❶ Dipende.
Es kommt ....

❷ Quanto costa questo?
.... ist das?

❸ Quanto è lungo il Reno?
.... ist der Rhein?

❹ Le telefoneremo.
Wir ...... Sie ....

❺ Non lo sapevate?
.... das nicht?

6 – 8848 (ottomilaottocentoquarantotto) metri.
7 – Giusto anche questo! Terza e ultima domanda. Marco, può vincere 3000 euro.
8 Attenzione! "Quant'è lungo approssimativamente *(Come lungo è circa)* il Nilo?"... Ancora 7 (sette) secondi... 4 (quattro)...
9 – Mmm... 6700/6800 km.
10 – Congratulazioni! Con questa risposta ha vinto 3000 euro!

***

Soluzioni dell'esercizio 1

❶ Faccio una torta. ❷ Non lo sapevo. ❸ Mi chiamerai? ❹ Quanti figli avete? ❺ Come se la cava *(è buono)* in tedesco?

Soluzioni dell'esercizio 2

❶ – drauf an ❷ Wie viel – ❸ Wie lang – ❹ – werden – anrufen ❺ Wusstet ihr –

A partire dalla la sua riunificazione, la Germania è costituita da 16 stati federali, **16 Bundesländer, Länder**, *di cui 10 facevano parte dell'ex Germania dell'ovest (detti* **Alte Bundesländer**, *Vecchi Länder) e sei dell'ex Germania dell'est (detti* **Neue Bundesländer**, *Nuovi Länder).*

La capitale di ciascun Länder è indicata tra parentesi.

Baden-Württemberg Baden-Württemberg **(Stuttgart, 1),**
Bayern Baviera **(München, 2),**
Berlin Berlino **(Berlin, 3),**
Brandenburg Brandeburgo **(Potsdam, 4),**
Bremen Brema **(Bremen, 5),**
Hamburg Amburgo **(Hamburg, 6),**
Hessen Assia **(Wiesbaden, 7),**
Mecklenburg-Vorpommern Mecklenburg-Pomerania occidentale **(Schwerin, 8),**
Niedersachsen Bassa Sassonia **(Hannover, 9),**
Nordrhein-Westfalen Renania del nord-Westfalia **(Düsseldorf, 10),**
Rheinland-Pfalz Renania-Palatinato **(Mainz, 11),**
Saarland Saarland **(Saarbrücken, 12),**
Sachsen Sassonia **(Dresden, 13),**
Sachsen-Anhalt Sassonia-Anhalt **(Magdeburg, 14),**
Schleswig-Holstein Schleswig-Holstein **(Kiel, 15),**
Thüringen Turingia **(Erfurt, 16).**

Deutschlands Bundesländer

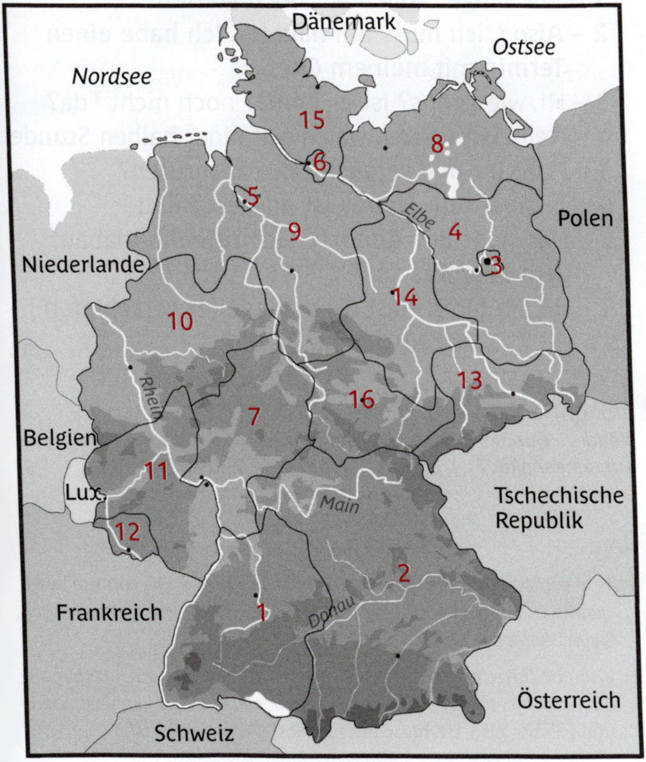

47

Siebenundvierzigste Lektion

Freddy und Pünktlichkeit

1 – Wie **lan**ge [1] **so**llen wir noch **war**ten?
2 – **Al**so [2], ich muss um halb los. Ich **ha**be **ei**nen Ter**min** mit **mei**nem Chef.
3 – Hi, wie geht's? Ist er **im**mer noch nicht [3] da?
4 – Nein. Wir **war**ten schon seit **ei**ner **hal**ben **Stun**de.
5 – Habt ihr mal ver**sucht**, ihn **an**zurufen?
6 – Ja, **a**ber sein **Han**dy ist **aus**geschaltet. [4]
7 – Das sieht ihm **ähn**lich. [5] Ich **ru**fe ihn mal auf dem **Fest**netz an. [6]
8 – Hi! Ich bin's! Hast du mal **wie**der ver**schla**fen [7]?
9 – Hi! Ja, **sor**ry, **al**so nein, ich…

Pronuncia

*frèddi… **pueñk**tliçHkait* **1** … ***lañ**ghə…* **2** … *tèr**mi:n**… shèf* **6** … ***auss**gheshaltèt* **7** … ***è:n**liçH… **fèst**nèts…* **8** … *fèr**shla:**fən*

Note

1 Non confondente **wie lang**, *quanto è lungo* (cfr. L46, F8), con **wie lange**, *quanto a lungo, quanto tempo*: **Wie lange sollen wir noch warten?**, *Quanto tempo dobbiamo ancora aspettare?*

2 **also** può fungere da rafforzativo e introdurre una risposta, un'opinione o un commento a qualcosa che è stato appena detto. In italiano non lo traduciamo: **Also, ich muss um halb los**, *Alla mezza io devo andare*.

3 **immer noch nicht** (lett. "sempre ancora no"), *non ancora*.

4 **ausgeschaltet**, *spento*, *staccato*, riferito a elettrodomestici o apparecchi elettronici. Si tratta del participio passato del verbo separabile **ausschalten**, *spegnere*. La particella **aus** conferisce il senso di *rimuovere, togliere*.

5 L'espressione idiomatica **Das sieht ihm/ihr ähnlich** (lett. "questo gli/le assomiglia") si traduce: *Questo è tipico di lui/lei* o *È lui preciso/ È lei precisa*.

Quarantasettesima lezione

Freddy e [la] puntualità

1 – Quanto tempo *(lungo)* dobbiamo ancora aspettare?
2 – Alla mezza io devo andare. Ho un appuntamento con il mio capo.
3 – Ciao, come va? Ancora non è arrivato *(È sempre ancora non qui)*?
4 – No. Aspettiamo già da *(una)* mezz'ora.
5 – Avete provato a chiamarlo?
6 – Sì, ma il suo cellulare è spento.
7 – Tipico di lui *(Questo gli assomiglia)*. Lo chiamo sul *(telefono)* fisso.
8 – Ciao, sono io! Ti sei di nuovo svegliato tardi *(Hai di nuovo dormito troppo)*?
9 – Ciao! Sì, scusa, cioè no, io...

6 A seconda del caso, la preposizione **auf**, *su, sopra*, regge l'accusativo o il dativo, ossia è una preposizione mista. Per il momento memorizzate solo alcuni dei suoi usi senza addentrarvi troppo nella grammatica: **jemanden auf dem Festnetz anrufen**, *chiamare qualcuno sul (telefono) fisso* + dativo: **Ich rufe ihn auf dem Festnetz an**, *Lo chiamo sul (telefono) fisso*.

7 **verschlafen** è un verbo inseparabile e significa *svegliarsi (troppo) tardi / non sentire la sveglia / non svegliarsi*: **Hast du mal wieder verschlafen?**, *Non ti sei svegliato, Non hai sentito la sveglia?* **schlafen** = *dormire*.

10 – **Fre**ddy! Hör mir jetzt mal gut zu. [8] Wenn du in **ei**ner **Vier**telstunde nicht da bist, **su**chen wir **je**mand **an**ders. [9]

11 So kann es nicht **wei**tergehen [10].

*10 ... Hoe:ᵃ ... tsu: ...**fir**tèl-shtundə... **ie:**mant **and**ᵃs* **11** *... **vait**ᵃghe:ən*

Note

8 **zuhören**, *ascoltare*, è un verbo separabile, ma notate che regge il dativo: **Hör mir jetzt mal gut zu**, *Ascoltami bene*. **hören** = *ascoltare*.

9 • Oltre a introdurre una subordinata temporale con il significato di *quando / ogni volta che* (cfr. L31, F2 e F3), **wenn** serve a introdurre anche la subordinata condizionale, e in questo caso lo traduciamo *se*. Quando la subordinata precede la frase principale, il soggetto e il verbo coniugato della principale si invertono: **Wenn du in einer Viertelstunde nicht da bist, suchen wir jemand anders**, *Se non sei qui tra un quarto d'ora cerchiamo qualcun altro.*

***

Übung 1 – Übersetzen Sie bitte!

❶ Wie lange soll er noch warten? ❷ Er hat verschlafen. ❸ Er hat immer noch nicht angerufen. ❹ Sie hört mir nicht zu. ❺ Ruf ihn auf dem Festnetz an!

Übung 2 – Ergänzen Sie bitte!

❶ I bambini non mi ascoltano.
Die Kinder ..... mir nicht ...

❷ Traducete "andare" e "continuare".
Übersetzen Sie „ ..... " und „ .... ".

❸ Mi chiama sempre sul *(telefono)* fisso.
Er ruft mich immer ...... Festnetz an.

10 – **Freddy! Ascoltami bene adesso. Se non sei qui tra un quarto d'ora cerchiamo qualcun altro.**

11 **Non si può continuare così.**

• Osservate la costruzione al dativo **in einer Viertelstunde / in einer halben Stunde / in einer Stunde**, *tra/in un quarto d'ora, tra/in mezz'ora, tra/in un'ora*.

• **jemand anders**, *qualcun altro*, è un pronome indefinito che può o meno essere declinato. Le regole della grammatica tedesca possono, a volte, essere semplificate. In questa frase abbiamo usato la forma non declinata e quindi più semplice!

10 Le particelle servono a modificare o a sfumare il significato del verbo a cui sono unite: **schlafen/verschlafen** e **hören/zuhören** (cfr. N7 e N8). Ecco un terzo esempio: **gehen**, *andare*, e **weitergehen** (**weiter-** particella separabile), *continuare, andare avanti*.

***

Soluzioni dell'esercizio 1

❶ Quanto deve ancora aspettare? ❷ Non si è svegliato. ❸ Non ha ancora chiamato. ❹ Non mi ascolta. ❺ Chiamalo sul fisso!

❹ Gli telefono, se vuole. *(forma di cortesia)*
Ich rufe ihn an, wenn ....

❺ Se vuoi, gli telefono.
Wenn du willst, ... ihn an.

Soluzioni dell'esercizio 2

❶ – hören – zu ❷ – gehen – weitergehen ❸ – auf dem – ❹ – Sie wollen ❺ – rufe ich –

48 Achtundvierzigste Lektion

Schneewittchen (Sneewittchen [1])
(ein Märchen von den Brüdern Grimm)

1 – „**Spie**glein, **Spie**glein [2] an der Wand,
2 Wer ist die **Schön**ste [3] im **gan**zen Land?"
3 so **ant**wortete [4] der **Spie**gel:
4 „Frau **Kö**nigin, Ihr seid [5] die **Schön**ste im Land."
5 Da war sie zu**frie**den, denn sie **wuss**te, dass der **Spie**gel die **Wahr**heit **sag**te.
6 **Schnee**wittchen **a**ber wuchs **he**ran und **wur**de [6] immer **schö**ner [7], und als es **sie**ben **Jah**re alt war, war es (...) **schö**ner als die **Kö**nigin [8] selbst.

Pronuncia

***shne:**vitchən… **me:**ᵃçhən… **1 shpi:**glain… vant **2** … **shoe:n**stə… lant **3** … **ant**vortətə… **shpi:**ghəl **4** … **koe:**nighin… **5** … tsu**fri:**dən… **vuss**tə… **va:**ᵃHait **za:k**tə **6** … vu:kss **Hè**ran… **vur**də… **shoe:**nᵃ… zèlpst*

Note

1 **Sneewittchen**, *Biancaneve*, era il titolo originale in basso tedesco dato dai fratelli Grimm poi sostituito dal moderno **Schneewittchen**.

2 **das Spieglein**, *lo specchietto*, è il diminutivo di **der Spiegel**, *lo specchio* (cfr. L19, N6).

3 **die Schönste**, *la più bella*, è un aggettivo sostantivato e pertanto va scritto con l'iniziale maiuscola. Il suffisso **-st-** serve a formare il superlativo degli aggettivi qualificativi. Ne riparleremo.

4 Il Präteritum è un tempo narrativo che, come il suo equivalente italiano, è adatto per raccontare una storia o una fiaba. Si costruisce come segue:
– i verbi regolari (detti "deboli") si coniugano a partire dalla radice dell'infinito + desinenza (in rosso). Es.: **sagen**, *dire* → **ich sagte**, **du sagtest**, **er/sie/es sagte**, **wir sagten**, **ihr sagtet**, **sie/Sie sagten**. I verbi terminanti in **-d**, **-t** o con più consonanti aggiungono una **e** eufonica: **ich antwortete**, **du antwortetest**, **er/sie/es antwortete** ecc.

Quarantottesima lezione

Biancaneve
(una favola dei fratelli Grimm)

1 – "Specchio, Specchio delle mie brame *(Specchietto, specchietto alla parete)*,
2 chi è la più bella del reame *(in tutto il paese)*?"
3 E *(Così)* lo specchio rispose:
4 "Ma *(Signora)* regina, voi siete la più bella del reame *(nel paese)*".
5 E *(Là)* lei era contenta *(soddisfatta)* perché sapeva che lo specchio diceva la verità.
6 Ma Biancaneve cresceva e diventava sempre più bella. Quando compì *(era)* sette anni, divenne *(era)* più bella della regina stessa.

– i verbi irregolari (detti "forti") modificano la radice + desinenza (in rosso). Es: **gehen**, *andare* → **ich gingØ**, **du gingst**, **er/sie/es gingØ**, **wir gingen**, **ihr gingt**, **sie/Sie gingen**. I verbi terminanti in **-s**, **-ß**, **-z** aggiungono solo una **-t** alla 2ª persona singolare: **wachsen**, *crescere* → **ich wuchsØ**, **du wuchst**, **er/sie/es wuchsØ** ecc. (cfr. F6). Notate l'uso nel linguaggio scritto letterario della particella **heran** in **sie wuchs heran** (cfr. F6).

5 **Ihr** con la maiuscola è l'antica forma di cortesia: **Ihr seid**, *Voi siete*. Come sappiamo, oggi si dice **Sie sind**.

6 Il verbo **werden**, *diventare*, è irregolare al Präteritum: **ich wurde**, **du wurdest**, **er/sie/es wurde**, **wir wurden**, **ihr wurdet**, **sie/Sie wurden**.

7 Il suffisso **-er** è la desinenza del comparativo di maggioranza (cfr. L11, N3): **schön**, *bello/a* → **schöner**, *più bello/a*, e **immer** + aggettivo al comparativo di maggioranza si traduce *sempre più*: **immer schöner**, *sempre più bello/a*.

8 Il termine di comparazione è sempre preceduto da **als**, *di*: **schöner als die Königin**, *più bella della regina*.

7 Als **die**se [9] **ein**mal **ih**ren **Spie**gel **frag**te
8 „**Spie**glein, **Spie**glein an der Wand,
Wer ist die **Schön**ste im **gan**zen Land?"
9 so **ant**wortete er..."
10 So **mei**ne lieben **Kin**der. Es ist Zeit, ins Bett zu **ge**hen. [10]
11 – Nein, **bit**te **O**pa [11] ! Wir **wol**len nur die **Ant**wort **wis**sen... **O**pa **bit**te, nur die **Ant**wort!
12 – In **Or**dnung! **A**ber nur die **Ant**wort.

***7** ... di:zə... fra:ktə **10** ... bèt... **11** ... o:pa...*

Note

9 Gli aggettivi dimostrativi **dieser/diese/dieses** possono essere usati con la funzione di pronomi. Si declinano come gli articoli determinativi (cfr. L45, N7): ...**als diese (...) fragte**, *quando questa... chiese.*

10 La locuzione **Es ist Zeit**, *È ora/tempo*, è seguita da una proposizione infinitiva con **zu**, *di*: **Es ist Zeit, ins Bett zu gehen**, *è ora/tempo di andare a letto.*

11 **Oma/Omi**, *nonna/nonnina*, e **Opa/Opi**, *nonno/nonnino.*

***

Übung 1 – Übersetzen Sie bitte!

❶ Ich bin die Kleinste. ❷ Bist du älter als Anna? ❸ Es wird immer kälter. ❹ Es ist Zeit zu essen. ❺ Was sagte er?

Übung 2 – Ergänzen Sie bitte!

❶ Cosa hanno risposto?
Was .... ?

❷ Va sempre più veloce.
Es geht ....

❸ Specchio, specchio delle mie brame, *(Specchietto, specchietto alla parete)*
........., ... an der Wand,

7 Quando questa un giorno *(una volta)* chiese allo specchio:
8 "Specchio, specchio delle mie brame *(alla parete)* chi è la più bella del reame?"
9 Questo *(Così lui)...* rispose...
10 Miei cari bambini. È tempo di andare a letto.
11 – No, per favore nonno. Vogliamo solo sapere la risposta... Nonno per favore, solo la risposta!
12 – D'accordo! Ma solo la risposta.

***

Soluzioni dell'esercizio 1

❶ Sono la più piccola. ❷ Sei più grande di Anna? ❸ Fa sempre più freddo. ❹ È ora di mangiare. ❺ Cosa ha detto?

❹ chi è la più bella del reame *(in tutto il paese)*?
wer ist .... im ganzen Land?

❺ Biancaneve è più bella della regina.
Schneewittchen ist .... die Königin.

Soluzioni dell'esercizio 2

❶ – antworteten sie ❷ – immer schneller ❸ Spieglein, Spieglein – ❹ – die Schönste – ❺ – schöner als –

Jacob (1785-1863) e Wilhelm (1786-1859) Grimm erano due brillanti germanisti che, parallelamente alle loro pubblicazioni scientifiche, s'interessavano di fiabe popolari per bambini. Pubblicarono le loro

49

Neunundvierzigste Lektion

Wiederholung – Ripasso

1 La declinazione del gruppo nominale con l'articolo determinativo e indeterminativo

In quest'ultimo ciclo di lezioni abbiamo incontrato l'ultimo caso della declinazione tedesca, il genitivo, e la declinazione dell'aggettivo attributivo (in un sintagma nominale), che varia in funzione dell'articolo che lo precede. Approfondiamoli entrambi.

a) declinazione dell'aggettivo attributivo con l'articolo determinativo
Questa tabella si riferisce all'aggettivo attributivo preceduto dagli articoli determinativi **der/die/das**, *il/la* pl. **die**, *i/gli/le*, ma si applica anche agli aggettivi dimostrativi **dieser/diese/dieses**, *questo/questa*, pl. **diese**, *questi/queste*. La declinazione è identica.

	Maschile	Femminile	Neutro
N	**der** **schöne Garten** **dieser**	**die** **schöne Küche** **diese**	**das** **schöne Haus** **dieses**
A	**den** **schönen Garten** **diesen**	**die** **schöne Küche** **diese**	**das** **schöne Haus** **dieses**
D	**dem** **schönen Garten** **diesem**	**der** **schönen Küche** **dieser**	**dem** **schönen Haus** **diesem**
G	**des** **schönen Gartens** **dieses**	**der** **schönen Küche** **dieser**	**des** **schönen Hauses** **dieses**

prime fiabe nel 1812. Nel 1857 venne pubblicata una raccolta completa che divenne famosa con il titolo di **Grimms Märchen**, Le fiabe dei fratelli Grimm.

49

Quarantanovesima lezione

	Plurale
N	**die schönen Schlafzimmer diese**
A	**die schönen Schlafzimmer diese**
D	**den schönen Schlafzimmern diesen**
G	**der schönen Schlafzimmer dieser**

b) declinazione dell'aggettivo attributivo con l'articolo indeterminativo
Questa tabella si riferisce all'aggettivo attributivo preceduto dagli articoli indeterminativi **ein/eine**, *un/una/un'*, o dalla loro negazione **kein/e**, ma si applica anche agli aggettivi possessivi **mein/meine** ecc., *mio/mia/miei* ecc. Il plurale vale per **kein** e per gli aggettivi possessivi.

	Maschile	Femminile	Neutro
N	**ein/kein schöner Garten mein**	**eine/keine schöne Küche meine**	**ein/kein schönes Haus mein**
A	**einen/keinen schönen Garten meinen**	**eine/keine schöne Küche meine**	**ein/kein schönes Haus mein**

D	einem/keinem schönen Garten meinem	einer/keiner schönen Küche meiner	einem/keinem schönen Haus meinem
G	eines/keines schönen Gartens meines	einer/keiner schönen Küche meiner	eines/keines schönen Hauses meines

	Plurale
N	keine schönen Schlafzimmer meine
A	keine schönen Schlafzimmer meine
D	keinen schönen Schlafzimmern meinen
G	keiner schönen Schlafzimmer meiner

La negazione **kein-** è usata raramente al genitivo.

Tranne alcune eccezioni, gli aggettivi terminanti in **-el/-er**, perdono la **-e**: **teuer**, *caro* → **ein teures Haus**, *una casa costosa*. Mentre gli aggettivi terminanti in **-e** non aggiungono un'altra **e**: **leise**, *silenzioso* → **ein leises Zimmer**, *una camera silenziosa*.

2 Il genitivo

Il genitivo è il quarto e ultimo caso della declinazione tedesca. Si usa:
– per esprimere la relazione tra una persona/cosa e un'altra, in generale per esprimere la proprietà e il possesso. Oltre a declinare l'articolo e l'aggettivo attributivo, al genitivo singolare occorre aggiungere una **-s** ai sostantivi maschili e neutri o **-es** se il sostantivo termina in **-s**, **-z**, **-ß**: **die Schuld der Eltern**, *la colpa dei genitori*

(cfr. L44, F2); **die Geige des Geigenlehrers**, *Il violino dell'insegnante di violino*; **im Garten meines Hauses**, *nel giardino di casa mia*. Si aggiunge **-s** o **-es** anche ai sostantivi monosillabici tranne a quelli che terminano per **-s**, **-z**, **-ß**: **die Schuld des Sohns** o **des Sohnes**, *la colpa del figlio*;
– dopo alcune preposizioni tra cui **während**, *durante*, e **wegen**, *a causa di*: **während der Ferien**, *durante le vacanze*.

L'uso dei pronomi personali al genitivo è poco frequente e pertanto lo tralasciamo.

3 Il Präteritum

Per descrivere fatti o azioni che si sono svolti o conclusi nel passato e che non hanno legami col presente, in tedesco si usa un solo tempo verbale: il Präteritum. Equivale ai nostri imperfetto e passato remoto, ma lo possiamo anche tradurre con il passato prossimo. È il tempo della narrazione. Nel parlato si preferisce usare il Perfekt tranne che con i verbi **sein**, *essere*; **haben**, *avere*; **werden**, *diventare*, e qualche altro verbo tra cui i modali e **wissen**, *sapere*.
Si costruisce come segue:
a) verbi regolari (detti "deboli"): radice dell'infinito + **-(e)te**, **-(e)test**, **-(e)te**, **-(e)ten**, **-(e)tet**, **-(e)ten**. I verbi terminanti in **-d**, **-t** o più consonanti prendono una **(e)** eufonica;
b) verbi irregolari (detti "forti"): radice del Präteritum + **-Ø**, **-st**, **-Ø**, **-en**, **-t**, **-en**;
c) **haben**, **sein** e **werden**, irregolari: radice del Präteritum + **-Ø/-e**, **-(e)st**, **-Ø/-e**, **-en**, **-(e)t**, **-en**;
d) la maggior parte dei verbi modali: radice dell'infinito (senza **Umlaut**, *dieresi*) + **-te**, **-test**, **-te**, **-ten**, **-tet**, **-ten**. Attenzione: **mögen**, *piacere, amare*, e **wissen**, *sapere* (la cui coniugazione è simile a quella dei verbi modali, ma non è un verbo modale) modificano la radice, ma aggiungono le stesse desinenze.

	Verbo regolare **sagen** *dire*	Verbo regolare terminante in **-t** **arbeiten** *lavorare*	Verbo irregolare **gehen** *andare*
ich	**sagte**	**arbeitete**	**ging**

du	sagtest	arbeitetest	gingst
er, sie, es	sagte	arbeitete	ging
wir	sagten	arbeiteten	gingen
ihr	sagtet	arbeitetet	gingt
sie	sagten	arbeiteten	gingen
Sie	sagten	arbeiteten	gingen

	sein *essere*	**haben** *avere*	**werden** *diventare/ essere* (futuro)
ich	war	hatte	wurde
du	warst	hattest	wurdest
er, sie, es	war	hatte	wurde
wir	waren	hatten	wurden
ihr	wart	hattet	wurdet
sie	waren	hatten	wurden
Sie	waren	hatten	wurden

	können *potere*	**dürfen** *potere / avere il diritto*	**müssen** *dovere* (obbligo)	**sollen** *dovere* (morale)
ich	konnte	durfte	musste	sollte
du	konntest	durftest	musstest	solltest
er, sie, es	konnte	durfte	musste	sollte
wir	konnten	durften	mussten	sollten
ihr	konntet	durftet	musstet	solltet
sie	konnten	durften	mussten	sollten
Sie	konnten	durften	mussten	sollten

	wollen *volere*	**mögen** *piacere/amare*	**wissen** *sapere*
ich	wollte	mochte	wusste

du	wolltest	mochtest	wusstest
er, sie, es	wollte	mochte	wusste
wir	wollten	mochten	wussten
ihr	wolltet	mochtet	wusstet
sie	wollten	mochten	wussten
Sie	wollten	mochten	wussten

4 Sintassi di una frase complessa (proposizione principale + proposizione subordinata)

La posizione del verbo coniugato dipende dal tipo di proposizione e, talvolta, anche dalla posizione della proposizione all'interno della frase.

a) proposizione principale + proposizione subordinata: **Ich glaube aber nicht, dass es früher besser war**, *Ma io non credo che prima fosse (era) meglio* (cfr. L44, F4).

In una proposizione principale a inizio frase, il verbo coniugato occupa la posizione II. In una proposizione subordinata il verbo coniugato occupa invece l'ultima posizione. Eccezione! Il verbo all'imperativo occupa la posizione I: **Komm früher, wenn du kannst**, *Vieni prima se puoi*.

b) proposizione subordinata + proposizione principale: **Wenn du in einer Viertelstunde nicht da bist, suchen wir jemand anders**, *Se non sei qui entro un quarto d'ora cerchiamo qualcun altro* (cfr. L47, F10).

In una proposizione principale posizionata dopo la proposizione subordinata, il verbo coniugato è in posizione I davanti al soggetto. Il verbo coniugato della proposizione subordinata resta in ultima posizione.

5 Le congiunzioni subordinanti

La proposizione subordinata è introdotta da una congiunzione subordinante. Finora abbiamo incontrato:

– **als**, *quando*, introduce un evento che si è svolto una sola volta nel passato: **Als wir jung waren,...**, *Quando eravamo giovani noi,...*

– **dass**, *che*: **Ich glaube aber nicht, dass...**, *Non credo che...*

– **wenn**, *quando*, introduce un evento presente o futuro: **...wenn man mehrere Personen duzt**, *...quando si dà del tu a più persone*
– **wenn**, *se*: **Wenn du (...) nicht da bist,...**, *Se non sei qui (...),...*
– **wie**, *come*: **Wie du vielleicht schon weißt...**, *Come forse sai già...*

6 I pronomi interrogativi *wie* + aggettivo

Per conoscere una misura o una quantità specifica si usa il pronome interrogativo **wie**, *quanto* + aggettivo. In una proposizione in cui è presente un pronome interrogativo, il verbo coniugato occupa la posizione II. Ecco alcuni esempi:
– **wie alt**, *quanti anni* → **Wie alt sind Sie?**, *Quanti anni ha?*
– **wie viel**, *quanto* → **Wie viel kostet es?**, *Quanto costa?*; **So, wie viel**

***

Wiederholungsdialog

1 – Entschuldigung Herr Schmitt, ich wollte Ihnen nur sagen, dass Frau Martin schon da ist.
2 – Danke! Übrigens wissen Sie, wo Herr Müller ist? Ich habe ihn seit dem Urlaub nicht mehr gesehen.
3 – Herr Müller!? Aber Herr Müller arbeitet nicht mehr bei uns. Er hat vor ungefähr einem Monat gekündigt.
4 – Er hat gekündigt!?
5 – Wussten Sie das nicht?
6 – Nein. Warum hat er das gemacht?
7 – Eine Freundin seiner Frau hat eine kleine Firma auf Tahiti und er möchte da arbeiten.
8 – Schade! Er hatte doch einen tollen Job bei uns.
9 – Ja, aber er hat keine Lust mehr, so viel zu arbeiten. Er will das Leben genießen.
10 – Hm... vielleicht hat er recht...

willst du?, *Allora quanto ne vuoi?*
– **wie teuer**, *quanto (caro)* → **Wie teuer ist das?**, *Quanto costa (questo)?*
– **wie viel Uhr / wie spät**, *che ora* → **Wie viel Uhr / Wie spät ist es?**, *Che ora è?*
– **wie hoch**, *quanto alto, qual è l'altezza* → **Wie hoch ist der Mount Everest?**, *Quanto è alto il / Qual è l'altezza del Monte Everest?*
– **wie lang**, *quanto lungo* → **Wie lang ist der Nil?**, *Quanto è lungo il Nilo?*
– **wie lange**, *quanto a lungo/quanto tempo* → **Wie lange sollen wir noch warten?**, *Quanto tempo dobbiamo ancora aspettare?*
– **wie viel** + sostantivo singolare / **wie viele** + sostantivo plurale, *quanto* → **Wie viel Geld hast du?**, *Quanti soldi hai?*; **Wie viele Bundesländer hat Deutschland?**, *Quanti Länder ha la Germania?*

***

Traduzione del dialogo

1 Mi scusi Signor Schmitt, volevo solo dirLe che la Signora Martin è qui. **2** Grazie! A proposito, sa dov'è il Signor Müller ? Non l'ho più visto dalle ferie. **3** Il Signor Müller!? Ma il Signor Müller non lavora più da noi. Ha dato le dimissioni circa un mese fa. **4** Ha dato le dimissioni!? **5** Non lo sapeva? **6** No. Perché l'ha fatto? **7** Un'amica di sua moglie ha una piccola ditta a Tahiti e lui vorrebbe lavorare là. **8** Peccato! Aveva un ottimo lavoro qui da noi. **9** Sì, ma non ha più voglia di lavorare così tanto. Vuole godersi la vita. **10** Mmm... forse ha ragione...

***

Übersetzen Sie bitte!

❶ Als ich jung war, hatte ich kein Geld. ❷ Ich kann um 10 Uhr kommen, wenn es für dich besser ist. ❸ Wie lange bleibst du? ❹ Woher kommt der Freund deiner Schwester? ❺ Ich habe Lust, hier zu bleiben.

Soluzioni dell'esercizio

❶ Quand'ero giovane non avevo soldi. ❷ Posso venire alle dieci se per te è meglio. ❸ Quanto tempo rimani? ❹ Da dove viene il ragazzo di tua sorella? ❺ Ho voglia di restare qui.

Basta per questa settimana! Domani comincia la fase attiva del vostro apprendimento, la cosiddetta "seconda ondata". Avete già raggiunto notevoli risultati: disponete di conoscenze culturali, il vostro vocabolario si è arricchito, padroneggiate le differenze

50

Fünfzigste Lektion

Wir gratulieren!

1 – Sie **ha**ben **vie**le **Fort**schritte [1] ge**macht** und sind schon bei Lek**tion** 50 (**fünf**zig) [2].

2 Um das zu **fei**ern, **wer**den wir **Ih**nen **et**was **Um**gangssprache **bei**bringen. [3] Sie ist **näm**lich [4] ein Teil [5] der **deut**schen **Spra**che.

3 **Fan**gen wir mit dem Wort „nein" an!

Pronuncia

*1 … **fort**shrittə… **fuenf**zich 2 um… tsu **fai**ᵊn… **um**gañgs-shpra:chə **bai**briñghən… **nè:m**liçh… **shpra:**cHə 3 … vort…*

Note

1 **viele**, *molti/e* + sostantivo plurale si declina come l'aggettivo attributivo al plurale, mentre **viel**, *molto/a* + sostantivo singolare è invariabile: accusativo neutro e femminile → **Ich habe viel Geld / viel Zeit…**, *Ho molto denaro / molto tempo…*; accusativo plurale → **Sie haben viele Fortschritte gemacht**, *Avete compiuto/fatto molti progressi*; dativo plurale → **Sie hat in vielen Ländern gearbeitet**, *Ha lavorato in molti paesi.*

2 Notate l'assenza dell'articolo nella locuzione **bei Lektion… sein**, *essere alla lezione…*

3 • La subordinata finale *per, a, al fine/allo scopo di* + infinito (+ complemento) si costruisce con **um** (+ complemento) **zu** + infinito: **Wir kommen, um dich zu sehen**, *Veniamo a trovarti* (per vederti). Se la subordinata finale si trova a inizio frase, il verbo coniugato della proposizione principale si sposta in posizione I davanti al soggetto come

grammaticali tra il tedesco e l'italiano e quando parlate tedesco siete più a vostro agio. Cioè significa che siete pronti per affrontare questa nuova fase! Nella prossima lezione capiremo insieme come continuare a seguire questo metodo. Ma intanto, congratulazioni!

50

Cinquantesima lezione

Congratulazioni
*(Noi congratuliamo)***!**

1 – Avete fatto molti progressi, e siete già a[lla] lezione 50 (cinquanta).
2 Per *(questo)* festeggiare vi insegneremo un po' di linguaggio colloquiale/slang *(relazioni-lingua)*. [Perché] di fatto fa *(è una)* parte della lingua tedesca.
3 Cominciamo con la parola "**nein**"!

nell'esempio indicato nel dialogo. La virgola tra la subordinata finale e la frase principale è obbligatoria. Come in italiano, questa costruzione vale soltanto quando entrambe le proposizioni hanno lo stesso soggetto. L'approfondiremo.
• Il **Futur I** (*futuro semplice*) si costruisce con l'ausiliare **werden** al presente indicativo e con il verbo all'infinito in fondo alla frase. Serve a esprimere l'intenzione di compiere un'azione nel futuro (vicino o lontano) o una supposizione su qcs che avverrà nel futuro: **Um das zu feiern, werden wir Ihnen etwas Umgangssprache beibringen**, *Per festeggiare vi insegneremo un po' di slang/linguaggio colloquiale*; **Es wird bestimmt regnen**, *Pioverà di sicuro*.

4 Come in italiano, l'avverbio **nämlich**, *infatti*, serve a rafforzare ciò che è stato appena espresso. Si posiziona in genere dopo il verbo coniugato.

5 Il sostantivo maschile **der Teil(e)**, significa *la parte,* in riferimento a un insieme. Esiste anche il sostantivo neutro **das Teil(e)**, che significa *il pezzo, l'elemento*: **Er muss das kaputte Teil ersetzen**, *Deve sostituire il pezzo rotto*. Badate a non confondervi.

4 In der **Um**gangssprache sagt man oft „nee“ (auch „ne“ ge**schrie**ben) oder „nö“,
5 und wenn die **Ant**wort **we**der „ja“ noch „nein“ **lau**tet [6], dann kann man mit „jein“ **ant**worten [7].
6 Wenn **je**mand oder **et**was nervt, dann be**nutzt** man **ger**ne **Aus**drücke wie „Das geht / Du gehst mir auf die **Ner**ven!“,
7 „Halt die **Kla**ppe!“, „Spinnst du?“ oder „Ich **ha**be die **Na**se voll von dir!“
8 **Flu**chen tut gut [8], **egal** in **wel**cher **Spra**che [9].
9 So, das war's [10] für **heu**te. Bis **mor**gen! □

*4 … ne: …noe ghe**shri:**bən… neu: 5 … **ve:**dª… nocH… **lau**tət… iain **ant**vortən 6 … ne:ªft… **auss**druekə… **ne**ªfən 7 Halt… **klap**pə shpinst… **na:**zə… 8 **flu**:cHən tu:t… e**ga:l**…*

Note

6 • Il verbo **lauten** si usa con il significato di *essere,* per indicare una risposta, un indirizzo, un numero di telefono ecc. Talvolta si può anche tradurre con *s'intitola*.
• Le congiunzioni correlative **weder… noch** equivalgono ai nostri *né… né…* Attenzione: in tedesco il verbo non è seguito da **nicht**. A differenza dell'italiano in tedesco non possono sussistere più negazioni all'interno della stessa frase. Se c'è già un elemento che esprime una negazione, un pronome, un avverbio o una congiunzione come in questo caso, non si aggiunge nient'altro.

7 La proposizione principale posposta alla subordinata condizionale può essere introdotta (ma non è obbligatorio!) dall'avverbio **dann** ≈ *allora*: **Wenn die Antwort weder „ja“noch „nein“ lautet, (dann) kann man mit „jein“ antworten,** *Se la risposta non è né "sì" né "no", (allora) si può rispondere "jein"* (cfr. F6). Avrete forse intuito che **jein** è la contrazione di **ja** e **nein**.

8 Il verbo **tun** significa *fare*. Si usa soprattutto nelle locuzioni come **gut tun**, *fare bene*; **weh tun**, *fare male*; **leidtun**, *essere dispiaciuti*. In quest'ultimo esempio **leid** si usa come una particella separabile: **Fluchen tut**

4 Nel linguaggio parlato si dice spesso "**nee**" (anche scritto "**ne**") o "**nö**",
5 e se la risposta non è né "**ja**" né "**nein**", *(allora)* si può rispondere *(con)* "**jein**".
6 Se qualcuno o qualcosa [ci] infastidisce, *(allora)* si usano *(volentieri)* [delle] espressioni come "Questo mi sta/Tu mi stai sui nervi!",
7 "Chiudi il becco!", "Dai i numeri?", o "Non ne posso più di te *(Ho il naso pieno di te)*!"
8 Imprecare fa bene, non importa in quale lingua.
9 Ecco, è tutto *(era)* per oggi. A domani!

gut, *Imprecare fa bene*; **Das tut weh**, *Fa male*; **Er tut mir leid** (lett. "lui fa a me dispiacere/pena"), *Mi fa pena*; **Das tut mir leid** (lett. "mi fa dispiacere"), *Mi dispiace*.

9 **egal in welch-** (+ dativo) si traduce *quale che sia/siano, non importa in quale/quali*: **egal in welcher Sprache**, *non importa in quale lingua*; **egal in welchen Ländern**, *quale che sia il paese*.

10 **Das war's**, *è/era tutto, basta così*, è un'espressione di uso quotidiano. La potete usare per indicare che qualcosa si è concluso, come in questa frase, oppure per dire che non vi occorre altro, per esempio quando fate la spesa: **Möchten sei noch was? – Nein, danke. Das war's**, *Desidera altro? – No, grazie. Basta così (Era tutto)*. Come ricorderete, **'s** è la forma contratta del pronome neutro **es**.

Übung 1 – Übersetzen Sie bitte!

❶ Er kann weder Deutsch noch Englisch. ❷ Das tut gut. ❸ Sie geht mir auf die Nerven. ❹ Ich habe das Teil ersetzt. ❺ Ich brauche Zeit, um das zu machen.

Übung 2 – Ergänzen Sie bitte!

❶ Chiudi il becco!
Halt . . . . !

❷ La risposta non è né sì né no.
Die Antwort ist . . . . . ja . . . . nein.

❸ Se non è troppo freddo, allora vengo anch'io.
. . . . es nicht zu kalt ist, ... komme ich auch.

***

Con la lezione appena svolta è iniziata la fase attiva del vostro apprendimento, o seconda ondata. Lo scopo di questa seconda fase è mettere in pratica le conoscenze acquisite, continuando a progredire nel vostro percorso di apprendimento. Vi state chiedendo come procedere? È semplice: ogni giorno, dopo aver affrontato nel solito modo la vostra nuova lezione, riprendetene una già svolta (oggi partirete dalla prima) e traducete il dialogo e l'esercizio 1

Soluzioni dell'esercizio 1

❶ Non sa parlare né tedesco né inglese. ❷ Fa bene. ❸ Mi sta sui nervi. ❹ Ho sostituito il pezzo. ❺ Ho bisogno di tempo per farlo.

❹ Mi dispiace.
Das … mir ….

❺ Non ne posso più di questo lavoro.
Ich habe die ……… von diesem Job.

Soluzioni dell'esercizio 2

❶ – die Klappe ❷ – weder – noch – ❸ Wenn – dann – ❹ – tut – leid
❺ – Nase voll –

***

dall'italiano al tedesco. Vi consigliamo di coprire il testo in tedesco, che utilizzerete solo alla fine per verificare la vostra traduzione. Questo piccolo esercizio supplementare vi aiuterà a verificare e consolidare ciò che avete imparato nel corso delle lezioni: i risultati vi sorprenderanno e vi saranno di stimolo per proseguire! Seguite quindi le indicazioni come questa qui sotto.

Seconda ondata: 1ª lezione

Einundfünfzigste Lektion

Guten Abend, liebe Zuschauerinnen und Zuschauer [1]!

1 – Wir be**fin**den uns **heu**te auf [2] dem **Markt**platz in der **Kons**tanzer **I**nnenstadt [3] und **wo**llen die **Kons**tanzer be**fra**gen [4]: „Was ist **ty**pisch deutsch?" Los geht's! [5]

2 **Ha**llo **lie**be **Leu**te! Wir **ma**chen **ei**ne **Um**frage fürs [6] **Fern**sehen und **wür**den **ger**ne **wi**ssen [7]: „Was ist **ty**pisch deutsch?"

Pronuncia

*... **tsu:**shau[a]rinnən... **tsu:**shau[a] **1** ... be**fin**dən... **markt**-plats... **kon**stants[a] **i**nnənshtat... be**fra:**ghən... **tue:**pish... **2** ... **loi**tə... **um**fra:ghə fu:[a]s **fern**ze:ən...*

Note

1 Il suffisso **-in** serve a formare il femminile di molti sostantivi maschili: **der Zuschauer (-) / die Zuschauerin (nen)**, *il telespettatore/la telespettatrice*; **der Lehrer (-) / die Lehrerin (nen)**, *il professore/la professoressa*.

2 **auf**, *su, sopra*, e **in**, *in, dentro*, sono preposizioni miste: reggono il dativo in un complemento di stato in luogo, ossia quando indicano la posizione di qcn o qcs: **Wir befinden uns in der Innenstadt, auf dem Marktplatz**, *Ci troviamo in centro, nella piazza del mercato*. Reggono l'accusativo in un complemento di moto a luogo, ossia quando indicano un movimento verso qcn o qcs: **Wir gehen in die Innenstadt, auf den Marktplatz**, *Andiamo in centro, nella piazza del mercato*.

3 In tedesco, come in italiano, i nomi di città o di paese possono essere usati come aggettivi. Basta aggiungere il suffisso **-er** al nome di città o di paese. In questo caso l'aggettivo è invariabile, ossia non si declina, mantiene l'iniziale maiuscola e si posiziona davanti al sostantivo a cui si riferisce. In alcuni casi si ha l'elisione di una o due lettere: **Konstanz**

Cinquantunesima lezione

Buonasera care *(cari)* telespettatrici e [cari]telespettatori!

1 – Oggi ci troviamo nella *(sulla)* piazza del mercato nel centro *(città)* di Costanza e chiederemo ai cittadini *(di Costanza)*: "Cos'è tipicamente tedesco?" Via, cominciamo!

2 Buongiorno a tutti *(Ciao cara gente)*! Stiamo facendo *(facciamo)* un sondaggio per la televisione e vorremmo sapere "Cosa è tipicamente tedesco?"

→ in der **Konstanzer** Innenstadt, *nel centro di Costanza*; Münch**en** → das **Münchner** Bier, *la birra di Monaco*. La stessa regola vale per i nomi di abitanti maschili. Per i nomi di abitanti femminili occorre aggiungere al nome di abitante maschile il suffisso **-in**: **der Konstanzer (-) und die Konstanzerin (nen)**, *l'abitante (maschio) e l'abitante (femmina) di Costanza*; **der Münchner (-) und die Münchnerin (nen)**, *il monacense e la monacense*.

4 La costruzione **wollen**, *volere* + infinito del verbo in fondo alla frase può essere usata per esprimere il futuro: **Wir (...) wollen die Konstanzer befragen**, *(...) chiederemo agli abitanti di Costanza*.

5 **Los geht's!**, *Via, cominciamo, Si parte!*

6 **fürs** è la contrazione della preposizione **für** e dell'articolo **das** il cui uso è molto frequente nel linguaggio parlato.

7 **ich würde gern, du würdest gern, er/sie/es würde gern, wir würden gern, ihr würdet gern, sie/Sie würden gern** + verbo all'infinito traduce le forme al condizionale *io vorrei..., mi piacerebbe...* + verbo all'infinito o verbo al condizionale presente + *volentieri, con piacere*. Nota: **gerne** si usa nel sud della Germania: **Wir würden gern(e) wissen (...)**, *(...)*; **Ich würde gern(e) Bier trinken**, *Berrei volentieri una birra*. Vi ricordate che in tedesco il condizionale presente si chiama **Konjunktiv II**? Non confondetelo con il nostro congiuntivo.

3 – **Ty**pisch deutsch? Ähm... **Pünk**tlichkeit, **Ord**nung und **gu**tes Bier [8].
4 – Und für Sie?
5 – **Gu**tes Bier, das ja, ...**Sau**berkeit, **Dis**ziplin und viel**leicht** auch **Stur**heit.
6 – **In**teressant! Und was ist für Sie **ty**pisch deutsch?
7 – Für mich?! **Zu**verlässigkeit und die **lan**gen **Wör**ter [9].
8 Ich bin **kei**ne **Deu**tsche, [10] und am **An**fang **konn**te ich **Wör**ter wie **Au**fenthaltsgenehmigung **o**der **Le**bensversicherungsvertrag nicht **aus**sprechen.
9 **A**ber jetzt kann ich das!

*3 ... è:m... 5 ... **zaub**ᵃkait **dis**tsipli:n... **shtu:**ᵃHait 6 **in**tèrèssant... 7 ... **tsu:**fèrlèssiçhkait... **voert**ᵃ 8 ... **doi**tscə... **an**fañg... **au**fèntHaltsghene:miguñg... **le:**bèns-fèrziçhəruñgs-fèrtra:k... **aus**-shprèchən*

Osservazioni sulla pronuncia

(8) Per pronunciare correttamente le parole composte vi ricordiamo di fare una brevissima pausa tra un sostantivo e l'altro: **(der) Aufenthalt + s** *[**au**fèntHalt + s]*, *(il) soggiorno*, e **(die) Genehmigung** *[ghe**ne:**miguñg]*, *(l')autorizzazione*; **(das) Leben + s** *[**le:**bən + s]*, *(la) vita*, **(die) Versicherung + s** *[fèr**zi**çhəruñg + s]*, *(l')assicurazione* e **(der) Vertrag** *[fèr**tra:k**]*, *(il) contratto*. Le parole composte recano due accenti: l'accento principale cade sul primo sostantivo, quello secondario è meno marcato, o lo è leggermente, e cade sulle parole successive.

Note

8 In generale, i sostantivi che indicano qualcosa d'indefinito o di non quantificabile, una sostanza, un sentimento, un'emozione, un tratto della personalità ecc., non sono preceduti dall'articolo: Ø **Pünktlichkeit**, Ø **Ordnung**, *la puntualità*, *l'ordine* (cfr. F5 e F7).
Se il gruppo nominale senza l'articolo è composto da un aggettivo attributivo, l'aggettivo aggiunge la desinenza dell'articolo determinativo: **gutes Bier**, *la buona birra* (lett. "buona-la birra") è al nominativo.

3 – Tipicamente tedesco? Ehm... la puntualità, l'ordine e la buona birra.
4 – E per Lei?
5 – La buona birra, questo sì, ...pulizia, disciplina e forse anche la testardaggine.
6 – Interessante! E per Lei cos'è tipicamente tedesco?
7 – Per me!? L'affidabilità e le parole lunghe.
8 Io non sono tedesca e all'inizio non riuscivo a pronunciare parole come "**Aufenthaltsgenehmigung**" *(permesso di soggiorno)* o "**Lebensversicherungsvertrag**" *(polizza d'assicurazione sulla vita)*.
9 Ma adesso ci riesco *(posso io questo)*!

L'aggettivo aggiunge la **s** di **das (Bier)**; **Was ist typisch italienisch? – Gute Pizza**. *Cos'è tipicamente italiano? – La buona pizza*. L'aggettivo attributivo prende la **e** di **die (Pizza)**, *la pizza*.
Se si vuole specificare un determinato sostantivo, allora occorre aggiungere l'articolo. La declinazione dell'aggettivo varia in funzione dell'articolo, se determinativo o indeterminativo (cfr. L49, §1): **Ich möchte den anderen Wein probieren**, *Vorrei assaggiare l'altro vino*.

9 **das Wort**, *la parola, il termine*, ha due plurali a seconda del significato che vogliamo esprimere: **die langen Wörter**, *le parole lunghe* (termini/vocaboli), e **Das sind nur schöne Worte**, *Sono solo belle parole* (concetti).

10 *Sono tedesco/a* si traduce **Ich bin Deutscher/Deutsche**. *Non sono tedesco/a* si costruisce con la negazione **kein** che va declinata: **Ich bin kein Deutscher / keine Deutsche**.

Übung 1 – Übersetzen Sie bitte!

❶ Ich würde gern Französisch lernen. ❷ Haben Sie Münchner Bier getrunken? ❸ Er ist kein Deutscher. ❹ Los geht's! ❺ Kannst du diese Wörter aussprechen?

Übung 2 – Ergänzen Sie bitte!

❶ Non è tedesca.
Sie ist . . . .

❷ Cos'è per Lei tipicamente tedesco?
Was ist . . . . . . typisch Deutsch?

❸ Andiamo in città.
Wir fahren . . . . . Stadt.

52 Zweiundfünfzigste Lektion

Liebe Kinder, Enkelkinder und Urenkelkinder [1],

1 – es ist **i**mmer **ei**ne **gro**ße **Freu**de für mich, wenn wir **a**lle bei**sa**mmen [2] sind.

Pronuncia

… *èñkəl-kind^a* … *u:^{a}èñkəl-kind^a* **1** … ***froi**də*… *baizammən*…

Note

1 Il prefisso **Ur-** ha valore di *antico, primo, originale*: **die Enkelkinder** und **die Urenkelkinder** (abbreviati: **die Enkel und die Urenkel**), *i nipoti e i pronipoti*; **die Großeltern und die Urgroßeltern**, *i nonni e i bisnonni*. Nota: **der (Ur)Enkel (-)**, *il (pro)nipote maschio/i pronipoti maschi* e **die (Ur)Enkelin (nen)**, *la (pro)nipote femmina/le pronipoti femmine*.

2 L'avverbio **beisammen** traduce *(riuniti) insieme, in compagnia*.

Soluzioni dell'esercizio 1
❶ Mi piacerebbe imparare il francese. ❷ Ha bevuto la birra di Monaco? ❸ Non è tedesco. ❹ Via, cominciamo! ❺ Riesci a pronunciare queste parole?

❹ Siamo in piazza.
Wir sind ...... Platz.

❺ Abito in una grande città.
Ich wohne in .... Stadt.

Soluzioni dell'esercizio 2
❶ – keine Deutsche ❷ – für Sie – ❸ – in die – ❹ – auf dem – ❺ – einer großen –

Seconda ondata: 2ª lezione

52

Cinquantaduesima lezione

Cari figli, nipoti e pronipoti,

1 – è sempre una grande gioia per me quando siamo tutti insieme *(riuniti)*.

2 **Heu**te ist ein be**son**derer [3] Tag für **un**sere Fa**mi**lie, und ich **dan**ke euch von **gan**zem **Her**zen [4] dass ihr ge**ko**mmen seid.

3 Und jetzt lasst uns **an**stoßen und **fei**ern.

4 – Zum Wohl! [5]

5 – To**bi**as, kannst du ein paar **Fo**tos [6] **ma**chen?

6 – Ja, **ger**ne. Stellt euch **bit**te **al**le **zwi**schen die zwei **Kirsch**bäume. [7]

7 Sa**bi**ne, setz dich **bit**te **ne**ben **dei**ne **Groß**mutter [8] und die **Klei**nen **set**zen sich auf den **Bo**den.

*2 … be**zon**der^a… **dañ**kə… **Hèr**tsən… 3 … **an**shto:ssən… 4 … vo:l 5 … pa:^{a}… 6 … shtèlt… **tsvi**shən… **kirsh**boimə 7 … zèts… **ne:**bən… **klai**nən **zèt**sən… **bo:**dən*

Note

3 **besonderer**, *speciale*, *particolare*, (**besondere/besonderes/besondere**) + declinazione si usa come aggettivo attributivo unito al sostantivo cui si riferisce: **ein besonderer Tag**, *una giornata speciale*; **ein besonderes Jahr**, *un anno particolare*. Dopo il verbo, con funzione predicativa, si usa invece **besonders** che non si declina: **Der Tag / Das Jahr ist besonders**, *Il giorno/l'anno è particolare/speciale*.

4 La locuzione **jemandem von ganzem Herzen danken** traduce *ringraziare qcn con tutto il cuore*. Osserviamola meglio:

1) **danken**, *ringraziare*, regge il dativo, mentre in italiano, il complemento oggetto: **ich danke dir/euch/Ihnen von ganzem Herzen**, *ti/vi/La/Vi ringrazio con tutto il cuore*;
2) **das Herz (en)**, *il cuore*, ha una declinazione particolare al dativo singolare dove aggiunge il suffisso **-en**, e al genitivo singolare dove aggiunge il suffisso **-ens**: **das Herz** (N/A), **dem Herzen** (D), **des Herzens** (G).

5 Volete brindare? Usate le espressioni: **Zum Wohl!** o **Prost!**

6 **ein paar**, con la **p** minuscola, traduce *qualche*. **ein Paar** con la **P** maiuscola, *un paio*: **ein paar Fotos machen**, *fare qualche foto*; **ein Paar Strümpfe kaufen**, *comprare un paio di calze*.

2 Oggi è un giorno speciale per la nostra famiglia, e vi ringrazio con tutto il cuore di essere venuti *(che voi venuti siete)*.

3 E adesso brindiamo e festeggiamo.

4 – Alla salute *(Al benessere)*!

5 – Tobias, puoi fare qualche foto?

6 – Si, con piacere. Per favore mettetevi *(in piedi)* **tutti tra i due ciliegi.**

7 Sabine, siediti per favore accanto a tua nonna e i piccoli si siedono per terra *(sul pavimento)*.

7 Questa lezione introduce i verbi di posizione e i verbi d'azione, questi ultimi sono anche detti verbi di movimento. I verbi di posizione indicano la posizione in cui si trova qcn o qcs e reggono il dativo quando sono seguiti da una preposizione mista. I verbi d'azione indicano la posizione in cui si mette qcn o qcs, ossia esprimono un movimento, e reggono l'accusativo quando sono seguiti da una preposizione mista come **zwischen**, *tra* (cfr. F6), o **neben**, *accanto/vicino a* (cfr. F7).
1) **stehen**, *essere, stare (in piedi, in posizione verticale)*, e **(sich) stellen**, *mettersi (in posizione verticale)*: **Sie stehen zwischen den zwei Kirschbäumen**, *sono tra i due ciliegi*; **Stellt euch bitte alle zwischen die zwei Kirschbäume**, *Per favore mettetevi tutti tra i due ciliegi*;
2) **sitzen**, *essere seduti*, e **(sich) setzen**, *sedersi, mettersi seduti* (cfr. F7) **Sie sitzen auf dem Boden**, *Sono seduti per terra* (lett. "sul pavimento"); **(...) die Kleinen setzen sich auf den Boden**, *(...) i piccoli si siedono per terra* (lett. "sul pavimento"); **Setzt euch!**, *Sedetevi/Mettetevi seduti!* A differenza dei verbi d'azione, i verbi di posizione sono irregolari al passato: **er stand / er hat gestanden**, *era (in piedi/in posizione verticale...)* e **er saß / er hat gesessen**, *era seduto/sedeva*.

8 Sfumato dal tono della voce e dall'uso di **bitte**, *per favore/cortesia*, anche in tedesco l'imperativo può essere usato per formulare una domanda o richiesta cortese: **Sabine, setz dich bitte neben deine Großmutter**, *Sabine, per favore, siediti vicino a tua nonna* (cfr. F7).

8 So ist es per**fekt**! **Bi**tte **lä**cheln!
9 – **Chee**ese! □

*8 … **lè**çhəln **9** **tchiiiz***

***

Übung 1 – Übersetzen Sie bitte!

❶ Die Kinder sitzen auf dem Boden. ❷ Ich danke dir von ganzem Herzen. ❸ Wir sind alle beisammen. ❹ Stell dich neben deine Schwester. ❺ Darf ich mich neben dich setzen?

Übung 2 – Ergänzen Sie bitte!

❶ Alla salute!
… ….!

❷ Mette il tavolo in cucina.
Er …… den Tisch in … Küche.

❸ Il tavolo è in cucina. *(usare un verbo di posizione)*
Der Tisch ….. in … Küche.

53

Dreiundfünfzigste Lektion

Die Vernissage

1 – **Möch**ten Sie noch **et**was **trin**ken?

Pronuncia
*… verni**ssa**jə*

8 Così è perfetto! Sorridete per favore!
9 – Cheeese!

***

Soluzioni dell'esercizio 1
❶ I bambini sono seduti per terra. ❷ Ti ringrazio con tutto il cuore. ❸ Siamo tutti riuniti. ❹ Mettiti vicino a tua sorella. ❺ Posso sedermi accanto a te?

❹ Ho qualche idea.
Ich habe .... Ideen.

❺ È seduto in macchina.
Er .... Auto.

Soluzioni dell'esercizio 2
❶ Zum Wohl ❷ – stellt – die – ❸ – steht – der – ❹ – ein paar – ❺ – sitzt im –

Seconda ondata: 3ª lezione

53

Cinquantatreesima lezione

L'inaugurazione

1 – Vuole bere ancora qualcosa?

2 – Nein **dan**ke, ich **wür**de **a**ber gern ein **Fisch**brötchen pro**bie**ren. Sie **schei**nen [1] **vie**le **Leu**te hier zu **ken**nen.
3 – Ja, und Sie?
4 – Nein. Ich **ken**ne fast **nie**mand [2]. Ich bin zum **ers**ten Mal [3] auf **ei**ner Vernis**sa**ge.
5 – Und, ge**fällt** es **Ih**nen?
6 – Ja, sehr [4]! Am **bes**ten ge**fal**len mir die **Fo**tos [5], die **ü**ber dem Tisch mit den **Blu**men **hän**gen [6].

*2 … **fish**-broe:tçhən pro**bi:**rən… **shai**nən… 4 … fasst **ni:**mant… ma:l… 6 … **bès**tən… **ue:**bᵃ… tish… **blu:**mən **hèñ**ghən*

Note

1 Il verbo **scheinen** ha diversi significati a seconda dell'uso:
• seguito da una proposizione infinitiva introdotta da **zu**, significa *sembrare, avere l'aria di*: **Sie scheinen viele Leute hier zu kennen**, *Sembra conoscere molte persone qui* (cfr. F2). In questo caso tra la frase principale e la proposizione infinitiva non si mette la virgola e **zu** non si traduce.
• Usato da solo, **scheinen** significa *brillare, splendere*: **Die Sonne scheint**, *Il sole splende*.

2 **niemand**, *nessuno*, e **jemand**, *qualcuno* (cfr. L47, F10), sono pronomi indefiniti. Possono essere declinati o restare invariati: **jemand/niemand** (N); **jemand(en)/niemand(en)** (A); **jemand(em)/niemand(em)** (D): **Ich kenne fast niemand/niemanden**, *Non conosco quasi nessuno*.

3 **zum ersten/zweiten/dritten… Mal**, *per la prima/seconda/terza… volta*.

4 *molto/tanto* si traduce **sehr** quando esprime l'idea d'intensità (**sehr gefallen, sehr lieben…**, *piacere molto/tanto, amare molto/tanto…*). Si traduce **viel** quando esprime una quantità (**viel essen, viel sprechen…**, *mangiare molto/tanto, parlare molto/tanto…*); **Und gefällt es Ihnen? – Ja, sehr**, *E le piace? – Sì, molto*; **Wir haben viel gegessen**, *Abbiamo mangiato tanto*. Davanti a un aggettivo o a un avverbio, *molto* si traduce **sehr**: **Ja, sehr oft**, *Sì, molto spesso* (cfr. L12, F5).

2 – **No grazie, ma assaggerei volentieri un panino al pesce.** *(Lei)* **Sembra conoscere molte persone qui.**

3 – **Sì, e Lei?**

4 – **No, io [non] conosco quasi nessuno. È la prima volta che vado a** *(Sono per la prima volta su)* **un'inaugurazione.**

5 – **E Le piace?**

6 – **Sì, molto! Soprattutto** *(Al meglio mi piacciono)* **le foto che sono appese sopra al tavolo con i fiori.**

5 Per esprimere una preferenza tra più elementi, ossia assoluta, si può usare la costruzione **am besten gefällt mir** + soggetto singolare / **am besten gefallen mir** + soggetto al plurale: **Am besten gefallen mir die Fotos (...)**, *Soprattutto (mi piacciono) le foto*.

6 • **die über dem Tisch mit den Blumen hängen**, *che sono appese sopra al tavolo con i fiori*, è una subordinata relativa introdotta dal pronome relativo **die**. Parleremo più avanti dei pronomi relativi. Per il momento memorizzate questa regola: come in tutte le proposizioni subordinate, anche il verbo coniugato della subordinata relativa si trova in fondo alla frase.

• **über**, *su, sopra*, è una preposizione mista.

• Il verbo **hängen** è sia un verbo di posizione sia un verbo d'azione. Significa *essere appeso/sospeso* e *appendere/sospendere*: **Sie hängt das Foto über das Bett**, *Appende la foto sul letto*; **Das Foto hängt über dem Bett**, *La foto è appesa sopra al letto*. Avrete notato che i verbi di posizione + preposizione mista reggono il dativo e che i verbi d'azione + preposizione mista reggono l'accusativo. Attenzione alla coniugazione al passato! Usato nel senso di *appendere qcs*, **hängen** ha una coniugazione regolare, ma usato nel senso di *essere appeso/sospeso*, **hängen** ha una coniugazione irregolare: **er hängte das Foto an die Wand / er hat das Foto an die Wand gehängt**, *appendeva/ha appeso la foto alla parete*→ **Das Foto hing an der Wand / Das Foto hat an der Wand gehangen**, *La foto era/è rimasta appesa alla parete*.

7 Die **Far**ben sind sehr... Ich **fin**de das Wort nicht. **Kurzum**, **die**se **Fo**tos sind **ein**fach **wun**derschön.

8 Ich **hei**ße **ü**brigens **So**phie.

9 – **An**genehm! [7] Und ich **hei**ße Lars, Lars **Lieb**mann.

10 – **A**ber!? Sind Sie...

11 – Der Foto**graf**? Ja, das bin ich [8]!

*7 ... **kurts**um... **ain**facH **vund**ª-shoe:n **8** ... **ue:**brighèns... **9** **an**ghəne:m... **11** ... foto**gra:f**...*

***

Übung 1 – Übersetzen Sie bitte!

❶ Er hängt das Foto in sein Schlafzimmer. ❷ Sie scheint müde zu sein. ❸ Am besten gefällt mir Berlin. ❹ Er kennt viele Leute. ❺ Er gefällt mir sehr.

Übung 2 – Ergänzen Sie bitte!

❶ L'ho appeso sopra al letto.
Ich .... es über das Bett ....

❷ Oggi c'è *(brilla)* il sole.
Heute .... die ....

❸ L'appendo sopra il tavolo.
Ich ..... es .... den Tisch.

❹ No, non sono io.
Nein, das ... ... nicht.

❺ Piacere! E io mi chiamo Lars.
........! Und ich ..... Lars.

7 I colori sono molto... non trovo la parola. [In] breve, queste foto sono semplicemente meravigliose.
8 Comunque io mi chiamo Sophie.
9 – Piacere! E io mi chiamo Lars, Lars Liebmann.
10 – Ma?! Lei è...
11 – Il fotografo? Sì, *(questo)* sono io!

Note

7 L'aggettivo **angenehm**, *piacevole*, può anche essere usato con il significato di *piacere* quando ci si presenta a qcn

8 *Sono io, sei tu ecc.* si dice: **Das bin ich**, *Sono io*; **Bist du das?**, *Sei tu?*

***

Soluzioni dell'esercizio 1

❶ Appende la foto nella sua camera da letto. ❷ Sembra *(essere)* stanca. ❸ Berlino è la mia città preferita. ❹ Conosce molte persone. ❺ Mi piace molto.

Soluzioni dell'esercizio 2

❶ – habe – gehängt – ❷ – scheint – Sonne ❸ – hänge – über – ❹ – bin ich – ❺ Angenehm – heiße –

*Se vi capitasse di passeggiare lungo l'Elba ad Amburgo vi consigliamo di assaggiare un panino al pesce, **Fischbrötchen**. Originariamente questa specialità era del semplice pane imbottito con aringa secca o in salamoia, ma oggi ne esistono molte varianti: al salmone, ai gamberetti, con cipolla fresca o pesce fritto.*

Seconda ondata: 4ª lezione

Vierundfünfzigste Lektion

Deutsches Bier

1 – Sie **trin**ken gern [1] Bier. **A**ber was für ein Bier?
2 **Trin**ken Sie **lie**ber ein **He**lles oder ein **Dunk**les [2]? Sie **könn**ten auch ein **Ra**dler [3] pro**bie**ren.
3 Sie **si**tzen in **ei**nem **Brau**haus in **Deutsch**land und **wi**ssen nicht, was Sie be**ste**llen **so**llen [4].
4 Kein **Wun**der bei der **Viel**falt an **Bier**sorten [5]. **Heu**te gibt es in **Deutsch**land **sie**ben- bis **acht**tausend ver**schie**dene **Bie**re und es **wer**den **i**mmer mehr [6].
5 Die **Deu**tschen **lie**ben ihr Bier, und auch die **Nicht**deutschen.

Pronuncia

*2 … **li:**b[a] … **Hè**lləss… **duñk**ləss… **ra:**tl[a]… 3 … **brau:**Hauss… be**shtè**llən… 4… **vun**d[a]… **fi:**lfalt… **bi:**[a]-zo[a]tən… fèr**shi:**denə… 5 … **niçht**-doitchən*

Note

1 Unito al verbo, **gern** (o **gerne** nella Germania del Sud) traduce *piacere qcn o qcs / amare (fare) qcs* In una domanda, si posiziona dopo il soggetto: **Trinken Sie gern Bier?**, *Le piace la birra?* **Vielleicht trinkt sie gern Wein?**, *Forse le piace il vino?* In una frase affermativa, si posiziona dopo il verbo coniugato: **Er trinkt gern Wein**, *Gli piace il vino.* In una frase negativa si posiziona dopo la negazione **nicht**: **Er isst nicht gern spät**, *Non gli piace mangiare tardi*; **Kocht er nicht gern?**, *Non gli piace cucinare?*

2 • Unito al verbo, **lieber** serve a indicare una preferenza tra due elementi. Traduce *preferire* e occupa la stessa posizione di **gern** all'interno della frase: **Sie trinkt lieber Wein (als Bier)**, *Preferisce il vino (alla birra).*
• **ein Helles**, *una bionda*, e **ein Dunkles**, *una scura,* sono due aggettivi sostantivati e si declinano come l'aggettivo attributivo: **das Helle**, *la bionda*, e **das Dunkle**, *la scura.*

Cinquantaquattresima lezione

La birra tedesca

1 – Vi piace *(Bevete volentieri)* [la] birra. Ma che tipo di birra?
2 Preferite *(Bevete più volentieri)* una bionda o una scura? Potreste provare anche una Radler.
3 Siete seduti in un birrificio in Germania e non sapete cosa ordinare *(dovere)*.
4 Non c'è da stupirsi data la varietà di *(tipi)* birre. Oggi in Germania ci sono sette-ottomila *(fino a ottomila)* birre diverse e [il numero] continua a crescere *(e diventano sempre di più)*.
5 I tedeschi amano la loro birra e anche i non tedeschi.

3 Das Radler è una miscela di birra e succo di limone.

4 **was** può fungere da pronome relativo. Equivale a *cosa, ciò che*: **Sie (...) wissen nicht, was Sie bestellen sollen**, *(...) non sapete cosa ordinare*.

5 Abbiamo già visto l'uso della preposizione **bei** per tradurre *presso, a casa di, da*. Ma può anche indicare una causa o la spiegazione di un fatto o di una situazione. In questo caso si traduce *dato, considerato*: **(...) bei der Vielfalt an Biersorten**, *(...) data la varietà di birre* (cfr. L15, F3).

6 Notate questa costruzione: **und es werden immer mehr** (lett. "e esso diventano sempre più"), *continuano ad aumentare/diventano sempre di più*. Il soggetto della frase non è **es**, bensì **Biersorten**, *tipi di birra*, sottinteso. Da cui il verbo al plurale **werden**.

6 **J**edes **J**ahr [7] lockt das **Mün**chner Ok**to**berfest Tou**ris**ten aus **a**ller Welt an: [8] Ameri**ka**ner, **Bri**ten, Fran**zo**sen, Ja**pa**ner [9] usw. [10]

7 **A**ber **Ach**tung! Wenn Sie im Ok**to**ber nach **Mün**chen **ko**mmen, dann ist es be**stimmt** zu spät für das Ok**to**berfest.

8 Es be**ginnt näm**lich am **ers**ten **Sams**tag nach dem 15. (**fünf**zehnten) Sep**tem**ber und **en**det am **ers**ten **Sonn**tag im Ok**to**ber. ☐

*6 **ie:**dəss… lokt… **muen**çhn[a] **okto:**b[a]-fèst tu**ris**tən… **a**l[a]… an… ameri**ka:**n[a]… **bri**tən fran**tso:**zən ia**pa:**na… **unt**-zo:-vait[a] 8 … **èn**dət…*

Note

7 L'aggettivo indefinito **jeder** (m.) / **jede** (f.) / **jedes** (n.), *ogni, ciascuno/a*, si declina come l'articolo determinativo: accusativo neutro → **Jedes Jahr lockt das Münchner Oktoberfest Touristen aus aller Welt an**, *Ogni anno l'Oktoberfest di Monaco attira turisti da tutto il mondo*; nominativo maschile → **Jeder Schüler weiß, was er machen soll**, *Ogni studente sa cosa deve fare*.

8 **aus aller Welt**, *da tutto il mondo*.

9 I nomi di abitanti si formano generalmente aggiungendo al nome del paese il suffisso **-er (-)** per il maschile e il suffisso **-erin (nen)** per il femminile, oppure il suffisso **-e (n)** per il maschile e il suffisso **-in (nen)** per il femminile: **der Japaner (-) und die Japanerin (nen)**, *il giapponese, la giapponese*; **der Brite (n) und die Britin (nen)**, *il britannico, la britannica*.

***

Übung 1 – Übersetzen Sie bitte!

❶ Sie ist Japanerin. ❷ Er isst lieber Fisch. ❸ Sie kommen aus aller Welt. ❹ Ich frage mich, was es ist. ❺ Sie kommen jeden Tag.

6 Ogni anno l'Oktoberfest di Monaco richiama turisti da tutto il mondo: americani, britannici, francesi, giapponesi ecc.

7 Ma attenzione! Se venite a Monaco in ottobre, è sicuramente troppo tardi per l'Oktoberfest.

8 Comincia infatti il primo sabato dopo il 15 *(quindici)* settembre e finisce la prima domenica di ottobre.

Attenzione a **der Franzose (n)**, *il francese*. Per formare il femminile occorre aggiungere la dieresi sulla **o**: **die Französin (nen)**, *la francese*.

Per indicare la propria nazionalità si dice **ich bin** + nome di abitante senza l'articolo: **Ich bin Ø Italiener, Ø Italienerin**, *Sono italiano, italiana*; **Ich bin Ø Deutscher, Ø Deutsche**, *Sono tedesco, tedesca*. Se però li usiamo insieme all'articolo abbiamo: **der/ein Italiener, die/eine Italienerin**, *l'/un italiano, l'/una italiana*; **der Deutsche / ein Deutscher, die/eine Deutsche**. Avete notato l'eccezione? Diversamente dagli altri nomi di abitante, che sono dei sostantivi, **der Deutsche** è un aggettivo sostantivato e pertanto prende le desinenze dell'aggettivo attributivo preceduto da articolo determinativo o indeterminativo. Inoltre, al plurale occorre aggiungere il sostantivo **Frauen** per indicare gli abitanti di sesso femminile, **Männer** per indicare gli abitanti di sesso maschile: **die deutschen Frauen**, *le (donne) tedesche* o **deutsche Frauen**, *[delle] (donne) tedesche*, **die deutschen Männer** *i (gli uomini) tedeschi* o **deutsche Männer**, *[dei] (degli uomini) tedeschi*. Ne riparleremo alla prossima lezione di ripasso.

10 **usw**, *ecc.*, è l'abbreviazione di **und so weiter**, *e così via*.

***

Soluzioni dell'esercizio 1

❶ È giapponese. ❷ Preferisce mangiare pesce. ❸ Vengono da tutto il mondo. ❹ Mi chiedo cosa sia *(è)*. ❺ Vengono ogni giorno.

Übung 2 – Ergänzen Sie bitte!

❶ Viene ogni anno.
Sie kommt ....

❷ Preferisco una Radler *(alla birra normale)*.
Ich .... ein Radler.

❸ Gli piace suonare il violino.
Er ....(.) Geige.

***

La storia della celebre **Oktoberfest**, *la festa della birra di Monaco, ha inizio il 12 ottobre 1810, il giorno in cui il futuro re Ludovico I di Baviera prese in sposa Teresa di Sassonia. I festeggiamenti nuziali durarono cinque giorni e si svolsero in un grande prato presso le mura della città. In onore della sposa, il prato venne ribattezzato* **Theresienwiese**, prato di Teresa, *da cui deriva l'espressione bavarese* **auf die Wiesn (Wiese** *in tedesco standard)* **gehen**, andare al prato, *per dire "andare alla festa della birra". Le celebrazioni furono aperte a tutti gli abitanti e si conclusero con una grande corsa di cavalli a cui assistette anche la famiglia reale. L'evento ebbe così tanto suc-*

❹ Mio marito è britannico.
Mein Mann ....

❺ Ogni bambino sa farlo.
.... kann das machen.

Soluzioni dell'esercizio 2

❶ – jedes Jahr ❷ – trinke lieber – ❸ – spielt gern(e) – ❹ – ist Brite
❺ Jedes Kind –

***

cesso che si decise di ripeterlo. Con il trascorrere del tempo, questa manifestazione si trasformò in una grande festa popolare annuale con giostre e altalene e i tradizionali tendoni per la degustazione della birra. La festa fu annullata durante i due conflitti bellici, e per alcuni anni dopo la seconda guerra mondiale, ma riprese nel 1949 tra i grandi sfarzi di un tempo. Ogni anno l'Oktoberfest attira sei milioni di visitatori (la maggior parte vi partecipa indossando i costumi tradizionali) che consumano in media sette milioni di litri di birra!

Seconda ondata: 5ª lezione

55 Fünfundfünfzigste Lektion

Zu vermieten [1]:

1 – **klein**es **Fe**rienhaus [2] di**rekt** am [3] Strand ge**le**gen [4], mit **schö**nem **Gar**ten, **Schlaf**zimmer, Bad und **Wohn**zimmer mit **o**ffener **Kü**che.
2 Das klingt gut.
3 – **Al**so, ich weiss nicht.
4 – Wa**rum** nicht?
5 – Ich **ha**be im **In**ternet ge**le**sen [5], dass die **Ge**gend zu den **Lieb**lingsreisezielen der **Ur**lauber ge**hört** [6], vor **al**lem der **Deu**tschen.
6 Das heißt ver**stopf**te **Stra**ßen, über**füll**te **Strän**de. Das ist nichts für mich!

Pronuncia

*... fèr**mi:**tən **1** ... **fe:**riən-Hauss... di**rèkt** ... shtrant ghə**le:**ghən... **o**ffen^a... **2** ... kliñgt... **5** ... **in**t^{a}nèt ghə**le:**zən... **ghe:**ghènt... **li:p**liñgs-raizə-tsi:lən... **u**^{a}laub^a ghə**hoe**^{a}**t** ... fo:^{a} **al**ləm... **6** ... fèr**shtopf**tə... ue:b^a**fuel**tə **shtrèn**də...*

Note

1 **vermieten** significa *affittare, dare in affitto/a noleggio*; **mieten** *affittare, prendere in affitto/a noleggio, noleggiare.* Entrambi sono regolari al presente e al passato: **Leo mietet ein Boot**, *Leo noleggia una barca/prende una barca a noleggio* (Leo = affittuario); **Ich habe es vermietet**, *L'ho affittata/data in affitto* (**ich** = proprietario).

2 Negli annunci i sostantivi sono generalmente usati senza l'articolo. L'aggettivo o gli aggettivi che precedono il sostantivo aggiungono la desinenza dell'articolo determinativo: accusativo neutro (**das**) → **kleines Ferienhaus**, *piccola residenza per le vacanze*; dativo maschile (**dem**) → **mit schönem (großem) Garten**, *con bel (grande) giardino*; dativo femminile (**der**) → **mit offener Küche**, *con cucina a vista*.

Cinquantacinquesima lezione

Affittasi:

1 – piccola residenza estiva *(vacanze-casa)* ubicata direttamente sulla spiaggia, con bel giardino, camera da letto, bagno e soggiorno con cucina a vista *(aperta)*.
2 Sembra bella *(Suona bene)*.
3 – Non [lo] so.
4 – Perché *(no)*?
5 – Ho letto su *(in)* Internet che la località è una *(fa parte)* delle mete di viaggio preferite dai vacanzieri, soprattutto *(dai)* tedeschi.
6 Ciò significa *(si chiama)* strade congestionate, spiagge strapiene. Non fa *(Questo è niente)* per me!

3 **an**, *a, in riva a, su*, è una preposizione mista. In questa frase, **am** è la contrazione di **an** + **dem**: **am Strand**, *sulla spiaggia,* **am Meer**, *al/in riva al mare*; **an der Tür**, *alla porta*.

4 **gelegen**, *ubicato, situato*, è il participio passato del verbo di posizione **liegen**, *essere in posizione orizzontale/sdraiati/distesi, giacere*: **Die Papiere liegen auf dem Tisch**, *I documenti sono sul tavolo*; **Er liegt im Bett**, *È (sdraiato) a letto*. Come gli altri verbi di posizione **liegen** regge il dativo dopo una preposizione mista e ha una coniugazione irregolare al passato: **er lag / er hat gelegen**, *era disteso*. Il verbo d'azione corrispondente è **(sich) legen**, *sdraiarsi, allungarsi, mettersi orizzontalmente* + accusativo dopo una preposizione mista: **Ich habe die Papiere auf den Tisch gelegt**, *Ho posato i documenti sul tavolo*; **Ich lege mich ins Bett**, *mi sdraio/metto a letto*.

5 *Su internet*, in tedesco, si dice **im Internet** (lett. "in Internet"): **im Internet lesen, schauen, surfen...**, *leggere, guardare, navigare... su Internet*.

6 **gehören** significa *appartenere a,* e regge il dativo: **Das gehört mir**, *È mio, Appartiene a me*; **gehören zu** *(+ dat.)*, come nel dialogo, significa *far parte di*. È regolare al presente e al passato.

7 – Was schlägst du **al**so vor?
8 – Warum ver**brin**gen [7] wir nicht mal den **Ur**laub zu **Hau**se [8]?
9 Bei uns gibt es **vie**le **se**henswerte **Or**te, die wir noch nicht [9] **ken**nen.
10 Das **könn**te auch schön sein. **O**der was meinst [10] du?

*8 … fèr**briñ**ghən… **Hau**zə 9 … **ze:**ènsvertə **o**ªtə… 10 … mainst…*

Note

7 **verbringen** significa *passare/trascorrere del tempo:* **einen Tag / Urlaub / eine schöne Zeit verbringen…**, *trascorrere un giorno/le vacanze/dei bei momenti…* Al presente è regolare. Ritorneremo sulla sua coniugazione più avanti.

8 Entrambe le locuzioni **zu Hause** e **nach Hause** (con la **-e** finale) traducono *a casa.* **zu Hause** indica il *trovarsi a casa* (posizione) **nach Hause** *l'andare a casa* (movimento): **Ich verbringe den Urlaub zu Hause**, *passo le vacanze a casa*; **Ich gehe nach Hause**, *vado a casa.*

***

Übung 1 – Übersetzen Sie bitte!

❶ Er liegt im Bett. ❷ Sind sie schon zu Hause? ❸ Ich lege das Buch auf den Tisch. ❹ Das gehört zu meiner Arbeit. ❺ Wann fährst du nach Hause?

Übung 2 – Ergänzen Sie bitte!

❶ Mi sdraio a letto.
Ich . . . .

❷ L'ho letto su Internet.
Ich habe es . . . . gelesen.

❸ Resti anche tu a casa?
Bleibst du auch . . . . ?

❹ Passiamo le vacanze al mare.
Wir verbringen den Urlaub . . . .

7 – Cosa proponi?
8 – Perché non passiamo le vacanze a casa?
9 [Qui] Da noi ci sono molti luoghi interessanti *(da vedere)* **che non conosciamo ancora.**
10 Potrebbe anche essere bello. *(O)* **Cosa ne pensi?**

9 La negazione **noch nicht** (lett. "ancora non"), traduce *non ancora*.

10 **meinen**, *pensare di qcs*, si usa per chiedere o esprimere l'opinione su qcn o qcs: **Was meinst du?**, *Cosa ne pensi?*

***

Soluzioni dell'esercizio 1

❶ È a letto. ❷ Sono già a casa? ❸ Poso il libro sul tavolo. ❹ Fa parte del mio lavoro. ❺ Quando vai a casa?

❺ **Affittasi: bella casa con grande giardino.**
Zu vermieten: .... Haus mit ...... Garten.

Soluzioni dell'esercizio 2

❶ – lege mich ins Bett ❷ – im Internet – ❸ – zu Hause ❹ – am Meer ❺ – schönes – großem –

Seconda ondata: 6ª lezione

56

Sechsundfünfzigste Lektion

Wiederholung – Ripasso

1 Assenza dell'articolo e declinazione del gruppo nominale senza articolo

• In tedesco l'articolo **non** si usa davanti a:

a) nomi di paese: **Kennen Sie Ø Deutschland?**, *Conosce la Germania?*;

b) nomi di nazionalità e professioni: **Anna ist Ø Deutsche / Ø Ärztin**, *Anna è tedesca/medico*;

c) sostantivi inquantificabili: **Ich habe Ø Geld**; *Ho soldi;*

d) quantità indefinite (generalmente in italiano usiamo l'articolo partitivo): **Wir treffen Ø Freunde**, *Incontriamo degli amici.*

Alla forma negativa, si usa **kein** e le sue forme declinate: **Anna ist keine Deutsche**, *Anna non è tedesca*; **Ich habe kein Geld**, *Non ho soldi.*

• Se nel gruppo nominale si trovano uno o più aggettivi, l'aggettivo aggiunge la desinenza dell'articolo determinativo al caso corrispondente tranne al genitivo maschile e neutro dove aggiunge **-en** in quanto il sostantivo reca già la desinenza del genitivo.

	Maschile	Femminile
Nominativo	**schöner Garten**	**schöne Küche**
Accusativo	**schönen Garten**	**schöne Küche**
Dativo	**schönem Garten**	**schöner Küche**
Genitivo	**schönen Gartens**	**schöner Küche**

	Neutro	Plurale
Nominativo	**schönes Haus**	**schöne Zimmer**
Accusativo	**schönes Haus**	**schöne Zimmer**
Dativo	**schönem Haus**	**schönen Zimmern**
Genitivo	**schönen Hauses**	**schöner Zimmer**

Cinquantaseiesima lezione

Gli aggettivi terminanti in **-e** non aggiungono una **e** supplementare e quelli terminanti in **-el/-er** perdono generalmente la **e**: **leise**, *silenzioso* → **leises Zimmer**, *stanza silenziosa*: **teuer**, *caro* → **teurer Urlaub**, *vacanze costose*.

2 Le preposizioni miste

Ecco la lista completa delle preposizioni miste. Quelle sottolineate sono due preposizioni nuove per voi: **in**, *in*; **auf**, *su*; **über**, *aldisopra, oltre*; **unter**, *sotto*; **an**, *a, a bordo di, su*; **hinter**, *dietro*; **vor**, *davanti*; **neben**, *accanto*; **zwischen**, *tra*. Sono dette "miste" perché reggono l'accusativo con un verbo di movimento (es. 1 e 3 qui sotto) e il dativo con un verbo di posizione (es. 2 e 4):

1. **Wir gehen in die Innenstadt**, *Andiamo in centro.* ↔ 2. **Wir sind in der Innenstadt**, *Siamo in centro*;
3. **Er hängt das Foto über das Bett**, *Appende la foto sul letto.* ↔
4. **Das Foto hängt über dem Bett**, *La foto è appesa sopra il letto.*

3 I verbi di posizione e i verbi di movimento

Per indicare le diverse posizioni in cui si trova qcn o qcs (in piedi, in posizione verticale, disteso, in posizione orizzontale, seduto o appeso), in tedesco si usano quattro verbi di posizione a cui corrispondono quattro verbi d'azione o di movimento. Questi verbi sono spesso accompagnati da una preposizione mista, che regge l'accusativo con un verbo d'azione o movimento, oppure il dativo con un verbo di posizione. I verbi di posizione sono irregolari al passato. I verbi d'azione o di movimento sono regolari al presente e al passato.

Nelle prossime lezioni avrete la possibilità di familiarizzare con la loro coniugazione.

Verbi di posizione	Verbi di movimento
stehen **er steht, er stand,** **er hat gestanden** *essere (posato o messo) in piedi / in posizione verticale* **Der Tisch steht im Wohnzimmer**, *Il tavolo è* (in posizione verticale) *in soggiorno.*	**stellen** **er stellt, er stellte,** **er hat gestellt** *posare, mettere in piedi / in posizione verticale* **Stell den Tisch ins Wohnzimmer**, *Metti il tavolo in soggiorno.*
liegen **er liegt, er lag,** **er hat gelegen** *essere (disteso, posato o messo) in posizione orizzontale* **Das Buch liegt auf dem Tisch**, *Il libro è sul tavolo.*	**(sich) legen** **er legt, er legte,** **er hat gelegt** *posare, mettere in posizione orizzontale* **Ich lege das Buch auf den Tisch**, *Poso il libro sul tavolo.*
sitzen **er sitzt, er saß,** **er hat gesessen** *essere seduti, sedersi* **Sie sitzt auf dem Bett**, *È seduta sul letto.*	**(sich) setzen** **er setzt (sich), er setzte (sich),** **er hat (sich) gesetzt** *sedersi, mettersi seduti* **Setz dich auf das Bett!**, *Siediti sul letto!*
hängen **er hängt, er hing,** **er hat gehangen** *essere appesi/sospesi* **Das Foto hängt über dem Bett**, *La foto è appesa sopra al letto.*	**hängen** **er hängt, er hängte,** **er hat gehängt** *appendere/sospendere* **Er hat das Foto über das Bett gehängt**, *Ha appeso la foto sopra al letto.*

4 L'aggettivo indefinito *jeder, jede, jedes*

Equivale a *ciascuno/a, ogni,* e si declina come l'articolo determinativo. Pertanto l'aggettivo attributivo che è preceduto da **jeder, jede, jedes,** si declina come quando è preceduto dall'articolo determinativo.

	Maschile	Femminile
Nominativo	**jeder gute Wein**	**jede gute Orange**
Accusativo	**jeden guten Wein**	**jede gute Orange**
Dativo	**jedem guten Wein**	**jeder guten Orange**
Genitivo	**jedes guten Wein(e)s**	**jeder guten Orange**

	Neutro
Nominativo	**jedes gute Bier**
Accusativo	**jedes gute Bier**
Dativo	**jedem guten Bier**
Genitivo	**jedes guten Bier(e)s**

5 Il *Futur I*

Il **Futur I** (*futuro semplice*) si costruisce con l'ausiliare **werden** al presente indicativo + l'infinito del verbo in fondo alla proposizione. Serve a esprimere l'intenzione di fare qcs nel futuro (prossimo o lontano) o una supposizone su una situazione o azione che avverrà nel futuro: **Zur Abwechslung werden wir Ihnen etwas Umgangssprache beibringen**, *Per variare, vi insegneremo un po' di linguaggio colloquiale*; **Es wird bestimmt regnen**, *Pioverà sicuramente*. Se nella frase c'è un complemento di tempo che indica già l'idea di futuro, il verbo resta al presente: **Ich komme morgen**, *Vengo domani*. Rivediamo la coniugazione del verbo **werden** all'indicativo presente: **ich werde, du wirst, er/sie/es wird, wir werden, ihr werdet, sie/Sie werden.**

6 I nomi di abitanti di paesi e città

6.1 Nomi di abitanti di paesi

La maggior parte dei nomi di abitanti di paesi reca il suffisso **-er (-)** al maschile e il suffisso **-erin (nen)** al femminile, oppure il suffisso **-e (n)** al maschile e il suffisso **-in (nen)** al femminile:

– **der/ein Japaner (-) und die/eine Japanerin (nen)**, *il/un giapponese e la/una giappponese*; **der/ein Amerikaner (-) und die/eine Amerikanerin (nen)**, *l'/un americano e l'/una americana*;

– **der/ein Brite (n) und die/eine Britin (nen)**, *il/un britannico e la/una britannica*.
Il femminile di **der/ein Franzose (n)**, *il/un francese*, si forma aggiungendo l'**Umlaut**: **die/eine Französin (nen)**, *la/una francese*.

Per indicare la nazionalità si utilizza il verbo essere seguito dal nome di abitante senza l'articolo: **Ich bin Ø Italiener/Ø Italienerin**, *Sono italiano/a*; **Er ist Ø Deutscher, Sie ist Ø Deutsche**, *È tedesco/a*. Ricordate l'eccezione: **der Deutsche** ↔ **ein Deutscher**, *il tedesco* ↔ *un tedesco*; **die Deutsche** ↔ **eine Deutsche**, *la tedesca* ↔ *una tedesca*; **die Deutschen**, *i tedeschi (il popolo)* ↔ **Deutsche**, *[dei] tedeschi*. Si tratta di un aggettivo sostantivato e si declina come l'aggettivo attributivo: accusativo femminile preceduto dall'articolo indeterminativo → **Ich kennen eine Deutsche**, *Conosco una tedesca*; nominativo maschile preceduto dalla negazione **kein** → **Ich bin kein Deutscher**, *Non sono tedesco*. Al plurale occorre specificare se si tratta di donne o di uomini: **die deutschen Frauen**, *le tedesche* o **deutsche Frauen**, *[delle] (donne) tedesche;* **die deutschen Männer**, *i tedeschi (uomini)* o **deutsche Männer**, *[degli] (uomini) tedeschi.*

6.2 Nomi di abitanti di città

I nomi di abitanti di città si formano generalmente aggiungendo al nome di città il suffisso **-er (-)** al maschile e il suffisso **-erin (nen)** al femminile: **Berlin** → **der Berliner und die Berlinerin**, *il berlinese e la berlinese*. In alcuni casi vi è l'elisione di una o due lettere: **München** → **der Münchner und die Münchnerin**, *il monachense, la monachense*. I nomi di città possono essere usati anche come aggettivi attributivi. Se il nome di città termina in **-er**, l'aggettivo non si declina e si scrive in maiuscolo: **die Konstanzer Innenstadt**, *il centro di Costanza*; **das Münchner Bier**, *la birra di Monaco*; **die Berliner Mauer**, *il muro di Berlino*.

7 *viel* e *sehr*

Entrambi traducono *molto, tanto,* ma:
a) **viel** si riferisce a una quantità, e si usa insieme a un verbo o a un sostantivo: **Er trinkt viel**, *beve molto*; **Sie arbeitet nicht viel**, *Non lavora molto;* **Wir lesen viele Bücher**, *leggiamo molti libri.*
b) **sehr** si riferisce all'intensità e si usa insieme a un verbo, a un aggettivo o a un avverbio: **Es hat mir sehr gefallen**, *Mi è piaciuto*

molto; **Ich freue mich sehr**, *Sono molto contento*; **Anna ist sehr jung**, *Anna è molto giovane*; **Er kommt sehr oft da**, *Viene qui molto spesso.*

***

Wiederholungsdialog

1 – Du hast recht. Es ist sehr schön hier.

2 – Ich freue mich, dass es dir gefällt. Setz dich bitte! Trinkst du lieber Wein oder Bier?

3 – Bier, bitte! Ich würde gern hier wohnen.

4 – Wirklich?!

5 – Ja. Ich habe die Nase voll von der Stadt und meinem Job. Ich wohne in einer großen Stadt, aber ich kenne fast niemanden. Ich habe keine Zeit.

6 Jeden Tag arbeite ich zehn Stunden, manchmal auch zwölf.

7 Hier ist es wunderschön: Sonne, Ruhe, blaues Meer und gutes Bier. Was braucht man mehr?

Traduzione del dialogo

1 Hai ragione. È molto bello qui. **2** Sono contento che ti piaccia. Siediti, prego! Preferisci il vino o la birra? **3** La birra, per piacere! Mi piacerebbe vivere qui. **4** Veramente?! **5** Sì. Non ne posso più della città e del mio lavoro. Vivo in una grande città, ma non conosco quasi nessuno. Non ho tempo. **6** Ogni giorno lavoro dieci, a volte anche dodici ore. **7** Qui è meraviglioso: sole, tranquillità, mare blu e buona birra. Cos'altro serve *(Di cosa si ha bisogno in più)*?

***

Übersetzen Sie bitte!

❶ Warum sitzt du auf dem Boden? ❷ Wir werden ein Boot kaufen. ❸ Ist er Japaner? ❹ Wir können den Tisch in die Küche stellen. ❺ Er ist kein Deutscher.

Soluzioni dell'esercizio

❶ Perché sei seduto sul pavimento? ❷ Compriamo una barca. ❸ È giapponese? ❹ Possiamo mettere il tavolo in cucina. ❺ Non è tedesco.

Seconda ondata: 7ª lezione

57

Siebenundfünfzigste Lektion

Guten Appetit!

1 – Ent**schul**digung, wir **wür**den gern be**stel**len.
2 – Was darf es sein? [1]
3 – **Zwei**mal **Wie**ner **Schnit**zel [2] mit **Po**mmes **Fri**tes, **bi**tte.
4 – Und was **möch**ten Sie **trin**ken?
5 – Zwei **Glä**ser **Rot**wein, **bi**tte.
6 – Ich **ko**mme so**fort** mit den Ge**trän**ken.
7 – Ich **ha**be **ei**nen **Bä**renhunger. [3] Sie nicht?
8 – Ich **ha**be **i**mmer **Hun**ger **o**der zu**min**dest **i**mmer Lust zu **e**ssen [4].

Pronuncia

*... ape**tit** 3 **tsvai**-ma:l **vi:**nª **shnit**sәl... pom **frit**... 5 ... **glè:**zª **ro:t**-vain... 6 ... ghe**trèñ**kәn 7 ... **bè:**rәn-Huñgª... 8 ... tsu**min**dәst...*

Note

1 Per chiedere cosa si vuole ordinare, si può usare sia la locuzione: **Was darf es (für Sie) sein?**, che già conoscete, o domandare semplicemente **Was wünschen** ***[vuenshәn]*** **Sie, bitte?**, *Cosa desidera?*

2 **Wiener Schnitzel**, *cotolletta alla viennese*, è una tipica specialità viennese consistente in una fetta sottile di carne di vitello impanata e fritta nello strutto, servita solitamente con una porzione d'insalata di patate e una fetta di limone da spremere sull'impanatura.

3 Anche in tedesco molte espressioni idiomatiche fanno riferimento agli animali. Non sempre però c'è una corrispondenza con l'italiano, come in questa frase e nei prossimi esempi: **Ich habe einen Bärenhunger**, *Ho una fame da lupi* (lett. "orsi"): **der Bär (en)** *[bè:ª]*, *l'orso*; **der Wolf (¨-e)**

Cinquantasettesima lezione

Buon appetito!

1 – Mi scusi *(Scusa)*, vorremmo ordinare.
2 – Cosa vi porto *(può essere)*?
3 – Due *(volte)* Wiener Schnitzel *(cotolette alla viennese)* con patatine fritte per favore.
4 – E cosa desiderate bere?
5 – Due bicchieri di vino rosso *(rosso vino)*, per piacere.
6 – Arrivo subito con le bevande.
7 – Ho una fame da lupi *(orso-fame)*. Lei no?
8 – Io ho sempre fame o perlomeno [ho] sempre voglia di mangiare.

[volf], il lupo; **Er ist bekannt** *[be**kant**]* **wie ein bunter** *[bunt[a]]* **Hund**, *Essere conosciuti come la betonica* (lett. "un cane colorato"): **der Hund (e)** *[Hunt], il cane*; **Ich habe einen Frosch im Hals** *[Hals], Avere un rospo* (lett. "una rana") *in gola*: **der Frosch (¨-e)** *[frosh], la rana.*

4 La locuzione **(keine) Lust haben**, *(non) avere voglia*, è seguita da una subordinata infinitiva introdotta da **zu**: **Ich habe (keine) Lust zu essen**, *(Non) Ho voglia di mangiare*. Se il verbo è separabile, **zu** si posiziona tra il verbo e la particella: **Ich habe keine Lust, aufzustehen**, *Non ho voglia di alzarmi*.

9 – **Um**so **bes**ser [5], denn [6] ich **möch**te Sie **nach**her in ein traditio**nel**les **Ka**ffeehaus **aus**führen, um ein Stück der origi**na**len **Sa**chertorte zu pro**bie**ren [7].

10 – Mit Ver**gnü**gen! Mir läuft schon das **Was**ser im Mund zu**sam**men. [8] □

9 ***um**so… dèn… **na:ch**He:ᵃ… traditsio**nèl**ləs **ka**fé-Hauss **aus**fue:rən… origi**na**lən **Zach**ᵃ-tortə… **10** … fèr**gnue:**ghən… loift… munt…*

Note

5 Umso besser!, *Tanto meglio!*

6 denn, *perché, poiché, visto che*, è una congiunzione coordinante. Serve a introdurre una proposizione principale con il verbo coniugato in posizione II. Attenzione! **denn** occupa la posizione 0 prima del soggetto: (…), denn ich möchte Sie nachher in ein traditionelles Kaffeehaus ausführen, *(…) visto che dopo vorrei portarla in una caffetteria tradizionale*; Er bleibt zu Hause, denn er ist krank, *Resta a casa perché è malato*. La virgola prima di **denn** è obbligatoria.

***

Übung 1 – Übersetzen Sie bitte!

❶ Was darf es sein? ❷ Hast du Lust, bei uns zu essen? ❸ Ich bleibe zu Hause, denn ich bin müde. ❹ Ich fliege nach Berlin, um Deutsch zu lernen. ❺ Sie hat einen Frosch im Hals.

Übung 2 – Ergänzen Sie bitte!

❶ Ho una fame da lupi.
Ich habe . . . .

❷ Cosa desidera? *(forma di cortesia)*
. . . .?

❸ Io non vivo per lavorare.
Ich lebe nicht, ... arbeiten.

9 – Tanto meglio, visto che dopo vorrei portarLa *(condurre)* **in una caffetteria tradizionale per assaggiare una fetta della vera** *(originale)* **Sachertorte.**
10 – Con piacere! Ho già l'acquolina in bocca *(Mi affluisce già l'acqua in bocca)*.

7 La subordinata finale con **um... zu** (già incontrata alla lezione 50, frase 2) serve a esprimere una finalità o uno scopo e si traduce *per, al fine di*. Il verbo all'infinito occupa l'ultima posizione preceduto da **zu**. Il complemento o i complementi (se presenti) si posiziona/no tra **um** e **zu**: ...**um ein Stück der originalen Sachertorte zu probieren**, *...per assaggiare una fetta della vera Sachertorte*; **Lebe nicht, um zu arbeiten, arbeite, um zu leben**, *Non vivere per lavorare, lavora per vivere*. Se il verbo è separabile, **zu** si posiziona tra la particella e il verbo: **Was kann ich machen, um nicht zuzunehmen?**, *Cosa posso fare per non ingrassare?*

8 Ecco un'espressione idiomatica da imparare così com'è: **Mir läuft schon das Wasser im Mund zusammen**, *Ho/Mi viene già l'acquolina in bocca*.

***

Soluzioni dell'esercizio 1

❶ Cosa desidera? ❷ Hai voglia di mangiare da noi? ❸ Resto a casa perché sono stanca. ❹ Vado a Berlino per studiare il tedesco. ❺ Ha un rospo in gola.

❹ Non viene perché non ha tempo.
Sie kommt nicht, denn ...... keine Zeit.

❺ Mi viene già l'acquolina in bocca.
Mir läuft schon das ...... im .... zusammen.

Soluzioni dell'esercizio 2

❶ – einen Bärenhunger ❷ Was wünschen Sie ❸ – um zu – ❹ – sie hat – ❺ – Wasser – Mund –

Se avrete l'occasione di visitare Vienna, vi consigliamo di concedervi una pausa in una delle sue tradizionali caffetterie. Riconosciute dall'Unesco come patrimonio immateriale dell'umanità nel 2011, le caffetterie sono un'istituzione della società viennese. Sulla loro origine ci sono diverse leggende: la più probabile è quella secondo cui, nel 1685, l'armeno Johannes Diobato avrebbe ottenuto dall'imperatore Leopoldo I la licenza per aprire un locale in cui servire il caffè turco. Un'altra leggenda narra che, dopo la ritirata dei turchi nel 1683, il polacco Jerzy Franciszek Kulczycki avesse trovato 500 sacchi di caffè e che con questi avesse aperto il primo locale in cui degustare la bevanda, poi diventato noto come "Zur bauen Flasche".

58

Achtundfünfzigste Lektion

Der Schmeichler

1 – **Ha**llo **E**lena! Wie geht's? **Lan**ge nicht ge**se**hen!
2 – **Ha**llo!
3 – Was machst du hier?
4 – Das **Gleic**he wie [1] du, Sport.

Pronuncia

... ***shmaichl***[ə] ***1*** ... ***lañ**ghə*... *ghe**ze:**ən* ***4*** ... ***glai**çhə*... *shport*...

Note

1 In questa frase **wie** traduce *che*: **Das Gleiche wie du**, *Lo stesso che fai tu* (lett. "che te"). Vi ricordate che per esprimere un rapporto d'uguaglianza tra due elementi si usa **so**, *tanto* + aggettivo/avverbio + **wie**, *quanto, come*: **Man ist so alt, wie man sich fühlt**, *Si ha l'età che ci si sente* (cfr. L24, F6); **Er ist so groß** *[gro:ss]* **wie ich**, *È alto come me / È (tanto) alto quanto me.*

Oggi le caffetterie viennesi sono molto di più di un locale in cui prendere un caffè. Sono dei veri e propri punti d'incontro dove si va per leggere il giornale, giocare a carte o a biliardo, o per trascorrere del tempo immersi in un'atmosfera intima e confortevole. Oltre a servire diverse varietà di caffè e bevande a base di caffè, è possibile gustare degli ottimi prodotti da pasticceria tra cui la celebre "Sachertorte", la torta al cioccolato e marmellata d'albicocche creata nel 1832 dallo chef Franz Sacher.

Seconda ondata: 8ª lezione

58

Cinquantottesima lezione

L'adulatore

1 – Ciao Elena! Come stai? Da quanto tempo non ci vediamo *(Lungo non visti)*!
2 – Ciao!
3 – Cosa fai qui?
4 – Lo stesso che [fai] tu, sport.

5 – **A**ber ich **dach**te, du magst **kei**nen Sport [2].
6 – Mag ich auch nicht. [3] Es ist **a**ber **not**wendig, weil ich **Rü**ckenschmerzen **ha**be [4].
7 Viel**leicht** sind es die **ers**ten **Al**terserscheinungen?
8 – Ach! Was er**zählst** du da? Du siehst fan**tas**tisch aus und die **neu**e Fri**sur** steht dir sehr gut [5].
9 – Ach, **Fre**ddy! Du warst schon **i**mmer ein **Schmeich**ler.
10 – Das **mei**ne ich **wirk**lich so.
11 – Ja, ja. Ich muss jetzt los. Tschüs!
12 – Hey, **war**te doch mal!

*5 ... **dach**tə... ma:kst... 6 ... **no:t**vèndiçh... vail... **rue**kən-shmèrtsən... 7 ... **alt**ᵊs-èrshainuñghən 8 ... fan**tas**tish... fri**zu:**ᵊ...*

Note

2 • **denken**, *pensare*, è un verbo cosiddetto "misto" o "debole irregolare" in quanto aggiunge le stesse desinenze dei verbi regolari (deboli) **-te**, **-test**... al Präteritum e la desinenza **-t** al participio passato, ma modifica la radice come i verbi irregolari (forti). Präteritum: **ich dachte**, **du dachtest**, **er/sie/es dachte**, **wir dachten**, **ihr dachtet**, **sie/Sie dachten**. Participio passato: **gedacht**. Abbiamo incontrato altri verbi misti tra cui: **bringen**, *portare* (**ich brachte**... / **habe**... **gebracht**); **kennen**, *conoscere* (**ich kannte**... / **habe**... **gekannt**); **wissen**, *sapere* (**ich wusste**... / **habe**... **gewusst**).
• La congiunzione subordinante **dass**, *che*, può essere omessa dopo i verbi che introducono un discorso indiretto (= verbi d'opinione) come **denken**, *pensare* / **glauben**, *credere* / **hoffen** ***[Hoffən]***, *sperare* / **sagen**, *dire* ecc.. In questo caso, il verbo coniugato della subordinata occupa la posizione II: **Ich dachte, du magst keinen Sport**, *Pensavo che non ti piacesse (piace) lo sport*; **Ich glaube, es geht besser**, *Credo vada (va) meglio*. Attenzione! Questa costruzione non vale se la frase è con **nicht**: *Non credo che vada (va) meglio* non si dice ~~**Ich glaube nicht, es geht besser**~~, ma: **Ich glaube nicht, dass es besser geht**.

5 – *(Ma)* **Pensavo che non ti piacesse** *(piace)* **lo sport.**
6 – **Non mi piace. Ma è necessario perché ho mal di schiena.**
7 **Forse sono i primi segni dell'età** *(età-apparizioni)*?
8 – **Ah! Cosa dici** *(racconti là)*! **Hai un aspetto fantastico e la nuova pettinatura ti sta benissimo.**
9 – **Ah, Freddy! Sei** *(già)* **sempre stato un adulatore.**
10 – **Lo penso veramente.**
11 – **Sì, sì. Devo andare adesso. Ciao!**
12 – **Hey, aspetta!**

3 Questa frase dichiarativa con il verbo coniugato in posizione I è un po' particolare. Si tratta di una costruzione che ricorre nel linguaggio parlato e serve a sottintendere ciò che il locutore ha appena espresso: **Ich dachte, du magst keinen Sport. – (Sport) Mag ich auch nicht**, *Pensavo che non ti piacesse lo sport – (Lo sport), Non mi piace*; **Ich dachte, du trinkst keinen Wein. – (Wein) Trinke ich auch nicht**, *Pensavo non bevessi il vino. – (Il vino), Non lo bevo.*

4 • La congiunzione subordinante **weil**, *perché*: **(...)**, serve a esprimere una causa o a dare una motivazione: **weil ich Rückenschmerzen habe**, *(...) perché ho mal di schiena*. Il verbo coniugato va in fondo alla frase.
• **Ich habe Schmerzen** significa *Ho male / Ho dei dolori*. Per precisare dove sentite dolore, basta formare un sostantivo composto con la parte del corpo corrispondente + **Schmerzen**: **Ich habe Rückenschmerzen / Kopfschmerzen** ***[kopf-shmèrtsən]*** / **Bauchschmerzen** ***[baucH-shmèrtsən]*** / **Halsschmerzen** ***[Hals-shmèrtsən]*** / **Zahnschmerzen** ***[tsa:n-shmèrtsən]*** / **Ohrenschmerzen** ***[o:rən-shmèrtsən]***, *Ho mal di schiena / di testa / di pancia / di gola / di denti / d'orecchio.*

5 Per dire che *una pettinatura, un vestito o un colore (non) sta bene a qcn* sia usa: **(nicht) gut stehen** + dativo: **Die Frisur / Blau / Grau** *[grau]* / **Der Mantel** *[mantəl]*... **steht dir sehr gut**, *La pettinatura / Il blu / Il grigio / Il cappotto... ti sta benissimo*; **Wie steht es mir?**, *Come mi sta?* N.B. In tedesco i colori non vogliono l'articolo.

Übung 1 – Übersetzen Sie bitte!

❶ Ich kannte ihn nicht. ❷ Es steht ihr gut. ❸ Er bleibt zu Hause, weil er müde ist. ❹ Sie wird später kommen, denn sie muss noch arbeiten. ❺ Ich wusste das nicht.

Übung 2 – Ergänzen Sie bitte!

❶ Da quanto tempo non ci vediamo!
..... nicht ....!

❷ Il colore Le sta molto bene.
Die Farbe .... sehr gut.

❸ È alta come te?
Ist sie .. groß ... du?

❹ Mia figlia ha mal di pancia.
Meine Tochter hat ....

59

Neunundfünfzigste Lektion

Eine Tischreservierung

1 – **Rest**aurant „Am Rhein" **gu**ten Tag!

2 – **Gu**ten Tag. Ich **möch**te **ei**nen Tisch für **mor**gen Abend [1] reser**vie**ren. **Neun**zehn Uhr **drei**ßig.

3 – Wie **vie**le Per**so**nen?

Pronuncia

*... **tish**-rezèrvi:ruñg* **1** *... rain...* **2** *... rezèr**vi:**rən... **noin**-tse:n... **drai**ssiçh*

Osservazioni sulla pronuncia

La dieresi o **Umlaut**, modifica il suono della vocale a cui è aggiunta: **ä** *[è]*; **ö** *[oe]*; **ü** *[ue]*. La **ß** *[ès-tsèt]*, anche detta **scharfes s** *[sharfəss ess]*, si pronuncia come la doppia **s** *[ss]*.

Soluzioni dell'esercizio 1

❶ Non lo conoscevo. ❷ Le sta bene. ❸ Resta a casa perché è stanco. ❹ Verrà più tardi perché deve ancora lavorare. ❺ Non lo sapevo.

❺ Sapevi che era a Berlino?
..........., dass er in Berlin war?

Soluzioni dell'esercizio 2

❶ Lange – gesehen ❷ – steht Ihnen – ❸ – so – wie – ❹ – Bauchschmerzen ❺ Wusstest du –

Seconda ondata: 9ª lezione

59

Cinquantanovesima lezione

Prenotare un tavolo *(Una tavolo-prenotazione)*

1 – Ristorante "Sul Reno" buongiorno!
2 – Buongiorno. Vorrei prenotare un tavolo per domani sera. [Alle] 19.30.
3 – [Per] quante persone?

Note

1 Osservate le costruzioni con gli avverbi **gestern**, *ieri*, **heute**, *oggi*, **morgen**, *domani* + momento della giornata: **gestern Morgen / gestern Nachmittag**, *ieri mattina / ieri pomeriggio*; **heute Morgen / heute Mittag / heute Nachmittag**, *stamattina / oggi a mezzogiorno / questo pomeriggio / oggi pomeriggio*; **morgen Abend / morgen Mittag**, *domani sera / domani a mezzogiorno*. Attenzione! *Domani mattina*, si dice **morgen früh** e non ~~**morgen Morgen**~~.

4 – Vier, auf der Te**rr**asse, wenn **mög**lich.
5 – Ja, na**tür**lich. Auf **wel**chen **Na**men soll ich reser**vie**ren? [2]
6 – Ahmadzai.
7 – Ahmadzai mit h und mit dz?
8 – Ja?! Das über**rascht** [3] mich, dass Sie **wis**sen, wie man **mei**nen **Nach**namen schreibt. **Meis**tens muss ich ihn buchsta**bie**ren [4].

*4 … te**rr**assə… 5 … na**tue:**ªlich… 7 … ha… de tsèt 8 … ue:bª**rrasht**… **na:cH**-na:men… **mais**tèns… bucHshta**bi:**rən*

Note

2 • Le costruzioni **auf den Namen… reservieren**, *prenotare a nome di…* e **eine Reservierung auf den Namen…**, *una prenotazione a nome di…* sono entrambe all'accusativo: **Ich habe einen Tisch auf den Namen Schmidt reserviert**, *Ho prenotato un tavolo a nome Schmidt*; **Wir haben eine Reservierung auf den Namen Schmidt**, *Abbiamo una prenotazione a nome Schmidt*. La domanda corrispondente è: **Auf welchen Namen soll ich reservieren?**, *A che nome devo prenotare?*
• Il sostantivo **der Name** e i suoi composti **der Vorname (n)**, *il nome*, **der Nachname (n)**, o **der Familienname (n)**, *il cognome* (N), seguono una declinazione particolare. Si aggiunge una **-n** all'accusativo e al dativo e **-ns** al genitivo: **den Namen** (A); **dem Namen** (D); **des Namens** (G). Tutti i casi al plurale aggiungono una **-n**: **die Namen** (N/A); **den Namen** (D); **der Namen** (G). La stessa regola vale anche per i sostantivi **der Buchstabe(n)** ***[bu:cH-shta:bə]***, *la lettera (dell'alfabeto)*; **der Gedanke (n)** ***[ghedañkə]***, *il pensiero / l'idea*. Questi sostantivi sono detti "maschili misti".

3 Finora abbiamo visto i verbi separabili e inseparabili. Esiste una terza categoria di verbi, quelli con particella mista che, a seconda del verbo, a volte è separabile, a volte è inseparabile. La maggior parte dei verbi uniti alla particella **über** sono inseparabili: **überraschen**, *sorprendere, stupire* → **Das überrascht mich (nicht)**, *(Non) mi sorprende*; **überholen** *[ue:bª**ho:**lən]*, *superare / sorpassare (in macchina)* → **Er hat mich überholt**, *Mi ha superato*; **übersetzen** *[ue:bª**zèt**sən]*, *tradurre*

4 – Quattro, sulla terrazza, se possibile.
5 – Sì, certamente *(naturalmente)*. A che nome devo prenotare?
6 – Ahmadzai.
7 – Ahmadzai con [l']h e *(con)* dz?
8 – Sì?! Mi sorprende che sappia *(sa)* come si scrive il mio cognome. Di solito devo sillabarlo.

→ **Über**setzen Sie!, *Traducete!*; **über**legen *[ue:b^a**le:**ghən]*, *riflettere* → **Über**leg mal!, *Rifletti!* Tra i verbi la cui particella **über** è separabile ci sono: **über**kochen *[**ue:b^a**kocHən]*, *traboccare* → **Die Milch kocht gleich über!**, *Il latte sta traboccando!* (ha bollito troppo). Poiché la regola sull'uso dei verbi misti è complessa, vi raccomandiamo di imparare ciascun verbo con la sua particella. Vi ricordiamo inoltre che i verbi con particella separabile recano l'accento tonico sulla particella, mentre i verbi con particella inseparabile recano l'accento tonico sulla sillaba che segue la particella. Come potete intuire dalla trascrizione fonetica, questa regola si applica anche ai verbi misti.

4 Per chiedere a qualcuno di sillabare il proprio nome o cognome usate la frase: **Können/Könnten Sie bitte Ihren Namen buchstabieren?**, *Può/Potrebbe sillabare il Suo nome?* Le lettere dell'alfabeto sono tutte neutre: **das A**, *la A*; **großes B**, *B maiuscola* (lett. "grande"); **kleines s**, *s minuscola* (lett. "piccola").

9 – Ich **ha**be **ei**nen Freund, **der** auch so heißt. [5]
Sein **Va**ter ist Af**gha**ne.

10 – Was für ein **Zu**fall!

11 – Ja. Bis **mor**gen Herr Ahmadzai! Ich **freu**e mich,
Sie bei uns emp**fan**gen zu **dür**fen.

9 … afga:nə 10 … tsu:fal 11 … èmpfañghən…

Note

5 In questa lezione introduciamo i pronomi relativi soggetto, che assolvono cioè la funzione di soggetto. Al nominativo, come in questa frase, sono identici agli articoli determinativi: **der** (m.), **die** (f.), **das** (n.), **die** (pl.), *il/la quale, i/le quali, che*. Il genere e il numero dei pronomi relativi

***

Übung 1 – Übersetzen Sie bitte!

❶ Kanntest du den Namen? ❷ Meine Eltern haben einen Freund, der deine Mutter kennt. ❸ Könnten Sie bitte Ihren Vornamen buchstabieren? ❹ Sie ruft ihn morgen früh an. ❺ Was habt ihr gestern Nachmittag gemacht?

Übung 2 – Ergänzen Sie bitte!

❶ A che nome prenoto il tavolo?
.... Namen soll ich den Tisch reservieren?

❷ Dove eravate ieri a mezzogiorno?
Wo wart ihr ....?

❸ Dove sono le persone che abitano qui?
Wo sind die .....,... hier wohnen?

❹ Ciò non mi stupisce.
Das .... nicht.

9 – Ho un amico che *(anche)* si chiama così. Suo padre è afgano.
10 – Che coincidenza!
11 – Sì. A domani Signor Ahmadzai! Sarò lieta di *(potere)* riceverLa *(da noi)*.

concorda con il genere e il numero del sostantivo a cui si riferiscono. Osserviamo questi due esempi. Sostantivo maschile: **Ich habe einen Freund, der auch so heißt**, *Ho un amico che (anche) si chiama così*. Sostantivo femminile: **Ich habe eine Freundin, die auch so heißt**, *Ho un'amica che (anche) si chiama così*. Importante! La sintassi della subordinata relativa è la stessa della subordinata introdotta da una congiunzione: il verbo coniugato va in fondo alla frase.

***

Soluzioni dell'esercizio 1

❶ Conoscevi il cognome? ❷ I miei genitori hanno un amico che conosce tua mamma. ❸ Potrebbe per favore sillabare il Suo nome? ❹ Lo chiama domani mattina. ❺ Cosa avete fatto ieri pomeriggio?

❺ Ho un'amica che lavora a Berlino.
Ich habe eine ...., ... in Berlin arbeitet.

Soluzioni dell'esercizio 2

❶ Auf welchen – ❷ – gestern Mittag ❸ – Leute, die – ❹ – überrascht mich – ❺ – Freundin, die –

Seconda ondata: 10ª lezione

60

Sechzigste Lektion

Schatz, es geht los!

1 – Schatz, wie geht's?
2 – Es kommt. Tobias, **könn**test du **bi**tte **schne**ller [1] **fah**ren?
3 – Tut mir leid! Ich **woll**te **ei**nen **kür**zeren [2] Weg **neh**men, aber in der **Auf**regung **ha**be ich mich ver**fah**ren [3].
4 – Halt mal hier an! [4] Wir **kö**nnen den Poli**zi**sten [5] nach dem Weg **fra**gen [6].

Pronuncia

*shats… **2** … **shnèll**ª… **3** … **kuer**tsərən… **auf**re:guñg… fèr**fa:**rən* *
***4** … poli**tsis**tən…*

Note

1 Il comparativo di maggioranza serve a indicare che una qualità o una quantità è superiore rispetto a un'altra. In tedesco il comparativo di maggioranza si forma aggiungendo la desinenza **-er** all'aggettivo o all'avverbio: **schnell**, *veloce* → **schneller**, *più veloce*; **spät**, *tardi* → **später**, *più tardi*. N.B. 1) Se l'aggettivo o l'avverbio è monosillabico, si aggiunge l'**Umlaut** sulle vocali **a**, **o**, **u**: **alt**, *vecchio* → **älter**, *più vecchio*. 2) Esistono forme irregolari che vanno imparate così come sono, tra cui: **gut**, *bene/buono* → **besser**, *meglio/migliore*; **hoch**, *alto* → **höher** ***[hoe:ª]***, *più alto*; **viel**, *molto* → **mehr**, *più*. 3) Il termine di paragone è preceduto da **als**, *di*: **Sie isst mehr als ich**, *Mangia più di me*.

2 L'aggettivo attributivo, che precede il sostantivo, è declinabile, e forma il comparativo di maggioranza con il suffisso **-er** + la desinenza dell'aggettivo: **kurz**, *corto* → **kürzer**, *più corto* → **Ich wollte einen kürzeren Weg nehmen**, *Volevo prendere una scorciatoia (una strada più corta)*. Attenzione! Gli aggettivi che terminano in **-e** o **-er** perdono generalmente la **e**: **dunkel** ***[duñkəl]***, *buio, scuro* → **Es gibt keine dunklere Farbe**, *Non c'è un colore più scuro*.

Sessantesima lezione

Tesoro, ci siamo!

1 – Tesoro, come va?

2 – Ci siamo *(Esso arriva)*. Tobias, potresti guidare più veloce per favore?

3 – Mi dispiace! Volevo prendere una scorciatoia *(più corta strada)*, ma nell'agitazione mi sono perso.

4 – Ferma[ti] qui. Possiamo chiedere *(dopo)* la strada al poliziotto.

3 **sich verfahren**, *sbagliare strada, perdersi*, in automobile o con un mezzo di trasporto su ruote (come ci indica il verbo **fahren**, *andare/guidare*). *Sbagliare strada, perdersi* a piedi si traduce **sich verlaufen** ***[fèrlaufən]*** (come ci indica il verbo **laufen** ***[laufən]***, *camminare velocemente, correre*. **ver-** è una particella inseparabile. L'accento tonico cade sulla sillaba successiva a **ver-**.

4 Il verbo **anhalten**, *fermarsi*, non è pronominale in tedesco. La particella **an-** è separabile e reca l'accento tonico: **ich halte an**, **du hältst an**..., *io mi fermo, tu ti fermi*... **anhalten** può anche essere usato come verbo transitivo: **jdn anhalten**, *fermare qcn* → **Die Polizei hat mich angehalten**, *La polizia mi ha fermato*.

5 La maggior parte dei sostantivi maschili terminanti in **-e**, **-af**, **-ant**, **-at**, **-ekt**, **-ent**, **-ik**, **-ist**, **-it**, **-loge**, **-oph** + una lista di sostantivi maschili, tra cui **der Herr**, *il signore* e **der Mensch**, *l'uomo, la persona*, sono detti "maschili deboli" in quanto aggiungono la desinenza **-n** a tutti i casi del singolare e del plurale tranne che al nominativo singolare. I sostantivi che terminano per consonante aggiungono generalmente una **(e)** eufonica: **der Junge** (N), **den Jungen** (A), **dem Jungen** (D), **des Jungen** (G) / **die Jungen** (N/A), **den Jungen** (D), **der Jungen** (G), *il ragazzo/i ragazzi, il giovane/i giovani*, ma: **der Polizist** (N), **den Polizisten** (A), **dem Polizisten** (D), **des Polizisten** (G) / **die Polizisten** (N/A), **den Polizisten** (D), **der Polizisten** (G), *il poliziotto / i poliziotti*.

6 **jemanden nach etwas fragen**, *chiedere qcs a qcn*, è un verbo con preposizione e regge il dativo: **nach dem Weg** / **nach der Uhrzeit** ***[u:ᵃ-tsait]*** / **nach dem Namen**... **fragen**, *chiedere la strada / l'ora / il nome*.

5 **Gu**ten Tag! **Könn**ten Sie uns **bit**te **sa**gen, wie wir zum **Kran**kenhaus **ko**mmen [7]?

6 – Es ist ganz **ein**fach. Nach der **Am**pel **bie**gen Sie rechts [8] ab, dann **fah**ren Sie **i**mmer gerade**aus** bis zur **Kreu**zung,

7 und da **se**hen Sie schon das **Kran**kenhaus auf der **rech**ten **Sei**te.

8 – **Vie**len Dank!

9 *(ein paar **Stun**den später)*

10 – **Herz**lichen **Glück**wunsch! [9] Es ist ein **Jun**ge. ☐

*5 … **krañ**kən-Hauss… 6 … **am**pəl **bi:**ghən… **kroi**tsuñg 7 … **rèçh**tən **zai**tə 10 … **iuñ**ghə*

Note

7 Per chiedere indicazioni su come raggiungere un luogo specifico, potete domandare: **Wie komme ich / kommen wir zum Bahnhof / zum Flughafen** ***[flu:k-Ha:fən]*** **/ zum Krankenhaus…?** *Come arrivo in stazione/aeroporto/ospedale…?* N.B. Nell'esempio alla frase 5 la domanda è indiretta. Poiché si tratta di una proposizione subordinata il verbo coniugato, **kommen**, è in ultima posizione.

8 **rechts/links**, *a destra/a sinistra*, sono avverbi. Ma **recht-/link-** + desinenza del caso corrispondente sono aggettivi attributivi: **Biegen Sie rechts/links ab**, *Giri a destra/sinistra*; **Das Krankenhaus ist auf der rechten/linken Seite**, *L'ospedale è sulla destra/sinistra (sul lato destro/sinistro)*.

***

Übung 1 – Übersetzen Sie bitte!

❶ Kannst du etwas früher kommen? ❷ Herzlichen Glückwunsch zum Abi! ❸ Wie komme ich zum Bahnhof? ❹ Du kannst ihn nach dem Weg fragen. ❺ Mein Bruder ist größer als ich.

5 **Buongiorno! Potrebbe indicarci** *(dirci)* **per favore come arrivare** *(arriviamo)* **in ospedale?**
6 – È semplicissimo *(interamente facile)*. **Dopo il semaforo giri a destra, poi vada sempre dritto fino all'incrocio,**
7 **e troverà** *(là vede già)* **l'ospedale sulla destra** *(sul lato destro).*
8 – Grazie mille!
9 ***(qualche ora dopo)***
10 – Congratulazioni! È un maschio.

9 Ecco alcuni esempi con **Herzlichen Glückwunsch!**, *Auguri / Congratulazioni!* **Herzlichen Glückwunsch zum Baby** ***[be:bi]*** **/ zum Examen** ***[exa:mən]*** **/ zum Geburtstag…!**, *Congratulazioni per la nascita del bambino/della bambina / per l'esame / Auguri di buon compleanno!*

***

Soluzioni dell'esercizio 1

❶ Puoi venire un po' prima? ❷ Congratulazioni per la maturità! ❸ Come arrivo in stazione? ❹ Puoi chiedere la strada a lui. ❺ Mio fratello è più alto di me.

Übung 2 – Ergänzen Sie bitte!

❶ Hanno un bimbo maschio.
Sie haben einen ....

❷ È più piccolo di te.
Er ist .... du.

❸ Scrive con la *(mano)* sinistra.
Er schreibt mit der ....

❹ Come arrivo in aeroporto?
Wie ..... ich ... Flughafen?

61

Einundsechzigste Lektion

Glück in der Liebe!

1 – **We**ssen **Au**to [1] ist das?
2 – Meinst du das **grü**ne?
3 – Ja.
4 – Das ist Sa**bi**nes **Au**to [2].
5 – Nicht schlecht! Und das mit Pano**ra**madach.
Hat sie den **Jack**pot ge**knackt** [3]?

Pronuncia

*... **li:**bə **1** **vè**ssən... **2** ... **grue:**nə **4** ... za**bi:**nəss... **5** ... pano**ra:**madacH... **djè**kpot ghə**knakt***

Note

1 Il pronome interrogativo **wessen**, *di chi*, è il genitivo di **wer**, *chi*, e serve a chiedere a chi appartiene qcn o qcs Precede il sostantivo indicante la persona, l'oggetto, l'animale... con cui c'è un legame d'appartenenza. Attenzione: il sostantivo indicante l'oggetto o la persona posseduta non ha mai l'articolo! **Wessen Ø Auto** ist das?, *Di chi è quest'auto?*; **Wessen Ø Idee** ist es?, *Di chi è l'idea?*

❺ Abbiamo sbagliato strada. *(a piedi)*
Wir haben ....

Soluzioni dell'esercizio 2
❶ – kleinen Jungen ❷ – kleiner als – ❸ – linken Hand ❹ – komme – zum – ❺ – uns verlaufen

Seconda ondata: 11ª lezione

61

Sessantunesima lezione

Fortuna in *(nell')*amore!

1 – Di chi è quest'auto *(Di chi auto è questa)*?
2 – Intendi la verde?
3 – Sì.
4 – È la macchina di Sabine.
5 – Non male! E *(questa)* con [il] tettuccio panoramico. Ha fatto *(rotto il)* jackpot?

2 Se il possessore è indicato da un nome proprio, *di*, si traduce **von** + nome proprio (questa costruzione è propria del linguaggio parlato), oppure si ricorre al genitivo sassone. Il genitivo sassone si forma aggiungendo una -s al nome proprio e preponendo il nome proprio senza l'articolo alla cosa o alla persona ecc. posseduta. Attenzione! I nomi propri terminanti in **-s / -ß / -x / -z** aggiungono un apostrofo al posto della **-s**: **das Auto/die Schwester von Sabine / Sabines Ø Auto/Schwester...**, *la macchina/la sorella di Sabine*; **Die Fete von Lars / Lars' Fete**, *la festa di Lars* (cfr. F6).

3 Il verbo **knacken** significa *rompere, spezzare, scricchiolare*: **Das Holz** *[Holts]* **knackt unter den Füßen** *[fu:essən]*, *Il legno scricchiola sotto i piedi*; **Kannst du mir eine Nuss** *[nuss]* **knacken?**, *Puoi rompermi una noce?* Il modo di dire: **den Jackpot knacken**, significa *fare jackpot, vincere alla lotteria*.

6 – Ja **o**der so**gar be**sser. Kannst du dich an den **ne**tten Archi**tek**ten er**i**nnern [4], den wir auf Lars' **Fe**te **ke**nnengelernt **ha**ben [5]?

7 – Klar. So ein char**man**ter Mann! Und? Was ist mit ihm?

8 – Er soll sehr reich sein [6] und seit der **Fe**te geht er mit Sa**bi**ne aus [7]. Es war **Lie**be auf den **ers**ten Blick [8].

9 – Ach, das wird nicht **lan**ge **hal**ten.

10 – An**schei**nend **wo**llen sie **hei**raten.

11 – **Wirk**lich?

*6 … arçhi**tèk**tən **è**rinnərn… larss **fe:**tə **kè**nnən-ghəlèrnt… **7** … shar**mant**ᵊ… **8** … blik **10** an**shai**nənt…*

Note

4 **sich erinnern an**, *ricordarsi di*, è un altro verbo con preposizione + accusativo: **Kannst du dich an den netten Architekten / dieses schöne Hotel erinnern**, *Ti ricordi di quell'architetto simpatico / di quel bell'albergo*. N.B. Usato senza pronome riflessivo, **jdn an jdn/etwas erinnern** significa *ricordare qcn/qcs a qcn*: **Er erinnert mich an meinen Lehrer**, *Mi ricorda il mio professore*.

5 • Dopo i pronomi relativi al nominativo (cfr. L59, N5), vediamo ora i pronomi relativi all'accusativo, che svolgono la funzione di complemento oggetto. Corrispondono agli articoli determinativi all'accusativo: **den** (m.), **die** (f.), **das** (n.), **die** *(pl.), il/la quale, i/le quali, che*. Si declinano nel genere e nel numero in funzione del sostantivo a cui si riferiscono. In questi due esempi il sostantivo è sempre maschile: **Kannst du dich noch an den Architekten erinnern, den wir auf Lars' Fete kennengelernt haben?**, *Ti ricordi dell'architetto che abbiamo incontrato alla festa di Lars?*; **Wer ist der Mann, den Paul eingeladen hat?**, *Chi è il signore che Paul ha invitato?* In quest'esempio il sostantivo è plurale: **Wer sind die Leute, die Paul eingeladen hat?**, *Chi sono le persone che Paul ha invitato?*

6 – **Sì o ancora meglio. Ti ricordi di** *(Puoi ricordarti a)* **quell'architetto simpatico che abbiamo conosciuto alla** *(sulla)* **festa di Lars?**
7 – **Certo** *(Chiaro)*. **Un uomo così affascinante. E? Cosa c'entra** *(Cos'è con)* **lui?**
8 – **Dev'essere molto ricco e sta** *(esce)* **con Sabine dalla festa. È stato amore a prima vista** *(al primo sguardo)*.
9 – **Ah, non durerà a lungo.**
10 – **Apparentemente vogliono sposarsi.**
11 – **Veramente?**

• **kennenlernen**, *conoscere, fare la conoscenza di qcn* (a volte tradotto anche *incontrare*) è composto da due verbi: **kennen**, *conoscere*, e **lernen**, *imparare, apprendere*. **kennen** si comporta come una particella separabile, ossia si separa dal verbo e si posiziona il fondo alla frase: **Ich lerne ihn langsam kennen**, *Lo sto conoscendo piano piano (lentamente)*. Memorizzate quest'espressione: **Freut mich dich/euch/Sie kennenzulernen**, *Lieto/a / Piacere di conoscerti/vi/La*.

6 Per riportare un'informazione o qcs che è stato detto da altri e di cui non si ha la certezza si usa il verbo modale **sollen**, *dovere*: **Er soll sehr reich sein**, *Dev'essere molto ricco (Si dice/Pare che sia molto ricco)*; **Der Präsident soll in Italien Urlaub machen**, *Il Presidente farà le vacanze in Italia (Si dice/Pare che il Presidente farà le vacanze in Italia)*.

7 **ausgehen** (verbo separabile) significa *uscire (andare fuori/da qualche parte)* e **mit jemandem ausgehen**, *uscire con qcn*, con degli amici, oppure *stare/essere insieme a qcn* (formare una coppia): **Willst du heute Abend ausgehen?**, *Vuoi uscire stasera?*; **Mit wem gehst du heute Abend aus?**, *Con chi esci stasera?* In questo dialogo, la frase: **Er geht mit Sabine aus**, *Esce con Sabine*, significa **Sie sind zusammen**, *stanno insieme*.

8 *Amore a prima vista* si traduce **Liebe auf den ersten Blick**.

Übung 1 – Übersetzen Sie bitte!

❶ Ich erinnere mich an dich. ❷ Wessen Buch ist das? ❸ Wir gehen nicht oft aus. ❹ Wo hast du ihn kennengelernt? ❺ Habt ihr Annas Haus gesehen?

Übung 2 – Ergänzen Sie bitte!

❶ Piacere di conoscerti.
Freut mich, ...

❷ Di chi è questo computer?
.... ist das?

❸ Ti ricordi il nostro professore di tedesco?
Kannst du dich .. unseren Deutschlehrer ....?

❹ Questo è il fratello di Max.
Das ist ....

❺ Dov'è il libro che hai letto?
Wo ist das ....,... du gelesen hast?

62

Zweiundsechzigste Lektion

Eine Margerite

1 – Schau mal, wer da ist [1].
2 – Ja, ich weiß.

Pronuncia
... margheri:tə

Soluzioni dell'esercizio 1

❶ Mi ricordo di te. ❷ Di chi è questo libro? ❸ Non usciamo spesso. ❹ Dove l'hai conosciuto? ❺ Avete visto casa di Anna?

Soluzioni dell'esercizio 2

❶ – dich kennenzulernen ❷ Wessen Computer – ❸ – an – erinnern ❹ – Max' Bruder ❺ – Buch, das –

Seconda ondata: 12ª lezione

62

Sessantaduesima lezione

Una margherita

1 – Guarda chi c'è *(è qui)*.
2 – Sì, [lo] so.

Note

1 wer da ist, *chi è qui*, è una domanda indiretta. Il verbo coniugato va in fondo alla frase.

3 – Na dann, wo**rauf** [2] **war**test du? Geh doch zu ihm hin! [3]
4 – Ja, **a**ber wie soll ich ihn **an**sprechen?
5 – Frag ihn, ob [4] er was [5] **trin**ken **möch**te.
6 – Hmm...
7 – **Ent**weder jetzt oder nie! [6] Er steht da **allein**.
8 – Ich **traue** mich [7] nicht.
9 – Wer nicht wagt, der nicht gewinnt. [8]
10 – Gib mir **bit**te **die**se Marge**ri**te.

***3** ... vor**auf**... Hin **4** ... **an**shprèchən **5** ... op... **7** **ènt**ve:dᵊ... ni: ...al**lain**... **8** ... **trau**ə... **9** ... va:kt...*

Note

2 Abbiamo imparato che il pronome interrogativo *cosa/che?* si traduce **was?** Tuttavia, quando il verbo regge una preposizione, la domanda corrispondente si costruisce con **wo** + (**r**) + preposizione: **warten auf** *(+ acc.), aspettare* → **Worauf wartest du?**, *Cosa aspetti?*; **sich erinnern an** *(+ acc.), ricordarsi* → **Woran erinnerst du dich?**, *Di cosa ti ricordi?*

3 Gli avverbi **hin** e **her** svolgono la funzione di particelle separabili (frasi 3 e 12). **hin** indica un movimento verso una direzione o un allontanamento dal locutore: **Geh doch zu ihm hin!**, *Vai da lui!* (cfr. F3); **Wann fahrt ihr hin?**, *Quando ci andate?* **her** indica un avvicinamento verso il locutore o il punto d'osservazione; **Gib doch mal her!**, *Dai qui!* (cfr. F12); **Komm/Kommen Sie her!**, *Vieni/Venite (qui/verso di me)!* L'idea di allontanamento o avvicinamento è espressa anche dai pronomi interrogativi corrispondenti **wohin**, *(verso) dove* (in quale direzione) e **woher**, *da dove:* **Wo gehst du hin? / Wohin gehst du?**, *Dove vai?* → allontanamento **Wo kommst du her? / Woher kommst du?**, *Da dove vieni?* → avvicinamento. Come avrete notato, **hin** e **her** possono separarsi o restare uniti al pronome interrogativo **wo**.

4 Fate attenzione a non confondere le congiunzioni subordinanti **wenn** e **ob**. Entrambe traducono *se*, ma **wenn** esprime una condizione (cfr. L47, N9), mentre **ob** esprime un'alternativa, un dubbio o una domanda e sottintende *oppure no?*; **ob** è spesso usato con i verbi **fragen**, *chiedere*,

3 – E allora, cosa aspetti? Vai da lui!
4 – Sì, ma come lo approccio?
5 – Chiedigli se vuole bere qualcosa.
6 – Mmm...
7 – *(O)* Adesso o mai [più]. Sta lì da solo.
8 – Non oso.
9 – Chi non risica *(osa)*, non rosica *(vince)*.
10 – Dammi quella *(questa)* margherita.

e **wissen**, *sapere*, nelle domande o nelle frasi con **nicht**: **Frag ihn doch, ob er was trinken möchte**, *Chiedigli se vuole bere qualcosa (oppure no)*; **Sie wissen nicht, ob er kommt**, *Non sanno se verrà (oppure no)*, **Wissen Sie, ob er kommt?**, *Sa se viene (oppure no)?*

5 Nel linguaggio colloquiale si usa spesso la contrazione **was** al posto di **etwas**, *qualcosa*.

6 • Conoscete già le congiunzioni correlative: **weder... noch**, *né... né* (cfr. L50, F5). Eccone altre due: **entweder... oder**, *o...o* → **Wir kommen entweder Montag oder Dienstag**, *Veniamo lunedì o martedì*. Memorizzate la locuzione **Entweder jetzt oder nie** (lett. "o adesso o mai"), *Adesso o mai più*.
• **nie** (colloq.) è la contrazione di **niemals**, *mai*.

7 **sich trauen**, *osare*: **ich traue mich, du traust dich, er/sie/es traut sich**... *io oso, tu osi, lui/lei osa*...

8 Memorizzate l'espressione idiomatica: **Wer nicht wagt, der nicht gewinnt** (lett. "chi non osa non vince"), *Chi non risica, non rosica*.

11 – Was willst du mit **ei**ner Marge**ri**te [9]?

12 – Gib doch mal her! Er liebt mich, von **Her**zen, mit **Schmer**zen, ganz viel, ein **biss**chen, gar nicht. Er liebt mich...

11... Margheritə... 12 ... He:ª... bissçhən ga:ª ...

Note

9 **Was willst du mit einer Margerite?** sottinteso **machen**, *Cosa vuoi fare con una margherita?* Approfittiamo di questa frase per imparare qualche nome di fiore: **der Löwenzahn** (sing.) ***[loe:vən-tsa:n]***, *il dente di*

***

Übung 1 – Übersetzen Sie bitte!

❶ Kommt schnell her! ❷ Wir fahren entweder nach Berlin oder nach Heidelberg. ❸ Wissen Sie, ob er kommt? ❹ Woran denkt sie? ❺ Ich habe weder seinen Vater, noch seine Mutter gesehen.

Übung 2 – Ergänzen Sie bitte!

❶ Cosa state aspettando?
.... ihr?

❷ Perché non osa?
Warum ..... sie .... nicht?

❸ Chiede se vuoi venire.
Sie ....., .. du mitkommen willst.

***

Esistono diverse versioni del gioco della margherita. Nella versione del XIX secolo, le parole sono: **„Er/Sie liebt mich von Herzen, mit Schmerzen, über alle Maßen, kann nicht von mir lassen, klein wenig, gar nicht“** *(lett. "(lui/lei) mi ama con tutto il cuore, con passione, oltre ogni misura, non può lasciarmi andare, poco, per niente". Nel* **Faust** *di Goethe, l'opera maggiore del celebre poeta tedesco, la*

11 – Cosa vuoi [fare] con una margherita?

12 – Dammela! M'ama, con [tutto il] *(di)* cuore, con passione, moltissimo, un po', per niente *(affatto)*. M'ama...

leone; die Nelke (n) ***[nèlkə]***, *il garofano*; die Rose (n) ***[ro:zə]***, *la rosa*; das Schneeglöckchen (-) ***[shne:gloekçhən]***, *il bucaneve*; die Tulpe (n) ***[tulpə]***, *il tulipano*.

***

Soluzioni dell'esercizio 1

❶ Presto venite qui! ❷ Andiamo a Berlino oppure a Heidelberg. ❸ Sa se viene? ❹ A cosa pensa? ❺ Non ho visto né suo padre né sua madre.

❹ Vengo se posso.
Ich komme, ... ich .....

❺ Bambini venite qui!
Kinder, ...!

Soluzioni dell'esercizio 2

❶ Worauf wartet – ❷ – traut – sich – ❸ – fragt, ob – ❹ – wenn – kann ❺ – kommt her

***

giovane Gretchen, innamoratasi di Faust sfoglia una margherita per sapere se Faust ricambi il suo amore. Le parole che recita sono: **„Er liebt mich – liebt mich nicht (...) Liebt mich – Nicht – Liebt mich – Nicht – Er liebt mich"**, "M'ama, non m'ama, non m'ama, non m'a-ma, m'ama".

Eccoci alla lezione di ripasso. Noterete che le regole grammaticali incontrate nelle ultime sei lezioni riprendono e completano quelle incontrate nelle lezioni precedenti. Il cammino è ancora lungo, ma pian piano, tutto prende forma. Continuate a studiare con rego-

63

Dreiundsechzigste Lektion

Wiederholung – Ripasso

1 I sostantivi maschili deboli e misti

Sono sostantivi maschili deboli i sostantivi maschii terminanti in **-e**, **-af**, **-ant**, **-at**, **-ekt**, **-ent**, **-ik**, **-ist**, **-it**, **-loge**, **-oph**, e una serie di altri sostantivi tra cui **der Herr**, *il signore*; **der Mensch**, *l'uomo, la persona*. Questi sostantivi hanno una declinazione particolare: aggiungono il suffisso **-n** a tutti i casi del singolare e del plurale tranne che al nominativo singolare. I sostantivi che terminano per consonante aggiungono generalmente una -**(e)** eufonica:

	Nominativo	Accusativo	Dativo	Genitivo	
sing.	**der Junge**	**den Jungen**	**dem Jungen**	**des Jungen**	*il ragazzo*
pl.	**die Jungen**	**die Jungen**	**den Jungen**	**der Jungen**	*i ragazzi*

	Nominativo	Accusativo	Dativo	Genitivo	
sing.	**der Polizist**	**den Polizisten**	**dem Polizisten**	**des Polizisten**	*il poliziotto*
pl.	**die Polizisten**	**die Polizisten**	**den Polizisten**	**der Polizisten**	*i poliziotti*

I sostantivi maschili misti si declinano come i sostantivi maschili deboli, ma aggiungono una **-s** al genitivo: **der Name** (N), **den Namen** (A), **dem Namen** (D), **des Namens** (G).

larità e costanza e prendete nota degli argomenti o delle regole che non capite. Tutto vi verrà rispiegato nel corso delle lezioni successive. L'importante è cominciare a esprimersi e farsi capire.

Seconda ondata: 13ª lezione

63

Sessantatreesima lezione

2 Declinazione del pronome interrogativo *wer*, "chi"

– nominativo: **Wer ist das?**, *Chi è?*; **Wer hat angerufen?**, *Chi ha chiamato?*;
– accusativo: **Wen möchten Sie sprechen?**, *Con chi desidera parlare?* (**sprechen** regge l'accusativo); **Wen hast du eingeladen?**, *Chi hai invitato?*;
– dativo: **Wem darf ich noch ein Stück Kuchen anbieten?**, *A chi posso offrire un altro pezzo di torta?*; **Wem schreibst du?**, *A chi scrivi?*;
– genitivo: **Wessen Auto ist das?**, *Di chi è quest'auto?*; **Wessen Buch liest du?**, *Stai leggendo il libro di chi?*

3 Il genitivo

Serve a esprimere la proprietà. Se il possessore è indicato da un nome proprio, la preposizione *di* si traduce in due modi:
1) **von**, *di* + nome proprio (linguaggio colloquiale):
das Auto von Sabine, *l'auto di Sabine*;
die Frau von Thomas, *la moglie di Thomas*;
2) con il genitivo sassone: si costruisce aggiungendo una **-s** al nome proprio senza l'articolo posizionato davanti alla cosa o alla persona posseduta. I nomi propri terminanti in **-s** / **-ß** / **-x** / **-z** aggiungono un apostrofo al posto della **s**:
Sabines Ø Auto/Schwester/Mutter, *l'auto/la sorella/la madre di Sabine*;
Lars' Fete, *la festa di Lars*;
Max' Eltern, *i genitori di Max*.

4 La proposizione causale con *denn*, "poiché/ perché", e *weil*, "perché"

Per esprimere la causa si possono usare:
1) la congiunzione coordinante **denn**, *poiché, perché, dato/visto che*. Introduce una proposizione principale e il verbo coniugato occupa la posizione II. N.B. **denn** occupa la posizione zero davanti al soggetto che occupa la posizone I;
2) la congiunzione subordinante **weil**, *perché*. Introduce una proposizione subordinata con il verbo in fondo alla frase:
Umso besser, denn ich möchte dich nachher in ein traditionelles Kaffeehaus ausführen, *Tanto meglio dato che dopo vorrei portarti in una caffetteria tradizionale*;
Umso besser, weil ich dich nachher in ein traditionelles Kaffeehaus ausführen möchte, *Tanto meglio perché dopo…*;
Ich muss etwas machen, denn ich habe Rückenschmerzen, *Devo fare qualcosa perché ho mal di schiena*;
Ich muss etwas machen, weil ich Rückenschmerzen habe, *Devo fare qualcosa perché…*

5 *wenn* oppure *ob*?

Sono congiunzioni subordinanti ed entrambe traducono *se*, ma:
– **wenn** esprime una condizione:
Wenn du in einer Viertelstunde nicht da bist, suchen wir jemand anders, *Se non sei qui tra un quarto d'ora, cerchiamo qualcun altro*;
Wenn du willst, komme ich etwas früher, *Se vuoi, vengo un po' prima*;
– **ob** introduce un'interrogativa indiretta, esprime un dubbio o una domanda in cui si sottintende *"o/oppure no?"*. Si usa spesso con i verbi **fragen**, *chiedere*; **wissen**, *sapere*, nelle domande o nelle frasi con la negazione **nicht**:
Frag ihn doch, ob er was trinken möchte, *Chiedigli se vuole bere qualcosa (oppure no)*;
Sie wissen nicht, ob er kommt, *Non sanno se viene (oppure no)*;
Wissen Sie, ob er mit seinem Bruder kommt?, *Sa se viene con suo fratello (o no)?*

6 La proposizione infinitiva

Esistono diversi tipi di proposizione infinitiva. Finora abbiamo visto:

1) la proposizione infinitiva con **zu**, *a/di*, generalmente introdotta dai verbi e dalle locuzioni: **sich freuen**, *essere contenti*; **helfen**, *aiutare*; **hoffen**, *sperare*; **Lust haben**, *avere voglia*; **nichts/viel haben**, *non avere niente/avere molto*; **scheinen** *sembrare, avere l'aria*; **sich trauen**, *osare*; **vergessen**, *dimenticare*; **versuchen**, *provare*; **Zeit haben**, *avere tempo*...

Solitamente la proposizione infinitiva è posposta a quella principale, ma può anche essere anteposta, mentre **zu** è sempre davanti all'infinito. Tuttavia, se il verbo è separabile, **zu** si posiziona tra la particella e il verbo. Se la proposizione infinitiva è formata da uno o più complementi va separata dalla proposizione principale con una virgola (è obbligatoria!):

Sie traut sich nicht anzurufen, *Non osa chiamare*;

Hilf mir lieber, meinen Pass zu finden, *Aiutami piuttosto a trovare il mio passaporto*.

Se la proposizione infinitiva retta dal verbo **helfen** non ha complementi, la preposizione **zu** è generalmente omessa: **Er hilft Ø tragen**, *Aiuta a trasportare*.

N.B. Come in italiano, i verbi modali reggono la proposizione infinitiva senza **zu**: **Er will dich Ø sehen**, *Ti vuole vedere*;

2) la proposizione finale con **um... zu**, *per/al fine di...* serve a esprimere la finalità o lo scopo di un'azione e può essere preposta o posposta alla proposizione principale. **zu** si posiziona subito prima dell'infinito e **um** prima del complemento o dei complementi oppure davanti al gruppo **zu** + verbo all'infinito se la proposizione non ha complementi:

Umso besser, denn ich möchte Sie nachher in ein traditionelles Kaffeehaus ausführen, um ein Stück der originalen Sachertorte zu probieren, *Tanto meglio dato che dopo vorrei portarLa in una caffetteria tradizionale per gustare una fetta di vera Sachertorte*;

Um das zu feiern, werden wir Ihnen etwas Umgangssprache beibringen, *Per festeggiare, vi insegneremo un po' di linguaggio colloquiale*.

7 Il comparativo d'uguaglianza e di maggioranza

Il comparativo d'uguaglianza si costruisce con **(genau)so** + aggettivo/avverbio + **wie**:
Ich bin so groß wie du, *Sono alto come te*;
Es war nicht so gut wie ich dachte, *Non era buono come pensavo.*

Il comparativo di maggioranza serve a indicare che una qualità o una quantità è maggiore rispetto a un'altra. Si forma generalmente aggiungendo il suffisso **-er** all'aggettivo o all'avverbio. La maggior parte degli aggettivi o degli avverbi monosillabici aggiunge l'**Umlaut** sulle vocali **a**, **o**, **u**. Il termine di paragone (se indicato) è preceduto da **als**, *di*. Gli aggettivi attributivi seguono la stessa regola, ma si declinano in funzione del genere e del numero del sostantivo a cui si riferiscono.
– avverbio → **Könntest du bitte schneller fahren?**, *Potresti guidare più velocemente?*;
– aggettivo attributivo → **Ich kenne einen schnelleren Weg**, *Conosco una strada più veloce*; **Ich habe eine ältere Schwester**, *Ho una sorella più grande.*
– aggettivo predicativo → **Er ist älter als ich**, *È più grande di me.*

Attenzione: gli aggettivi o gli avverbi terminanti in **-el** o **-er** perdono generalmente la **e**!
– **dunkel**, *scuro* → **dunkler**, *più scuro* → **Die dunkleren Schuhe finde ich schöner**, *Penso che le scarpe più scure siano (sono) più belle*;
– **teuer**, *caro* → **teurer**, *più caro* → **Warum ist es teurer?**, *Perché è più caro?*

Attenzione alle eccezioni!
– **gut**, *bene/buono* → **besser**, *meglio/migliore* → **Heute war es besser als gestern**, *Oggi era meglio di ieri*;
– **hoch**, *alto* → **höher**, *più alto* → **Ich brauche einen höheren Tisch**, *Ho bisogno di un tavolo più alto*;
– **viel**, *molto* → **mehr**, *più* → **Ich habe mehr gegessen als du**, *Ho mangiato più di te.*

8 *hin* e *her*

Sono avverbi e possono essere usati come particelle separabili unite al verbo:
– **hin** esprime un allontanamento dal locutore o da un punto d'osservazione:
Geh doch zu ihm hin! *Vai da lui!*;
Wann fahrt ihr hin?, *Quando partite?*;
– **her** esprime un avvicinamento verso il locutore o punto d'osservazione:
Gib doch mal her! *Dai qui!*;
Komm/Kommen Sie her!, *Vieni/Venga!*;
La domanda corrispondente si forma con il pronome interrogativo **wo-**: **wohin**, (verso) *dove?*, **woher**, *da dove*?
Wo gehst du hin? / Wohin gehst du?, *Dove vai?*;
Wo kommst du her? / Woher kommst du?, *Da dove vieni?*

9 Le parti del giorno e gli avverbi di tempo

Parti del giorno: **der Morgen**, *il mattino*; **der Vormittag**, *la mattina*; **der Mittag**, *mezzogiorno*; **der Nachmittag**, *il pomeriggio*; **der Abend**, *la sera*; **die Nacht**, *la notte*.
Avverbi di tempo: **(vor)gestern**, *(l'altro) ieri*; **heute**, *oggi*; **(über) morgen**, *(dopo)domani*:
vorgestern Morgen, *l'altro ieri mattina*; **gestern Nachmittag**, *ieri pomeriggio*; **heute Morgen**, *stamattina*; **morgen Abend**, *domani sera*; **übermorgen Mittag**, *dopodomani mattina*.
Attenzione! *domani mattina*, si dice **morgen früh** e non **morgen Morgen**.

Wiederholungsdialog

1 – Liebe Hannah,
2 tut mir leid, ich konnte nicht früher schreiben. Ich hatte viel zu tun.
3 Wie du vielleicht schon weißt, wohne ich seit Mai in Wien.
4 Am Anfang war es nicht einfach, weil ich nicht gut Deutsch konnte. Aber jetzt spreche ich besser.
5 Das freut mich sehr, denn ich war nie eine gute Schülerin in Deutsch.
6 Der Lehrer, den ich jetzt habe, ist sehr gut. Das hilft!

***

Übersetzen Sie bitte!

❶ Der rote Pulli ist größer als der grüne. ❷ Was machst du morgen früh? ❸ Er fragt sich, ob sie es schon weiß. ❹ Was brauchst du, um den Kuchen zu backen? ❺ Wir kommen entweder heute Mittag oder morgen früh.

7 Und ich habe auch einen netten deutschen Architekten kennengelernt. Das hilft auch!!
8 Möchtest du nicht ein paar Tage bei mir verbringen? Wien ist eine schöne Stadt und mein Freund möchte dich kennenlernen.
9 Herzliche Grüße
10 Deine Steffi

Traduzione del dialogo

1 Cara Hannah, **2** mi dispiace, non sono riuscita a scrivere prima. Ho avuto molto da fare. **3** Come forse già sai abito a Vienna da maggio. **4** All'inizio non è stato facile perché non sapevo bene il tedesco. Ma adesso parlo meglio. **5** Sono contenta perché non sono mai stata una brava allieva in tedesco. **6** L'insegnante che ho adesso è molto bravo. Questo aiuta! **7** E ho anche conosciuto un architetto tedesco simpatico. Anche questo aiuta!!! **8** Non ti piacerebbe trascorrere qualche giorno da me? Vienna è una bella città e il mio amico vorrebbe conoscerti. **9** Cari saluti, **10** Steffi

***

Soluzioni dell'esercizio

❶ Il maglione rosso è più grande di quello verde. ❷ Cosa fai domani mattina? ❸ Si chiede se lo sappia *(sa)* già. ❹ Di cosa hai bisogno per fare la torta? ❺ Veniamo stamattina o domani mattina.

Seconda ondata: 14ª lezione

Vierundsechzigste Lektion

Ein verständnisvolles Management

1 – Was für **ei**ne **Hi**tze! **Fin**det ihr nicht auch?

2 – O doch, es ist **un**erträglich!

3 Ich **ha**be **ges**tern in den **Nach**richten ge**hört**, [1] dass es der **hei**ßeste und **tro**ckenste **Ju**li [2] seit 1881 (**acht**zehnhunderteinundachtzig) [3] ist.

4 – Ich ver**ste**he nicht, wa**rum** es kein Recht auf **Hi**tzefrei gibt. [4]

5 Wer kann schon bei dem **We**tter [5] **ar**beiten?

Pronuncia

*… fèr**shtènt**nissfolləs **mè**nèdjmənt* **1** *… **Hi**tsə…* **2** *… **un**èrtrè:kliçh* **3** *… **na:chr**içhtən… **Hai**ssəstə… **tro**kənstə… **acHt-**tse:n-Hund^at-ain-unt-acHt-tsiçh…* **4** *… rèçht… **Hi**tsə-frai…*

Note

1 *Sentire al notiziario* si dice **in den Nachrichten hören**. Si tratta di un dativo plurale.

2 Questa frase contiene due aggettivi al grado superlativo. In generale il superlativo si forma aggiungendo **-st** all'aggettivo + desinenza della declinazione. Gli aggettivi terminanti in **d**, **s**, **ß**, **t** o **z** aggiungono generalmente una **-(e)** eufonica. La maggior parte degli aggettivi monosillabici aggiunge un **Umlaut** sulle vocali **a**, **o**, **u**: **heiß**, *caldo*, e **trocken**, *secco* → **der heißeste und trockenste Juli**, *il mese di luglio più caldo e più secco*; **alt**, *vecchio* → **die älteste Frau der Welt**, *la donna più vecchia del mondo*.

3 I secoli si contano in centinaia fino al 1900 e in migliaia dal 2000: **1881 achtzehnhunderteinundachtzig**; **1900 neunzehnhundert**; **2022 zweitausendzweiundzwanzig**.

Sessantaquattresima lezione

Una *(comprensione-piena)* direzione comprensiva

1 – Che caldo! Non trovate anche voi?
2 – Oh sì, è insopportabile!
3 Ho sentito ieri al notiziario *(nelle notizie)* che è il [mese di] luglio più caldo e secco dal 1881.
4 – Non capisco perché non ci sia il *(c'è nessun)* diritto al congedo per canicola *(canicola-libero)*.
5 Chi riesce a lavorare con questo tempo?

4 es gibt, *c'è, è*, talvolta *esiste*, regge l'accusativo: neutro → **Warum gibt es kein Recht auf Hitzefrei**, *Perché non c'è il diritto al congedo per canicola?*; maschile → **Wo gibt es einen Bankautomaten** ***[bañk-automa:tən]***?, *Dov'è un bancomat?* Al Präteritum: **es gab**, *c'era, era, esisteva*.

5 La preposizione **bei** traduce anche *con* e regge il dativo: **bei dem Wetter**, *con questo tempo*; **bei 40 (vierzig) Grad**, *con 40 gradi*; **bei schlechtem oder gutem Wetter**, *in caso di bel tempo o maltempo* (lett. "con cattivo o buon tempo").

6 – Ich **schla**ge vor, wir **schrei**ben dem **Ma**nagement **ei**ne **E**-Mail [6].
7 – Ich per**sön**lich **wür**de zu**erst** mit Herrn **Jan**sen **spre**chen. [7]
8 – **Gu**te **Idee**!
9 – Ja, so**gar** sehr **gu**te **Idee**.
10 – **Gu**ten **Mor**gen!
11 – **Gu**ten **Mor**gen Herr **Jan**sen!
12 – Was für **ei**ne **Hit**ze! **Fin**den Sie nicht auch?
13 – Mmh...
14 Ich **ha**be **e**ben [8] mit dem **Ma**nagement ge**spro**chen. **Heu**te ab 14 (**vier**zehn) Uhr **dür**fen Sie nach **Hau**se **ge**hen. □

*6 … i-mail 7 … pèr**zoe:n**liçh… tsu**èrst**… 14 … **e:**bən…*

Note

6 • In una frase composta da un complemento all'accusativo e un complemento al dativo, l'ordine o la posizione dei complementi varia a seconda che il complemento sia un gruppo nominale oppure un pronome personale:
- GN (= gruppo nominale) dativo preposto al GN accusativo: **Wir schreiben dem Management** (D) **eine Mail** (A), *Scriviamo una lettera alla direzione*;
- pronome all'accusativo preposto al pronome al dativo: **Wir schreiben sie** (A) **ihm** (D), *Gliela scriviamo*;
- pronome all'accusativo o al dativo preposto al GN indipendentemente dal caso: **Wir schreiben sie** (A) **dem Management** (D), *La scriviamo alla direzione*; **Wir haben ihm** (D) **die Mail** (A) **geschrieben**, *Gli abbiamo scritto l'e-mail*.

***

Übung 1 – Übersetzen Sie bitte!

❶ Es gibt ein Problem. ❷ Er hat mich eben angerufen. ❸ Wir nehmen den kürzesten Weg. ❹ Was können sie bei dem Wetter machen? ❺ Früher gab es keine Handys.

6 – **Propongo di scrivere** *(scriviamo)* **un'e-mail alla direzione.**
7 – **Personalmente io parlerei prima con il Sig. Jansen.**
8 – **Buona idea!**
9 – **Anzi,** *(Sì, persino)* **ottima idea!**
10 – **Buongiorno!**
11 – **Buongiorno Sig. Jansen!**
12 – **Che caldo! Non trovate anche voi?**
13 – **Mmm...**
14 **Ho appena parlato con la direzione. A partire dalle 14 di oggi** *(Oggi dalle 14)* **avete il permesso di andare a casa.**

N.B. I complementi sono sempre posizionati dopo il verbo coniugato o dopo l'ausiliare se il tempo è composto.
• Si dice generalmente **die E-Mail**, ma in Austria e in Svizzera si dice anche **das E-Mail**. Non è raro che un sostantivo di origine straniera abbia generi diversi: **die Cola** ***[co:la]***, *la Coca Cola*, o **das Cola** in Svizzera, Austria e Baviera; **das Blog** ***[blog]***, *il blog*, o **der Blog** per gli austriaci, **das Baguette** ***[baghèt]***, *la baguette*, o **die Baguette**.

7 Per esprimere un desiderio o qcs d'irreale si ricorre, soprattutto nel parlato, alla costruzione **würde/würdest...** (= **Konjunktiv II** di **werden** ed equivalente a ***would*** in inglese) + infinito del verbo. Lo traduciamo generalmente con il condizionale presente: **Ich würde zuerst mit Herrn Jansen sprechen**, *Parlerei prima con il Sig. Jansen*; **Wir würden uns sehr freuen, Sie kennenzulernen**, *Saremmo felici di conoscerLa.* Troverete la coniugazione completa nella lezione di ripasso.

8 L'avverbio **eben,** *appena* + verbo al passato serve a indicare un'azione che si è svolta o conclusa da poco. Si posiziona dopo il verbo coniugato o l'ausiliare: **Ich habe ihn eben gesehen**, *L'ho appena visto*.

***

Soluzioni dell'esercizio 1

❶ C'è un problema. ❷ Mi ha appena chiamato. ❸ Prendiamo la via più breve. ❹ Cosa possono fare con questo tempo? ❺ Prima non c'erano i cellulari.

Übung 2 – Ergänzen Sie bitte!

❶ Là c'è un bancomat.
Da .... es ..... Bankautomaten.

❷ Le donne più alte del mondo
Die .... der Welt

❸ Dà il libro al professore.
Er gibt dem ...... das .....

***

Il diritto al congedo per la canicola ***„Hitzefrei"*** *esiste in Germania dal 1892. In passato, quando la temperatura esterna raggiungeva i 25 gradi, gli studenti erano autorizzati ad andare a casa dopo la quarta ora di lezione (verso le 11.30 - 12.00). Oggi sta alla direzione scolastica stabilire a partire da quale temperatura interrompere le lezioni. Questo diritto non si applica solo alle scuole. La legge sul la-*

65

Fünfundsechzigste Lektion

Es regnet wie aus Kübeln [1]

1 – So viel **Re**gen und das im **Ju**ni, das **ha**be ich **sel**ten er**lebt** [2].

Pronuncia

*... **kue:**bəln **1** ... **zèl**tən èr**le:pt***

Note

1 Quando piove insistentemente si dice **Es regnet wie aus Kübeln / Eimern** *[aimᵊn], piove a catinelle (*lett. "piove come dai secchi"), o **Es regnet in Strömen** *[shtroe:mən], piove a dirotto* (lett. "piove a fiumi").

2 • Come sapete la sintassi tedesca è abbastanza libera. La cosa importante è la posizione occupata dal verbo coniugato: **posizione II** in una proposizione indipendente o principale a inizio frase; **posizione I** in una proposizione principale posposta alla subordinata e nelle frasi interrogative; **ultima posizione** in una proposizione subordinata. Gli altri elementi della frase gravitano intorno al verbo, pertanto non è raro che

❹ Glielo dà.
Er gibt . . . .

❺ Ho appena ricevuto l'e-mail.
Ich . . . . die E-Mail bekommen.

Soluzioni dell'esercizio 2
❶ – gibt – einen – ❷ – größten Frauen – ❸ – Lehrer – Buch ❹ – es ihm ❺ – habe eben –

***

voro tedesca prevede che i dipendenti possano essere mandati a casa se fa troppo caldo. Tuttavia la temperatura di riferimento è quella registrata sul posto di lavoro. Se il termometro supera i 26 gradi il datore di lavoro è tenuto a prendere misure volte a ridurre il calore e a garantire una temperatura sopportabile per i lavoratori.

Seconda ondata: 15ª lezione

65

Sessantacinquesima

Piove a catinelle *(come dai secchi)*

1 – Cosi tanta pioggia e *(questo)* **a giugno, mi è capitato** *(l'ho vissuta)* **raramente.**

una frase cominci con un complemento: **Das** (= complemento oggetto) **habe ich selten gesehen**, *questo l'ho visto raramente*; **Das Problem** (= complemento oggetto) **hatte ich noch nie**, *Questo problema non l'ho ancora mai avuto / Non ho mai avuto questo problema*.
• **etwas erleben** significa *vivere* nel senso di *fare esperienza, conoscere*.

2 – Ich auch.
3 Am **lieb**sten **wür**de ich mit dir auf **ei**ne **grie**chische **In**sel **flie**gen [3] und ein **Fi**scherhäuschen an **ei**nem **schö**nen **Sand**strand **mie**ten.
4 Das **wä**re echt cool.
5 – He, komm zu**rück** in die Reali**tät**!
6 – Nein, **ernst**haft. Wir **woll**ten schon **im**mer mal da**hin** und jetzt ist die Na**tur** am **schön**sten [4].
7 – Das **wä**re nicht ver**nünf**tig, wir **ha**ben **Ar**beit.
8 – Mein **Groß**vater **sag**te **im**mer: „Es ist ver**nünf**tig, auch mal **un**vernünftig [5] zu sein."
9 – Mmh... Lass mich da**rü**ber **nach**denken. □

*3 … **li:**pstən… **gri:**çhishə **in**zəl… **fish**ª-hoissçhən… **zant**-shtrant … 5 … reali**tè:t** 6 … **èrnst**Haft… da**Hin**… na**tu:**ª… **shoe:n**stən 7 … fèr**nuenf**tiçh… **ar**bait 8 … **un**fèrnuenftik… 9 … **na:cH**dèñkən*

Note

3 • gern, lieber, am liebsten.
gern si usa quando si ama qualcuno o qualcosa in generale, senza elementi di paragone: **Ich trinke gern Bier**, *Mi piace bere la birra* (cfr. L54, F1); **lieber** si usa quando si preferisce qualcuno o qualcosa rispetto ad altro, ossia si paragonano due elementi (= comparativo di maggioranza - cfr. L54, F2): **Trinkst du Wein? Nein, ich trinke Bier lieber**, *Bevi il vino? No, preferisco la birra*. Per indicare una preferenza assoluta tra più elementi si usa **am liebsten** (= superlativo assoluto), a inizio frase o dopo il verbo coniugato. Questa costruzione non esiste in italiano e la rendiamo con i verbi *preferire/amare (più di tutto/in assoluto)* o con altre frasi o espressioni corrispondenti: **Ich esse am liebsten / Am liebsten esse ich Schokoladeneis**, *Preferisco (in assoluto) il gelato al cioccolato/ Il gelato al cioccolato è il mio preferito.*

***

Übung 1 – Übersetzen Sie bitte!

❶ Es ist sehr unangenehm. ❷ Wer ist am ältesten in deiner Familie? ❸ Er ist unfreundlich. ❹ Was isst du am liebsten? ❺ Ich würde lieber hier bleiben.

2 – Anche a me *(io anche)*.
3 Se potessi *(Di preferenza)*, volerei con te su un'isola greca e affitterei una casetta di pescatori su una bella spiaggia sabbiosa.
4 Sarebbe davvero bello.
5 – Eh, torna alla realtà!
6 – No, seriamente. Abbiamo sempre voluto andarci e adesso la natura è bellissima.
7 – Non sarebbe ragionevole, abbiamo il lavoro.
8 – Mio nonno diceva sempre: "È ragionevole anche non essere ragionevoli."
9 – Mmm... Fammici pensare *(riflettere)*.

• **ich würde gern / du würdest gern...** + infinito del verbo *mi piacerebbe, ti piacerebbe...* + infinito del verbo o verbo al condizionale + *volentieri* (cfr. L51, N7). Anche in questo caso si usa **lieber** per esprimere il comparativo di maggioranza e **am liebsten** per il superlativo assoluto: **Würdest du lieber nach Frankreich *[frañkraiçh]* fliegen oder nach Italien *[ita:liən]* fliegen?**, *Preferiresti andare in Francia o in Italia?*; **Am liebsten würde ich mit dir auf eine griechische Insel fliegen**, *Più di ogni cosa andrei con te su un'isola greca*.

4 La scorsa lezione abbiamo imparato come si forma il superlativo assoluto dell'aggettivo attributivo. Vediamo adesso come si forma quello dell'aggettivo predicativo (unito al verbo essere). Si usa **am** + il suffisso **-sten** aggiunto all'aggettivo. Come per gli aggettivi attributivi, si aggiunge una **-(e)** eufonica se l'aggettivo termina in **d**, **s**, **t**, **z** o **ß**, e gli aggettivi monosillabici aggiungono un **Umlaut** sulle vocali **a**, **o** o **u**: **Zu dieser Jahreszeit *[ia:rəs-tsait]* ist die Natur am schönsten**, *In questa stagione la natura è bellissima*; **Wo ist es am heißesten?**, *Dove fa più caldo?*; **Wer ist am jüngsten in deiner Familie?**, *Chi è il più giovane in famiglia?*

5 Unito a un aggettivo, sostantivo o avverbio il prefisso **un-/Un-** serve a esprimerne il contrario: **möglich/unmöglich**, *possibile/impossibile*; **Glück/Unglück**, *felicità/infelicità; fortuna/sfortuna*.

***

Soluzioni dell'esercizio 1

❶ È molto spiacevole. ❷ Chi è il più vecchio nella tua famiglia? ❸ È antipatico. ❹ Cosa ti piace mangiare? *(più di tutto)* ❺ Preferisco rimanere qui. *(comparativo di maggioranza)*

Übung 2 – Ergänzen Sie bitte!

❶ In assoluto rimarrei qui. *(superlativo assoluto)*
.... würde ich hier bleiben.

❷ Piove a catinelle. *(due opzioni possibili)*
Es regnet wie aus ...... / ....

❸ Ciò che prima era impossibile, oggi è possibile.
Was früher .... war, ist heute ....

❹ Quand'è che fa più caldo? *(superlativo assoluto)*
Wann ist es .. ..?

66

Sechsundsechzigste Lektion

Liebe Sabine,

1 – tut mir leid, dass ich mich nicht **frü**her ge**mel**det **ha**be [1]. Ich **ha**be **lei**der nicht oft Emp**fang**.

2 Ich muss **ehr**lich **sa**gen, dass die **Rei**se **an**strengend ist.

3 Das Land ist schön und hat **vie**le **Se**henswürdigkeiten.

4 Am **meis**ten [2] ge**fal**len mir die **al**ten **Tem**pel, aber was zu viel ist, ist zu viel [3].

Pronuncia

*1 … ghe**mèl**dət… èmp**fañg** 2 … **e:**^{a}**liçh**… **an**shtrèñgənt… 3 … **ze:**ənsvuerdiçhkaitən 4 … **mai**stən… **tèm**pəl…*

Note

1 Come sapete il verbo coniugato della proposizione subordinata occupa sempre l'ultima posizione (cfr. F2). Se il verbo è un verbo composto, come il Perfekt o il futuro, l'ausiliare, che equivale al verbo coniugato, si troverà rispettivamente dietro al participio passato o all'infinito. Nei

❺ Preferirei venire un po' prima.
Ich .... etwas früher kommen.

Soluzioni dell'esercizio 2
❶ Am liebsten – ❷ – Kübeln/Eimern ❸ – unmöglich – möglich ❹ – am wärmsten ❺ – würde lieber –

Seconda ondata: 16ª lezione

66

Sessantaseiesima lezione

Cara Sabine,

1 – mi dispiace di non essermi *(che non mi sono)* fatta sentire prima. Purtroppo spesso non *(non spesso)* ho campo *(ricezione)*.
2 Onestamente devo dire che il viaggio è stressante.
3 Il paese è bello e ha molte attrazioni turistiche.
4 Più di tutto mi piacciono i templi antichi, ma quando *(ciò che)* è troppo, è troppo.

due esempi che seguono, la proposizione principale viene trasformata in una subordinata. Osservate come cambia la posizione del verbo: **Ich habe mich nicht früher gemeldet** ↔ **Tut mir leid, dass ich mich nicht früher gemeldet habe**, *Mi dispiace che non mi sono messa in contatto prima*; **Es wird vielleicht regnen** ↔ **Sie sagen, dass es vielleicht regnen wird**, *Dicono che forse pioverà*.

2 **am meisten**, *di più (di tutto)*, è il superlativo di **viel**, *molto*.

3 *molto* si traduce **viel** e *troppo* **zu viel** (lett. "troppo molto"): **Er isst viel / zu viel**, *Mangia molto/troppo*.

5 Wir sind von **mor**gens bis **a**bends [4] **un**terwegs [5] und **müs**sen **im**mer früh **auf**stehen.
6 Das macht mich **fer**tig. [6] Du kennst mich ja!
7 Zum Glück sind wir **ei**ne **net**te **Rei**segruppe. Das moti**viert** mich, **mor**gens aus dem Bett zu **stei**gen [7].
8 Ich muss jetzt los. Wir **ma**chen gleich **ei**nen **Aus**flug an **ei**nen See [8].
9 Ich **hof**fe, es geht dir gut.
10 **Lie**be **Grü**ße,
11 **dei**ne **An**na. □

*5 … **mor**ghəns… **a:**bənds **unt**ᵊve:ks… 6 … **fèr**tik… 7 … **rai**zə-gruppə… moti**vi:ᵊt**… **shtai**ghən 8 … **aus**flu:k… ze:*

Note

4 Per indicare un'azione ricorrente che si ripete in un momento specifico della giornata o in determinato giorno della settimana ecc. basta aggiungere una **-s** finale al momento o al giorno corrispondente scritto in minuscolo: **von morgens bis abends**, *dal mattino alla sera*; **sonntags geschlossen** *[ghe**shlos**sən]*, *chiuso la domenica*.

5 La locuzione **unterwegs sein** significa *essere in giro / in viaggio / via / per strada*: **Wir sind von morgens bis abends unterwegs**, *Siamo in giro dalla mattina alla sera*; **Wir sind schon unterwegs**, *Siamo già in viaggio/per strada*.

6 A seconda del contesto **fertig** si traduce *pronto/finito/terminato* o con altri vocaboli che indicano il risultato di un'azione che si è conclusa:

***

Übung 1 – Übersetzen Sie bitte!

❶ Montags arbeite ich nicht. ❷ Wir waren an der Nordsee. ❸ Am Dienstag ist alles fertig. ❹ Ich habe zu viel Arbeit. ❺ Was hat euch am meisten gefallen?

5 **Siamo in giro dalla mattina alla sera e dobbiamo sempre alzarci presto.**
6 **Sono sfinita** *(Questo mi sfinisce)*. **Mi conosci!**
7 **Per fortuna siamo un gruppo** *(viaggio-gruppo)* **affiatato** *(simpatico)*. **[E] questo mi motiva a alzarmi** *(scendere)* **dal letto la mattina.**
8 **Ora devo andare. Facciamo** *(adesso)* **un'escursione al lago.**
9 **Spero tu stia** *(stai)* **bene.**
10 **Cari saluti,**
11 *(tua)* **Anna**

Das Essen ist fertig, *Il mangiare è pronto*; **Ich bin noch nicht fertig**, *Non ho ancora finito* (lett. "non sono ancora finito"). Tuttavia l'espressione **Das macht mich fertig** si traduce *(Questa cosa) Mi sfinisce/Mi stanca*.

7 A seconda della preposizione a cui è unito, il verbo **steigen** traduce: *scendere, salire, scalare*: **Ich steige aus dem Bett / dem Zug** ***[tsu:k]*** / **dem Auto / dem Taxi** ***[tacsi]***, *Scendo dal letto / dal treno / dall'auto / dal taxi*; **Ich steige in den Zug / ins Auto / ins Taxi**, *Salgo sul treno / sull'auto / sul taxi*; **Ich steige auf einen Berg** ***[bè:ᵃk]***, *Scalo una montagna*. Usato senza preposizione, **steigen** significa *salire* nel senso di *aumentare*: **Die Preise** ***[praizə]*** **sind gestiegen**, *I prezzi sono saliti/aumentati*.

8 Attenzione! **Der See** (maschile) è *il lago* e **die See** (femminile, la pronuncia rimane *[ze:]*), è *il mare*: **Wir machen einen Ausflug an einen See** (accusativo maschile), *Facciamo un'escursione al lago*; **Wir fahren an die Nordsee** (accusativo femminile), *Andiamo sul Mare del Nord*. Queste forme sono però omonime al plurale: **die Seen** ***[ze:ən]***. La traduzione corretta dipenderà dal contesto.

***

Soluzioni dell'esercizio 1

❶ Il lunedì non lavoro. ❷ Siamo stati sul Mare del Nord. ❸ Martedì sarà tutto pronto. ❹ Ho troppo lavoro. ❺ Cosa vi è piaciuto di più?

Übung 2 – Ergänzen Sie bitte!

❶ Non so se hanno già mangiato.
Ich weiß nicht, ob sie schon ....

❷ Mi sfinisce.
Das ..... mich ....

❸ Chiuso sabato e domenica
.... und .... geschlossen

❹ Sono stato via tutto il giorno.
Ich ... den ganzen Tag ....

❺ Non credo che verrà.
Ich glaube nicht, dass er ....

67

Siebenundsechzigste Lektion

Schloss Neuschwanstein

1 – Fliegst du **über Weih**nachten [1] nach **Hau**se?
2 – Nein, ich **blei**be in **Deutsch**land.

Pronuncia
*shloss **noi**shwa:nshtain **1** … **vai**nacHtən…*

Soluzioni dell'esercizio 2

❶ – gegessen haben ❷ – macht – fertig ❸ samstags – sonntags – ❹ – war – unterwegs ❺ – kommen wird

Seconda ondata: 17ª lezione

67

Sessantasettesima lezione

Il castello [di] Neuschwanstein

1 – Vai a casa per *(sopra)* Natale?
2 – No, resto in Germania.

Note

1 **über** è una preposizione polisemica, ossia con significati diversi. Può essere usata: nei complementi di luogo come preposizione mista per tradurre *oltre, sopra, aldilà*; nei complementi di tempo insieme a sostantivi indicanti festività, ricorrenze ecc. con il significato di *per*, *a*: **über Weihnachten / Ostern *[o:stᵊn]*** / **Pfingsten *[pfiñgstən]***, *per/a Natale / per/a Pasqua / per/a Pentecoste*; nei complementi di tempo davanti a parti del giorno o per indicare un periodo di tempo ecc. con il significato di *durante, di, per, in:* **übers** (contrazione di **über + das**) **Wochenende *[vocHən-èndə]***, *durante il/nel week-end*; **über Nacht**, *durante la/di notte*; **über lange Jahre**, *per (molti) anni*.

3 – **Hä**ttest [2] du Lust, mit mir nach **Ba**yern zu **fah**ren? Ich **ha**be da **ei**nen **Cou**sin, bei dem [3] wir **um**sonst **woh**nen **könn**ten.

4 – Sehr **ger**ne! **Ba**yern steht ganz **o**ben auf **mei**ner „To-do-**Lis**te“ [4]. Wie heißt **noch**mal das be**kann**te Schloss von **Lud**wig II. (dem **Zwei**ten) [5]?

5 – Es gibt **meh**rere. **He**rrenchiemsee, **Lin**derhof…

6 – Nein, ich **mei**ne das Schloss, das auf **ei**nem **Fel**sen steht.

7 – **Neu**schwanstein.

8 – Ja, ge**nau**. Ich **wür**de es sehr **ger**ne be**sich**tigen.

9 – Das **kö**nnen wir **ma**chen. Mit etwas Glück schneit es bis da**hin** [6]. Im Schnee ist es noch **mär**chenhafter.

*3 … **bai**ᵊn… **cu:**sèn… um**zonst** … 4 … **o:**bən… tu du: **lis**tə… **lu:**tviçh… 5 … **Hè**rrən-ki:mze: **lind**ᵊ-Ho:f 6 … **fèl**zən… 8 … be**ziçh**tighən 9 … shnait… shne: …**me:**ᵊçhən-Haftᵊ*

Note

2 Il condizionale presente (**Konjunktiv II**) del verbo **haben** si forma a partire dalla radice del Präteritum + **Umlaut**: **ich hätte, du hättest, er/sie/es hätte, wir hätten, ihr hättet, sie/Sie hätten**, *io avrei…*; **können**: **ich könnte, du könntest, er/sie/es könnte…**, *io potrei…*

3 Continuiamo a parlare delle proposizioni relative, nello specifico dei pronomi relativi al dativo: sono uguali agli articoli determinativi al dativo, tranne al plurale: **dem** (m.), **der** (f.), **dem** (n.), **denen** *(pl.)*, *al/alla quale, ai/alle quali, a cui*: **Wie heißt die Person, der du geschrieben hast?**, *Come si chiama la persona a cui hai scritto?* Come in italiano, anche in tedesco la proposizione relativa può essere introdotta da una preposizione. Il caso del pronome relativo varia in funzione della preposizione, mentre il genere e il numero dipendono dall'elemento nominale a cui si riferisce. Alla frase 3 del dialogo, l'elemento nominale è **einen Cousin**, *un cugino*, che è maschile, e la preposizione **bei** regge il dativo: …**einen**

3 – Avresti voglia di venire con me in Baviera? Ho *(là)* un cugino da cui potremmo stare *(abitare)* gratuitamente.
4 – Molto volentieri! [La] Baviera è in cima *(completamente in alto)* alla mia "to do list". Come si chiama già *(di nuovo)* il famoso castello di Ludovico II?
5 – Ce ne sono parecchi. Herrenchiemsee, Linderhof...
6 – No, intendo il castello che è su una roccia.
7 – Neuschwanstein.
8 – Sì, esatto. Mi piacerebbe molto visitarlo.
9 – Si può fare *(Possiamo farlo)*. Con un po' [di] fortuna nevicherà fino ad allora. Sotto la *(Nella)* neve è ancora più fiabesco.

Cousin, bei dem wir wohnen könnten, *un cugino da cui potremmo stare (abitare)*. Attenzione! **Cousin** si pronuncia alla francese: ***cu:sèn***. Ecco altri due esempi:
1) **die Cousine** = elemento nominale femminile e **mit** + dativo: **Kennst du meine Cousine, mit der ich in Berlin war?**, *Conosci mia cugina con la quale ero a Berlino?* (**Cousine** si pronuncia ***cu:sine***);
2) **die Leute** = elemento nominale plurale e **für** + accusativo: **Kennst du die Leute, für die ich arbeite?**, *Conosci le persone per le quali lavoro?*

4 **meine To-do-Liste**, *la mia **to do list*** è un anglicismo e significa *lista delle cose da fare*.

5 Anche in tedesco re, regine, papi ecc. si numerano con i numeri ordinali. In tedesco però il numero ordinale è preceduto dall'articolo determinativo ed entrambi si declinano: **von Ludwig II. (dem Zweiten)**, *di Ludwig II* (dativo); **Ludwig XIV. (der Vierzehnte) war...** , *Ludwig XIV è stato...* (nominativo). Non dimenticate di mettere un punto dopo i numeri ordinali scritti in numeri romani o arabi.

6 **dahin** può essere usato sia nei complementi di tempo per tradurre *fino ad allora/quel momento*, sia nei complementi di luogo per tradurre *ci (in quel luogo)*: **Mit etwas Glück schneit es bis dahin**, *Con un po' di fortuna nevicherà fino ad allora*; **Das kann bis dahin warten**, *Può aspettare fino ad allora*; **Wir wollten schon immer mal dahin**, *Abbiamo sempre voluto andarci* (cfr. L65, F6); **Wir gehen alle dahin**, *Ci andiamo tutti.*

Übung 1 – Übersetzen Sie bitte!

❶ Ich gehe nicht dahin. ❷ Ich bin übers Wochenende nach Wien geflogen. ❸ Anna kennt die Familie, bei der du gewohnt hast. ❹ Was könntest du machen? ❺ Wir bleiben zu Hause.

Übung 2 – Ergänzen Sie bitte!

❶ Come si chiamano le persone da cui sei stato?
Wie heißen die Leute, … ….. du warst?

❷ Avrebbe voglia di andare in Baviera? *(forma di cortesia)*
……… Lust, nach Bayern zu fahren?

❸ Avreste tempo di aiutarmi?
……… Zeit, mir zu helfen?

***

Ludwig II., Ludovico II di Baviera, *che regnò dal 1864 al 1886, è noto alla storia per i suoi stravaganti castelli, tra cui il celebre castello di* **Neuschwanstein** *(lett. nuova pietra del cigno) nella contea di* **Swangau** *nei pressi di* **Füssen**. *Si tratta del primo castello che il re fece edificare (la prima pietra venne posata il 5 settembre 1869) ed è certamente uno dei luoghi più fiabeschi, fantasiosi e visitati al mondo. Eretto su uno sperone montuoso a 1008 metri d'altezza sul livello del mare, il castello fu commissionato dal re come ritiro personale più che come luogo di rappresentanza, ma anche per rendere omaggio alla musica di Richard Wagner, di cui fu devoto mecenate. Ludovico II si interessò personalmente al progetto delle sale e alle decorazioni, tuttavia non visse abbastanza a lungo per vederne ter-*

Soluzioni dell'esercizio 1

❶ Non ci vado. ❷ Sono andata a Vienna nel week-end. ❸ Anna conosce la famiglia dalla quale hai abitato. ❹ Cosa potresti fare? ❺ Rimaniamo a casa.

❹ La vita di Ludovico XVI (sedicesimo)

Das Leben von Ludwig XVI. (... ....)

❺ Potreste aiutarmi per favore?

.... mir bitte helfen?

Soluzioni dell'esercizio 2

❶ – bei denen – ❷ Hätten Sie – ❸ Hättet ihr – ❹ dem Sechzehnten – ❺ Könntet ihr –

***

minati i lavori. Dopo il castello di ***Neuschwanstein*** *Ludovico II commissionò i castelli di* ***Linderhof*** *e di* ***Herrenchiemsee****, una replica del castello di Versailles costruita proprio sull'isola di* ***Herrenchiemsee****, situata nel lago* ***Chiemsee*** *[****ki:m****ze:], il più grande lago della Baviera. A causa della sua stravaganza, il re venne giudicato incapace di governare e fu deposto con un colpo di Stato l'11 giugno del 1886, dopo essere stato dichiarato pazzo. Due anni dopo morì in circostanze misteriose: il suo corpo e quello del suo psichiatra vennero ritrovati senza vita nel lago di Starnberg. Nonostante le controversie, il re fu generalmente benvoluto dai suoi sudditi. Alla sua morte i castelli vennero aperti al pubblico e ancora oggi sono visitati da milioni di persone da tutto il mondo.*

Seconda ondata: 18ª lezione

Achtundsechzigste Lektion

Der Chef ist schlecht gelaunt [1]

1 – Ich hol' mir kurz 'nen [2] **Ka**ffee. **Möch**t'st auch **ei**nen?

2 – Ja, **bi**tte.
(...)

3 – Uh! Der Chef ist **heu**te mit dem **lin**ken Bein **auf**gestanden.

4 – Wa**rum**? Was ist pas**siert**?

5 – Er hat sich **ü**ber den **neu**en **Mit**arbeiter **auf**geregt [3], dann **ü**ber mich, weil ich uns 'nen **Ka**ffee **ho**len **woll**te.

Pronuncia

*... ghe**launt** **1** ... Ho:l... nən... **moeçh**ts't... **3** ... bain **auf**gheschtandən **4** ... pa**ssi:**ᵃ**t** **5** ... **mit**arbaitᵃ **auf**ghere:kt...*

Note

1 *Essere di buono/cattivo umore*: **gut/schlecht gelaunt sein** o **gute/ schlechte Laune** ***[launə]*** **haben**: **Der Chef ist schlecht gelaunt / hat schlechte Laune**, *Il capo è di cattivo umore*; **Sie ist immer gut gelaunt / hat immer gute Laune**, *È sempre di buon umore*. Memorizzate anche quest'espressione, molto simile al suo equivalente italiano: **Er/Sie ist mit dem linken Bein/Fuß aufgestanden** (lett. "si è alzato/a con la gamba sinistra /il piede sinistro"), *Si è alzato/a con il piede sbagliato*.

2 • Abbiamo già parlato dei pronomi riflessivi all'accusativo (cfr. L35, §6). Parliamo adesso dei pronomi riflessivi al dativo. Se la frase contiene un complemento all'accusativo, ossia non è il soggetto che subisce l'azione descritta dal verbo, il pronome riflessivo va al dativo. I pronomi riflessivi al dativo sono uguali ai pronomi personali al dativo, tranne alla 3ª persona singolare e plurale: **ich hole mir / du holst dir / er, sie, es holt sich / wir holen uns / ihr holt euch / sie, Sie holen sich einen Kaffee** (= complemento oggetto), *vado a prendermi... un caffè*. **Ich wünsche mir ein neues Auto**, *Vorrei* (lett. "mi auguro") *una nuova auto*; **Was**

Sessantottesima lezione

Il capo è di cattivo umore

1 – Vado a prendermi velocemente *(corto)* un caffè. [Ne] vuoi uno anche tu?
2 – Sì, per piacere.
(...)
3 – Uh, il capo oggi [si] è alzato con il piede sinistro *(la gamba sinistra)*.
4 – Perché? Cos'è successo?
5 – Se l'è presa con *(Si è agitato su)* il nuovo collega *(collaboratore)*, poi con *(su)* me perché volevo andare a prendere un caffè.

wünschst du dir zum Geburtstag?, *Cosa vorresti* (lett. "auguri a te") *per il tuo compleanno?* **wünschen** si usa anche senza pronome riflessivo: **Ich wünsche dir viel Glück**, *Ti auguro buona (molta) fortuna*.
• Piano piano è importante che familiarizziate con il linguaggio parlato perché non sempre corrisponde al linguaggio scritto. Nel parlato i tedeschi hanno la tendenza a non pronunciare la **-e** nelle desinenze dei verbi: **ich hole → hol'**, *io prendo*; **ich hoffe → hoff'**, *io spero*; **möchtest du → möcht'st**, *vorresti*. In quest'ultimo esempio, anche il pronome personale **du** è omesso. Al posto degli articoli indeterminativi **einen** e **einem**, *un/uno*, sentirete dire spesso **'nen** e **'nem.** L'articolo indeterminativo femminile **eine**, *una*, diventa **'ne**.
• **kurz**, in questa frase, significa *velocemente*.

3 **sich aufregen**, *prendersela/innervosirsi*. Si tratta di un verbo un po' complesso, in quanto non solo è pronominale, ma è anche separabile. Come tutti i verbi pronominali tedeschi forma il participio passato con l'ausiliare **haben**: **ich habe mich aufgeregt / du hast dich aufgeregt...**, *mi sono innervosito, tu ti sei innervosito...* Come in questo dialogo, può essere costruito con la preposizione **über** (lett. "su") + accusativo: **sich (über jdn/etwas) aufregen,** *prendersela/innervosirsi con qcn per qcs:* **Ich habe mich über ihn / seinen Fehler** ***[fe:lᵊ]*** **aufgeregt**, *Me la sono presa con lui / per il suo errore/sbaglio.* Attenzione! il pronome riflessivo è all'accusativo, in quanto è il soggetto della frase a subire l'azione descritta dal verbo.

6 – Viel**leicht**, weil **heu**te **Mon**tag ist.
7 – Ja, viel**leicht**.
8 – Ich **ha**be **ei**ne **Freun**din, **de**ren [4] Chef **je**den **Mon**tag schlecht ge**launt** ins Bü**ro** kommt. Aber ge**nug** ge**re**det. Lass uns **ar**beiten, be**vor** wir noch mehr **Är**ger be**kom**men [5]. □

*8 … **de:**rən… buer**o:** …ghe**nu:k** ghe**re:**dət… befo:ª… **è**rgª…*

Note

4 In questa frase incontriamo il pronome relativo al genitivo femminile singolare **deren**, *il/la cui*. Il pronome relativo al genitivo maschile e neutro singolare sono identici: **dessen** *[dèssən]*. Il plurale è **deren**. I pronomi relativi al genitivo si posizionano davanti al sostantivo a cui si riferiscono e con cui si accordano per genere e numero. Il sostantivo non

***

Übung 1 – Übersetzen Sie bitte!

❶ Mein Vater hat sich ein neues Auto gekauft. ❷ Warum seid ihr immer schlecht gelaunt? ❸ Das ist Herr Schmidt, dessen Frau in der Lotterie gewonnen hat. ❹ Du wirst Ärger bekommen. ❺ Sie hat sich über deine Schwester aufgeregt.

Übung 2 – Ergänzen Sie bitte!

❶ Sabine, i cui genitori vivono in Germania, ti telefonerà.
Sabine, ... in Deutschland wohnen, wird dich anrufen.

❷ Ecco la signora Jansen, il cui figlio ha vinto il primo premio.
Das ist Frau Jansen, ... den ersten Preis gewonnen hat.

❸ Ho paura che avremo delle noie.
Ich habe Angst, dass wir ....

❹ Se la prende sempre con me.
Sie .... sich immer .... mich auf.

6 – Forse perché oggi è lunedì.
7 – Sì, forse.
8 – Ho un'amica il cui capo arriva tutti i lunedì in ufficio di cattivo umore. Ma basta parlare *(abbastanza parlato)*. Lavoriamo prima di avere altre noie *(prima noi ancora più guai riceviamo)*.

ha l'articolo: **Ich habe einen Freund, dessen** (m.) **Chef jeden Montag schlecht gelaunt ins Büro kommt**, *Ho un amico il cui capo arriva tutti i lunedì in ufficio di cattivo umore*; **Ich kenne ein Mädchen, dessen** (n.) **Vater Geiger** ***[gaiga]*** **ist**, *Ho un'amica il cui padre è violinista*; **Michael und Sabine, deren** *(pl.)* **Vater Dirigent** ***[dirighènt]*** **ist, haben den ersten Preis** ***[prais]*** **gewonnen**, *Michael e Sabine, il cui padre/il padre dei quali è direttore d'orchestra, hanno vinto il primo premio.*

5 *avere delle noie (con qcn)* si traduce **(mit jdm) Ärger bekommen**.

***

Soluzioni dell'esercizio 1

❶ Mio padre si è comprato una nuova auto. ❷ Perché siete sempre di cattivo umore? ❸ Questo è il signor Schmidt, la cui moglie ha vinto alla lotteria. ❹ Avrai delle noie. ❺ Se l'è presa con tua sorella.

❺ **Mi sono comprata una nuova auto.**
Ich …… ein neues Auto gekauft.

Soluzioni dell'esercizio 2

❶ – deren Eltern – ❷ – deren Sohn – ❸ – Ärger bekommen ❹ – regt – über – ❺ – habe mir –

Seconda ondata: 19ª lezione

Neunundsechzigste Lektion

Schwäbische Maultaschen

1 – Ent**schul**digen Sie, dass ich Sie so spät **stö**re. Ich bin **Pe**ter, der **neu**e **Nach**bar. Ich **kom**me aus **Ber**lin.
2 – **An**genehm! Ich **hei**ße **Tho**mas. Wie kann ich **Ih**nen **hel**fen [1]?
3 – **Könn**ten Sie mir **bit**te **sa**gen, wo es hier ein **Le**bensmittelgeschäft gibt?
4 – Es gibt eins [2] **ne**ben der **Tank**stelle, **a**ber um die **Uhr**zeit hat es schon zu.
5 – **A**ber es ist erst [3] zehn vor **sie**ben.

Pronuncia

***shvè:**bishə **maul**-tashən **1** ènt**shul**dighən… **shtoe:**rə… **pe:**t[a] … **nacH**ba:[a] … **bèr**li:n **3** … **le:**bens-mittəl-gheshèft… **4** … ainss… **tañk**-shtəlle…*

Note

1 Generalmente, al complemento all'accusativo in tedesco corrisponde il complemento oggetto in italiano e al complemento al dativo in tedesco il complemento di termine. Ma come sappiamo ci sono alcune eccezioni. Approfondiamole:
1) verbi tedeschi + accusativo e verbi italiani + complemento di termine: **jdn fragen**, *chiedere a qcn*; **jdn sprechen**, *parlare a qcn*, usato talvolta al posto di **mit jdm sprechen**;
2) verbi tedeschi + dativo e verbi italiani + complemento oggetto: **jdm danken**, *ringraziare qcn*; **jdm folgen**, *seguire qcn*; **jdm helfen**, *aiutare qcn*; **jdm widersprechen** *[wid[a]-**shprè**chən]* (**wider-** è una particella inseparabile), *contraddire qcn*; **jdm zuhören**, *ascoltare qcn*

2 **eins** è un pronome indefinito. In questa frase sostituisce un gruppo nominale neutro all'accusativo. Vediamo alcuni esempi con il pronome indefinito di tutti i generi: **Gibt es hier einen Fußballplatz** *[**fu:ss**-bal-plats]* (m.) **/ eine Buchhandlung** (f.) *[**bu:cH**-Handluñg]* **/ ein**

Sessantanovesima lezione

[1] Maultaschen della Svevia

1 – Mi perdoni se *(che)* disturbo così tardi. Sono Peter il nuovo vicino. Vengo da Berlino.
2 – Piacere! Io mi chiamo Thomas. Come posso aiutarLa?
3 – Potrebbe dirmi per cortesia dov'è un negozio di alimentari *(alimentari-negozio)* qui [vicino]?
4 – Ce n'è uno vicino al benzinaio, ma a quest'ora ha già chiuso.
5 – Ma sono solo le sette meno dieci.

Lebensmittelgeschäft (n.) / **Geschäfte** *(pl.)*? – **Ja es gibt einen** (m.) / **eine** (f.) / **eins** (n.) / **welche** *(pl.)*, *C'è un campo da calcio / una libreria / un alimentari / ci sono dei negozi qui vicino? – Si ce n'è uno/a / Ce ne sono*. Osservate questi esempi con la negazione **nicht**: **Kennst du einen Campingplatz** ***[Kèmpiñg-plats]*** (m.) / **eine Jugendherberge** ***[iu:-ghənt-Hèrbèrghə]*** (f.) / **ein Hotel** ***[Hotèl]*** (n.) / **Leute** *(pl.)* **in der Gegend? – Nein, ich kenne leider keinen** (m.) / **keine** (f.) / **keins** (n.) / **keine** *(pl.)*, *Conosci un'area per il campeggio / un ostello della gioventù / un albergo / delle persone in questa zona? – No, purtroppo non ne conosco nessuna/ nessuno.*

3 Gli avverbi **nur** ed **erst** traducono entrambi *solo, solamente, soltanto, non... che*, ma notate questa differenza: **nur** indica una restrizione definitiva: **Es dauert nur zwei Minuten**, *Non dura che / Dura solamente due minuti* (cfr. L33, F7); **Ich habe nur zehn Euro**, *Ho solo dieci euro* (non ne ho di più). **erst** indica una restrizione provvisioria rispetto a un momento nel tempo e ha il significato di *non più tardi / non prima di/ appena*: **Es ist erst sieben Uhr**, *Sono solo le sette*; **Sie kommt erst am Montag**, *Non arriva prima di lunedì* (ma arriverà); **Sie ist erst 5 Jahre alt**, *Ha solo cinque anni* (ma crescerà). **erst** può significare anche *prima/per primo/prima cosa*. In questo caso si tratta della contrazione di **zuerst**: **Aber (zu)erst muss ich etwas essen**, *Ma prima devo mangiare qualcosa*.

6 – Wir sind hier auf dem Land [4].
7 – Hm... Wo **könn**te ich sonst zu **es**sen **kau**fen? **Ha**ben Sie **ei**ne **Idee**?
8 – **Blei**ben Sie doch bei uns zum **A**bendessen.
9 – Ich will nicht **stö**ren.
10 – Sie **stö**ren **kei**neswegs. **Au**ßerdem **ha**ben wir **Maul**taschen [5] **vor**bereitet. Da**zu kön**nen Sie nicht Nein **sa**gen.
11 Das ist **ei**ne Speziali**tät** hier in **Schwa**ben.

*10 ... **kai**nəsve:kss **auss**ªde:m... **fo:**ªberaitət... 11 ... shpetsiali**tè:t**... **shva:**bən*

Note

4 Il sostantivo **das Land** *(sing.)*, *la campagna*, è preceduto dalla preposizione **auf**, mentre **das Land** (¨-er), *il Paese*, *i Paesi*, dalla preposizione **in**. **Wollt ihr mit uns aufs** (contrazione di **auf das**) **Land fahren?**, *Volete venire con noi in campagna?*; **Wir wohnen auf dem Land**, *Abitiamo in campagna*; **Sie hat in vielen Ländern gelebt**, *Ha vissuto in molti Paesi.*

5 **Maultaschen** sono una specialità culinaria della Svevia (Baviera) simile ai nostri ravioli ripieni.

***

Übung 1 – Übersetzen Sie bitte!

❶ Es ist erst ein Uhr. ❷ Ich suche ein Hotel. Ich kenne leider keins. ❸ Sie haben nur eine Woche Ferien. ❹ Hörst du mir zu? ❺ Vielleicht fahre ich aufs Land.

Übung 2 – Ergänzen Sie bitte!

❶ Max ha solo sette anni.
Max . . . . sieben Jahre alt.

❷ La casa ha solo una camera da letto.
Das Haus . . . . . . ein Schlafzimmer.

❸ Mi contraddice sempre.
Er . . . . immer.

6 – Siamo in *(sulla)* campagna qui.
7 – Mmm... Altrimenti dove potrei comprare da mangiare? Ha *(un')*idea?
8 – Ma si fermi a cena da noi.
9 – Non voglio disturbare.
10 – Non disturba affatto. Inoltre abbiamo preparato i Maultaschen. *(A questo)* Non può dire di no.
11 Sono *(È)* una specialità della *(qui in)* Svevia.

***

Soluzioni dell'esercizio 1

❶ È solo l'una. ❷ Cerco un albergo. Purtroppo non ne conosco nessuno. ❸ Hanno solo una settimana di ferie. ❹ Mi ascolti? ❺ Forse vado in campagna.

❹ Cerco un albergo. Ne conosci uno?
Ich suche ein Hotel. ...... du ....?

❺ Viviamo in un bel paese.
Wir wohnen .. einem schönen .....

Soluzioni dell'esercizio 2

❶ – ist erst – ❷ – hat nur – ❸ – widerspricht mir – ❹ – Kennst – eins
❺ – in – Land

Schwaben, la Svevia, *è una regione storica, culturale e linguistica della Baviera sud occidentale. Gli abitanti sono detti* **der Schwabe(n) / die Schwäbin(nen)**, *e il dialetto è lo* **Schwäbisch**. *Si tratta di un dialetto che il resto dei tedeschi ha difficoltà a comprendere a causa dell'accento molto marcato. Non a caso gli svevi dicono di loro stessi:* **Die Schwaben können alles außer Hochdeutsch** *[Hochdoitc]* (alto tedesco) **sprechen**, Gli svevi sanno fare tutto tranne parlare il tedesco standard. *Il termine* **Standarddeutsch**, *traduzione letterale di* tedesco standard, *è usato raramente dai germanofoni che preferiscono usare* **Hochdeutsch** *per identificare le varietà di dialetti e lingue parlate nelle zone montuose di Germania, Svizzera, Austria e Liechtenstein. Ma torniamo allo svevo. Ecco alcune delle sue particolarità linguistiche:* **ist**, è, *si pronuncia [isch], l'aggettivo* **müde**, *stanco, si pronuncia [mied] e i diminutivi sono formati dal suffisso* **-le** *e non* **-chen**. *Il suono* **a'** *traduce gli articoli indeterminativi* **ein(e)**, un(a), *senza distinzione tra genere e caso. Abbastanza pratico, no?*

70

Siebzigste Lektion

Wiederholung – Ripasso

1 Le frasi relative e i pronomi relativi

Le frasi relative sono proposizioni subordinate che dipendono da un sostantivo di cui ci forniscono spiegazioni, senza le quali la frase risulterebbe incomprensibile. Generalmente la frase relativa si posiziona immediatamente dopo il sostantivo cui si riferisce, vale a dire è inserita in una frase già iniziata o annessa ad essa senza che l'ordine delle parole della frase cambi. Il verbo coniugato della subordinata relativa occupa l'ultima posizione.

Le frasi relative sono introdotte da un pronome relativo che si accorda per genere e numero al sostantivo a cui si riferisce, mentre il caso a cui si declina dipende dalla proposizione relativa. I pronomi relativi corrispondono agli articoli determinativi, tranne al dativo plurale e al genitivo singolare e plurale. La subordinata relativa può essere introdotta da una preposizione che determina il caso a cui andrà declinato il pronome relativo.

a' Mädle = ein Mädchen, una ragazza;
a' Gabele = eine kleine Gabel, una forchettina;
das Häussle = das Häuschen *[Hoissçhən]*, la casetta;
a'bissle = ein bisschen, un po'.
E per finire notate i termini **Ade** *[ade:]*, **Adele** *[ade:le] per dire* Arrivederci! / Ciao!

Avete concluso un altro ciclo di lezioni. Continuate a lavorare con costanza! Oltre alle regole grammaticali, avete imparato alcune particolarità del linguaggio colloquiale e persino alcune parole in dialetto svevo. Congratulazioni, a partire da questo momento potrete anche voi dire: **Ich schwäble** ***(lett. "io svevo"),*** Parlo svevo!

Seconda ondata: 20ª lezione

70

Settantesima lezione

	Maschile	Femminile	Neutro	Plurale
Nominativo	**der**	**die**	**das**	**die**
Accusativo	**den**	**die**	**das**	**die**
Dativo	**dem**	**der**	**dem**	**denen**
Genitivo	**dessen**	**deren**	**dessen**	**deren**

Esempi:
Kennst du den Mann, der hier ist?
(m.) N
Conosci il signore che è qui?

Die Frau, die wir getroffen haben, ist meine Lehrerin,
(f.) A
La donna che abbiamo incontrato è la mia insegnante.

Wer ist das Mädchen, dem du gratuliert hast?,
(n.) D
Chi è la ragazza a cui hai fatto gli auguri?
Die Leute, mit denen ich zusammenarbeite, sind nett.
(pl.) D
Le persone con cui lavoro sono simpatiche.

Die Eltern, deren Tochter bei uns wohnt, sind da.
(pl.) G
I genitori la cui figlia abita da noi sono qui.

2 La frase dichiarativa con un complemento all'accusativo e al dativo

Quando la frase è formata da un complemento all'accusativo e un complemento al dativo, l'ordine dei complementi è il seguente:
– GN dativo seguito dal GN accusativo:
Er gibt seinem Vater das Buch, *Dà il libro a suo padre.*
D A
– pronome accusativo seguito dal pronome dativo:
Er gibt es ihm, *Glielo dà.*
A D
– pronome seguito dal GN indipendentemente dal caso:
Er gibt ihm das Buch, *Gli dà il libro.*
D A
Er gibt es seinem Vater, *Lo dà a suo padre.*
A D

3 Il superlativo

Il superlativo serve a esprimere il più alto grado di una qualità o di un difetto.
L'aggettivo predicativo e l'avverbio formano il superlativo con **am** + il suffisso **-sten** aggiunto all'aggettivo o all'avverbio.
Hier ist es am schönsten, *Qui è bellissimo*;
Anna läuft am schnellsten, *Anna corre più veloce di tutti*.
Gli aggettivi o gli avverbi terminanti in **d**, **s**, **ß**, **t** o **z** aggiungono generalmente una **e** eufonica e la maggior parte degli aggettivi

o degli avverbi monosillabici aggiungono l'**Umlaut** sulle vocali **a**, **o** e **u**:
Im Juli ist es am heißesten, *Luglio è il mese più caldo*;
Wann sind die Tage am längsten?, *Quando sono i giorni più lunghi?*
L'aggettivo attributivo forma il superlativo con il suffisso **-st-** + la desinenza della declinazione. La regola sull'uso della **e** eufonica e dell'**Umlaut** è la stessa che abbiamo visto per l'aggettivo predicativo o l'avverbio:
Er hat die teuersten Schuhe gekauft, *Ha comprato le scarpe più care*;
Wie alt ist die älteste Frau der Welt?, *Quanto è vecchia la donna più vecchia del mondo?*

Attenzione alle eccezioni!
– **groß**, *alto* → **am größten / der größte**, *il più alto* → **Wer ist am größten von allen?**, *Chi è il più alto di tutti?*;
– **gut**, *bene/buono* → **am besten / der beste**, *meglio/il migliore* → **die 10 besten Restaurants in Wien**, *i dieci migliori ristoranti di Vienna*;
– **nah** *[na:]*, *vicino* → **am nächsten / der nächste** *[**nèks**:tən/**nèks**:tə]*, *il più vicino* → **Wo ist die nächste Tankstelle?**, *Dov'è il benzinaio più vicino?*;
– **viel**, *molto* → **am meisten / die meisten** *(pl.)*, *più/di più* → **Wer von uns isst am meisten?**, *Chi di noi mangia di più?*

4 gern – lieber – am liebsten

L'avverbio **gern** si usa per indicare che ci piace qcn o qcs o che si ama fare qcs senza termini di paragone. Si posiziona dietro al gruppo soggetto/verbo coniugato o all'ausiliare se il tempo è composto:
Was trinkst du gern zum Frühstück?, *Cosa ti piace bere a colazione?*
Ich koche gern. Und du?, *Amo cucinare. E tu?*
Warum liest du nicht gern?, *Perché non ti piace leggere?*

Per indicare che si preferisce qcn o si preferisce (fare) qcs rispetto a un altro termine di paragone si usa l'avverbio al comparativo di maggioranza **lieber**. Se invece si vuole esprimere una preferenza

assoluta in rapporto a tre o più termini di paragone si usa l'avverbio al superativo assoluto **am liebsten**. **lieber** occupa la stessa posizione di **gern** all'interno della frase; **am liebsten** può occupare sia la stessa posizione di **gern**, sia la posizone I:
Ich trinke lieber Bier als Wein, *Preferisco la birra al vino.*
Was isst du am liebsten? Ein Wienerschnitzel, einen Hamburger oder Maultaschen?, *Cosa preferisci mangiare? Una Wienerschnitzel, un hamburger o i Maultaschen?*
Ich esse am liebsten Maultaschen / Am liebsten esse ich Maultaschen, *Preferisco (in assoluto) i Maultaschen.*

Osservate l'uso di questi avverbi con il verbo al **Konjunktiv II**: **ich würde, du würdest...** + verbo all'infinito (equivale a ***I would***, ***you would***... in inglese + verbo all'infinito). La posizione dell'avverbio rimane la stessa che abbiamo appena visto:
Ich würde gern in Berlin wohnen, *Mi piacerebbe vivere a Berlino.*
Ich würde lieber in München wohnen (als in Berlin), *Preferirei vivere a Monaco (che a Berlino).*
Ich würde am liebsten / Am liebsten würde ich an einem See wohnen, *Più di tutto vorrei vivere al lago* (non importa dove).

5 Un'azione ricorrente

Per indicare il ripetersi di un momento preciso della giornata, o il ripetersi di un'azione in un giorno specifico della settimana ecc basta aggiungere una **-s** finale al sostantivo o ai sostantivi indicanti il momento o il giorno a cui ci si riferisce:
Ich gehe lieber morgens laufen, *Preferisco correre la mattina.*
Ich gehe montags, mittwochs und freitags schwimmen, *Vado a nuotare il lunedì, il mercoledì e il venerdì.*

6 I pronomi riflessivi al dativo

	sich ein Auto kaufen *acquistare un'auto*
ich	**kaufe mir ein Auto**
du	**kaufst dir ein Auto**
er, sie, es	**kauft sich ein Auto**

wir	kaufen uns ein Auto
ihr	kauft euch ein Auto
sie	kaufen sich ein Auto
Sie	kaufen sich ein Auto

Il verbo pronominale si costruisce con il pronome riflessivo al dativo se nella frase c'è già un complemento all'accusativo:
Ich hole mir einen Kaffee, *Mi prendo un caffè.*
Was wünschst du dir zum Geburtstag?, *Cosa vorresti per il compleanno?*
Attenzione! Se la frase è formata da un verbo con preposizione, il pronome riflessivo è all'accusativo.
Ich habe mich über meinen Chef aufgeregt,
Mi sono innervosito/a con il mio capo.

7 Gli avverbi *nur* e *erst*

Traducono entrambi *solo, non… che, soltanto,* ma attenzione:
– **nur** indica una restrizione definitiva nel senso di *solamente*:
Die Wohnung hat nur zwei Schlafzimmer,
L'appartamento ha solamente due stanze (non ce ne sono altre).
Ich habe nur eine Übung gemacht und das ist genug,
Ho fatto solo un esercizio ed è abbastanza (non ne farò altri).

– **erst** indica una restrizione provvisoria in riferimento a un momento nel tempo e si usa anche con il significato di *non prima di, prima*:
Ich habe erst eine Übung gemacht, aber ich mache jetzt noch zwei Übungen, *Ho fatto solo un esercizio, ma adesso ne faccio altri (ancora) due.*
Ich bin erst um 10 Uhr aufgestanden, *Mi sono alzato solo alle dieci / Non mi sono alzato prima delle dieci.*

8 I pronomi indefiniti *einen, eine, eins, welche*

einen (m.) / **eine** (f.) / **eins** (n.) et **welche** *(pl.)* sono pronomi indefiniti all'accusativo. Sostituiscono un gruppo nominale all'accusativo

preceduto dall'articolo indeterminativo e traducono *uno/a, qualcuno/a*. Alla forma negativa si usa **keinen** (m.) / **keine** (f.) / **keins** (n.) e **keine** *(pl.), nessuno/a*. Naturalmente questi pronomi si declinano a tutti i casi, ma vediamo prima alcuni esempi all'accusativo:
Neutro: **Hast du ein Auto? – Ja, ich habe eins**, *Hai un'auto? – Sì, ne ho una.*

***

Wiederholungsdialog

1 – Ich gehe mir etwas zu essen kaufen.
2 – Jetzt schon?! Es ist erst zwanzig vor zwölf.
3 – Ich habe einen Bärenhunger. Ich habe heute Morgen nur einen Kaffee getrunken.
4 – Wo gibt es hier ein Lebensmittelgeschäft? Ich würde auch gern etwas essen.
5 – Neben der Firma gibt es ein kleines Restaurant, das mittags Hamburger verkauft.
6 – Ich komme mit dir.
7 – Gerne… Erzähl mal! Wie gefällt dir das Leben hier auf dem Land?
8 – Es ist nicht immer einfach, aber es gefällt mir und ich arbeite gern mit euch zusammen.
9 Mein größtes Problem ist die Sprache.
10 – Oh, ich verstehe. Wir Schwaben sagen: „Wir können alles. Außer Hochdeutsch".

***

Übersetzen Sie bitte!

❶ Wer von euch rennt am schnellsten? ❷ Ich habe am meisten gegessen. ❸ Er hat sich etwas zu essen gekauft. ❹ Ein Restaurant? Ich glaube, es gibt eins neben dem Lebensmittelgeschäft. ❺ Wie verbringen Sie am liebsten das Wochenende?

Maschile: **Kennst du einen guten Deutschlehrer? – Nein, ich kenne leider keinen,** *Conosci un buon insegnante di tedesco? – No, purtroppo non ne conosco nessuno.*
Plurale: **Ich brauche schwarze Strümpfe. Hast du welche?**, *Ho bisogno di calze nere. Ne hai (qualcuna)?*

***

Traduzione del dialogo

1 Vado a comprarmi qualcosa da mangiare. **2** Già adesso?! Sono solo le dodici meno venti. **3** Ho una fame da lupi. Stamattina ho bevuto solo un caffè. **4** Dov'è qui un negozo di alimentari? Anch'io vorrei mangiare qualcosa. **5** Accanto alla ditta c'è un piccolo ristorante che a mezzogiorno vende hamburger. **6** Vengo con te. **7** Volentieri... Dai, racconta! *(Come)* Ti piace la vita qui in campagna? **8** Non è sempre facile, ma mi piace e mi piace lavorare con voi *(insieme)*. **9** Il mio problema più grande è la lingua. **10** Oh, capisco. Noi svevi diciamo: "Sappiamo [fare] tutto. Tranne [parlare] l'alto tedesco."

***

Soluzioni dell'esercizio

❶ Chi di voi corre più veloce? ❷ Io ho mangiato di più. ❸ Si è comprato qualcosa da mangiare. ❹ Un ristorante? Credo ce ne sia *(ce n'è)* uno vicino all'alimentari. ❺ Come Le piace trascorrere il fine settimana?

Seconda ondata: 21ª lezione

71

Einundsiebzigste Lektion

Das Tagesgericht

1 – Hier hast du die Über**se**tzung.
2 – **Dan**ke! Hast du auch da**ran** ge**dacht** [1] die **E**-Mail zu **schrei**ben?
3 – Das **ma**che ich **heu**te **Nach**mittag. Ich muss **erst**mal was **e**ssen. Kommst du mit?
4 – Jetzt? **Un**möglich!
5 – Du weißt ja, dass man ab 12.30 [2] Uhr nur schwer [3] **ei**nen Tisch be**kommt**. Wenn du willst, **hal**te ich dir **ei**nen Platz frei. [4]

Pronuncia

… ***ta:***ghəss-gheriçht **1…** ue:bəzè***tsuñg*** **2** … ghe***dacHt*** … ***shrai***bən

Note

1 • I pronomi avverbiali, per riferirsi a una cosa, a un concetto o a un'azione (mai a una persona), si costruiscono con **da** + preposizione o **da** + **r** se la preposizione comincia per vocale. Essi permettono di:
– evitare la ripetizione di un complemento con preposizione: **fahren mit** (+ *dat.*), *andare con* → **Das ist mein neues Fahrrad** ***[fa:rrat]***. **– Super, fährst du auch damit (= mit deinem neuen Fahrrad) zur Arbeit?**, *Questa è la mia nuova bicicletta. – Fantastica, ci vai anche al lavoro?* (lett. "vai anche con questa al lavoro").
– riferirsi a un'intera proposizione: **nachdenken über** (+ *acc.*), *riflettere su, pensare a qcs, rifletterci/pensarci su*→ **Wir könnten nach Bayern fahren. – Ich muss darüber nachdenken**, *Potremmo andare in Baviera. – Devo pensarci su*.
A seconda del contesto, questi pronomi avverbiali si possono tradurre *ci* o *ne* oppure non si traducono affatto (cfr. F2). N.B. Per riferirsi a un essere vivente, si usa la preposizione + il pronome personale declinato: **denken an** (+ *acc.*), *pensare a* → **Ich denke an die Kinder. – Ich denke auch an sie**, *Penso ai bambini. – Ci penso anch'io*.

Settantunesima lezione

Il piatto del giorno

1 – Ecco *(Qui hai)* la traduzione.
2 – Grazie! Hai pensato anche a scrivere l'e-mail?
3 – Lo faccio oggi pomeriggio. Devo prima mangiare qualcosa. Vieni con [me]?
4 – Adesso? Impossibile!
5 – Lo sai che dalle 12.30 è difficile trovare un tavolo *(solo difficilmente un tavolo si riceve)*. Se vuoi, ti tengo un posto *(libero)*.

• Come vi ricorderete **denken** ha una coniugazione irregolare (cfr. L58, N2): **ich dachte**, *io pensavo*; **er hat gedacht**, *lui ha pensato*. Questa coniugazione vale anche per i verbi con particella costruiti con **denken**, tra cui **nachdenken**: **wir dachten nach**, *ci abbiamo pensato*.

2 La preposizione **ab**, *a partire da, da*, si usa come preposizione sia di tempo sia di luogo e regge il dativo: **Ab dem ersten Januar können Sie mich unter folgender** *[**fol**ghənd^{ə}]* **Nummer erreichen** *[èrr**ai**çhən]*, *A partire dal 1° gennaio, potrete raggiungermi al seguente numero*; **Der Zug fährt ab Hamburg**, *Il treno parte da Amburgo*. N.B. Se il complemento di tempo non ha l'articolo, **ab** può reggere sia l'accusativo che il dativo: **ab nächste/nächster Woche; ab 18 Jahre/Jahren**.

3 Conoscete già l'aggettivo **schwer**, *difficile, pesante*. Usato come avverbio, **schwer** traduce *difficilmente*.

4 La congiunzione subordinante **wenn**, *se*, si usa per esprimere un'ipotesi. Se la condizione è realizzabile nel presente, in tedesco si usa il presente indicativo in entrambe le proposizioni, principale e subordinata. Come in italiano, la subordinata introdotta da **wenn** può essere a inizio frase. In questo caso non dimenticate che il verbo coniugato della proposizione principale precede il soggetto: **Ich halte dir einen Platz frei, wenn du willst / Wenn du willst, halte ich dir einen Platz frei**, *Ti tengo un posto se vuoi / Se vuoi ti tengo un posto*. Come ricorderete, la proposizione principale può essere introdotta da **dann**, *allora*, quand'è posizionata dopo la proposizione subordinata: **Wenn ich Zeit habe, (dann) helfe ich dir**, *Se ho tempo, ti aiuto* (cfr. L50, N7).

6 – Nein, **dan**ke.
7 – Mit **lee**rem **Ma**gen ist nicht gut **ar**beiten.
8 – Ich weiß, es **han**delt sich **a**ber um **ei**nen **wich**tigen **Auf**trag [5].
9 – **Scha**de!... **Al**so, tschüss! Ich er**zäh**le dir dann, wie der **Sau**erbraten ge**schmeckt** hat.
10 – **Heu**te gibt's **Sau**erbraten?! Sag das doch gleich! □

*7 ... **le:**rəm **ma:**ghən... 8 ... **Han**dəlt... **viçHt**ighən **auf**tra:k 9 ... **zau**ª-bra:tən...*

Note

5 Memorizzate questa costruzione: **es handelt sich um** + acc., *si tratta di*.

***

Übung 1 – Übersetzen Sie bitte!

❶ Ich habe viel darüber nachgedacht. ❷ Hast du was gefunden? ❸ Ich warte darauf, dass er mich anruft. ❹ Wenn ich kann, dann komme ich mit. ❺ Ab wie viel Uhr kann ich dich anrufen?

Übung 2 – Ergänzen Sie bitte!

❶ Ha pensato a chiamarlo?
Hat er ...., ihn anzurufen?

❷ Se ho tempo, gli scrivo.
Wenn ich Zeit habe, ... ihm.

❸ Non pensarci più e bevi qualcosa. *(linguaggio colloquiale)*
Denk nicht mehr daran und ....

❹ Il treno parte da Monaco.
Der Zug ...... München.

6 – No, grazie.
7 – Non va *(è)* bene lavorare con lo stomaco vuoto.
8 – Lo so, ma si tratta di un incarico importante.
9 – Peccato!... Allora, ciao! Ti racconterò che sapore aveva l'arrosto marinato *(agro)*.
10 – Oggi c'è arrosto marinato?! Dillo subito!

Soluzioni dell'esercizio 1

❶ Ci ho pensato molto. ❷ Hai trovato qualcosa? ❸ Aspetto che mi telefoni. ❹ Se posso, vengo anch'io. ❺ Da che ora posso chiamarti?

❺ Dal mese prossimo, lavorerò a Berlino. *(due opzioni possibili)*
.. .. Monat arbeite ich in Berlin.

Soluzioni dell'esercizio 2

❶ – daran gedacht – ❷ – schreibe ich – ❸ – trink was ❹ – fährt ab – ❺ Ab nächstem (nächsten) –

Seconda ondata: 22ª lezione

Zweiundsiebzigste Lektion

Der Glückstag

1 – Sechs Uhr früh. Der **We**cker [1] **klin**gelt [2] und ich bin soooo **mü**de. **Ers**ter Ge**dan**ke: Ich bin kein **Früh**aufsteher [3].

2 Zehn nach sechs. Der **We**cker **klin**gelt **wie**der [4]. **Zwei**ter Ge**dan**ke: **Ar**beit und Kar**rie**re – das ist nichts für mich.

3 Der **We**cker **klin**gelt ein **drit**tes Mal, ich **blei**be **a**ber im Bett **lie**gen [5] und **träu**me.

4 Wenn ich reich **wä**re, **wür**de ich **ei**nen **an**deren Job **ma**chen. [6] Ich **wür**de nur **halb**tags **ar**beiten, **nach**mittags.

Pronuncia

*1 … **vèkk**ª… **kliñ**ghəlt… **frue:**aufste:ª 2 … kar**rie:**rə… 3 … **troi**mə 4 … **halp**ta:ks…*

Note

1 I sostantivi terminanti in **-er** sono generalmente maschili e restano invariati al plurale: **der/die Wecker**, *la sveglia/le sveglie*; **der/die Frühaufsteher**, *il mattiniero/i mattinieri* (cfr. F1). Attenzione: i sostantivi **die Mutter**, **die Schwester und die Tochter**, *la madre, la sorella e la figlia* sono femminili perché si riferiscono a esseri di genere femminile.

2 Non confondete **klingeln** (**klingelte** – **geklingelt**) che è regolare, con **klingen** (**klang** – **geklungen**) che è irregolare. Per indicare il suonare della sveglia, del telefono (cfr. F6) o del campanello si usa **klingeln**: **Es klingelt (an der Tür)**, *Suonano alla porta* (lett. "esso suona"). Per riferirsi al suono della voce (cfr. F7), per esempio, si usa **klingen**: **Deine Stimme klingt komisch**, *La tua voce è strana / Hai una voce strana*.

3 Il contrario di **der Frühaufsteher** (pl. **die Frühaufsteher**), *il mattiniero*, è **der Spätaufsteher** (pl. **die Spätaufsteher**), *il dormiglione/i dormiglioni*. Logico, no?

Settantaduesima lezione

Il giorno fortunato

1 – Sei del mattino *(presto)*. La sveglia suona e io sono cooosì stanco. Primo pensiero: Non sono un mattiniero.

2 6 e 10. La sveglia suona di nuovo. Secondo pensiero: lavoro e carriera – non fanno per me *(non è niente per me)*.

3 La sveglia suona per la *(una)* terza volta, ma io resto a letto *(sdraiato)* e sogno.

4 Se fossi ricco, farei un altro lavoro. Lavorerei solo mezza giornata, il pomeriggio.

4 L'avverbio **wieder** indica una ripetizione. Si traduce *ancora, di nuovo* o con il prefisso *ri-* aggiunto al verbo o al sostantivo: **Ich will es wieder versuchen**, *Ci voglio riprovare*. L'avverbio **schon wieder** (cfr. F6), oltre a indicare un'azione che si ripete, sottintende che si è irritati perché l'azione si ripete. Si traduce *di nuovo/ancora* o con altre espressioni corrispondenti.

5 Osservate la costruzione con **bleiben** + verbo di posizione all'infinito. In italiano il verbo di posizione è coniugato al participio passato: **Bleiben Sie sitzen!**, *Resti seduto/a, Restate seduti!*

6 Per esprimere un fatto, un desiderio o una supposizione, ossia una condizione o un'azione non certa e che non si realizza nel presente, in tedesco si utilizza il **Konjunktiv II** ***[koniuñktif tsvai]***, *congiuntivo II*: **Wenn ich Zeit hätte, (dann) würde ich einen Kuchen backen**, *Se avessi tempo, farei un dolce*. Corrisponde ai nostri condizionale, come abbiamo già visto, e congiuntivo. Oggi nella lingua parlata e in parte anche in quella scritta il **Konjunktiv II** si costruisce con la perifrasi **würden** + infinito (cfr. L64, N7). Attenzione! La maggior parte dei verbi forti, gli ausiliari **sein**, **haben** e **werden**, i verbi modali e **wissen** formano il **Konjunktiv II** dalla radice del Präteritum + le desinenze: **-e**, **-est**, **-e**, **-en**, **-et**, **-en**. Le vocali radicali **a**, **o**, **u**, aggiungono l'Umlaut (tranne **wollen** e **sollen**): **ich hätte**, *io avrei*; **du könntest**, *tu potresti*; **sie käme**, *lei verrebbe*. Generalmente **sein** perde la **-e-** alla 2ª persona singolare e plurale: **du wärst / ihr wärt**, *tu saresti/fosti, voi sareste/foste*.

5 So **kö**nnte ich **je**den **Mor**gen **aus**schlafen [7]. Ich **hä**tte auch mehr Zeit für **mei**ne **Ho**bbys.
6 Ich… Es **klin**gelt schon **wie**der. **Die**ses Mal ist es mein **Han**dy, ge**nau**er ge**sagt**, mein Chef.
7 **Sei**ne **Sti**mme klingt nicht sehr **freundl**ich. „Es ist spät und **a**lle **war**ten auf Sie“ sagt er und legt **wie**der auf [8].
8 Ich **ste**he auf, **zie**he mich an [9] und **ma**che mich auf den Weg.
9 **Lie**be **Le**ser, **glau**ben Sie bloß nicht [10], dass ich zur **Ar**beit **ge**he.
10 Nein, ich **ge**he mir **ei**nen Lotte**rie**schein **kau**fen. **Heu**te ist mein **Glücks**tag. Ich **spü**re es. □

*5 … **ausshla:**fən… **Ho**bbiss 7 … **shti**mmə… 8 … **tsi:**ə… 9 … **le:**zª … **blo:**ss… 10 … loteri:-shain… **shpue:**rə…*

Note

7 Approfittiamo di questa lezione per imparare i diversi significati (non tutti!) di alcune particelle separabili. **aus-** esprime l'idea di:
a) consumare fino alla fine/esaurire qcs → **ausschlafen**, *dormire a lungo* (= "esaurire il sonno necessario"); **das Glas austrinken**, *scolare/svuotare il bicchiere*;
b) uscire → **ausgehen**, *uscire* (la sera, a cena…);
c) spegnere qcs → **das Licht ausschalten** o **ausmachen**, *spegnere la luce*;
d) scendere da un mezzo → **aus dem Zug, Bus aussteigen**, *scendere dal treno, dall'autobus*.

8 **auf-** esprime l'idea di:

***

Übung 1 – Übersetzen Sie bitte!

❶ Was müsste sie machen? ❷ Es klingelt. ❸ Ich würde eine andere Arbeit suchen. ❹ Für diese Arbeit bräuchten wir etwas mehr Zeit. ❺ Würden Sie mitkommen?

5 Così ogni mattina potrei dormire fino a tardi. Avrei anche più tempo per i miei passatempi.
6 ... Mmm suona *(già)* di nuovo. Questa volta è il mio cellulare, più precisamente *(detto)* il mio capo.
7 La sua voce non sembra *(suona)* troppo amichevole. "È tardi e tutti La stanno aspettando" dice e riattacca.
8 Mi alzo, mi vesto e mi avvio *(mi faccio sul cammino)*.
9 Cari lettori, solo non credete che vada *(vado)* al lavoro.
10 No, vado a comprarmi un biglietto della lotteria. Oggi è il mio giorno fortunato. [Me] lo sento.

a) mettere (su) /applicare qcs → **Schminkle auflegen**, *mettere il trucco*;
b) un movimento verso l'alto → **aufstehen**, *alzarsi*;
c) aprire qcs → **das Fenster aufmachen**, *aprire la finestra*.

9 **an-** è una particella molto complessa e pertanto vi raccomandiamo di imparare i significati dei verbi a cui è unita. Nel frattempo sappiate che uno dei significati di **an-** è quello di *accendere qcs* → **das Licht anschalten o anmachen**, *accendere la luce*. Osservate a questo proposito anche il verbo **anziehen** *vestire*. Come in italiano, si usa senza il pronome riflessivo se seguito da un complemento oggetto: **Die Mutter zieht ihr Kind an**, *La madre veste il bambino*.

10 L'avverbio **bloß nicht** traduce *non solo, solo non*. Senza negazione **bloß** funge da rafforzativo e non occorre tradurlo: **Was machst du bloß hier?**, *Che (diavolo) ci fai qui?*

***

Soluzioni dell'esercizio 1

❶ Cosa dovrebbe fare? ❷ Suona. ❸ Cercherei un altro lavoro. ❹ Per questo lavoro avremmo bisogno di un po' più di tempo. ❺ Verrebbe anche Lei?

Übung 2 – Ergänzen Sie bitte!

❶ Hanno suonato.
Es . . . .

❷ Se potessi, rimarrei qui.
Wenn ich könnte, ... hier bleiben.

❸ Puoi spegnere per favore il tuo cellulare?
Kannst du bitte dein . . . . / . . . . ?

❹ Resta seduto e non contraddirmi!
. . . . und widersprich mir nicht!

❺ Domani dormo fino a tardi.
Morgen . . . . ich . . . .

73

Dreiundsiebzigste Lektion

Wie viele Wörter brauchen Sie, um Deutsch zu sprechen?

1 – Im **Du**den -
2 für **die**jenigen, die [1] es nicht **wis**sen, der **Du**den ist ein **Recht**schreibwörterbuch [2] der **deut**schen **Spra**che -
3 **ste**hen um die 145 000 **Stich**wörter.

Pronuncia

*1 … **du:**dən… 2 … **di:**ie:nighən… **rèçht**shraip-voert^a-bu:ch… 3 … **shtiçh**voert^a*

Note

1 **derjenige** (m.), *colui*; **diejenige** (f.), *colei*; **dasjenige** (n.), **diejenigen** *(pl.)*, *coloro, chi*, sono pronomi dimostrativi che si riferiscono a qualcosa che verrà spiegato nella subordinata relativa che segue. Si compongono di due parti. La prima è formata dagli articoli determinativi **der-**, **die-**, **das-**, **die-**, che si declinano in base al caso corrispondente. La seconda, da **-jenige** che si declina come l'aggettivo attributivo: N m. → **Derjenige**,

Soluzioni dell'esercizio 2
❶ – hat geklingelt ❷ – würde ich – ❸ – Handy ausschalten/ausmachen
❹ Bleib sitzen – ❺ – schlafe – aus

Seconda ondata: 23ª lezione

73

Settantatreesima lezione

Quante parole vi servono per parlare tedesco?

1 – Il *(Nel)* ***Duden*** –
2 per coloro che non lo sapessero *(sanno)*, il Duden è un dizionario ortografico della lingua tedesca –
3 contiene *(sono scritti)* circa 145.000 lemmi.

der die meisten Karten ***[kartən]*** **hat, hat verloren**, *Colui che/Chi ha più carte ha perso*. Sono spesso sostituiti dai pronomi dimostrativi **der/die/das/die**: N m. → **Der, der die meisten Karten** ***[kartən]*** **hat, hat verloren**, *Colui che ha più carte ha perso*; A pl. → **Für diejenigen/die, die es noch nicht wussten**, *Per coloro che ancora non lo sapessero (sanno)*.

2 Avete contato le lettere che compongono il sostantivo **Rechtschreibwörterbuch**, *dizionario ortografico*? Ventuno, e ventiquattro al plurale: **Rechtschreibwörterbücher**! È composto dal verbo **rechtschreiben**, *scrivere in grafia corretta*, e dal sostantivo **das Wörterbuch**, *dizionario*, che è a sua volta composto da **die Wörter**, *le parole* + **das Buch**, *il libro*.

4 Nur **kei**ne **Pa**nik!
5 Das heißt jetzt nicht, dass sie all **die**se **Wör**ter [3] **ler**nen **mü**ssen.
6 **Meh**rere **Sprach**wissenschaftler **ka**men [4] **näm**lich zu **fol**gendem Schluss: Für **All**tagsgespräche **rei**chen 400 bis 800 **Wört**er aus.
7 Mit 2 500 **Wör**tern **kön**nen Sie fast **al**les **aus**drücken, was [5] Sie **möch**ten, auch wenn ein **Mut**tersprachler [6] **man**che **Sä**tze [7] **an**ders formu**lie**ren **wür**de.
8 Das ist nicht schlimm. **Haupt**sache [8], Sie **kön**nen sich ver**ständ**lich **ma**chen.
9 **Vie**lleicht **möch**ten Sie auch **wi**ssen, wie **vie**le **Wör**ter Sie **brau**chen, um **deut**sche **Bü**cher im Origi**nal** zu **le**sen?

*4 ... **pa:**nik 6 ... **shpra:cH**-vissənshaftl[a]... shluss... **all**ta:ks-gheshprè:çhə **rai**çhən... 7 ... **auss**druekən... **mutt**[a]shpra:chl[a]... **zè**tsə... formu**li:**rən... 8 ... shlim **Haupt**zachə... fèr**shtènd**liçh... 9 ... orighi**na:l**...*

Note

3 Il pronome indefinito **all** resta invariato quando è seguito dall'articolo determinativo al singolare: **mit all dem Geld** *[ghèlt], con tutto il denaro*. Al plurale, **all** può essere declinato oppure no: **all/alle diese Wörter**, *tutte queste parole*.

4 Il verbo **kommen** è irregolare sia al Präteritum: **ich kam, du kamst, er kam, wir kamen, ihr kamt, sie/Sie kamen**, sia al participio passato: **gekommen**.

5 In questa frase **was** funge da pronome relativo. **was** si usa dopo i pronomi indefiniti **alles**, *tutto*; **nichts**, *niente*; **vieles**, *molto*; **etwas**, *qualcosa*, il pronome **das** e l'aggettivo al superlativo. Può svolgere la funzione di soggetto: N → **Du bist für mich alles, was in meinem Leben zählt**, *Per*

4 *(Solo)* **Niente panico!**
5 *(Adesso)* **Non vuol dire che dovete imparare tutte queste parole.**
6 **Di fatto molti linguisti** *(lingua-scenziati)* **sono giunti** *(venuti)* **alla seguente conclusione: per la lingua di tutti i giorni basta [conoscere]** *(bastano)* **[da] 400 a 800 parole.**
7 **Con 2.500 parole potete esprimere quasi tutto quello che volete, anche se un madrelingua formulerebbe alcune frasi diversamente.**
8 **Non è grave. [La] cosa importante** *(principale)* **[è che] possiate** *(potete)* **farvi capire** *(comprensibili)*.
9 **Magari vi piacerebbe sapere anche quante parole vi occorrono per leggere gli autori** *(i libri)* **tedeschi in [versione] originale?**

me sei tutto ciò che conta nella (mia) vita; o quella di complemento oggetto, come in questo dialogo. Può anche essere usato per riprendere l'intera frase principale: **Er spricht gut Deutsch, was ein großer Vorteil ist**, *Parla bene tedesco, cosa che è un grande vantaggio*.

6 I sostantivi terminanti in **-ler** sono generalmente maschili e al plurale restano inviariati: **der Muttersprachler / die Muttersprachler (-)**, *il madrelingua/i madrelingua*.

7 L'indefinito **manche**, *alcuni*, si declina come l'articolo **die** plurale. Può fungere da aggettivo (cfr. F7) o da pronome indefinito: **Manche wollten nicht bleiben**, *Alcuni non hanno voluto rimanere*.

8 **die Hauptsache** significa *la cosa importante/principale* o *l'importante*.Si usa senza l'articolo e introduce una proposizione principale. In italiano utilizziamo la traduzione *la cosa principale/più importante, l'importante è che...*: **Hauptsache, du bleibst!**, *L'importante è che rimani!* Il prefisso **Haupt-** significa *principale/centrale*: **der Bahnhof**, *la stazione* → **der Hauptbahnhof**, *la stazione centrale/principale*.

10 Für **an**gesehene Aut**o**ren unge**fähr** 20 000, für **Goe**the **a**llerdings **et**was mehr. Er be**nutz**te 100 000 **Wör**ter… ☐

*10 … **an**gheze:ənə au**to:**rən… **ghoe:**tə **al**lᵊdiñgss…*

***

Übung 1 – Übersetzen Sie bitte!

❶ Hauptsache, es geht ihm besser. ❷ Hast du alles, was du brauchst? ❸ Derjenige, der zuerst antwortet, hat gewonnen. ❹ Das ist alles, was ich weiß. ❺ Er kam oft zu spät.

Übung 2 – Ergänzen Sie bitte!

❶ L'errore, gli errori
Der Fehler, … ……

❷ La cosa importante è che siate arrivati bene.
……….., … seid gut angekommen.

❸ Purtroppo non c'è niente che possa fare.
Leider gibt es ……, … ich tun könnte.

❹ Grazie per tutto il lavoro.
Danke für … … Arbeit.

❺ Colei che ha trovato la risposta, ha vinto. *(due opzioni possibili)*
……… / …, die die Antwort gefunden hat, hat gewonnen.

***

La prima edizione del **Duden** *venne pubblicata il 7 luglio del 1880 da Konrad Duden con il titolo di* **Urduden**, Duden originale. *A quell'epoca non esistevano regole ortografiche. Ognuno scriveva come voleva, e ciò creava spesso problemi di comprensione. Dopo la seconda guerra mondiale, la casa editrice pubblicò due versioni del dizionario: una per la Germania dell'ovest, e una per quella dell'est. L'ortografia era la stessa da una parte e dall'altra della frontiera, ma sussistevano differenze a livello di vocabolario. In breve tempo il* **Duden** *diventò l'opera di riferimento dell'ortografia tedesca, ma alcuni editori dell'ovest cominciarono ad attaccarne il*

10 Per [gli] autori rinomati circa 20.000, per Goethe tuttavia un po' di più. Usava 100.000 parole...

***

Soluzioni dell'esercizio 1

❶ La cosa importante è che stia *(sta)* meglio. ❷ Hai tutto quello che ti serve? ❸ Chi risponde per primo ha vinto. ❹ Questo è tutto quello che so. ❺ Arrivava spesso in ritardo *(troppo tardi)*.

Soluzioni dell'esercizio 2

❶ – die Fehler ❷ Hauptsache, ihr – ❸ – nichts, was – ❹ – all die – ❺ Diejenige/Die –

***

monopolio e a pubblicare opere in cui si offriva un'ortografia alternativa. Ciò spinse il ministro della cultura a decretare che, in caso di divergenze ortografiche, l'opera di consultazione fosse il ***Duden****. Tuttavia le cose cambiarono con l'entrata in vigore della riforma ortografica nel 1996. Oggi se sfogliate questo dizionario troverete parole con diverse ortografie. La versione consigliata dal* ***Duden*** *è sempre indicata per prima, sottolineata in giallo.*

Seconda ondata: 24ª lezione

74

Vierundsiebzigste Lektion

Hightech

1 – **Gu**ten Tag! Wie kann ich **Ih**nen **hel**fen?
2 – Ich **su**che ein Ge**schenk** für **mei**ne Frau, **ei**ne Uhr [1].
3 – Zu **wel**chem **An**lass, wenn ich **fra**gen darf?
4 – Wir **fei**ern **un**sere **Sil**berhochzeit [2].
5 – Gratu**lie**re! Sie **su**chen **al**so **et**was Be**son**deres [3]. Und wie viel **möch**ten Sie **aus**geben?
6 – Ich **ha**be **kei**ne ge**nau**e **Preis**vorstellung. Ich **möch**te mir zu**erst** ein paar Mo**del**le **an**sehen [4], im Stil **die**ser Uhr.
7 – Ich **glau**be, ich **ha**be ge**nau** das **rich**tige Mo**dell** für Sie. **Schlich**tes De**sign** und **High**tech. Das **Fein**ste vom **Fein**sten [5] und **ein**fach zu be**die**nen.

Pronuncia

*2 ... ghe**shèñk**... 3 ... **an**lass... 4 ... **zilb**^{a}-Hochtsait 6 ... **praiss**-fo:^{a}shtèlluñg... mo**dè**llə... sti:l... 7 ... **shlich**təss di**zain** ... **fain**stə... be**di:**nən*

Osservazioni sulla pronuncia

(6) In alcune regioni della Germania Il gruppo **st-** a inizio parola si pronuncia *[st]* e non *[sht]* come abbiamo indicato nell'introduzione.

Note

1 **die Uhr(en)** è *l'orologio* e **1/2/3... Uhr**, *1/2/3... l'ora/le ore*, indicata/e dall'orologio.

2 **das Silber**, *l'argento* (metallo); **das Gold** *[golt]*, *l'oro*; **der Diamant(en)** *[dia**mant**]*, *il diamante*; **das Eisen** *[**ai**zən]*, *il ferro*, e **die Hochzeit(en)**, *il matrimonio, le nozze*. Con queste parole potete formare i nomi composti **die Goldhochzeit**, *le nozze d'oro*, e **die Diamanthochzeit**, *le nozze di diamante* ecc.

Settantaquattresima lezione

Alta tecnologia

1 – Buongiorno! Come posso aiutarLa?
2 – Cerco un regalo per mia moglie, un orologio.
3 – Per quale occasione, se posso chiedere?
4 – Festeggiamo le nostre nozze d'argento *(argento-matrimonio)*.
5 – Auguri! Allora cerca qualcosa di speciale. E quanto vorrebbe spendere?
6 – Non ho un'idea precisa del prezzo *(prezzo-idea)*. Vorrei prima vedere *(vedermi)* un paio di modelli, sullo *(nello)* stile di quest'orologio.
7 – Credo di avere *(io ho)* esattamente il modello che fa per Lei *(il giusto modello per Lei)*. Design sobrio e alta tecnologia. Il top del top *(il più elegante dell'elegante)* e facile da usare *(fare funzionare)*.

3 L'aggettivo preceduto da **etwas** è un aggettivo sostantivato, pertanto va scritto in maiuscolo e si declina come l'aggettivo attributivo neutro senza l'articolo determinativo: **besonders** → **Sie suchen etwas Besonderes** (A)?, *Cerca qualcosa di speciale?*; **neu** → **Wir beginnen mit etwas Neuem** (D), *Cominciamo con qualcosa di nuovo*. Per esprimere la negazione, basta usare **nichts** al posto di **etwas**: **neu** → **Das ist nichts Neues** (N), *Non è niente di nuovo*. L'aggettivo può anche essere al comparativo di maggioranza: **besser** → **Gibt's nichts Besseres als das?** (A), *Non c'è niente di meglio di questo?*

4 Conosciamo già il verbo **sehen**, *vedere*. Il verbo pronominale **sich etwas ansehen** significa *guardare qcs* (con attenzione, interesse) / *visitare* (un luogo): **Das musst du dir ansehen**, *Questo te lo devi vedere*; **Habt ihr euch das Haus angesehen?**, *Avete visto la casa?* Nota: il pronome riflessivo è al dativo in quanto nella frase c'è già un complemento all'accusativo.

5 **das Feinste vom Feinsten** (lett. "il più elegante del più elegante"), *il top del top*. In questa costruzione l'aggettivo **fein**, *elegante*, *raffinato*, è usato due volte come aggettivo sostantivato al superlativo. Ne riparleremo.

8 **Drü**cken Sie [6] auf **die**se **Tas**te, **kö**nnen Sie telefo**nie**ren.
9 **Drü**cken Sie auf die **an**dere **Tas**te, **kö**nnen Sie **Ih**ren Kalo**ri**enverbrauch be**rech**nen.
10 Und wenn Sie auf **bei**de **Tas**ten **gleich**zeitig **drü**cken, er**hal**ten Sie den **We**tterbericht für **a**lle **Län**der der Welt. **High**tech kennt **kei**ne **Gren**zen.
11 – Ja, ich **se**he… **a**ber **ei**ne **Fra**ge: Kann ich mit der Uhr auch **wi**ssen, wie spät es ist? ☐

8 ***drue****kən… **tas**tə… telefo**ni:**rən* ***9*** *… kalo**ri:**ən-fèrbraucH be**rèçh**nən* ***10*** *… **glaiçh**tsaitiçh… èr**Hal**tən… **grèn**tsən…*

Note

6 La frase ipotetica si può costruire senza **wenn** e con il verbo coniugato in posizione I; la sintassi della proposizione principale non cambia: Wenn Sie auf diese Taste drücken… ↔ Drücken Sie auf diese Taste…,

***

Übung 1 – Übersetzen Sie bitte!

❶ Es ist ein Uhr. ❷ Es gibt nichts Schlimmeres als sein Handy zu verlieren. ❸ Hätte ich Geld, würde ich es machen. ❹ Wir möchten uns ein paar Wohnungen ansehen. ❺ Er hat eine schöne Uhr gekauft.

Übung 2 – Ergänzen Sie bitte!

❶ I miei genitori festeggiano le *(loro)* nozze d'oro.
Meine Eltern feiern ....

❷ Se fossi ricco, ti aiuterei.
.... reich, würde ich dir helfen.

❸ Cerco qualcosa di grande.
Ich suche ....

❹ Non c'è niente di più bello.
Es gibt ....

8 [Se] preme su questo tasto, può telefonare.
9 [Se] preme su quest'altro tasto può calcolare il consumo calorico *(Suo calorie-consumo)*.
10 E se preme su entrambi i tasti contemporaneamente, ottiene le previsioni meteo di *(per)* tutti i paesi del mondo. [L']alta tecnologia non conosce frontiere.
11 – Sì, capisco *(vedo)*... Ma una domanda: con quest'orologio posso anche sapere che ore sono?

Se preme questo tasto,...; **Wenn ich mehr Zeit hätte...** ↔ **Hätte ich mehr Zeit...**, *(Se) avessi più tempo...* Attenzione! Questa costruzione non è possibile se la proposizione subordinata è posposta alla proposizione principale: **Ich würde dir helfen, wenn ich mehr Zeit hätte** ↔ **~~Ich würde dir helfen, hätte ich mehr Zeit~~**.

***

Soluzioni dell'esercizio 1

❶ È l'una. ❷ Non c'è niente di peggio che perdere il proprio cellulare. ❸ Avessi i soldi, lo farei. ❹ Vorremmo vedere qualche appartamento. ❺ Ha comprato un bell'orologio.

❺ Vorrei vedere la casa.
Ich möchte … das Haus ……. .

Soluzioni dell'esercizio 2

❶ – ihre Goldhochzeit ❷ Wäre ich – ❸ – etwas Großes ❹ – nichts Schöneres ❺ – mir – ansehen

Seconda ondata: 25ª lezione

Fünfundsiebzigste Lektion

Willkommen in Madrid [1]

1 – **G**uten **A**bend, Frau **Sei**bert. Ich **ho**ffe, Sie **ha**tten **ei**nen **an**genehmen Flug.

2 – Der Flug war sehr **an**genehm, **dan**ke. Es gab **we**nige Passa**gie**re an Bord. [2]

3 – Das macht **ei**nen **gro**ßen **Un**terschied. Wenn Sie mir **bi**tte **fol**gen **wo**llen. Mein **Au**to steht **drau**ßen [3].

4 **Ke**nnen Sie Ma**drid**?

5 – Nein, ich bin zum **ers**ten Mal hier und ich **ha**be **lei**der nicht die **rich**tige **Klei**dung [4] da**bei**.

6 Ich **hä**tte nie ge**dacht** [5], dass es **En**de Ok**to**ber so warm sein **kön**nte.

Pronuncia

*vil**komm**ən... ma**drit** 1 ... **an**ghene:mən... 2 ... passa**dzi:**rə... bort 3 ... **unt**ᵊshi:t... **drau**ssən 5 ... **klai**duñg...*

Note

1 Memorizzate queste espressioni di benvenuto e non dimenticate che i complementi sono tutti al dativo: **Willkommen in Berlin**, *Benvenuti a Berlino*; **Willkommen in unserem Hotel**, *Benvenuti nel nostro albergo*; **Willkommen zu Hause**, *Benvenuti a casa*; **Willkommen in unserer Abteilung** ***[aptailuñg]***, *Benvenuti nel nostro reparto*. Per dare un benvenuto più caloroso, si può dire: **Herzlich willkommen...**, *benvenuti...* (lett. "cordialmente benvenuti")

2 L'aggettivo o l'avverbio indefinito **wenig**, *poco*, è invariabile al singolare. Al plurale, invece, si declina come l'aggettivo attributivo in un gruppo nominale senza l'articolo. Lo stesso vale per **viel** (cfr. L50, N1). Tuttavia, nel linguaggio parlato, **wenig** può non essere declinato al plurale: **Wir waren nur wenige/wenig Passagiere an Bord**, *Eravamo (solo) pochi passeggeri a bordo*; **Ich kenne leider wenige/wenig Leute**, *Putroppo conosco poche persone*.

Settantacinquesima lezione

Benvenuti a Madrid

1 – Buonasera Signora Seibert! Spero che il volo sia stato piacevole *(ha avuto un piacevole volo)*.
2 – Il volo è stato molto piacevole, grazie. C'erano pochi passeggeri a bordo.
3 – Questo fa una grossa differenza. Se vuole seguirmi per favore. La mia auto è fuori.
4 Conosce Madrid?
5 – No, è la prima volta che vengo qui *(sono per la prima volta qui)* e purtroppo non ho *(con me)* l'abbigliamento giusto.
6 Non avrei mai pensato che a fine ottobre potesse fare *(essere)* così caldo.

3 Approfittiamo di questa lezione per introdurre alcuni avverbi di luogo: **draußen** / **drinnen** ***[drinnən]***, *fuori / dentro*; **oben** ***[o:bən]*** / **unten** ***[untən]***, *in alto / in basso*; **davor** ***[dafo:[a]]*** / **dahinter** ***[dahint[a]]*** / **daneben** ***[dane:bən]*** *davanti / dietro / accanto*. L'avverbio **davor** è anche un avverbio di tempo. In questo caso si traduce *prima*. Il suo contrario è **danach**, *dopo* o *in seguito*.

4 I sostantivi terminanti in **-ung** sono sempre femminili e formano il plurale con la desinenza **-en**: **die Übersetzung / die Übersetzungen**, *la traduzione/le traduzioni*; **die Übung / die Übungen**, *l'esercizio/gli esercizi*. **Die Kleidung** è invece un nome collettivo e raramente è usato al plurale.

5 Si tratta di un condizionale passato che in tedesco corrisponde al **Konjunktiv II Vergangenheit** *[fèrgañghənHait]*. Si costruisce con l'ausiliare **haben** o **sein** al **Konjunktiv II** + participio passato in fondo alla frase. La regola sull'uso degli ausiliari è la stessa che abbiamo imparato per il Perfekt (cfr. L42, §3): **Ich wäre gern mitgekommen**, *Sarei venuto/a volentieri anch'io*.

7 – Ja, im Herbst **ha**ben wir **meis**tens noch sehr **schö**nes **We**tter. **A**ber ab **nächs**ter **Wo**che soll es kalt **wer**den [6] und **reg**nen. Zum Glück!

8 – Zum Glück **ha**ben Sie ge**sagt**? Dann **ko**mmen Sie doch zu uns! Da **reg**net es an 176 **Ta**gen [7] im Jahr [8]. □

Note

6 Come ricorderete, **sollen**, *dovere*, può essere usato per riportare un'informazione, qualcosa riferito da terzi: *si dice che, dicono, pare che*.

7 Davanti a un complemento di tempo indicante un giorno specifico o un momento della giornata si utilizza la preposizione **an** + dativo: **Wo warst du am Tag der Abreise** *[apraizə]* / **am Dienstag** / **am Abend**?, *Dov'eri il giorno della partenza / martedì / di sera?* → **am** = **an dem**.

***

Übung 1 – Übersetzen Sie bitte!

❶ Er hätte mich angerufen. ❷ Schläfst du lieber oben oder unten? ❸ Willkommen in unserer neuen Firma. ❹ Der Chef soll auf Tahiti sein. ❺ Ich habe wenig Zeit.

Übung 2 – Ergänzen Sie bitte!

❶ Mangiamo dentro o fuori?
Essen wir .... oder .... ?

❷ Dicono che farà molto bello.
Es .... schön sein.

❸ Hanno pochi soldi.
Sie haben ....

❹ Io non avrei detto niente.
Ich ..... nichts ....

❺ Poche persone parlano russo. *(due opzioni possibili)*
..... / ...... Leute sprechen Russisch.

7 – Sì, in autunno abbiamo ancora bel tempo, perlopiù. Ma dalla prossima settimana dicono [che] farà freddo e [che] pioverà. Per fortuna!

8 – Per fortuna ha detto? Allora venga da noi! Piove 176 giorni l'anno.

Eccezione: **die Nacht** che vuole la preposizione **in** + dativo: **in der Nacht**, *[di] notte*.

8 Davanti a un complemento di tempo indicante una settimana, un mese, una stagione o un anno specifici si usa la preposizione **in** + dativo: **Wir sind in der ersten Maiwoche / im Juli / im Winter und im Frühling / im Jahr 2019 umgezogen** *[**um**ghetso:ghən], Abbiamo traslocato la prima settimana di maggio / a luglio / in inverno e in primavera / nel 2019.*

***

Soluzioni dell'esercizio 1

❶ Mi avrebbe chiamato. ❷ Preferisci dormire sopra o sotto? ❸ Benvenuti nella nostra nuova ditta. ❹ Pare che il capo sia a Tahiti. ❺ Ho poco tempo.

Soluzioni dell'esercizio 2

❶ – drinnen – draußen ❷ – soll sehr – ❸ – wenig Geld ❹ – hätte – gesagt ❺ Wenig/Wenige –

Seconda ondata: 26ª lezione

Sechsundsiebzigste Lektion

Das Vorstellungsgespräch

1 – Wer ist da?
2 – Ich bin's, **Lau**ra. [1]
3 – Ach, du bist es. Sag mal, wie ist es ge**lau**fen [2]?
4 – Es war nicht schlecht. Der Perso**nal**leiter hat mir **vie**le **Fra**gen ge**stellt**, **a**ber...
5 – **A**ber was?
6 – Ich glaube [3], die **an**dere Kandi**da**tin [4] war **be**sser als ich. Sie war **au**ßerdem top ge**stylt** [5]. Wenn ich das ge**wusst hä**tte, **hä**tte ich mich auch in **Scha**le ge**wor**fen. [6]

Pronuncia

... ***fo:ªshtèlluñgs-gheshprè:çh*** **4** ... *pèrzo**na:l**-laitª*... **6** ... *kandi**da:**tin... top ghe**staïlt**... **sha:**lə ghe**vor**fən*

Note

1 Osservate queste costruzioni: **Ich bin's, Laura**, *Sono io, Laura.* – **Ach, du bist es!**, *Ah, sei tu!*

2 **(gut/schlecht) laufen** significa *andare (bene/male)*: **Es ist gut/schlecht gelaufen**, *È andata bene/male*; **Und wie läuft's bei dir?**, *E come va/vanno le cose?* In senso proprio, **laufen** significa *camminare (di buon passo), correre*.

3 Nel linguaggio parlato, **ich glaube** è spesso abbreviato **ich glaub**.

4 I sostantivi femminili terminanti in **-in** formano il plurale con il suffisso **-nen**: **die Kandidatin**, *la candidata* → **die Kandidatinnen**, *le candidate*; **die Freundin**, *l'amica* → **die Freundinnen**, *le amiche*.

Settantaseiesima lezione

Il colloquio di presentazione
(presentazione-colloquio)

1 – Chi è *(là)*?
2 – Sono io *(lo sono esso)*, Laura.
3 – Ah, sei tu *(tu sei esso)*. Allora, dimmi, come è andata?
4 – Non *(era)* male. Il capo del personale mi ha fatto molte domande, ma...
5 – Ma cosa?
6 – Credo che l'altra candidata sia andata meglio *(era migliore di me)*. In più era super stilosa. Se l'avessi saputo, mi sarei messa in tiro *(lanciata nella conchiglia)* anch'io.

5 Ecco un esempio di inglesismo mescolato al tedesco (= **Denglisch**, cfr. L6, nota culturale). Il participio passato **gestylt**, *essere vestiti con stile*, viene dall'inglese ***style***, *style*, a cui sono stati aggiunti il prefisso e la desinenza del participio passato tedesco.

6 • Una frase ipotetica o irreale al passato si costruisce con il **Konjunktiv II** in entrambe le proposizioni principale e subordinata: **Wenn ich das gewusst hätte, hätte ich mich in Schale geworfen**, *Se l'avessi saputo, mi sarei messa in tiro*; **Wir wären gern gekommen, wenn wir Zeit gehabt hätten**, *Saremmo venuti volentieri se avessimo avuto tempo*. Nella prossima lezione di ripasso rivedremo la posizione del verbo nelle frasi ipotetiche.
• *Mettersi in tiro*, si dice **sich in Schale werfen** o **sich... schmeißen** ***[shmaissən]***) (lett. "lasciarsi / gettarsi nella conchiglia").

7 – Lass dich nicht so leicht [7] be**ein**drucken. Wie ich dich **ken**ne, hast du das be**stimmt** sehr gut ge**macht**. Und du warst per**fekt an**gezogen. [8]

8 – Ach, ich weiß nicht.

9 – Wie wär's denn jetzt mit [9] **ei**ner **le**ckeren **Brat**wurst und **ei**nem Bier da**zu**? **Au**ßer [10] **war**ten, kannst du nichts tun.

10 – Ja, sehr gern. Was **wä**re ich nur **oh**ne dich [11]? □

*7 … laiçht be**ain**drukən… 9 … **bra:t**-vurst… **auss**ª…*

Note

7 In tedesco gli aggettivi e gli avverbi sono spesso identici: **leicht**, *facile/facilmente* o *leggero/leggermente*: **Die Aufgabe ist leicht**, *Il compito è facile* → **Lass dich nicht so leicht beeindrucken**, *Non lasciarti impressionare così facilmente*; **Der Koffer ist leicht**, *La valigia è leggera* → **Anna ist leicht aufgeregt** *[**auf**ghere:kt]*, *Anna è leggermente agitata*.

8 **angezogen**, *vestito/a*, è il participio passato di **(sich) anziehen**, *vestirsi*: **Und ich habe mich angezogen**, *E mi sono vestito/a*.

9 Memorizzate quest'espressione tipica del linguaggio parlato: **Wie wär's mit…?** (lett. "come sarebbe con…"), *Cosa ne dici/diresti di…?*; **Wie wär's mit einem Milchkaffee** *[**milçh**-kafé]*?, *Che ne dici di un caffelatte?*

10 La preposizione **außer** significa *a parte*, *eccetto*, *tranne*, e regge il dativo: **Außer den Kindern habe ich niemanden gesehen**, *A parte i bambini non ho visto nessuno*. Ripassiamo le preposizioni che reggono il

***

Übung 1 – Übersetzen Sie bitte!

❶ Es ist gut gelaufen. ❷ Außer dir hat er keinen deutschen Freund. ❸ Wenn du mich angerufen hättest, wäre ich auch gekommen. ❹ Sie ist schon angezogen. ❺ Wie wär's mit einem Kaffee?

7 – **Non lasciarti impressionare così facilmente. [Per] come ti conosco io, sei andata** *(l'hai fatto)* **sicuramente molto bene. Ed eri vestita perfettamente.**
8 – **Ah, non [lo] so.**
9 – **Cosa ne dici** *(sarebbe)* **adesso di una buona salsiccia alla griglia e di una birra** *(con questo)*? **Tranne aspettare, non puoi fare niente.**
10 – **Sì, molto volentieri. Cosa farei** *(sarei solo)* **senza di te?**

dativo: **aus**, *da* (provenienza); **bei**, *presso*, *a casa di* (stato in luogo); **mit**, *con*; **nach**, *dopo*; **seit**, *da*; **von**, *di/da parte di*; **zu**, *a*, *in*, e **ab**, *a partire da*, *da* (moto a luogo).

11 Ripassiamo ancora le preposizioni che reggono l'accusativo: **durch**, *per*, *attraverso*; **für**, *per*; **gegen**, *contro*; **ohne**, *senza*; **um (herum)**, *intorno a*.

***

Soluzioni dell'esercizio 1

❶ È andata bene. ❷ A parte te non ha altri amici tedeschi. ❸ Se mi avessi chiamato, sarei venuto anch'io. ❹ È già vestita. ❺ Che ne dici di un caffè?

Übung 2 – Ergänzen Sie bitte!

❶ Resto da Lei.
Ich bleibe ....

❷ Se fossi venuto, non avrebbe detto niente.
Wenn ich ...., hätte er nichts gesagt.

❸ Se l'avessero saputo, sarebbero rimasti qui.
Wenn sie das gewusst hätten, ... sie hier ....

❹ Che ne diresti di una birra?
.......'s mit einem Bier?

77

Siebenundsiebzigste Lektion

Wiederholung – Ripasso

1 I verbi misti

I verbi misti sono anche detti "deboli irregolari", in quanto modificano la radice al Präteritum (come i verbi irregolari o forti) e aggiungono le desinenze dei verbi regolari o deboli. Tra questi vi sono i verbi: **brennen**, *bruciare*; **bringen**, *portare*; **denken**, *pensare*; **kennen**, *conoscere*; **nennen**, *nominare*; **rennen**, *correre*. Nella prima tabella trovate la coniugazione completa del verbo **rennen**. Nella seconda, la coniugazione alla 1ª persona singolare degli altri verbi misti. Le desinenze (in rosso) e il prefisso **ge-** sono gli stessi per tutti i verbi misti.

	Indicativo presente	Präteritum	Perfekt
ich	**renne**	**rannte**	**bin gerannt**
du	**rennst**	**ranntest**	**bist gerannt**
er, sie, es	**rennt**	**rannte**	**ist gerannt**
wir	**rennen**	**rannten**	**sind gerannt**
ihr	**rennt**	**ranntet**	**seid gerannt**

❺ Quest'esercizio non è così facile.
Diese Übung ist nicht . . . .

Soluzioni dell'esercizio 2
❶ – bei Ihnen ❷ – gekommen wäre – ❸ – wären – geblieben ❹ Wie wär – ❺ – so leicht

Seconda ondata: 27ª lezione

77

Settantasettesima lezione

sie	**rennen**	**rannten**	**sind gerannt**
Sie	**rennen**	**rannten**	**sind gerannt**

brennen	**ich brenne**	**ich brannte**	**ich habe gebrannt**
bringen	**ich bringe**	**ich brachte**	**ich habe gebracht**
denken	**ich denke**	**ich dachte**	**ich habe gedacht**
kennen	**ich kenne**	**ich kannte**	**ich habe gekannt**
nennen	**ich nenne**	**ich nannte**	**ich habe genannt**

I verbi separabili e inseparabili seguono la stessa coniugazione. Attenzione! I verbi inseparabili formano il participio passato senza **ge-**: **nachdenken**, *riflettere* → **ich dachte nach / habe nachgedacht**; **verbringen**, *trascorrere* (un momento, le vacanze) → **ich verbrachte / habe verbracht**.

2 Il *Konjunktiv II*

Il **Konjunktiv II** è il tempo dell'irrealtà: serve a esprimere un desiderio, una speranza, un'ipotesi, ossia una cosa non certa, irreale. Il **Konjunktiv II** ha due forme temporali: una forma del presente, che corrisponde ai nostri condizionale presente e congiuntivo imperfetto, e una forma del passato che corrisponde al nostro trapassato congiuntivo e condizionale passato.

• Al presente, il **Konjunktiv II** si costruisce in due modi. La regola che segue riflette l'uso corrente di questo tempo verbale nella lingua parlata:

a) Il **Konjunktiv II** dei verbi forti, ossia degli ausiliari **sein/haben/werden**, dei verbi modali, del verbo **wissen** e dei verbi irregolari più frequenti si forma dalla radice del Präteritum (cfr. L49, §3) + desinenze del **Konjunktiv II**. Le vocali radicali **a**, **o**, **u**, si trasformano prendendo l'**Umlaut**. Fanno eccezione **wollen** e **sollen**:

	sein *essere*	**haben** *avere*	**werden** *diventare, essere, ausiliare*
ich	**wäre**	**hätte**	**würde**
du	**wär(e)st***	**hättest**	**würdest**
er, sie, es	**wäre**	**hätte**	**würde**
wir	**wären**	**hätten**	**würden**
ihr	**wär(e)t***	**hättet**	**würdet**
sie	**wären**	**hätten**	**würden**
Sie	**wären**	**hätten**	**würden**

*Si usa perlopiù la forma senza la **e**.

	Verbo modale **sollen** *dovere*	Verbo modale **können** *potere*	Verbo **wissen** *sapere*	Verbo irregolare **kommen** *venire*
ich	**sollte**	**könnte**	**wüsste**	**käme**
du	**solltest**	**könntest**	**wüsstest**	**kämest**
er, sie, es	**sollte**	**könnte**	**wüsste**	**käme**
wir	**sollten**	**könnten**	**wüssten**	**kämen**
ihr	**solltet**	**könntet**	**wüsstet**	**kämet**
sie	**sollten**	**könnten**	**wüssten**	**kämen**
Sie	**sollten**	**könnten**	**wüssten**	**kämen**

	Verbo modale **müssen** *dovere*	Verbo modale **wollen** *volere*	Verbo modale **mögen** *piacere/ amare*	Verbo modale **dürfen** *avere il permesso*
ich	**müsste**	**wollte**	**möchte**	**dürfte**
du	**müsstest**	**wolltest**	**möchtest**	**dürftest**
er/sie/es	**müsste**	**wollte**	**möchte**	**dürfte**
wir	**müssten**	**wollten**	**möchten**	**dürften**
ihr	**müsstet**	**wolltet**	**möchtet**	**dürftet**
sie	**müssten**	**wollten**	**möchten**	**dürften**
Sie	**müssten**	**wollten**	**möchten**	**dürften**

b) Il **Konjunktiv II** dei verbi deboli, ossia dei verbi regolari, e dei verbi irregolari meno frequenti si forma con **würde** + infinito del verbo in fondo alla frase/proposizione:

	sagen *dire*	**aussteigen** *scendere* (da un mezzo)
ich	**würde sagen**	**würde aussteigen**
du	**würdest sagen**	**würdest aussteigen**
er, sie, es	**würde sagen**	**würde aussteigen**
wir	**würden sagen**	**würden aussteigen**
ihr	**würdet sagen**	**würdet aussteigen**
sie	**würden sagen**	**würden aussteigen**
Sie	**würden sagen**	**würden aussteigen**

• La forma al passato di tutti i verbi si forma con il **Konjunktiv II** degli ausiliari **haben** o **sein** + participio passato in fondo alla frase/proposizione. La regola sull'uso degli ausiliari è la stessa che abbiamo visto per il Perfekt (cfr. L42, §3):

	arbeiten *lavorare*	**rennen** *correre*
ich	**hätte gearbeitet**	**wäre gerannt**
du	**hättest gearbeitet**	**wär(e)st gerannt**

er, sie, es	hätte gearbeitet	wäre gerannt
wir	hätten gearbeitet	wären gerannt
ihr	hättet gearbeitet	wär(e)t gerannt
sie	hätten gearbeitet	wären gerannt
Sie	hätten gearbeitet	wären gerannt

3 Le frasi ipotetiche

Sono introdotte da **wenn**, *se*, e servono a indicare la condizione necessaria perché una situazione o un'azione si verifichi. La subordinata introdotta da **wenn** può essere a inizio frase o seguire la proposizione principale. Se è a inizio frase, la proposizione principale può essere introdotta (ma non è obbligatorio) da **dann**, *allora*.

– Se la condizione è realizzabile, si usa l'indicativo presente sia nella proposizione principale sia nella subordinata:

Wenn ich Zeit habe, (dann) backe ich einen Kuchen, *Se ho tempo, faccio una torta*;

Ich backe einen Kuchen, wenn ich Zeit habe, *Faccio una torta, se ho tempo...*

– Se la condizione non è realizzabile nel presente, si usa il **Konjunktiv II** in entrambe le proposizioni principale e subordinata:

Wenn ich Zeit hätte, (dann) würde ich einen Kuchen backen, *Se avessi tempo, farei una torta*;

Ich würde einen Kuchen backen, wenn ich Zeit hätte, *Farei una torta se avessi tempo.*

– Se la condizione non si è realizzata nel passato, si usa il **Konjunktiv II** passato in entrambe le proposizioni principale e subordinata:

Wenn ich Zeit gehabt hätte, (dann) hätte ich einen Kuchen gebacken, *Se avessi avuto tempo, avrei fatto una torta*;

Ich hätte einen Kuchen gebacken, wenn ich Zeit gehabt hätte, *Avrei fatto una torta...*

Se la subordinata è a inizio frase, **wenn** può essere omesso. In questo caso il verbo coniugato è il primo elemento della frase. La sintassi della proposizione principale rimane invariata:

Hätte ich Zeit, würde ich einen Kuchen backen, *Se avessi tempo, farei una torta*;
Hätte ich Zeit gehabt, hätte ich einen Kuchen gebacken, *Avessi avuto tempo, avrei fatto una torta*.

Rivediamo ora la posizione del verbo nelle frasi composte da una proposizione principale e da una subordinata ipotetica.
a) In una proposizione principale a inizio frase, il verbo coniugato occupa la posizione II. Il participio passato o l'infinito (se presenti) si posizionano in fondo alla frase.
b) In una proposizione principale posposta alla subordinata, il verbo coniugato occupa la posizione I. Il participio passato o l'infinito (se presenti) si posizionano in fondo alla frase.
c) In una proposizione subordinata posta a inizio frase o dopo la proposizione principale, il verbo coniugato si posiziona in fondo alla frase. Il participio passato o l'infinito (se presenti) precedono il verbo coniugato.
d) In una proposizione subordinata senza **wenn**, il verbo coniugato è in posizione I. Il participio passato o l'infinito (se presenti) si posizionano in fondo alla frase.

4 I pronomi avverbiali con il prefisso *da(r)-*

I pronomi avverbiali sostituiscono il complemento con la preposizione. Si costruiscono con il prefisso **da-** + preposizione o **dar-** se la preposizione inizia per vocale. Si usano con i verbi o con gli aggettivi con preposizione come **warten auf** + acc., *aspettare*; **anfangen mit** + dat., *iniziare con/da*; **denken an** + acc., *pensare a*. Molto raramente si ha una corrispondenza con la nostra lingua. In italiano il verbo può non essere accompagnato dalla preposizione o la preposizione può non essere la stessa. Per tale ragione è fondamentale che impariate ciascun verbo tedesco con la sua preposizione e il caso retto dalla preposizione. Non preoccupatevi, rivedremo i verbi con preposizione nell'appendice alla fine del libro.

I pronomi avverbiali servono a riferirsi a qualcosa, un concetto, un'azione o una situazione menzionati in precedenza. A seconda del contesto possiamo tradurli con un pronome personale, *ci*, *ne* o non tradurli affatto.

I pronomi avverbiali si usano per:
– evitare la ripetizione del gruppo preposizionale:
warten auf → **Ich warte auf den Zug. – Ich warte auch darauf (= auf den Zug),** *Aspetto il treno. – L'aspetto anch'io.*
– riferirsi a una proposizione menzionata precedentemente:
Wir könnten ihn zum Essen einladen. – Ich muss darüber nachdenken, *Potremmo invitarlo a cena/pranzo – Ci devo pensare.*
denken an → **Hast du daran gedacht, ihr zu schreiben,** *Hai pensato a scrivergli?*
N.B. Per riferirsi a un essere vivente si usa la preposizione + pronome personale declinato:
denken an *(+ acc.)* → **Ich denke an die Kinder. – Ich denke auch an sie,** *Penso ai bambini. – Ci penso anch'io.*

5 I pronomi indefiniti

Servono a riferirisi a persone o a cose in maniera generica:
– Davanti a un sostantivo singolare, **viel**, *molto*, e **wenig**, *poco*, sono invariabili; davanti a un sostantivo plurale, si declinano come l'articolo determinativo. Nel linguaggio parlato **wenig** può non essere declinato;
– **viele**, *molti*, **wenige**, *pochi*, **mehrere**, *parecchi, diversi*, **alle**, *tutti*, si usano solo al plurale e si declinano come l'articolo determinativo plurale.
Le desinenze sono le stesse per tutti i pronomi indefiniti. Dopo **viele/wenig(e)/mehrere** l'aggettivo segue la declinazione dell'aggettivo attributivo senza articolo determinativo; dopo **alle**, quella dell'aggettivo attributivo preceduto dall'articolo determinativo. Le tabelle nella pagina accanto non includono il caso genitivo in quanto il suo uso è proprio di un livello linguistico più avanzato.

a) singolare

	Gruppo nominale senza articolo **viel/wenig**
Nominativo	**viel/wenig guter Wein** **viel/wenig gute Schokolade** **viel/wenig gutes Bier**

Accusativo	**viel/wenig guten Wein** **viel/wenig gute Schokolade** **viel/wenig gutes Bier**
Dativo	**viel/wenig gutem Wein** **viel/wenig guter Schokolade** **viel/wenig gutem Bier**

b) plurale

	Gruppo nominale senza articolo **viele/wenig(e)/ mehrere**	Gruppo nominale con articolo **alle**
Nominativo	**viele junge Leute** **wenig(e) junge Leute** **mehrere junge Leute**	**alle jungen Leute**
Accusativo	**viele junge Leute** **wenig(e) junge Leute** **mehrere junge Leute**	**alle jungen Leute**
Dativo	**vielen jungen Leuten** **wenig(en) jungen Leuten** **mehreren jungen Leuten**	**allen jungen Leuten**

6 *derjenige (der), diejenige (die), dasjenige (das), diejenigen (die)*

	Maschile	Femminile	Neutro	Plurale
Nominativo	**derjenige (der)**	**diejenige (die)**	**dasjenige (das)**	**diejenigen (die)**
Accusativo	**denjenigen (den)**	**diejenige (die)**	**dasjenige (das)**	**diejenigen (die)**
Dativo	**demjenigen (dem)**	**derjenigen (der)**	**demjenigen (dem)**	**denjenigen (denen)**

Sono pronomi dimostrativi che si riferiscono a qualcosa che sarà specificato nella subordinata che segue introdotta dal pronome relativo. Possono essere sostituiti dai pronomi dimostrativi **der**, **die**, **das**, **die** e in entrambi i casi corrispondono a: *colui, colei, coloro, quello/a, quegli/quelle* o *chi*. Anche in questo caso ci limitiamo a

osservare il loro uso al nominativo, all'accusativo e al dativo:
nominativo → **Was machen diejenigen/die, die keinen Reisepass haben?**, *Cosa fanno quelli/coloro che non hanno il passaporto?*
accusativo → **Finde denjenigen/den, der das gemacht hat!**, *Trova chi/colui che ha fatto questo!*
dativo → **Meistens gefällt es denjenigen/denen, die gern Sport machen**, *Piace spesso a chi ama fare sport.*

***

Wiederholungsdialog

1 – Wenn du nicht zu schnell gefahren wärst, hätte die Polizei uns nicht angehalten.
2 – Ja, ich wäre aber nicht zu schnell gefahren, wenn du pünktlich gewesen wärst.
3 – Ich möchte dich daran erinnern, dass dein Sohn...
4 – Entschuldigung, unser Sohn.
5 – Okay, dass unser Sohn zwanzig Minuten zu spät war.
6 – Stimmt! Ich entschuldige mich für das, was ich eben gesagt habe. Hauptsache, wir verpassen den Flieger nicht. Das hätte uns viel mehr Geld gekostet.
7 – Oh, nein!
8 – Oh, doch!
9 – Nein, ich meinte nicht das. Ich wollte sagen, dass ich mein Handy vergessen habe. Es liegt auf dem Tisch im Wohnzimmer.
10 – Es lag. Hier ist es!

Traduzione del dialogo

1 Se non avessi guidato così *(troppo)* veloce, la polizia non ci avrebbe fermato. **2** Sì, ma non avrei guidato così *(troppo)* veloce se tu fossi stato puntuale. **3** Vorrei ricordarti che tuo figlio... **4** Scusa, nostro figlio. **5** Ok, che nostro figlio era venti minuti in ritardo. **6** Giusto! Mi scuso per ciò che ho appena detto. La cosa importante è che non perdiamo l'aereo. Ci sarebbe costato più soldi. **7** Oh, no! **8** Oh, sì! **9** No, non intendevo questo. Volevo dire che ho dimenticato il mio cellulare. È sul tavolo in salone. **10** Era. Eccolo!

***

Übersetzen Sie bitte!

❶ Er ist schnell gerannt. ❷ Kennen Sie denjenigen, der das geschrieben hat? ❸ Ich würde etwas sagen. ❹ Ich habe leider wenig Zeit. ❺ Wenn wir es wüssten, würden wir es euch sagen.

Soluzioni dell'esercizio

❶ Ha corso velocemente. ❷ Conosce chi ha scritto questo? ❸ Io direi qualcosa. ❹ Purtroppo ho poco tempo. ❺ Se lo sapessimo, ve lo diremmo.

***

Come ormai avrete capito, il metodo Assimil prevede di proporvi più e più volte alcune regole o spiegazioni, affinché possiate verificare spesso le conoscenze che avete acquisito. Ancora una volta, vi ripetiamo che è normale non riuscire a ricordarsi tutto. L'apprendimento necessita di ripetizione, esercizio e pazienza. Imparare una lingua straniera è come risolvere un puzzle, che prende forma piano piano: il risultato finale si vede solo alla fine del lavoro e può capitare che i pezzi non s'incastrino subito alla perfezione. Per le lingue il funzionamento è più o meno lo stesso, occorre conoscere la regola giusta e saperla applicare correttamente.

Seconda ondata: 28ª lezione

Achtundsiebzigste Lektion

Testen Sie Ihr Wissen

1 – **G**uten Tag, wie geht es **Ih**nen? **Ko**mmen Sie gut mit? [1]

2 In **un**serer **heu**tigen [2] Lek**tion schla**gen wir **Ih**nen **et**was **an**deres [3] vor.

3 Wir **wer**den **Ih**nen **Fra**gen **über** die **deu**tsche **Tei**lung und **Wie**dervereinigung [4] **stel**len.

4 Be**vor** [5] wir **an**fangen, **möch**ten wir Sie da**ran** [6] er**in**nern, dass DDR die **Ab**kürzung für **Deu**tsche Demo**kra**tische Repu**blik** war.

5 BRD war die **Ab**kürzung für die **da**malige **Bun**desrepublik **Deutsch**land [7]

Pronuncia

*3 … **vi:d**ªfèrainiguñg… 4 … **ap**kurtsuñg…*

Note

1 **(nicht) gut mitkommen** significa *(non) riuscire a seguire* (un corso, una spiegazione…) nella lingua parlata: **Er kommt nicht gut mit** (lett. "Non viene bene con"), *Non riesce a seguire, Non ci arriva*.

2 L'aggettivo **heutig-**, *di oggi, odierna* (a volte anche *questo/a, questi/e*), deriva dall'avverbio **heute**. Si usa solo come aggettivo attributivo prima di un sostantivo: **für den heutigen Abend**, *per questa sera*.

3 **ander-** si declina come un aggettivo sostantivato quando è preceduto da **etwas** (**was**) o **nichts**, ma non prende la maiuscola: **etwas anderes** (N); **etwas anderes** (A); **etwas anderem** (D).

4 Se usata con il significato di *su/a proposito di*, la preposizione **über** regge l'accusativo: **eine Geschichte über den Krieg schreiben**, *scrivere una storia sulla guerra*. Ricordatevi che **über** traduce anche *sopra/al di sopra/su*. In questo caso si comporta come una preposizione mista.

Settantottesima lezione

Testate il vostro sapere

1 – Buongiorno, come state? Riuscite a seguire?
2 Nella *(nostra)* lezione di oggi, vi proporremo qualcosa di nuovo *(diverso)*.
3 Vi faremo delle domande sulla divisione e la riunificazione della Germania *(tedesca)*.
4 Prima di cominciare *(cominciamo)*, vogliamo ricordarvi che DDR, era l'abbreviazione di *(per)* Deutsche Demokratische Republik, Repubblica Democratica Tedesca.
5 BRD era l'abbreviazione dell'allora *(per l'allora)* Repubblica Federale Tedesca, Bundesrepublik Deutschland

5 **bevor**, *prima di*, non si usa mai insieme all'infinito: **Ich schreibe dir, bevor ich losfahre**, *Ti scrivo prima che io parta/di partire*. Non dite mai: **Ich schreibe dir, ~~bevor loszufahren~~**. La stessa regola vale per la congiunzione subordinante **nachdem**, *dopo che*: **Ich mache es, nachdem ich gegessen habe**, *Lo faccio dopo che ho mangiato*. Sbagliato: **Ich mache es, ~~nachdem gegessen zu haben~~**.

6 In questa frase si usa il pronome avverbiale **daran** in quanto **sich erinnern** si costruisce con la preposizione **an** (+ acc. non dimenticatelo!).

7 Gli aggettivi **damalig-**, *l'allora/l'ex*, e **jetzig-**, *attuale* (cfr. F6), derivano dagli avverbi **damals** e **jetzt**. Si usano solo come aggettivi attributivi prima di un sostantivo.

6 und wird **heu**te noch als nicht offi**zie**lle **Ab**kürzung für die **jetz**ige **Bun**desrepublik be**nutzt** [8].

7 Unter**strei**chen [9] Sie **bit**te **Ih**re **Ant**worten. Viel Spaß! Los geht's!

8 a) In **wel**chem Jahr **wur**de **Deutsch**land in zwei **Staa**ten ge**teilt** [10]?

9 1939 [11] – 1945 – 1949

10 b) In **wel**chem Jahr **wur**de die **Ber**liner **Mau**er ge**baut**?

11 1933 – 1949 – 1961

12 c) An **wel**chem Tag **wur**den die **Gren**zen der DDR ge**öff**net?

13 am 9. No**vem**ber 1989 – am 3. Ok**to**ber 1990 – am 1. **Ja**nuar 2000

14 d) **Wel**che Stadt war die **Haupt**stadt der da**ma**ligen BRD?

15 **Frank**furt – **Ber**lin – Bonn

*7 untᵊ**shtraiçhən**…*

Osservazioni sulla pronuncia

(8) Le due **a** in **die Staaten** *[shta:tən]*, *gli Stati*, hanno il suono di una **a** allungata. In particolare al singolare, **der Staat** *[shta:t]*, dovete fare sentire bene questo suono allungato, così da evitare ogni possibile confusione con **die Stadt** *[shtat]*, *la città*.

Note

8 In questa frase incontriamo il passivo d'azione. Si chiama così perché l'azione è ancora in corso. Al presente, il passivo d'azione si costruisce con l'ausiliare **werden** al presente indicativo + participio passato del verbo in fondo alla frase: **Die Abkürzung CH wird für die Schweiz benutzt**, *L'abbreviazione CH è usata per indicare la Svizzera.* Non confondetevi con il futuro che si costruisce con **werden** al presente + infinito del verbo in fondo alla frase.

6 e ancora oggi è utilizzata come abbreviazione non ufficiale dell'attuale *(per l'attuale)* Repubblica federale.

7 Sottolineate, cortesemente, le vostre risposte. Buon *(Molto)* divertimento! Si comincia!

8 a) In quale anno la Germania è stata divisa in due stati?

9 1939 – 1945 – 1949

10 b) In quale anno venne costruito il Muro di Berlino?

11 1933 – 1949 – 1961

12 c) In quale data *(giorno)* vennero [ri]aperti i confini della DDR?

13 il 9 novembre 1989 – il 3 ottobre 1990 – l'1 gennaio 2000

14 d) Quale città era la capitale dell'allora BRD?

15 Francoforte – Berlino – Bonn

9 **unter-** è una particella mista, ma è perlopiù inseparabile, come in **unterschreiben**, *firmare*. È invece separabile in **untergehen**, *tramontare, calare* (astri), *affondare*: **Der Mond geht unter**, *La luna tramonta*; **Das Schiff ist untergegangen**, *La nave è affondata*.

10 Al Präteritum il passivo d'azione si costruisce con il Präteritum dell'ausiliare **werden** + participio passato in fondo alla frase: **Die Abkürzung DDR wurde für die Deutsche Demokratische Republik benutzt**, *L'abbreviazione DDR era usata per indicare la Repubblica Democratica Tedesca*.

11 L'anno si può indicare sia con **im Jahre** o solo con il numero: **1933** o **im Jahre 1933**.

16 e) An **wel**chem **Da**tum wird der Tag der **Deu**tschen **Ein**heit ge**fei**ert [12]?
17 am 17. **Ju**ni – am 3. Ok**to**ber – am 9. Novem**ber**
18 So, das war's für **heu**te. Bis **mor**gen! □

Die Antworten finden Sie am Ende dieser Lektion.

Note

12 • La costruzione passiva è generalmente più usata in tedesco che non in italiano. In italiano, infatti, si preferisce la costruzione attiva o l'uso del *si* passivante: **Seit wann wird Weihnachten gefeiert?**, *Da quando si festeggia Natale?*

***

Übung 1 – Übersetzen Sie bitte!

❶ Hier wird gearbeitet. ❷ Er hat mir etwas über deine Schwester erzählt. ❸ Erinnerst du dich daran? ❹ Wann wurde das Haus deiner Großeltern verkauft? ❺ Ich werde ihn anrufen.

Übung 2 – Ergänzen Sie bitte!

❶ Il sole sta tramontando *(tramonta)*.
Die Sonne ....

❷ Quando si festeggia Pasqua in Germania? *(costruzione al passivo)*
Wann .... Ostern in Deutschland .... ?

❸ Hai firmato tutti i documenti?
.... du alle Papiere .... ?

❹ Mangia qualcosa prima di andare a scuola.
Iss was, ... zur Schule gehst.

16 e) In quale giorno *(data)* si festeggia l'unità tedesca?
17 il 17 giugno – il 3 ottobre – il 9 novembre
18 Era tutto per oggi. A domani!

Trovate le risposte alla fine di questa lezione.

• I sostantivi terminanti in **-heit** sono tutti femminili: **die Einheit**, *l'unità*; **die Gesundheit** *la salute*.

***

Soluzioni dell'esercizio 1
❶ Si lavora qui. ❷ Mi ha raccontato qualcosa su tua sorella. ❸ Te ne ricordi? ❹ Quand'è stata venduta la casa dei tuoi nonni? ❺ Lo chiamerò.

❺ Non conosciamo nient'altro.
Wir kennen ....

Soluzioni dell'esercizio 2
❶ – geht unter ❷ – wird – gefeiert ❸ Hast – unterschrieben ❹ – bevor du – ❺ – nichts anderes

Risposte:
a) 1949 – b) 1961 – c) il 9 novembre 1989 – d) Bonn – e) il 3 ottobre

Seconda ondata: 29ª lezione

79 Neunundsiebzigste Lektion

Gespräch mit einem Außerirdischen [1]

1 – **Ha**llo Jungs [2]! Ich **hei**ße **A**lien.
2 – Hi! Bist du ein **Au**ßerirdischer?
3 – Ja. Ich **ko**mme vom Pla**ne**ten **Al**fa 7.
4 – Wow! Und was suchst du hier auf der **Er**de?
5 – Ich **möch**te die **Men**schen ver**ste**hen.
6 – **Jun**ge, **Jun**ge! Das wird nicht **ein**fach sein. Wir **kö**nnen's **a**ber ver**su**chen. Wo**mit** [3] **möch**test du **an**fangen?
7 – Mit **die**sem **klei**nen Ding da, das so **vie**le [4] **Men**schen in der Hand **tra**gen.
8 – Das **klei**ne Ding da, wie du sagst, nennt man Smart**pho**ne. Das ist ein **to**lles Kommunika**tions**mittel.

Pronuncia

… auss[ə]*irdishən* ***8*** *… kommunika****tio:ns****-mittəl*

Osservazioni sulla pronuncia

(8) **Smartphone** mantiene la pronuncia originale inglese.

Note

1 Si tratta di un aggettivo sostantivato. Gli aggettivi sostantivati sono maschili o femminili se indicano un essere animato, neutri se indicano un oggetto o una cosa astratta. Si declinano come l'aggettivo attributivo: **außerirdisch**, *extraterrestre* → **mit einem Außerirdischen** (D m. in un gruppo nominale con l'articolo indeterminativo); **ein Außerirdischer** (cfr. F2, N m. in un gruppo nominale con l'articolo indeterminativo); **der Außerirdische** (N m. in un gruppo nominale con l'articolo determinativo).

2 **Jungs**, *ragazzi!*, deriva da **der Junge (n)**, *il ragazzo*. Si tratta di un termine colloquiale. Memorizzate anche l'espressione: **Junge, Junge!**, *Ragazzi!* (cfr. F6).

Settantanovesima lezione

Conversazione con un extraterrestre

1 – Ciao ragazzi! Mi chiamo Alien.
2 – Ciao! Sei un extraterrestre?
3 – Sì, vengo dal pianeta Alfa 7.
4 – Wow! E cosa cerchi qui sulla Terra?
5 – Vorrei capire gli esseri umani.
6 – Ragazzi! Non sarà facile. Ma possiamo provar[ci]. Da *(Con)* cosa vorresti iniziare?
7 – Da *(Con)* quella cosa piccola *(là)*, che così tante persone tengono in mano.
8 – Quella cosa piccola *(là)*, come dici tu, si chiama *(la chiamano)* smartphone. È un mezzo di comunicazione fantastico.

3 Se il verbo principale si costruisce con una preposizione, il pronome interrogativo corrispondente, quando ci si riferisce a qualcosa di astratto o di inanimato, si costruisce con la stessa preposizione preceduta da **wo-** (**wor-** se la preposizione inizia per vocale): **anfangen mit**, *cominciare da/con* → **womit**, *da/con cosa*; **denken an**, *pensare a* → **woran**, *a cosa* → **Woran** denkst du? – **An** die Ferien, *A cosa pensi? – Alle vacanze*.

4 **so viel** + sostantivo singolare traduce *così/talmente tanto/a*; **so viele** + sostantivo plurale, *così/talmente, tanti/tante*. **viel** è invariabile, **viele** si declina: **Ich habe so viel Arbeit** (A f.), *Ho tanto lavoro;* **Ich habe mit so vielen Leuten gesprochen** (D pl.), *Ho parlato con talmente tanta gente*.

9 – **Wirk**lich? Ich **ha**be **e**her den **Ein**druck, dass die **Leu**te nicht mehr **mit**einander [5] **re**den.
10 Ich **ha**be sie be**o**bachtet, auf der **Stra**ße [6], in der **U**-Bahn [7], in der **Stra**ßenbahn, im Bus, **ü**berall.
11 – Ja, **man**che **Leu**te ver**brin**gen zu viel Zeit am Smart**pho**ne. **A**ber sieh das Posi**ti**ve. Ein Smart**pho**ne **bie**tet **gren**zenlose [8] mo**bi**le Kommunika**tion**. Ist das nicht toll?
12 – Doch, das hört sich gut an [9]. Weißt du, ob ich auf **mei**nem Pla**ne**ten ein Smart**pho**ne be**nu**tzen **könn**te?
13 – Gibt's da **In**ternet?
14 – **In**ter... was?
15 – **In**ternet.
16 – Nein. Was ist das? □

9 ... e:ᵃ... 11 ... grèntsənlo:zə...

Note

5 L'avverbio **einander** serve a esprimere la reciprocità e si traduce *uno con l'altro, reciprocamente, a vicenda*: **Sie respektieren einander**, *Si rispettano reciprocamente*. Se il verbo regge una preposizione, **einander** si unisce alla preposizione. Questa costruzione si traduce sia con un pronome riflessivo (cfr. dialogo), sia con altre costruzioni che esprimono reciprocità: **auf jdn warten**, *aspettare qcn* → **Wir warten aufeinander**, *Ci aspettiamo (a vicenda)*.

***

Übung 1 – Übersetzen Sie bitte!

❶ Er ist seit drei Monaten arbeitslos. ❷ Worauf wartest du? ❸ Sie lieben einander wirklich. ❹ Sie haben lange miteinander geredet. ❺ Sie erinnert sich nicht an dich.

9 – Veramente? Io ho piuttosto l'impressione che le persone non si parlino più *(le une con le altre)*.

10 Le ho osservate per la strada, in metropolitana, sul tram, sull'autobus, ovunque.

11 – Sì, certe persone trascorrono troppo tempo allo smartphone. Ma guarda il [lato] positivo. Uno smartphone offre comunicazione mobile illimitata. Non è fantastico?

12 – Sì, così sembra *(suona bene)*. Sai se sul mio pianeta potrei usare uno smartphone?

13 – C'è Internet *(là)*?

14 – Inter... cosa?

15 – Internet.

16 – No. Cos'è?

6 **auf der Straße**, *per strada*, indica che qcn o qcs si trova all'esterno: **Die Leute sind auf der Straße**, *La gente è fuori / per strada*. Al contrario, **in der/dieser/einer Straße** indica che qcn abita, o qcs si trova *in questa/quella strada/via, in una strada/via*: **Wir wohnen in dieser Straße**, *Abitiamo in questa strada*.

7 **die U-Bahn**, *la metro*, è l'abbreviazione di **Untergrundbahn** (= **Untergrund** + **Bahn**), *metropolitana* (lett. "sotto-terra-treno").

8 Il suffisso **-los** indica l'assenza o la mancanza di qualcosa. Unito al sostantivo serve a formarne l'aggettivo corrispondente: **die Grenze (n)**, *la frontiera, il limite* → **grenzenlos**, *senza frontiere, illimitato*; **das Fleisch** *[flaish]*, *la carne* → **fleischlos**, *senza carne*. Per ragioni fonetiche, talvolta occorre aggiungere o eliminare una lettera al sostantivo.

9 Per esprimere la vostra impressione su qcs o qcn potete usare la locuzione: **Das hört sich gut/nicht gut/komisch an**, *(Non) sembra buono, suona/sembra strano*.

***

Soluzioni dell'esercizio 1

❶ È disoccupato da tre mesi. ❷ Cosa aspetti? ❸ Si amano veramente. ❹ Si sono parlati a lungo. ❺ Non si ricorda di te.

Übung 2 – Ergänzen Sie bitte!

❶ Da cosa vuoi cominciare?
. . . . . möchtest du . . . . ?

❷ Conosci un extraterrestre?
Kennst du . . . . ?

❸ Conosce tanta gente.
Er kennt . . . . Leute.

❹ Ha l'aria strana.
Das . . . . sich komisch . . .

80

Achtzigste Lektion

Eine gewagte Antwort

1 – **Gu**ten **Mor**gen. Ich **ha**be **ei**nen Ter**min** mit Frau **Bal**ke.
2 – Verzei**h**ung [1], ich **ha**be Sie nicht **rich**tig ver**stan**den. Mit wem **ha**ben sie **ei**nen Ter**min**? [2]
3 – Mit Frau **Bal**ke.
4 – Frau **Bal**ke... **Ers**ter Stock [3], **drit**te Tür rechts. [4]
5 – **Dan**ke schön.
(...)
6 **Gu**ten **Mor**gen, ich bin Herr Le Blanc.

Note

1 **Verzeihung**, *perdono, scusa*, è sinonimo di **Entschuldigung**.

2 Riprendiamo i pronomi interrogativi con preposizione. Se la domanda si riferisce a un essere umano o animato, il pronome interrogativo corrispondente si costruisce con la preposizione + **wen** o **wem** a seconda del caso: **einen Termin haben mit** + dat. → **mit wem**, *con chi*; **denken an** + acc. → **an wen**, *a chi* → **An wen denkst du? – An dich**, *A chi pensi? – A te.*

❺ Non ci parliamo.
Wir ..... nicht ....

Soluzioni dell'esercizio 2
❶ Womit – anfangen ❷ – einen Außerirdischen ❸ – so viele – ❹ – hört – an ❺ – reden – miteinander

Seconda ondata: 30ª lezione

80

Ottantesima lezione

Una risposta audace

1 – Buongiorno. Ho un appuntamento con la signora Balke.
2 – Mi perdoni *(Perdono)*, non L'ho capita bene. Con chi ha un appuntamento?
3 – Con la signora Balke.
4 – La signora Balke... Primo piano, terza porta a destra.
5 – Molte grazie.
(...)
6 Buongiorno sono il sig. Le Blanc.

3 **der Stock**, *il piano* (di un edificio), è l'abbreviazione di **das Stockwerk**. Al plurale: **die Stockwerke.** L'abbreviazione vale solo al singolare. Il *piano* di un edificio si dice anche **die Etage** (pl. **die Etagen**). Si pronuncia alla francese, ma con la **e** finale più marcata ***[ètajə]***. N.B. **Erster Stock**, *primo piano*; **letzter Stock**, *ultimo piano*... sono costruzioni al nominativo.

4 Gli avverbi di luogo non sono preceduti dalla preposizione quando indicano la posizione in cui si trova qcn o qcs: **Der Fernseher steht in der Ecke links**, *La televisione è nell'angolo a sinistra*. Sono preceduti da **nach** quando indicano un movimento verso qcn o qcs, e da **von** quando indicano la provenienza da qcn o qcs: **Er ist nach rechts gegangen**, *È andato a destra*; **Es kommt von oben**, *Viene da sopra*.

7 – Herr Le Blanc, ich er**war**tete [5] Sie schon **frü**her. Wir **hat**ten doch halb zehn ge**sagt**? [6]

8 – Ent**schul**digen Sie die Ver**spä**tung.

9 – **Pünkt**lichkeit ist die **Höf**lichkeit der **Kö**nige [7], **jun**ger Mann. **Bit**te **neh**men Sie Platz.

10 **Ih**re Be**wer**bungsunterlagen **klin**gen **viel**versprechend. Wa**rum möch**ten Sie **Ih**re Kar**rie**re bei uns **star**ten?

11 – Ich **fin**de das Pro**fil Ih**rer **Fir**ma sehr **in**teressant.

12 – **A**ber wa**rum möch**ten sie ge**ra**de nach **Deutsch**land **kom**men? Sie **könn**ten in **ei**ner **un**serer **Zweig**stellen [8] in **Frank**reich **ar**beiten!

13 – Mir ge**fällt** die **deut**sche **Ar**beitsmentalität und ich **möch**te von den **Bes**ten [9] **ler**nen.

14 – Nun, wie sind **Ih**re Ge**halts**vorstellungen?

15 – **Mei**ne Ge**halts**vorstellungen!? Na ja... Ich **wür**de **sa**gen...

Pronuncia

*10 … be**vèr**buñgs-untᵊla:ghən… **fi:l**fèrshprèçhənt… 12 … **tsvaik**-shtèllən 13 … **ar**baits-mèntalitè:t… 14 … ghe**halts**-foᵃshtèlluñghən*

Note

5 **warten auf** + acc., *aspettare, attendere*, indica un'attesa concreta e fisica, mentre **erwarten**, *aspettare*, indica l'attesa di qcs di pianificato o un'aspettativa: **Sie erwartet ein Kind**, *Aspetta un bambino;* **Alles läuft wie erwartet**, *Tutto procede come da aspettative*.

6 **Wir hatten doch gesagt**, *avevamo detto* – è un trapassato prossimo. Questo tempo verbale serve a indicare un'azione che si è svolta nel passato prima di un'altra azione: **ich erwartete Sie**, *L'aspettavo*. Si forma con il Präteritum di **haben** o **sein** + participio passato in fondo alla

7 – Sig. Le Blanc, L'aspettavo molto *(già)* **prima. [Non] Avevamo detto nove e mezza?**

8 – Scusi il ritardo.

9 – [La] puntualità è la cortesia dei re, giovanotto. Prego si accomodi *(prenda posto)*.

10 La sua domanda di candidatura *(documenti di candidatura)* **sembra promettente. Perché desidera iniziare la Sua carriera da noi?**

11 – Trovo il profilo della vostra azienda molto interessante.

12 – Ma perché desidera venire proprio in Germania? Potrebbe lavorare in una delle nostre filiali in Francia!

13 – Mi piace la mentalità lavorativa tedesca e vorrei imparare dai migliori.

14 – Ora, qual'è il suo salario ideale *(Come sono le Sue salario-idee)***?**

15 – Il mio salario ideale? Allora... Direi...

frase. La regola sull'uso del participio passato è la stessa che si applica per il Perfekt: **Nachdem er den ganzen Tag gearbeitet hatte, war er sehr müde**, *Dopo che aveva lavorato tutto il giorno, era stanchissimo*.

7 I sostantivi terminanti in **-keit** sono sempre femminili: **die Pünktlichkeit**, *la puntualità*; **die Höflichkeit**, *la cortesia*, che derivano dagli aggettivi **pünktlich**, *puntuale*, e **höflich**, *cortese*.

8 Conoscete già i pronomi indefiniti all'accusativo **einen/keinen** ecc. (cfr. L70, §8). In questa frase **(in) einer** è un pronome indefinito al dativo femminile. Si riferisce al complemento di luogo: **(in) einer Zweigstelle**, *(in) una succursale*. Nella prossima lezione di ripasso troverete la declinazione del pronome indefinito al nominativo e al dativo e alcuni esercizi corrispondenti.

9 Gli aggettivi al superlativo possono essere sostantivati: **best-**, *migliore* → **von den Besten**, *dai migliori*. Non dimenticate di scriverli in maiuscolo.

16 – Ein **gu**ter Ver**käu**fer nennt den Preis, **oh**ne zu **zö**gern [10]. Das **soll**ten Sie **nie**mals ver**ges**sen, Herr Le Blanc.

17 – Wenn es so ist, dann so viel wie **mög**lich. □

Note

10 ohne... zu, *senza...*, serve a costruire la proposizione infinitiva. L'infinito si posiziona in fondo alla frase preceduto da **zu** e il complemento (se presente) tra **ohne** e **zu**: **Er ist gegangen, ohne ein Wort zu sagen,** *Se n'è andato senza dire una parola*. Se l'infinito è un verbo separabile, **zu** si posiziona tra la particella e il verbo:..., **ohne sich umzudrehen**

***

Übung 1 – Übersetzen Sie bitte!

❶ Er hat das gemacht, ohne zu fragen. ❷ Es hatte ihr sehr gut gefallen. ❸ Ich erwarte Sie um 7 Uhr. ❹ Sie wollten wissen, ob Sie gut angekommen waren. ❺ Für wen ist das?

Übung 2 – Ergänzen Sie bitte!

❶ Ha preso il mio cellulare senza chiedermelo.
Sie hat mein Handy genommen, ... mich . . fragen.

❷ Aspetta anche Lei la metro?
. . . . . . Sie auch . . . die U-Bahn?

❸ L'auto arrivava da sinistra.
Das Auto kam . . . .

❹ La puntualità è la cortesia dei re.
Pünktlichkeit ist . . . . der Könige.

❺ Avevamo mangiato troppo.
Wir . . . . . . zu viel . . . .

16 – **Un buon venditore indica** *(nomina)* **il prezzo senza esitare. Questo non se lo deve mai dimenticare, Sig. Le Blanc.**

17 – **Se è così, allora il più possibile.**

[umtsudre:ən], ...*senza voltarsi*. N.B. Questa costruzione è possibile solo se il soggetto dell'infinitiva è lo stesso della proposizione principale. Altrimenti bisogna utilizzare la congiunzione subordinante **ohne dass**, *senza che*: **Er ist gegangen, ohne dass ich es wusste**, *Se n'è andato senza che lo sapessi*. La costruzione con **ohne dass** può essere usata anche quando il soggetto delle proposizioni principale e subordinata è lo stesso. Tuttavia, si preferisce la costruzione con **ohne... zu**.

***

Soluzioni dell'esercizio 1

❶ L'ha fatto senza chiedere. ❷ Le era piaciuto molto. ❸ La aspetto alle sette. ❹ Volevano sapere se è arrivata bene. ❺ Per chi è questo?

Soluzioni dell'esercizio 2

❶ – ohne – zu – ❷ Warten – auf – ❸ – von links ❹ – die Höflichkeit – ❺ – hatten – gegessen

Seconda ondata: 31ª lezione

Einundachtzigste Lektion

Das Wunderkind

1 – Er **wur**de am 27. **Ja**nuar 1756 ge**bo**ren [1] und ge**hört** zu [2] den be**kann**testen Kompo**nis**ten.

2 Von klein auf er**hielt** [3] er von **sei**nem **Va**ter Mu**sik**unterricht und mit 6 **Jah**ren [4] gab [5] er ge**mein**sam mit **sei**ner **Schwes**ter **sei**ne **ers**ten Kon**zer**te.

3 Er **reis**te [6] durch **vie**le **Län**der Eu**ro**pas und **spiel**te an fast **al**len **Fürs**tenhöfen. Die **Zei**ten **zwi**schen den **Rei**sen **nutz**te er zum Kompo**nie**ren [7].

Note

1 Si tratta di un passivo al passato. Si dice anche: **Er ist geboren (worden)**, *È nato*. Il participio passato **worden** può essere sottinteso.

2 **gehören zu** + dat. significa *appartenere a*, *far parte di*, nel senso di essere un elemento di un gruppo o di una categoria (cfr. dialogo), mentre **gehören** (senza preposizione) + dat. significa *appartenere a*, e indica il possesso o la proprietà: **Wem gehört das Buch? – Mir**, *A chi appartiene questo libro? – A me*.

3 Nei libri di grammatica e nei dizionari, i verbi forti (= irregolari) sono sempre indicati con il loro paradigma: infinito, radice del Präteritum e participio passato. Per i verbi che modificano la vocale radicale, si indica anche la 3ª persona singolare. Noi facciamo lo stesso. In questa frase il verbo forte è **erhalten (erhält)**, *ottenere, ricevere* – **erhielt – erhalten**. **erhalten** modifica la vocale all'indicativo presente, ma non aggiunge la desinenza **-t** in quanto la radice termina già per **-t**: **er erhä~~t~~t**. Questa regola vale anche per il verbo **halten**, *tenere*, e per tutti i verbi che derivano da **halten**: **ich halte, du hältst, er hältø, wir halten...**

4 Osservate l'uso della preposizione nella locuzione: **mit 12/14/18... Jahren**, *a 12/14/18... anni*.

Ottantunesima lezione

Il bambino prodigio *(Il miracolo-bambino)*

1 – È nato il 27 gennaio del 1756 ed è uno dei *(appartiene ai)* compositori più famosi.

2 Da bambino *(piccolo)* ricevette lezioni di musica da suo padre e a *(con)* sei anni diede i suoi primi concerti con *(insieme a)* sua sorella.

3 Viaggiò in *(attraverso)* molti paesi europei e suonò in quasi tutte le corti principesce. Il tempo tra i viaggi [lo] sfruttava per comporre.

5 Impariamo altri verbi forti: **geben (gibt)**, *dare* – **gab** – **gegeben**; **schreiben**, *scrivere* – **schrieb** – **geschrieben**; **sterben (stirbt)**, *morire* – **starb** – **gestorben** (cfr. F7). Vi ricordate le desinenze al Präteritum? Ripetiamole: **ich gabø**, **du gabst**, **er/sie/es gabø**, **wir gaben**, **ihr gabt**, **sie/Sie gaben**.

6 E vi ricordate le desinenze per costruire il passato dei verbi deboli (= regolari)? **reisen**, *viaggiare* → **ich reiste**, **du reistest**, **er/sie/es reiste**, **wir reisten**, **ihr reistet**, **sie/Sie reisten**.

7 Per esprimere la finalità di un'azione si può usare **zum** (forma contratta di **zu dem**) + verbo sostantivato: **einschlafen**, *addormentarsi* → **das Einschlafen** → **10 Tipps zum Einschlafen**, *10 consigli per addormentarsi* (l'addormentarsi).

4 Mit 12 **Jah**ren **hat**te er schon 3 **O**pern kompo**niert**, 6 Sympho**ni**en und **vie**le **an**dere **Wer**ke.

5 **Ins**gesamt hat er mehr als 600 **Wer**ke ge**schrie**ben, da**run**ter die be**kann**ten **O**pern „Figa**ros** Hoch**zeit**", „Don Gio**van**ni" und „Die **Zau**berflöte".

6 Für die **da**malige Zeit ver**dien**te er viel Geld [8], aber so**wohl** er als auch **sei**ne Frau [9] **wa**ren ver**schwen**derisch.

7 Das **Wun**derkind **hat**te **vie**le **Schul**den und starb am 5. De**zem**ber 1791 in **Ar**mut [10].

8 In der Ge**trei**degasse in **Salz**burg **kön**nen Sie sein Ge**burts**haus be**su**chen.

9 Sie **ha**ben be**stimmt sei**nen **Na**men er**ra**ten. Es **han**delt sich um **Wolf**gang Ama**de**us **Mo**zart. □

Pronuncia

*4 … zuemfo**ni:**ən… **5** … **tsaub**ᵃ-floe:tə **6** … fèr**shvèn**dərish **8** … ghe**trai**də-gassə… **9** … ama**de**uss **mo:**tsart*

Note

8 *guadagnare denaro/soldi* si dice Geld verdienen: Wie viel verdienst du pro Monat?, *Quanto guadagni al mese?* verdienen è un verbo inseparabile.

***

Übung 1 – Übersetzen Sie bitte!

❶ Alles, was Sie zum Kochen brauchen. ❷ Wir schrieben uns jede Woche. ❸ Wo wurde sie geboren? ❹ Sind Sie arm oder reich? ❺ Sie hatten viel Geld verdient.

4 A 12 anni aveva già composto 3 opere, 6 sinfonie e molti altri lavori.
5 In totale ha scritto più di 600 composizioni *(opere)* tra cui le celebri opere *Le nozze di Figaro, Don Giovanni* e *Il flauto magico*.
6 Per l'epoca *(l'allora tempo)*, guadagnò molti soldi ma sia lui che sua moglie erano spendaccioni.
7 Il bambino prodigio aveva molti debiti e morì in povertà il 5 dicembre 1791.
8 Potete visitare la sua casa natale nella Getreidegasse a Salisburgo.
9 Avrete *(Avete)* sicuramente indovinato il suo nome. Si tratta di Wolfgang Amadeus Mozart.

9 **sowohl... als auch**, *sia.. sia / sia... che* sono altre congiunzioni correlative: **Der Kurs findet sowohl am Dienstag als auch am Mittwoch statt**, *Il corso si tiene (ha luogo) sia martedì che mercoledì*.

10 **die Armut**, *la povertà*, è un sostantivo femminile che deriva dall'aggettivo **arm**, *povero*.

***

Soluzioni dell'esercizio 1

❶ Tutto ciò di cui avete bisogno per cucinare. ❷ Ci scrivevamo ogni settimana. ❸ Dove è nata? ❹ Siete ricchi o poveri? ❺ Avevano guadagnato molti soldi.

Übung 2 – Ergänzen Sie bitte!

❶ Guadagna più di me.
Er .... als ich.

❷ Morirono in povertà.
Sie ....

❸ Mozart morì a 35 anni.
Mozart starb ... 35 ....

***

Prima di diventare la città di Mozart, Salisburgo, **Salzburg** *(lett. "sale-borgo") era la sontuosa città del sale. Ciò si deve alle miniere di salgemma formatesi milioni di anni fa sull'altopiano di* **Dürrnberg** *sopra Hallein, anche note come la "camera del tesoro" del Salisburghese. Già oltre 2500 anni fa i Celti estraevano dall'interno della montagna questo bene prezioso che non a caso era chiamato "oro bianco". La fiorente industria mineraria della regione fu infatti all'origine dell'e-*

82

Zweiundachtzigste Lektion

In der Weihnachtsbäckerei

1 – Der Count**down** hat be**go**nnen. Nur noch [1] zwei **Ta**ge und zwölf **Stun**den bis zum 6. De**zem**ber.

Pronuncia

... ***vai**naçhts-bèkərai*

Osservazioni sulla pronuncia

(1) Der Countdown è un inglesismo, e mantiene la pronuncia originale: *[**caunt**daun]*.

Note

1 nur noch (lett. "solo ancora") significa *solo, soltanto*: Wir haben nur noch zwei Tage Zeit, *Abbiamo soltanto due giorni di tempo*; Sie streiten *[**shtrai**tən]* nur noch, *Litigano soltanto / Non fanno che litigare*.

❹ Nacque a Salisburgo. *(Präteritum passivo)*
Er ..... in Salzburg ....

❺ Parla sia tedesco che francese.
Er spricht ...... Deutsch ... auch Französisch.

Soluzioni dell'esercizio 2
❶ – verdient mehr – ❷ – starben im Armut ❸ – mit – Jahren ❹ – wurde – geboren ❺ – sowohl – als –

***

norme ricchezza dei principi-arcivescovi di Salisburgo, e permise alla città di svilupparsi e di diventare un potente centro commerciale. Se siete a Salisburgo, vi raccomandiamo di visitare le miniere di sale di **Hallein** *e di non perdervi il museo celtico. Vivrete un'avventura divertente tra gallerie e labirinti sotterranei e scoprirete come lavoravano i minatori 2500 anni fa.*

Seconda ondata: 32ª lezione

82

Ottantaduesima lezione

Nella panetteria di Natale

1 – Il conto alla rovescia è iniziato. Solo due giorni e dodici ore al *(fino a)* 6 dicembre.

2 Wie **je**des Jahr **freu**en sich die **Kin**der auf den **Ni**kolaus [2]. Und wie **je**des Jahr wird in der **Weih**nachtsbäckerei auf **Hoch**touren ge**ar**beitet [3].

3 Was tut man nicht **al**les[4], um die **Kin**der **glück**lich zu **ma**chen!

4 **Plätz**chen, **Scho**konikoläuse [5] und **an**dere **Süß**igkeiten be**rei**ten die **Bä**ckergesellen vor, **wäh**rend [6] der **Bä**ckermeister die **Ar**beit über**prüft**:

5 – „Die **Plätz**chen sind ge**ba**cken. [7] Ihr könnt sie aus dem **Back**ofen **neh**men. **Ach**tung! Die Schoko**la**de muss **lang**sam er**hitzt wer**den. [8] Der Teig ist nicht süß ge**nug**. [9]“

*2 … **Ho:cH**-tu:rən… 4 … **zue:**ssiçhkaitən… **bèk**ª-ghezèllən… **bèk**ª-maistª…*

Osservazioni sulla pronuncia

(5) La **g** di **Teig** può essere pronunciata come il **ch** di **ich**: *[taiçh]*.

Note

2 Abbiamo già incontrato il verbo **sich freuen**, *essere contenti, rallegrarsi*; **sich freuen auf** + acc. significa *essere contenti* per qcs che avverrà nel futuro, *non vedere l'ora di qcs*: **Ich freue mich auf** (lett. "su") **dich**, *Non vedo l'ora di vederti* (lett. "su te"); **Ich freue mich auf** (lett. "su") **die Ferien**, *Non vedo l'ora delle ferie*. Il verbo **sich freuen über** + acc. significa *rallegrarsi/essere contenti per qcs* che sta accadendo o che è già accaduto: **Ich freue mich über** (lett. "sopra") **meine gute Note** *[no:tə]* **in Deutsch**, *Sono contento del mio bel voto in tedesco*.

3 Questa frase non ha il soggetto in quanto è una frase passiva impersonale. In questo caso la posizione I della frase è occupata dal complemento seguito dal verbo al passivo: **wie jedes Jahr wird… gearbeitet**. In assenza di complemento, si usa il pronome **es** con funzione impersonale. Attenzione: **es** può trovarsi solo all'inizio della proposizione principale, in posizione I: **Es wird (wie jedes Jahr) auf Hochtouren gearbeitet**, *Come ogni anno si lavora a pieno regime*.

2 Come ogni anno, i bambini non vedono l'ora [che arrivi] San Nicola. E come ogni anno nella panetteria di Natale si lavora a pieno regime *(su alti giri)*.

3 Cosa non si fa *(tutto)* per far felici i bambini!

4 Gli apprendisti panettieri preparano biscotti, [i] San Nicola di cioccolato e altri dolcetti mentre il mastro panettiere controlla il lavoro:

5 – "I biscotti sono cotti. Potete tirarli *(prenderli)* fuori dal forno. Attenzione! Il cioccolato deve scaldarsi a fuoco lento *(lentamente)*. La sfoglia non è abbastanza dolce."

4 Il modo di dire **Was tut man nicht alles**, corrisponde a: *Cosa non si fa/farebbe per*. Avrete notato che non ha il soggetto. Si tratta infatti di una proposizione impersonale. Quando la frase non ha il soggetto, in tedesco si può usare o la costruzione con **es**, che abbiamo visto alla nota 3, o una frase attiva con **man**, che si traduce con il "si" impersonale.

5 **Schoko (die)** è l'abbreviazione di **Schokolade (die)**: **der Schokonikolaus** ↔ **der Schokoladennikolaus**, *i San Nicola di cioccolato*. N.B. Nel formare i nomi composti, **Schokolade** prende una **-n-** di congiunzione.

6 In questa frase **während**, *mentre*, è una congiunzione subordinante. **während** può anche fungere da preposizione + genitivo con il significato di *durante*.

7 Ecco un passivo di stato. Diversamente dal passivo d'azione, il passivo di stato si usa per esprimere il risultato di un'azione che si è già conclusa. Si forma con **sein** + participio passato in fondo alla frase: **Die Plätzchen werden gebacken**, *I biscotti stanno cuocendo* (vengono cotti) = azione (l'azione si sta ancora svolgendo) ↔ **Die Plätzchen sind gebacken**, *I biscotti sono cotti* = stato (l'azione è conclusa). Il passivo di stato ha generalmente due tempi: il presente, come in questo esempio, e il Präteritum: **Sie waren schon gebacken**, *Erano già cotti*.

8 Il passivo dei verbi modali si costruisce con il verbo modale coniugato + participio passato del verbo seguito da **werden** in fondo alla frase: **Die Schokolade musste langsam erhitzt werden**, *Il cioccolato doveva essere scaldato lentamente*.

9 *non abbastanza*, **nicht genug**. Attenzione: **genug** va posposto all'aggettivo: **Es ist nicht groß genug**, *Non è abbastanza grande*.

6 – Am 5. Dezember abends [10] ist alles bereit. Der Bäckermeister gibt dem Nikolaus seinen schweren Sack und sagt:

7 – „Jetzt bist du dran Nikolaus [11]. Die Kinder warten auf dich. Wiedersehen, bis nächstes Jahr! [12]"

8 – In der Weihnachtsbäckerei ist alles ruhig, aber nicht für lange. Morgen früh geht's wieder los, denn bald steht Weihnachten vor der Tür [13]. □

Note

10 Gli avverbi di tempo **morgens**, **abends** ecc. traducono *di/della mattina, di/della sera*…: um 6 Uhr **abends**, *alle sei di sera*.

11 Memorizzate le espressioni **dran sein** o **dran kommen** per dire *toccare a, essere il turno di*: Du **bist/kommst dran**, Lea, *Tocca a te, Lea*; Wer **ist/kommt dran**?, *A chi tocca?*

***

Übung 1 – Übersetzen Sie bitte!

❶ Es ist schon gemacht. ❷ Der Pulli ist nicht warm genug. ❸ Morgen kommst du dran. ❹ Die Zimmer müssen aufgeräumt werden. ❺ Das Brot war schon gebacken.

Übung 2 – Ergänzen Sie bitte!

❶ Solo due settimane a Natale.
.... 2 Wochen bis Weihnachten.

❷ Non vediamo l'ora di fare questo viaggio.
Wir ...... uns ... die Reise.

❸ Non è abbastanza freddo.
Es ist nicht ....

6 – La sera del 5 dicembre tutto è pronto. Il mastro panettiere dà a San Nicola il suo sacco pesante e dice:

7 – "Adesso tocca a te San Nicola. I bambini ti aspettano. Arrivederci al prossimo anno!"

8 – Nella panetteria di Natale tutto è calmo, ma non per molto. Domani mattina si ricomincia perché *(presto)* Natale è alle porte *(davanti alla porta)*.

12 Nel linguaggio parlato si può dire **Wiedersehen** al posto di **Auf Wiedersehen**, *arrivederci*.

13 La locuzione **vor der Tür stehen**, *essere davanti la porta*, si usa, oltre che in senso proprio come in: **Er steht vor der Tür**, *È davanti alla porta*, anche in senso figurato per indicare l'imminenza di un evento. In questo caso lo traduciamo con *essere alle porte*.

***

Soluzioni dell'esercizio 1

❶ È già fatto. ❷ Il maglione non è abbastanza caldo. ❸ Domani è il tuo turno. ❹ Le stanze devono essere riordinate. ❺ Il pane è già stato cotto.

❹ La torta è cotta.
Der Kuchen . . . .

❺ È stato durante la guerra.
Es war . . . . Krieges.

Soluzioni dell'esercizio 2

❶ Nur noch – ❷ – freuen – auf – ❸ – kalt genug ❹ – ist gebacken ❺ – während des –

La leggenda di San Nicola si ispira alla vita del vescovo di Myra (nell'attuale Turchia) nato alla fine del III secolo. Si narra che il santo, originario di una ricca famiglia, fosse rimasto orfano da bambino, e che una volta diventato prete, avesse usato la ricchezza ereditata per aiutare i bisognosi e fare doni ai bambini poveri. Nel Medioevo si diffuse l'usanza di celebrare il santo benefattore il 6 dicembre (morì il 6 dicembre del 343), in particolare in Olanda, Svizzera, Germania,

83

Dreiundachtzigste Lektion

Die gute Nachricht

1 – Komm rein! [1] Huch, was machst du denn für ein Ge**sicht**? **Schlech**ten Tag ge**habt**?
2 – Ja, **a**ber nicht nur **heu**te. Um die **Wahr**heit zu **sa**gen, ich kann nicht mehr. Ich **brau**che **drin**gend **ei**nen Ta**pe**tenwechsel. [2]
3 – Auf **ei**ner **Süd**seeinsel, zum **Bei**spiel?
4 – Das **wä**re ge**nau** das **Rich**tige für mich. **So**nne, Strand und Meer. **A**ber ge**nug** ge**träumt**! Was **woll**test du mir **sa**gen?
5 – Ich **ha**be **ei**ne **gu**te und **ei**ne **schlech**te **Nach**richt. Mit **wel**cher [3] soll ich **an**fangen?

Pronuncia

*2 … **driñ**ghənt… ta**pe:**tən-vèksəl **3** … **zu:t**-ze:-inzəl…*

Note

1 Nel parlato si usa spesso la forma contratta **rein** al posto degli avverbi **herein** o **hinein**. Entambi traducono *entrare*: **Kommen Sie bitte herein!** → **Kommen Sie bitte rein!**, *Entri, per favore!*; **Geh hinein/rein, ich warte draußen.** → *Entra, io aspetto fuori.* Ricordatevi che **her** indica un avvicinamento (verso chi parla) e **hin** un allontanamento (da chi parla) (cfr. L63, §8). Negli esempi citati, l'idea di avvicinamento/allontanamento

Austria e in alcune regioni italiane tra cui l'Alto Adige. Nell'iconografia San Nicola ha la lunga barba bianca, la mitra, il mantello rosso e l'espressione buona e sorridente. La tradizione vuole che la vigilia di San Nicola i bambini lascino uno stivale in tessuto, detto **Nikolausstiefel**, *sulla porta di casa così che il santo possa riempirlo con doni e golosità.*

Seconda ondata: 33ª lezione

83

Ottantatreesima lezione

La bella notizia

1 – Entra! Oh, perché fai quella *(cosa fai allora per una)* faccia? Cattiva giornata *(avuto)*?
2 – Sì, ma non solo oggi. A dire la verità, non [ne] posso più. Ho assolutamente *(urgentemente)* bisogno di cambiare aria *(un cambio di tappezzeria)*.
3 – Su un'isola nei mari del sud, per esempio?
4 – È proprio quello che mi ci vorrebbe *(Sarebbe esattamente il giusto per me)*. Sole, spiaggia, e mare. Ma basta sognare *(sognato abbastanza)*! Cosa mi volevi dire?
5 – Ho una buona e una cattiva notizia. Da quale comincio *(devo cominciare)*?

è piuttosto chiara, ma non è sempre questo il caso. Quando non siete sicuri, usate l'abbreviazione **rein**.

2 Memorizzate l'espressione idiomatica **einen Tapetenwechsel brauchen**, *aver bisogno di cambiare aria*.

3 **welch-** può svolgere la funzione sia di pronome sia di aggettivo interrogativo (cfr. L35, §3) e si declina in entrambi i casi come l'articolo determinativo. Pronome D f.: **Mit welcher soll ich anfangen?**, *Da cosa comincio?* ↔ Aggettivo D f.: **Mit welcher Nachricht soll ich anfangen?**, *Da quale notizia comincio?*

6 – Mmh... mit der **schlech**ten. **Ho**ffentlich [4] ist sie nicht so schlecht!
7 – Es gibt **Schli**mmeres [5]. Auf dem Weg nach **Hau**se bin ich von der Poli**zei an**gehalten **wor**den [6].
8 – Du bist **ü**ber Rot ge**fah**ren [7]?
9 – Nein, ich bin beim Telefo**nie**ren [8] er**wischt wor**den.
10 – Pech ge**habt**! Was **kos**tet es dich? [9]
11 – **Ei**nen Punkt und 100 (**hun**dert) **Eu**ro **Buß**geld. Und jetzt die **gu**te **Nach**richt.
12 Ich **ha**be **ei**ne **Rei**se für zwei Per**so**nen ge**wo**nnen, zehn **Ta**ge auf den Sey**che**llen **a**lles **in**begriffen. Und ich **wo**llte **wi**ssen, ob du mich be**glei**ten **wür**dest? □

*11 ... **bu:ss**-ghelt...*

Note

4 L'avverbio **hoffentlich** può sostituire **ich hoffe**, *spero* / **wir hoffen**, *speriamo*: **Ich hoffe / Wir hoffen, es ist nicht schlimm.** ↔ **Hoffentlich ist es nicht schlimm**, *Spero/Speriamo non sia grave*. **Hoffentlich** si traduce anche *speriamo che*, quando si vuole esprimere un desiderio generale: **Hoffentlich schneit es bald**, *Speriamo che nevichi presto*.

5 **Schlimmeres** è l'aggettivo sostantivato al comparativo di maggioranza di **schlimm**, *grave* → **schlimmer**, *peggio*. Osservate la costruzione con il suo contrario: **Es gibt (nichts) Besseres**, *C'è di meglio / Non c'è niente di meglio*.

6 • Sia in questa che alla frase 9 avete un esempio di passivo al Perfekt. Questo tempo si costruisce con **sein** all'indicativo presente + participio passato del verbo seguito da **worden** in ultima posizione: **Ich bin von der Polizei angehalten worden**, *Sono stato fermata dalla polizia*. Il passivo al Perfekt si usa per un'azione che si è conclusa da poco o che ha ancora effetti nel presente, mentre il passivo al Präteritum si usa quando l'azione è già conclusa. Tuttavia questa distinzione non è sempre rispettata, in particolare nel parlato.
• **von der Polizei**, *dalla polizia*, è un complemento d'agente. Il complemento d'agente della frase passiva corrisponde al soggetto della frase attiva, la persona o l'essere animato che ha compiuto l'azione. È prece-

6 – Mmm... dalla cattiva. Speriamo [che] non sia *(è)* così cattiva.
7 – C'è di peggio. Mentre tornavo a *(Sulla strada verso)* casa, sono stata fermata dalla polizia.
8 – Sei passata con il *(oltre)* rosso?
9 – No, sono stata beccata al telefono *(mentre stavo telefonando)*.
10 – [Che] sfortuna *(avuto)*! Quanto ti costa?
11 – Un punto e cento euro di multa. E adesso la bella notizia.
12 Ho vinto un viaggio per due persone. Dieci giorni alle Seychelles tutto compreso. E volevo sapere se ti va di venire con me *(mi accompagneresti)*?

duto da **von** + dat., *da*: **Die Polizei hat mich angehalten**, *La polizia mi ha fermato*. Se l'azione è compiuta da una cosa o da un essere inanimato, il complemento, detto di causa efficiente, è introdotto da **durch** + acc., *grazie a / a causa di*: **Sie wurde durch diese Operation** ***[operatsio:n]*** **gerettet**, *È stata salvata grazie a quest'operazione*.

7 *Passare con il rosso* si dice **über Rot fahren** (lett. "oltre il rosso andare"). Vi potrà servire, ma speriamo non ne abbiate bisogno!

8 In tedesco la contemporaneità di due azioni si può esprimere con **beim** (forma contratta di **bei dem**) + verbo sostantivato e si può tradurre con il gerundio: **Mein Lehrer hat mich beim Rauchen erwischt**, *Il mio professore mi ha beccato fumare /mentre stavo fumando*.

9 Alcuni verbi, tra cui **kosten**, *costare*, reggono due accusativi, uno per l'oggetto diretto, uno per quello indiretto. In questa frase le due componenti all'accusativo sono **mich** e **einen Punkt**: **Es kostet mich einen Punkt**, *Mi costa un punto*. Alla frase 10, **es** e **dich**: **Was kostet es dich?**

Übung 1 – Übersetzen Sie bitte!

❶ Seid ihr nicht eingeladen worden? ❷ Ich bin nicht eingeladen worden. ❸ Es gibt Besseres. ❹ Hoffentlich findet er den Weg. ❺ Seid ihr von der Polizei angehalten worden?

Übung 2 – Ergänzen Sie bitte!

❶ Mi ha visto mentre fumavo.
Er hat mich .... gesehen.

❷ Mi costa 1 euro.
Es kostet .... Euro.

❸ È passato con il rosso.
Er ist .... gefahren.

❹ Spero che non piova *(piove)*.
.... es nicht.

84

Vierundachtzigste Lektion

Wiederholung – Ripasso

1 La forma passiva

A differenza della frase attiva dove ciò che è importante è il soggetto che compie l'azione, nella frase passiva è invece l'azione o il suo risultato a essere in primo piano. La persona o la cosa che agisce non è rilevante e la maggior parte delle volte è omessa. In tedesco esistono due forme passive: il passivo d'azione e il passivo di stato.

1.1 Il passivo d'azione

Serve a mettere in primo piano un'azione e si costruisce con l'ausiliare **werden** + participio passato del verbo da coniugare. Il suo uso è più frequente in tedesco che non in italiano dove si preferisce usare la forma attiva con il *si*.
Si coniuga a tutti i tempi verbali, ma noi ci limitiamo a indicarvi la coniugazione al presente, al Perfekt e al Präteritum in quanto

Soluzioni dell'esercizio 1
❶ Non siete stati invitati? ❷ Non sono stata invitata. ❸ C'è di meglio. ❹ Speriamo trovi *(trova)* la strada. ❺ Siete stati fermati dalla polizia?

❺ Entrate! *(due opzioni possibili)*
Kommt . . . . . . / . . . . !

Soluzioni dell'esercizio 2
❶ – beim Rauchen – ❷ – mich einen – ❸ – über Rot – ❹ Hoffentlich regnet – ❺ – herein/rein

Seconda ondata: 34ª lezione

84

Ottantaquattresima lezione

sono i tempi che userete più frequentemente. Al presente e al Präteritum, **werden** è rispettivamente al presente e al Präteritum. Al Perfekt il verbo ausiliare del passivo è sempre **sein**. Dopo il participio passato del verbo coniugato si posiziona **worden**, che è la forma contratta di **geworden**, il participio passato di **werden**.

Attenzione: molti verbi non hanno la forma passiva tra cui i verbi intransitivi, pronominali, modali e i verbi **haben/sein/werden, kennen**, **wissen**, e la locuzione **es gibt**.
Osservate ora l'esempio con **operiert werden**, *essere/venire operato*:

	Presente	Perfekt
ich	**werde operiert**	**bin operiert worden**
du	**wirst operiert**	**bist operiert worden**
er, sie, es	**wird operiert**	**ist operiert worden**
wir	**werden operiert**	**sind operiert worden**
ihr	**werdet operiert**	**seid operiert worden**

sie	**werden operiert**	**sind operiert worden**
Sie	**werden operiert**	**sind operiert worden**

N.B.: la forma contratta **worden** è usata solo al Perfekt o al Plusquamperfekt (trapassato prossimo). Ne riparleremo.

	Präteritum
ich	**wurde operiert**
du	**wurdest operiert**
er, sie, es	**wurde operiert**
wir	**wurden operiert**
ihr	**wurdet operiert**
sie	**wurden operiert**
Sie	**wurden operiert**

Il complemento d'agente, ossia la persona che compie l'azione, (se presente nella frase) è preceduto da **von** + dativo, *da*. Il complemento di causa efficiente, la cosa o l'oggetto che compie l'azione, è invece preceduto da **durch** + accusativo, *grazie a, a causa di*.
Lo vedremo più dettagliatamente nei paragrafi successivi.
Se la frase attiva viene trasformata in una frase passiva:
– il soggetto della frase attiva diventa il complemento d'agente o di causa efficiente della frase passiva;
– il complemento oggetto della frase attiva diventa il soggetto della frase passiva. Osservate la tabella qui sotto.

	Passaggio da frase attiva a passiva **einen Kuchen backen** *fare una torta*
Presente	**Der Bäcker backt den Kuchen.** **Der Kuchen wird vom Bäcker gebacken.**
Präteritum	**Der Bäcker backte den Kuchen.** **Der Kuchen wurde vom Bäcker gebacken.**
Perfekt	**Der Bäcker hat den Kuchen gebacken.** **Der Kuchen ist vom Bäcker gebacken worden.**

Il complemento d'agente è preceduto da **von** + dativo. Il complemento di causa efficiente è preceduto da **durch** + accusativo:
Mein Vater ist von diesem bekannten Arzt operiert worden, *Mio padre è stato operato da questo famoso dottore;*
Mein Vater ist durch diese Operation gerettet worden, *Mio padre è stato salvato grazie a questa operazione.*

Anche una frase con un verbo modale può essere passiva. In questo caso la costruzione è: verbo modale coniugato + participio passato seguito da **werden** in fondo alla frase.
– presente: **ich muss heute operiert werden**; **du musst heute operiert werden...**, *io devo essere operato oggi; tu devi essere operato oggi...*
– Präteritum: **ich musste gestern operiert werden**; **du musstest gestern operiert werden...**, *Io ho dovuto/dovevo essere operato ieri, tu hai dovuto/dovevi essere operato ieri...* Questa costruzione si traduce spesso con il passato prossimo anziché con l'imperfetto.

1.2 Il passivo di stato

Esprime il risultato di un'azione che si è già conclusa. Si costruisce con l'ausiliare **sein** + participio passato in fondo alla frase.
Si usa generalmente al presente e al Präteritum. Con il passivo di stato non c'è mai il complemento d'agente:
– presente: **Der Kuchen ist gebacken**, *La torta è cotta/fatta;*
– Präteritum: **Der Kuchen war gebacken**, *La torta è stata cotta/fatta.*

1.3 Il passivo impersonale

Se la frase attiva non ha il complemento oggetto, la corrispondente frase passiva non potrà avere un soggetto. Per rimediare all'assenza del soggetto, la frase può essere introdotta da un complemento circostanziale, per esempio un avverbio, oppure dal pronome **es** con funzione impersonale, anche detto "**es** esplicativo". Attenzione: quando la posizione I è già occupata da un'altra componente della frase, il che dal punto di vista stilistico è meglio, **es** viene omesso. Al contrario, senza un altro elemento in posizione I è obbligatorio iniziare la frase con **es:**
Am Sonntag wird nicht gearbeitet, *La domenica non si lavora;*
Hier darf nicht geraucht werden, *Qui non è consentito fumare;*

Es wird am Sonntag nicht gearbeitet, *La domenica non si lavora*; **Es wird nicht gearbeitet**, *Non si lavora*.

2 Il Plusquamperfekt

Corrisponde al nostro trapassato prossimo e serve a esprimere un'azione che si è svolta nel passato prima di un'altra azione. Si costruisce con l'ausiliare **haben** o **sein** al Präteritum + participio passato in fondo alla frase. La regola sull'uso degli ausiliari è la stessa che per il Perfekt.

	arbeiten *lavorare*	**ankommen** *arrivare*
ich	**hatte gearbeitet**	**war angekommen**
du	**hattest gearbeitet**	**warst angekommen**
er, sie, es	**hatte gearbeitet**	**war angekommen**
wir	**hatten gearbeitet**	**waren angekommen**
ihr	**hattet gearbeitet**	**wart angekommen**
sie	**hatten gearbeitet**	**waren angekommen**
Sie	**hatten gearbeitet**	**waren angekommen**

Esempio:
Als ich ankam, hatte der Film schon angefangen, *Quando sono arrivato/a, il film era già cominciato*;
Er konnte nicht mehr. Er hatte seit zwei Tagen nichts gegessen, *Non ce la faceva più. Per due giorni non aveva mangiato niente.*

3 Gli aggettivi sostantivati

Si tratta di sostantivi che si formano a partire dall'aggettivo e che si declinano come l'aggettivo attributivo, ossia la declinazione cambia a seconda che l'aggettivo sia preceduto dall'articolo determinativo, indeterminativo o da nessun articolo. Sono maschili o femminili se indicano un essere animato. Sono neutri se indicano un essere inanimato o qualcosa di astratto. Rivediamo un esempio che già conosciamo: l'aggettivo sostantivato derivante da **deutsch** → **der Deutsche / die Deutsche**, *il tedesco/ la tedesca*.

N.B. L'aggettivo sostantivato può formarsi anche a partire dall'aggettivo al comparativo di maggioranza o al superlativo assoluto:

- dativo maschile: **Sie ist mit einem Deutschen verheiratet**, *È sposata con un tedesco*;
- nominativo maschile: **Er spricht wie ein Deutscher**, *Parla come un tedesco*;
- nominativo plurale: **Ihr seid die Besten**, *Siete i migliori*.

Nella costruzione con **etwas** o con **nichts**, l'aggettivo sostantivato si declina come l'aggettivo attributivo in un gruppo nominale senza articolo:

- nominativo: **Das ist etwas Gutes**, *È una buona cosa*;
- accusativo: **Haben Sie nichts Kleineres?**, *Non ha qualcosa di più piccolo?*
- dativo: **Wir beginnen mit etwas Neuem**, *Cominciamo con qualcosa di nuovo*.

Attenzione! **Das ist etwas/nichts anderes**, *È qualcos'altro / Non è nient'altro*. **ander-** non prende la maiuscola.

Se avete dei dubbi riguardo la declinazione, vi suggeriamo di fare riferimento alle tabelle riportate alle lezioni 49 (§1) e 56 (§1).

4 *bevor*, "prima di", e *nachdem*, "dopo che"

Sono congiunzioni subordinanti. Contrariamente all'italiano, in tedesco non possono mai reggere una subordinata infinitiva:

Ich rufe dich an, bevor ich losfahre, *Ti chiamo prima di partire* → **Ich rufe dich an, ~~bevor loszufahren~~**.

Ich mache es, nachdem ich gegessen habe, *Lo faccio dopo aver mangiato* → **Ich mache es, ~~nachdem gegessen zu haben~~**.

5 I pronomi interrogativi con la preposizione

Se il gruppo verbale regge una preposizione bisogna tenerne conto per ottenere il pronome interrogativo corrispondente. È il caso dei verbi con preposizione come **warten auf** + acc., *aspettare*; **anfangen mit** + dat., *cominciare da/con* o delle costruzioni con preposizione come **einen Termin haben mit** + dat., *avere un appuntamento con*.

a) Se la domanda si riferisce a un essere animato, il pronome interrogativo si costruisce con la preposizione + **wen** o **wem** a seconda

del caso retto dalla preposizione:
• accusativo: **Auf wen wartest du? – Auf meinen Bruder**, *Chi aspetti? – Mio fratello*;
• dativo: **Mit wem haben Sie einen Termin? – Mit dem Personalleiter**, *Con chi ha un appuntamento? – Con il capo del personale*.
b) Se la domanda si riferisce a un essere inanimato o a qualcosa di astratto il pronome interrogativo si forma con **wo-** + preposizione o con **wor-** se la preposizione comincia per vocale:
• accusativo: **Worauf wartest du? – Auf die Straßenbahn**, *Cosa stai aspettando? – Il tram*;
• dativo: **Womit möchten Sie anfangen? – Mit den Übungen**, *Da cosa volete iniziare? Dagli esercizi*.

6 Gli indefiniti *einer/keiner, eine/keine, eins/keins e welche/keine*

Avete già imparato l'uso dei pronomi indefiniti all'accusativo. Ora ve ne indicheremo la declinazione al nominativo, accusativo e dativo e alla forma negativa. Vi ricorderete che si declinano come l'articolo indeterminativo tranne al nominativo maschile e neutro e all'accusativo neutro.
L'uso dei casi segue la regola generale della declinazione. Non vi indichiamo la declinazione al genitivo perché il suo uso appartiene a un livello linguistico più avanzato.

	Maschile	Femminile	Neutro	Plurale
N	**einer/ keiner**	**eine/ keine**	**eins/ keins**	**welche/ keine**
A	**einen/ keinen**	**eine/ keine**	**eins/ keins**	**welche/ keine**
D	**einem/ keinem**	**einer/ keiner**	**einem/ keinem**	**welchen/ keinen**

• Nominativo neutro: **Hast du Bücher gekauft? – Ja und eins ist für dich**, *Hai comprato dei libri? – Sì e uno è per te/tuo*.
• Accusativo plurale: **Wer hat in Deutschland Bücher gekauft?**

– **Ich habe welche gekauft**, *Chi ha comprato dei libri in Germania? – Io ne ho comprati alcuni.*
• Dativo femminile: **Sie könnten in einer unserer Zweigstellen arbeiten**, *Potrebbe lavorare in una delle nostre filiali.*

7 Il genere dei sostantivi

Nel corso delle ultime lezioni abbiamo visto come alcune categorie di sostantivi ci permettono di determinarne il genere.
• Sono maschili:
– i sostantivi indicanti esseri di genere maschile: **der Mann**, *l'uomo, il signore*;
– i momenti della giornata: **der Morgen**, *il mattino*; **der Mittag**, *il mezzogiorno*, tranne **die Nacht**, *la notte,* che è femminile.
– i giorni della settimana, i mesi, le stagioni: **der Montag**, *il lunedì*, **der Juni**, (*il mese di) giugno*; **der Sommer**, *l'estate*;
– i punti cardinali: **der Süden**, *il Sud*;
– la maggior parte dei sostantivi terminanti in **-er** e **-ler**: **der Lehrer**, *il professore, l'insegnante*; **der Muttersprachler**, *il madrelingua*, tranne **die Mutter**, *la madre*; **die Schwester**, *la sorella*, e **die Tochter**, *la figlia*, in quanto designano esseri di genere femminile.
• Sono femminili:
– i sostantivi indicanti esseri di sesso femminile: **die Frau**, *la donna, la signora*;
– i numeri/le cifre: **die Eins**, *l'uno*;
– la maggior parte dei sostantivi terminanti in **-e** e tutti i sostantivi terminanti in **-ei**, **-heit**, **-in**, **-keit**, **-schaft**, **-ung**: **die Stunde**, *l'ora*; **die Bäckerei**, *la panetteria*; **die Lehrerin**, *l'insegnante, la professoressa*.
• Sono neutri:
– i piccoli di esseri viventi: **das Baby**, *il neonato*;
– i colori: **das Grün**, *il verde*;
– i nomi di lingue straniere: **das Deutsch**, *il tedesco*;
– le lettere dell'alfabeto: **das A und das B**, *la A e la B*;
– i verbi sostantivati: **das Essen**, *il mangiare/il pasto*;
– i diminutivi terminanti in **-chen** o **-lein**: **das Mädchen (-)**, *la ragazza*; **das Fräulein (-)**, *la signorina* (termine deseuto).

Wiederholungsdialog

1 – Liebe Freunde, macht mir auf! Ich bin's, der Nikolaus.
2 – Komm rein, Nikolaus. Was ist los?
3 – In der Weihnachtsbäckerei wird eure Hilfe gebraucht. Der Bäckermeister ist seit zwei Tagen krank.
4 – Nur keine Panik Nikolaus! Was können wir für dich tun?
5 – Könnt ihr in die Weihnachtsbäckerei gehen und Plätzchen und Schokonikoläuse machen?
6 – Ja, klar.
7 – Ach ja! Mein Sack soll auch gewaschen werden.
8 – Kein Problem. Womit sollen wir anfangen?
9 – Mit den Schokonikoläusen. Das ist das Wichtigste. Aber beeilt euch bitte. Bald wird es dunkel.
10 – Ja, wir fahren gleich los. Jungs, habt ihr verstanden? Wir müssen los. Wir haben etwas Wichtiges zu tun.

***

Übersetzen Sie bitte!

❶ Woran denkst du? ❷ Hier wird Deutsch gesprochen. ❸ Es gibt nichts Besseres. ❹ Sie hatten nichts gemacht. ❺ Sie sind heute geliefert worden.

Traduzione del dialogo

1 Cari amici, apritemi! Sono io, San Nicola. **2** Entra San Nicola. Che succede? **3** Alla panetteria di Natale serve il vostro aiuto. Il mastro panettiere è malato da due giorni. **4** Niente paura *(panico)* San Nicola! Cosa possiamo fare per te? **5** Potete andare alla panetteria di Natale e fare i biscotti e i San Nicola di cioccolato? **6** Sì, certo. **7** Ah sì! Il mio sacco dev'essere *(anche)* lavato. **8** Nessun problema. Da cosa cominciamo? **9** Dai San Nicola di cioccolato. È la cosa più importante. Ma sbrigatevi per favore. Presto sarà buio. **10** Sì, partiamo subito. Ragazzi, avete capito? Dobbiamo andare. Abbiamo qualcosa d'importante da fare.

***

Soluzioni dell'esercizio

❶ A cosa pensi? ❷ Qui si parla tedesco. ❸ Non c'è niente di meglio. ❹ Non avevano fatto niente. ❺ Sono stati consegnati oggi.

Seconda ondata: 35ª lezione

Fünfundachtzigste Lektion

Aprilwetter

1 – Ich **hatte** ge**dacht** [1], wir **könn**ten viel**leicht** **Fahr**räder [2] **mie**ten, statt mit der **U**-Bahn zu [3] **fah**ren.
2 Es gibt hier **näm**lich **vie**le **schö**ne **Rad**wege.
3 – **Gu**te **Idee**! Der [4] am Fluss ent**lang** [5] sieht be**son**ders schön aus.
4 – Ge**nau** den **woll**te ich auch **vor**schlagen [6].
5 Und was meinst du, Tom?
6 – Ja, **su**per. **Et**was Be**we**gung **könn**te nicht **scha**den. Wir **ha**ben in den **letz**ten **Ta**gen [7] so viel ge**ges**sen.
7 – Das kannst du laut [8] **sa**gen. Das **Es**sen hier ist **ein**fach **un**widerstehlich.

Pronuncia

1… fa:^{a}*-rè:d*^{a}*…* ***2*** *…* ***ra:t****-veghə* ***3*** *… ènt****lañg****…* ***7*** *…* ***un****vi:d*^{a}*shte:liçh*

Note

1 Vi ricorderete che per alleggerire la frase si può omettere la congiunzione subordinante **dass**. In questo caso il verbo coniugato della subordinata mantiene la posizione II.

2 **das Rad (¨-er)** è l'abbreviazione di **das Fahrrad (¨-er)**, *la bicicletta*, che ritroviamo anche in **der Radweg (e)** (cfr. F2), *la pista ciclabile*.

3 **anstatt** o **statt… zu**, *anziché, invece di*, è seguito dalla costruzione infinitiva. **(An)Statt** precede il complemento (se presente nella frase), **zu** precede l'infinito o si posiziona tra la particella e l'infinito se il verbo è separabile: **Wir bestellen etwas zum Essen, (an)statt auszugehen,** *Ordiniamo qualcosa da mangiare anziché uscire*. Questa costruzione è possibile solo se il soggetto della subordinata infinitiva è lo stesso della proposizione principale, altrimenti occorre usare la congiunzio-

Ottantacinquesima lezione

Tempo di marzo *(aprile)*

1 – Avevo pensato [che] magari potremmo affittare le bici invece di andare con la metro.
2 *(Di fatto)* Ci sono parecchie piste ciclabili belle qui.
3 – Buona idea! Quella lungo il fiume sembra particolarmente bella.
4 – [È] proprio quella [che] volevo proporre.
5 E [tu] Tom, cosa [ne] pensi?
6 – Sì, fantastico! Un po' di movimento non nuoce *(potrebbe non nuocere)*. Negli ultimi giorni abbiamo mangiato così tanto.
7 – Puoi dirlo forte! Il cibo qui è semplicemente irresistibile.

ne subordinante **(an)statt dass**, *anziché*: **(An)Statt dass wir zu ihm gehen, kommt er zu uns**, *Invece di andare noi da lui, viene lui da noi.* La subordinata introdotta da **(an)statt... zu** o **(an)statt dass** può precedere o seguire la proposizione principale. Attenzione: è corretto usare **(an)statt dass** se il soggetto delle due frasi è lo stesso, tuttavia si preferisce la costruzione con **(an)statt... zu** + infinito.

4 I pronomi **der** (cfr. F3, N m.) e **den** (cfr. F4, A m.) *quella*, si riferiscono entrambi a **der Radweg**, *la pista ciclabile*.

5 **an... entlang**, *lungo*, il complemento si posiziona tra **an** ed **entlang** e regge il dativo.

6 **vor-** è una particella separabile: **Was schlägst du vor?**, *Cosa proponi?* Non confondetevi con il verbo **schlagen**, *colpire, picchiare, battere* (al gioco): **Deutschland wurde mit 3 – 0 geschlagen**, *La Germania è stata battuta 3 a 0*; **Schlag mich nicht**, *Non picchiarmi*.

7 *nelle ultime ore/settimane, negli ultimi anni...* si dice **in den letzten Stunden/Wochen/Jahren...**

8 **laut** significa *alto/forte* (di suono), *ad alta voce/chiassoso*: **Die Musik ist zu laut**, *La musica è troppo alta*.

8 – Das stimmt, aber ge**nug** ge**re**det. Macht euch **fer**tig [9], da**mit** wir **los**kommen [10]. Und ver**gesst** eure **Re**gencapes nicht.

9 – Ach, das ist nicht **nö**tig.

10 – Man weiß nie. Es gibt ein **al**tes **Sprich**wort, das sagt: „**A**pril, **A**pril, der macht was er will.“ □

*8 ... **re:**ghən-kèips...*

Note

9 *Prepararsi* si può tradurre **sich fertig machen**: Okay, ich **mache mich fertig**, *OK, mi preparo.*

10 La congiunzione subordinante **damit**, *affinché, così che*, serve a esprimere uno scopo o una finalità. Si è obbligati a utilizzarla se il soggetto della proposizione principale e quello della subordinata sono diversi. **damit** è compatibile con soggetti identici, tuttavia è stilisticamente preferibile la costruzione infinitiva con **um... zu... / zum**. Il pronome interrogativo corrispondente è **wozu**, *perché* (a che scopo?): **Wozu machst**

***

Übung 1 – Übersetzen Sie bitte!

❶ Er ist mit Freunden ausgegangen, anstatt mir zu helfen. ❷ In den letzten Wochen hat es viel geschneit. ❸ Ich helfe dir, damit es schneller geht. ❹ Es ist viel zu laut. ❺ Kannst du dich fertig machen?

Übung 2 – Ergänzen Sie bitte!

❶ Camminava lungo la strada.
Sie lief . . der Straße . . . .

❷ Negli ultimi anni ci siamo visti appena.
Wir haben uns . . . . . letzten Jahren kaum gesehen.

❸ Sono chiassosi.
Sie sind . . . .

8 – **Vero, ma basta parlare. Preparatevi, così partiamo. E non dimenticate gli** *(i vostri)* **impermeabili.**
9 – **Ah, non è necessario.**
10 – **Non si sa mai. C'è un vecchio proverbio che dice: "marzo tempo pazzo"** *(aprile, aprile, fa ciò che vuole)*.

du das? – **Damit** du glücklich bist, *Perché fai questo? – Perché tu sia felice*; **Wozu** brauchst du das? – **Um zu** kochen / **Zum** Kochen, *Per cosa ti serve questo? – Per cucinare.*

***

Soluzioni dell'esercizio 1

❶ È uscito con gli amici, anziché aiutarmi. ❷ Nelle ultime settimane ha nevicato molto. ❸ Ti aiuto così si fa più veloce. ❹ È troppo rumoroso. ❺ Puoi prepararti?

❹ Compra le uova così posso fare una torta.
Kauf Eier, ... einen Kuchen backen kann.

❺ Per cosa gli serve il computer? – Per lavorare
. . . . er den Computer? – Zum Arbeiten.

Soluzioni dell'esercizio 2

❶ – an – entlang ❷ – in den – ❸ – sehr laut ❹ – damit ich – ❺ Wozu braucht –

Aprilwetter *si riferisce al tempo instabile e soggetto a variazioni repentine tipico dei mesi di marzo e aprile. L'espressione italiana corrispondente è "Tempo di marzo" senza alcun riferimento al tempo di aprile. Non esiste una spiegazione scientifica a questo proposito, specie ai giorni nostri dove il clima è soggetto a variazioni meteo-*

86

Sechsundachtzigste Lektion

Der unerwartete Gast [1]

1 – **Mahl**zeit! [2]
2 – **Dan**ke!
3 – Schmeckt's?
4 – Ich **fin**de, es fehlt **et**was [3].
5 – Ja, es fehlt **et**was.
6 – **Wirk**lich?
7 – Na**tür**lich fehlt **et**was. Man kann es bis **hier**her **rie**chen.
8 – **Tan**te **Fri**da! Was machst du denn hier? **On**kel Fritz hat ge**sagt**, du seist [4] auf Kur.

Note

1 Non confondete **der Gast (¨-e)**, *l'ospite, l'invitato* (m. e f.), con **der Gastgeber (-)** (m.) / **die Gastgeberin (nen)** (f.), *l'ospite, colui/colei che ospita* (lett. "l'ospite donatore/donatrice").

2 **Mahlzeit!**, o **Guten Appetit!**, *Buon appetito!* **die Mahlzeit(en)** (lett. "pasto-tempo"), si traduce *il pasto*.

3 In questa frase la funzione di **es** è quella di occupare la posizione I nel costrutto, per mettere in risalto il soggetto. Attenzione! Si usa **es** anche se il soggetto e il verbo sono al plurale: **Es kommen viele Leute**, *Verranno un sacco di/molte persone*. Se nella frase però c'è già un complemento circostanziale, **es** viene omesso e il complemento va a occupare la posizione I: **Es fehlt natürlich etwas** ↔ **Natürlich fehlt etwas**, *Naturalmente manca qualcosa*.

rologiche, anche estreme, in tutti i mesi dell'anno. Anche il modo di dire tedesco **April, April, der macht was er will** *oppure* **April, April, der weiß nicht was er will** *è stato reso con l'equivalente italiano* "Marzo tempo pazzo".

Seconda ondata: 36ª lezione

86

Ottantaseiesima lezione

L'ospite inatteso

1 – Buon appettito!
2 – Grazie!
3 – È buono?
4 – Trovo che manchi *(manca)* qualcosa.
5 – Sì, manca qualcosa.
6 – Veramente?
7 – Naturalmente manca qualcosa. Si sente *(Lo si può odorare)* fino a qui.
8 – Zia Frida! Ma che ci fai qui? Lo zio Fritz ha detto che eri *(tu sia)* alle terme.

4 ich sei, du seist, er/sie/es sei, wir seien, ihr sei(e)t, sie/Sie seien è il **Konjunktiv I** presente di **sein**. Il **Konjunktiv I** è usato nel discorso indiretto per riportare le affermazioni di terzi. Oggi si tende a sostituirlo con il presente indicativo. In questo caso si aggiunge la congiunzione **dass** e si posiziona il verbo in fondo alla frase. Nel linguaggio parlato questa regola non è sempre rispettata: ...**hat gesagt, dass du auf Kur bist / du bist auf Kur** (linguaggio colloquiale), *...ha detto che eri alle terme.*

9 – Ach, Thermal**bä**der [5] und kalo**rie**narmes **E**ssen, das ist nichts für mich. Und ich **ha**be euch so ver**misst**. [6]

10 – Wir **ha**ben dich auch ver**misst**. **A**ber sag mal: Was fehlt denn da ge**nau**?

11 – **Ei**ne **Klei**nigkeit, die **ei**nen **gro**ßen **Un**terschied macht: ein **Tee**löffel [7] Schnaps!

12 – Schnaps?

13 – Ja, Schnaps! Reicht mir **bit**te die **Fla**sche **rü**ber [8]. (...)

14 So, **bit**te schön, lasst es euch **schme**cken [9].

15 – Mano**me**ter, das schmeckt **a**ber gut!

Pronuncia

*9 … tèr**ma:l**-bè:dᵃ… kalo**ri:**ən-arməss… 11 … **klai**niçhkait… 15 mano**me:**tᵃ …*

Note

5 Molti sostantivi monosillabici neutri formano il plurale con **-er** e alcuni aggiungono l'**Umlaut** sulle vocali **a**, **o** e **u**: **das Bild**, *la foto, il disegno, l'immagine* → **die Bilder**; **das Lied**, *la canzone* → **die Lieder**; **das Bad**, *il bagno, la stanza da bagno* → **die Bäder** da cui il nome composto **das Thermalbad / die Thermalbäder**, *i bagni termali*.

6 **jdn vermissen**, *sentire la mancanza di qcn, mancare a qualcuno*, è transitivo. **Ich habe die Kinder vermisst**, *I bambini mi sono mancati/ Mi sono mancati i bambini*. Come avrete notato dalla costruzione, al complemento di termine in italiano, corrisponde il soggetto in tedesco. Se conoscete l'inglese **jdn vermissen** equivale a ***to miss someone***.

***

Übung 1 – Übersetzen Sie bitte!

❶ Ich vermisse sie sehr. ❷ Ich dachte, er sei nicht da. ❸ Lass es dir schmecken! ❹ Habt ihr ihn nicht vermisst? ❺ Reich mir bitte das Salz herüber.

9 – Ah, [i] bagni termali, [la] cucina ipocalorica *(calorie-povero cibo)*, non fanno *(non è niente)* per me. E mi siete mancati così tanto.
10 – Anche tu ci sei mancata *(abbiamo te mancato)*. Ma dimmi cosa manca esattamente?
11 – Un dettaglio che fa una grossa differenza: un cucchiaino *(tè-cucchiaio)* [di] liquore!
12 – [Di] liquore?
13 – Sì, [di] liquore. Passami la bottiglia per favore. (...)
14 Ecco, prego, buon appetito *(lascia esso a voi gustare)*!
15 – Accidenti *(Manometro)*, è buono!

7 I sostantivi maschili che terminano in **-el** non aggiungono desinenze al plurale o aggiungono solo l'**Umlaut** sulle vocali **a**, **o** e **u**: **der Löffel**, *il cucchiaio* → **die Löffel**; **der Mantel**, *il cappotto* → **die Mäntel**.

8 Il verbo **rüberreichen** è l'abbreviazione, nel linguaggio parlato, di **herüberreichen**: **Reich mir bitte das Salz** *[zaltz]* / **den Pfeffer** *[pfèff[ə]]* **herüber**, *Passami il sale/il pepe, per favore*.

9 **Lasst es euch schmecken**, **Lass es dir schmecken**, **Lassen Sie es sich schmecken**, *Buon appetito! Alla salute!*

***

Soluzioni dell'esercizio 1

❶ Mi manca molto. ❷ Pensavo non fosse qui. ❸ Buon appetito! ❹ Non vi è mancato? ❺ Passami il sale per favore.

Übung 2 – Ergänzen Sie bitte!

❶ la bicicletta, le biciclette *(forma abbreviata)*
das . . . , die . . . . .

❷ Non manca nessuno.
. . . . niemand.

❸ Lei gli manca molto.
. . vermisst . . . sehr.

❹ Mi sei mancato molto.
. . . habe . . . . sehr vermisst.

87

Siebenundachtzigste Lektion

Die Nachrichten heute

1 – **Schu**len **käm**pfen [1] für die **Um**welt
2 **Hun**derttausende **Ju**gendliche sind **heu**te auf die **Stra**ße ge**gan**gen.
3 „Wir **wol**len **kei**ne **Wor**te, **son**dern **Ta**ten [2]" **rie**fen [3] die **jun**gen **Schü**lerinnen und **Schü**ler.

Note

1 • Nei titoli brevi e negli annunci i sostantivi sono spesso usati senza l'articolo.
• Il verbo **kämpfen**, *battersi*, non è pronominale. Traduce anche *combattere*.

2 La congiunzione coordinante **sondern**, *ma, bensì (al contrario)*, serve a rettificare qualcosa che è stato appena negato. Pertanto la troviamo dopo una negazione ed è sempre preceduta da una virgola: **Er ist nicht jung, sondern alt**, *Non è giovane, bensì anziano*. Non confondetela con la congiunzione **aber**, *ma*, che introduce una riserva dopo una frase dichiarativa affermativa o negativa: **Es ist schwer, aber nicht gefährlich** *[ghefè:ªliçh]*, *È difficile, ma non pericoloso*; **Er ist nicht groß, aber stark**, *Non è grande, ma [è] forte*.

❺ L'ospite *(colui che invita)* è molto gentile.
.... ist sehr nett.

Soluzioni dell'esercizio 2
❶ – Rad – Räder ❷ Es fehlt – ❸ Er – sie – ❹ Ich – dich – ❺ Der Gastgeber –

Seconda ondata: 37ª lezione

87

Ottantasettesima lezione

Le notizie [di] oggi

1 – [Le] scuole [si] battono per l'ambiente
2 Centinaia di migliaia di giovani sono scesi oggi in strada.
3 "Non vogliamo parole bensì azioni" hanno scandito *(gridato)* i giovani studenti *(studentesse e studenti)*.

3 I verbi **rufen**, *chiamare*, *gridare* – **rief** – **gerufen**, e **kommen**, *venire* – **kam** – **gekommen** (cfr. F11), sono irregolari.

4 – **Ach**tung, Sturm in **Nord**europa!
5 Noch ist es **ru**hig, **a**ber am **Mitt**wochabend [4] wird mit der **An**kunft **ei**nes **schwe**ren **Stur**mes ge**rech**net.
6 **Schu**len und **vie**le Ge**schäf**te **blei**ben ab **mor**gen ge**schlos**sen [5].

7 – Die **fünf**te **Jah**reszeit
8 Der **Rhei**nische **Kar**neval er**reich**te **heu**te **sei**nen **Hö**hepunkt.
9 In Köln, Mainz und **Düs**seldorf **fan**den [6] die be**kann**ten **Ro**senmontagsumzüge statt und wie **je**des Jahr **lock**ten sie **Tau**sende **Zu**schauer an.

10 – Ent**schä**digung bei Ver**spä**tung [7] der Bahn.
11 **Letz**tes Jahr kam **je**der **vier**te **Fern**zug [8] zu spät.

Pronuncia

*8 … **Hoe:**ə-puñkt 9 … **ro:**zən-mo:ntaks-umtsueghə… 10 ènt**shè:**diguñg…*

Note

4 **Mittwoch + der Abend = Mittwochabend**, *mercoledì sera*. Questa costruzione vale per tutti i giorni della settimana + parti del giorno: **Samstagvormittag**, *sabato mattina* ecc.

5 Il contrario di **geschlossen**, *chiuso*, è **geöffnet**, *aperto*: **Es ist bis 22 Uhr geöffnet**, *È aperto fino alle 22.* **geschlossen** e **geöffnet** sono i participi passati rispettivamente di **schließen** (**schloß - geschloßen**), *chiudere*, e **öffnen** (regolare), *aprire*.

4 – Attenzione, tempesta in Nord Europa!
5 Al momento è ancora sereno *(calmo)*, ma mercoledì sera è previsto *(si conta con)* l'arrivo di una forte tempesta.
6 Da domani mattina [le] scuole e molti negozi rimarranno chiusi.

7 – [Il carnevale], la quinta stagione [dell'anno]
8 Il Carnevale renano ha raggiunto oggi il suo clou *(punto d'altezza)*.
9 A Colonia, Magonza e Düsseldorf hanno sfilato *(avuto luogo)* i famosi carri del lunedì delle Rose e come ogni anno hanno richiamato *(attirato)* migliaia di spettatori.

10 – Disagi causa ritardi delle ferrovie.
11 L'anno scorso un treno a lunga percorrenza su quattro è arrivato in ritardo.

6 Molti verbi irregolari la cui vocale radicale è **i** modificano la **i** in **-a-** al Präteritum e in **-u-** al participio passato: **finden**, *trovare* – **fand** – **gefunden**. N.B. I verbi con particella che derivano da **finden** seguono quasi sempre lo stesso modello di coniugazione: **stattfinden**, *aver luogo* – **fand statt** – **stattgefunden**.

7 La preposizione **bei** ha anche il significato di *in caso di*: **bei Feuer**, *in caso d'incendio*.

8 *un/una/ogni... su due/tre/quattro...* si traduce **jeder (jede/jedes) zweite/dritte/vierte...** (lett. "ogni secondo/terzo/quarto..."). In questa frase si tratta di un nominativo maschile. Osservate l'esempio con l'accusativo neutro: **Ich sehe ihn jedes zweite Wochenende**, *Lo vedo un/ogni weekend su due*. Vi ricordiamo che il complemento di tempo senza preposizione è sempre all'accusativo.

12 Das **kos**tet den **Kon**zern viel Geld, denn **im**mer mehr **Rei**sende ver**lan**gen **ei**ne Ent**schä**digung und je **län**ger die Ver**spä**tung, **des**to **hö**her die Ent**schä**digung [9]. □

Note

9 Il comparativo con **je... desto...** o **je... umso...** equivale a *più... più...*; **desto/umso** sono intercambiabili. In questo esempio, il verbo coniugato è sottinteso. Osserviamo la posizione del verbo qualora fosse presente: **Je länger die Verspätung ist, umso höher ist die Entschädigung**, *Più lungo è il ritardo, più oneroso è il rimborso*. La prima parte della

***

Übung 1 – Übersetzen Sie bitte!

❶ Wo wart ihr Montagnacht? ❷ Je länger es dauert, desto teurer wird es. ❸ Jeder zweite Deutsche will weniger arbeiten. ❹ Es ist nicht kalt, sondern warm. ❺ Was kann man bei schlechtem Wetter machen?

Übung 2 – Ergänzen Sie bitte!

❶ Hai trovato le chiavi?
Hast du die ....?

❷ Più lavori, meglio lo sai fare.
Je mehr du arbeitest, umso/........... wirst du es können.

❸ Mi telefonava solo di rado.
Er .... mich nur selten ...

❹ Dov'eravate sabato sera?
Wo .... ihr am ....?

❺ Ci vediamo ogni due giorni.
Wir sehen uns .... Tag.

12 **Ciò costituisce per il** *(costa al)* **gruppo industriale un'ingente spesa** *(molto denaro)* **perché sempre più viaggiatori esigono un rimborso e più lungo è il ritardo, più oneroso è il rimborso** *(più lungo il ritardo più alto il rimborso)*.

comparazione è formata da una proposizione subordinata. Nella seconda parte, il verbo coniugato si posiziona direttamente dopo **desto** + comparativo. N.B. La stessa costruzione vale per: **je weniger... desto/umso weniger** = *meno... meno* e **je besser... desto/umso besser** = *migliore... migliore*: **Je weniger du rauchst, desto besser fühlst du dich**, *Meno fumi, meglio ti senti*.

***

Soluzioni dell'esercizio 1

❶ Dove eravate lunedì notte? ❷ Più dura *(a lungo)*, più diventa caro. ❸ Un tedesco su due vuole lavorare di meno. ❹ Non fa freddo, bensì caldo. ❺ Cosa si può fare in caso di cattivo tempo?

Soluzioni dell'esercizio 2

❶ – Schlüssel gefunden ❷ – desto besser ❸ – rief – an ❹ – wart – Samstagabend ❺ – jeden zweiten –

Il carnevale è una tradizione particolarmente sentita in tutta la Germania e viene celebrata con grande partecipazione, seppure con qualche differenza regionale. Lo stesso termine "carnevale" ha denominazioni diverse: in Renania è **Karneval**, *in Baden-Württemberg,* **Fastnacht** *o* **Fasnacht**, *e in Baviera* **Fasching**. *Nel Nord, di confessione perlopiù protestante, il carnevale è generalmente più sobrio e regolato. Mentre nelle province della Renania Settentrionale-Vestfalia e nella Renania-Palatinato, il carnevale assume dimensioni grandiose. In particolare nelle città di Düsseldorf, Colonia e Magonza, conside-*

88

Achtundachtzigste Lektion

Der Rabe und der Fuchs (von Jean de La Fontaine)

1 **Meis**ter **Ra**be, auf **ei**nem **Bau**me [1] **sit**zend [2],
hielt [3] im **Schna**bel **ei**nen **Kä**se.
2 **Meis**ter Fuchs, vom Ge**ruch** [4] **an**gelockt,
hielt ihm **et**wa **die**se **Re**de.
3 „Ei, **gu**ten **Mor**gen Herr von **Ra**be!"
„Wie hübsch Ihr seid [5], wie gut Ihr **aus**seht!
4 Wenn **Eu**er Ge**sang** [6] so schön ist wie **Eu**er Ge**fie**der,
seid Ihr der **Phö**nix von **al**len hier im **Wal**de."

Note

1 La **-e** finale di **Baum** o **Wald** (cfr. F4) è una licenza poetica.

2 **sitzend**, *sedente* (in questa frase lo traduciamo con *seduto*) è il participio presente di **sitzen**, *essere seduti*. Il participio presente si forma aggiungendo una **-d** all'infinito: **lachen und weinen**, *ridere e piangere* → **lachend und weinend**, *ridente e piangente, che ride e che piange*.

3 Molti verbi irregolari modificano la vocale radicale **a** in **i(e)** al Präteritum e aggiungono l'Umlaut sulla **a** alla 2ª e alla 3ª persona singolare del presente indicativo: **halten**, *tenere* – **er hält** – **hielt** – **gehalten**; **fangen**, *afferrare, catturare* – **er fängt** – **fing** –**gefangen**.

rate le capitali del carnevale tedesco, i festeggiamenti sono spettacolari, con sfilate di carri allegorici e cortei mascherati che richiamano centinaia di migliaia di turisti. Il carnevale è così importante per i tedeschi che viene definito **die fünfte Jahreszeit**, *la quinta stagione, un periodo tra l'Avvento e la Quaresima. Infatti il carnevale di Colonia non inizia a febbraio, ma l'11 novembre alle ore 11:11. Tuttavia la settimana di festeggiamenti comincia come da noi con il giovedì grasso e termina con il martedì grasso, prima dell'inizio della Quaresima.*

Seconda ondata: 38ª lezione

88

Ottantottesima lezione

"Il corvo e la volpe" (di Jean de La Fontaine)

1 Il Signor *(Mastro)* Corvo, su un albero seduto, teneva nel becco un [pezzo di] formaggio.

2 Il Signor *(Mastro)* Volpe, attratto dal profumo *(odore)*, gli disse pressappoco queste parole *(tenne pressappoco questo discorso)*:

3 "Eh buongiorno Signor Corvo.
Come siete bello! Che bell'aspetto che avete *(come bene apparite)*!

4 Se il vostro canto è bello quanto le vostre piume *(piumaggio)*, siete la Fenice di tutti [gli uccelli] del bosco *(qui nel bosco)*."

4 **der Geruch**, *l'odore*, deriva dal verbo **riechen**, *odorare* – **roch** – **gerochen**. Molti verbi irregolari modificano la vocale radicale **ie** in **o** al Präteritum: **verlieren**, *perdere* – **verlor** – **verloren**.

5 In passato la forma di cortesia corrispondeva alla 2ª persona plurale, come era in italiano: **Ihr**, *Voi*, pronome personale soggetto, **Euer** (cfr. F4), *Vostro*, pronome possessivo e **Euch** (cfr. F6), *Vi*, pronome riflessivo.

6 **der Gesang**, *il canto*, deriva da **singen**, *cantare* – **sang** – **gesungen**. Molti verbi irregolari modificano la vocale radicale **i** in **a** al Präteritum e in **u** al participio passato: **finden**, *trovare* – **fand** – **gefunden**.

5 Bei **die**sen **Wor**ten kann sich der **Ra**be vor **Freu**de nicht **hal**ten
und um **sei**ne **schö**ne **Stim**me zu **zei**gen, macht er den **Schna**bel auf, lässt **sei**ne **Beu**te **fal**len.

6 Der Fuchs schnappt sie und sagt: „Mein **gu**ter Mann,
merkt Euch [7], ein **Schmeich**ler lebt von dem, der auf ihn hört [8].

7 **Die**se **Leh**re ist **oh**ne **Zwei**fel **ei**nen **Kä**se wert [9]."

8 Der **Ra**be schwor [10], aber **et**was spät,
das käm' ihm nicht noch **ein**mal vor [11]. □

Pronuncia

5… boi:tə… 7… veᵃt… 8… shvo:ᵃ …

Note

7 **sich etwas merken** significa *ricordare/tenere a mente qcs*: **Merk dir auch die Adresse**, *Ricordati anche l'indirizzo*.

8 Conosciamo già **hören**, *ascoltare*. Osservate ora le costruzioni **auf jdn hören** (+ acc.), *ascoltare qcn, dare ascolto, obbedire a qcn*, e **etw. hören**, *ascoltare/sentire qcs*: **Hörst du mich?**, *Mi senti?*; **Hör auf deinen Vater**, *Ascolta (Obbedisci a) tuo padre*; **Er hört Musik**, *Ascolta la musica*.

9 **etwas wert sein**, *valere qcs*, regge l'accusativo. Tenete a mente queste due espressioni: **Wie viel ist es wert**, *Quanto vale?*; **Es ist nichts/viel wert**, *Non vale niente/Vale molto*.

***

Übung 1 – Übersetzen Sie bitte!

❶ Das ist nichts wert. ❷ Mein Sohn hört nicht auf seinen Lehrer. ❸ Ihr flogt oft nach Berlin. ❹ Habt ihr euch die Telefonnummer gemerkt? ❺ Das kommt nicht oft vor.

5 A queste parole il corvo non si può trattenere dalla gioia
e per mostrare la sua bella voce,
apre il becco [e] lascia cadere il suo bottino.

6 La volpe l'afferra e dice: "Mio caro amico *(signore)*, ricordateVi [che] un adulatore vive [alle spese] di colui che l'ascolta.

7 Questo insegnamento vale senza dubbio un [pezzo di] formaggio."

8 Il corvo giurò, ma [ormai] troppo *(un po')* tardi, [che] questo non gli sarebbe più *(di nuovo)* capitato.

10 **schwören**, *giurare* – **schwor** – **geschworen** è irregolare.

11 *capitare/succedere a qcn* si traduce **jdm vorkommen**: **Ich hoffe, dass es (mir) nicht wieder vorkommt**, *Spero che non mi capiti più*.

***

Soluzioni dell'esercizio 1

❶ Non vale niente. ❷ Mio figlio non ascolta il suo insegnante. ❸ Andavate spesso a Berlino. ❹ Avete memorizzato il numero di telefono? ❺ Non capita spesso.

Übung 2 – Ergänzen Sie bitte!

❶ Non è ancora cominciato.
Es hat noch ....

❷ È andata a Salisburgo. *(in aereo)*
Sie ... nach Salzburg ....

❸ Ha o aveva un buon odore.
Es ...... oder es .... gut.

❹ Mio nonno ci sente male.
Mein Großvater ....

89

Neunundachtzigste Lektion

Zurück [1] nach Hause

1 – Das darf doch nicht wahr sein. Schau mal, wer da ist.
2 – Mensch **Char**lie! Was machst du denn hier?
3 – Wie ihr seht, bin ich **wie**der zu**rück**.
4 – Wie zu**rück**? Hast du die **Staa**ten [2] ver**las**sen?
5 – Ja. **Des**halb [3] bin ich auch hier. Ich **hat**te **e**ben ein **Vor**stellungsgespräch für 'nen Job.

Pronuncia
*5 ... **dèss**Halp...*

Note

1 **zurück**, *di ritorno, indietro*, svolge una funzione avverbiale (cfr. titolo e frase 4).

2 Nel parlato si usa l'abbreviazione **die Staaten** per **die Vereinigten Staaten**, *gli Stati Uniti*. I nomi di paese con l'articolo si costruiscono con la preposizione **in** quando indicano una posizione (cfr. F6) oppure un movimento: **Er fliegt in die Staaten / in die Schweiz** (f.), *Va negli Stati Uniti/In Svizzera*.

❺ No, non vale niente.
Nein, das ist ....

Soluzioni dell'esercizio 2
❶ – nicht angefangen ❷ – ist – geflogen ❸ – riecht – roch ❹ – hört schlecht ❺ – nichts wert

Seconda ondata: 39ª lezione

89

Ottantanovesima lezione

Ritorno a casa

1 – Non può essere vero. Guarda chi c'è *(è qui)*!
2 – Cavoli, Charlie! Cosa fai qui?
3 – Come vedete, sono tornato.
4 – Come tornato? Hai lasciato gli Stati [Uniti]?
5 – Sì. Perciò sono qui. Ho appena fatto un colloquio di *(presentazione per un)* lavoro.

3 **deshalb**, *perciò*, *per questo*, è una congiunzione avverbiale che serve a esprimere la conseguenza di fatti già enunciati. È subito seguita dal verbo coniugato e può introdurre una subordinata preceduta dalla virgola o introdurre una frase separata: **Es ist weit** *[vait]*, **deshalb nehmen wir ein Taxi** o **Es ist weit. Deshalb nehmen wir ein Taxi**, *È lontano. Per questo prendiamo un taxi*. **deshalb** può trovarsi anche al centro della frase prima del verbo coniugato: **Es ist weit. Wir nehmen deshalb ein Taxi**.

6 – Sag bloß! Wir **dach**ten, du **hät**test in den **Staa**ten den **Traum**job ge**fun**den [4], und auch die **Traum**frau.
7 – Das **dacht'** ich auch…
8 – **Manch**mal **lau**fen die **Din**ge schief [5].
9 – Ja, **lei**der, **a**ber schön euch **wie**derzusehen [6]. Und **ob**wohl [7] ich auf Di**ät** bin [8], **schla**ge ich vor, dass wir ins Restau**rant** **es**sen **ge**hen.
10 – **Ein**verstanden! **A**ber nur wenn wir dich **ein**laden **dür**fen.
11 – Nein, nur wenn ich euch **ein**laden darf.

Note

4 Il discorso indiretto al passato si costruisce con il **Konjunktiv II** passato. Ma anche in questo caso è possibile usare l'indicativo (passato o trapassato prossimo) + **dass**: **Wir dachten, dass du deinen Traumjob gefunden hast/hattest**, *Pensavamo che avessi trovato il lavoro dei sogni*. Ne riparleremo.

5 Il modo di dire *andare storto* può tradursi **schief laufen** o **schief gehen**: **Alles ist schief gelaufen/gegangen**, *È andato tutto storto*.

6 La particella **wieder-** serve a esprimere la ripetizione di un'azione. È una particella mista, ma è perlopiù separabile: **wiederkommen**, *ritornare* → **Wann kommst du wieder?**, *Quando ritorni?*; **wiederfinden**, *ritrovare* → **Ich habe meine Brille** *[brillə]* **wiedergefunden**, *Ho ritrovato i miei occhiali*. Il verbo **wiederholen**, *ripetere*, è invece inseparabile: **ich wiederhole**, *io ripeto*.

***

Übung 1 – Übersetzen Sie bitte!

❶ **Obwohl es regnet, findet der Ausflug statt.** ❷ **Er muss lernen. Deshalb kommt er erst um 10.** ❸ **Er will ins Theater gehen.** ❹ **Wir haben uns verlaufen, deshalb fragen wir nach dem Weg.** ❺ **Er wohnt in den Staaten.**

6 – Ma dai! Pensavamo avessi trovato il lavoro dei sogni negli Stati Uniti e anche la donna dei sogni.
7 – Lo pensavo anch'io...
8 – A volte le cose vanno storte *(storto)*.
9 – Sì, purtroppo, ma [che] bello rivedervi. E sebbene sia *(sono)* a dieta, propongo di andare *(che andiamo)* al ristorante.
10 – D'accordo! Ma solo se paghiamo noi *(possiamo invitarti)*.
11 – No, solo se posso pagare *(invitarvi)* io.

7 La congiunzione subordinante **obwohl**, *benché, sebbene*, serve a esprimere una concessione: **Obwohl er krank ist, spielt er Fußball**, *Benché sia malato, gioca a calcio*. Generalmente, (ma non è obbligatorio), la proposizione subordinata introdotta da **obwohl** è a inizio frase.

8 Vi raccomandiamo di memorizzare tutte le costruzioni con la preposizione in quanto non sempre corrispondono alla loro traduzione italiana, in particolare quelle con: **auf**, *su, sopra*, e **in**, *in*: **auf Diät / auf Kur sein**, *essere a dieta/in cura*; **ins Restaurant** (cfr. F9) / **ins Kino / ins Theater / ins Hotel / in die Oper / in die Disko / ins Schwimmbad / ins Krankenhaus gehen**, *andare al ristorante / al cinema / a teatro / in albergo / all'opera / in discoteca / in piscina / in ospedale*.

***

Soluzioni dell'esercizio 1

❶ Sebbene piova, la gita si farà *(avrà luogo)*. ❷ Deve studiare. Perciò verrà solo alle 10. ❸ Vuole andare a teatro. ❹ Ci siamo persi, perciò chiediamo indicazioni *(la strada)*. ❺ Vive negli Stati Uniti.

Übung 2 – Ergänzen Sie bitte!

❶ Ha molto lavoro. Pe questo non viene.
Sie hat viel Arbeit. .... sie nicht.

❷ L'abbiamo ripetuto spesso.
Wir haben es ....

❸ Quanto tempo siete stati negli Stati Uniti?
Wie lange wart ihr .. den .... ?

❹ Benché non faccia caldo mangiamo fuori.
.... es nicht warm ..., essen wir draußen.

90

Neunzigste Lektion

Fit, schön und gesund

1 – Sie **ma**chen Sport und essen ge**sund**, **trotz**dem **neh**men Sie nicht ab [1].
2 Nicht zu früh das **Hand**tuch **wer**fen! [2]
3 In **un**serem Buch des **Jah**res „**Run**ter mit den **Ki**los [3]!" **fin**den Sie **Ih**re per**fek**te Me**tho**de zum ge**sun**den **Ab**nehmen.
4 – Zu **fet**tig, zu dünn oder zu **tro**cken, Sie sind mit **Ih**rem Haar nicht zu**frie**den [4]?

Pronuncia
3... meto:də... 4... fèttiçh...

Note

1 In questa frase **trotzdem**, *tuttavia, ciononostante, eppure*, svolge una funzione avverbiale. Usato come avverbio, **trotzdem** introduce una proposizione secondaria preceduta dalla virgola. Verbo e soggetto sono invertiti: **Sie machen Sport... trotzdem nehmen Sie nicht ab**, *Fate sport..., ciononostante non dimagrite*. In una proposizione principale, **trotzdem** può trovarsi al centro della frase dopo il verbo coniugato: **Sie nehmen trotzdem nicht ab**.

❺ Quando lo rivedi?
Wann ...... du ihn ...... ?

Soluzioni dell'esercizio 2
❶ – Deshalb kommt – ❷ – oft wiederholt ❸ – in – Staaten ❹ Obwohl – ist – ❺ – siehst – wieder

Seconda ondata: 40ª lezione

90

Novantesima lezione

In forma, belli e sani

1 – Fate sport e mangiate sano, eppure non dimagrite.
2 Non gettate *(gettare)* la spugna troppo presto!
3 Nel nostro libro dell'anno *"Abbasso i chili!"* troverete il *(vostro)* metodo perfetto per dimagrire in modo salutare *(per il dimagrimento)*.
4 – Troppo grassi, troppo sottili o troppo secchi, non siete soddisfatti dei *(con i)* vostri capelli?

2 I tedeschi dicono "gettare l'asciugamano" e non *gettare la spugna* come noi italiani. Non dimenticate che in tedesco la costruzione infinitiva può essere usata per esprimere un ordine o un'esortazione gentile.

3 I sostantivi terminanti in **-o**, **-a**, **-i**, **-y** (generalmente di origine straniera) aggiungono una **-s** al plurale: **das Kilo**, *il chilo* → **die Kilos**. Questa regola vale anche per altri sostantivi di origine straniera, tra cui **das Restaurant**, *il ristorante* → **die Restaurants**.

4 Come i verbi, anche molti aggettivi si possono costruire con la preposizione + D o A (il caso retto dalla preposizione va imparato di volta in volta): **zufrieden mit** (+ D), *essere soddisfatti/contenti di*; **geeignet für** (+ A) (cfr. F6), *adatto a*.

5 Dann wird es **höchs**te Zeit, dass Sie **un**ser **neu**es **Sham**poo **tes**ten.
6 Es ist für **al**le **Haa**re ge**eig**net und wirkt schon nach dem **ers**ten **Wa**schen.

7 – Sie **lei**den an [5] **Rü**ckenschmerzen oder **schla**fen schlecht?
8 Viel**leicht** ist es **we**gen **Ih**rer Ma**tra**tze?
9 Wir **ha**ben für Sie ver**schie**dene Mo**del**le ge**tes**tet.
10 Auf Platz 1 kommt **die**se **neu**e Ma**trat**ze. Sie garan**tiert Ih**nen **ei**ne **gu**te Nacht mit **sü**ßen **Träu**men.

11 – Je mehr Vita**mi**ne, **des**to **bes**ser.
12 Wer **mor**gens fit sein **möch**te [6], **soll**te **nie**mals auf ein ge**sun**des **Früh**stück ver**zich**ten [7].
13 Mit **die**sem Ge**rät** be**rei**ten Sie im **Hand**umdrehen [8] vita**min**reiche **Obst**säfte vor, die **Ih**nen Kraft und Ener**gie** für den Tag **ge**ben. □

*5… **sham**puu: …6… ghe**aik**nət… 12… fèr**tsiçh**tən 13… **Hant**-umdre:ən… **o:pst**-zèftə…*

Note

5 Molti verbi irregolari modificano la radice **ei** in **i(e)** al Präteritum e al participio passato: **leiden an** (verbo con preposizione + dativo), *soffrire di* (malattia) – **litt** – **gelitten**; **bleiben**, *restare* – **blieb** – **geblieben**.

6 In questa frase **wer** è un pronome relativo = *chi*, pertanto il verbo coniugato va in fondo alla frase: **Wer keine Lust hat, sollte zu Hause bleiben,** *Chi non ha voglia, dovrebbe rimanere a casa.*

7 **auf jdn/etw. verzichten**, *rinunciare a qcn/qcs*, è un verbo con preposizione e regge l'accusativo.

5 **Allora è** *(diventa il più alto)* **tempo di provare** *(che provate)* **il nostro nuovo shampoo.**
6 **È adatto per tutti i [tipi di] capelli e agisce già dopo il primo lavaggio.**

7 – Soffrite di mal di schiena o dormite male?
8 **Magari è per colpa del** *(vostro)* **materasso?**
9 **Abbiamo testato per voi diversi modelli.**
10 **Al primo posto c'è** *(arriva)* **questo nuovo materasso. Vi garantirà una buona dormita e** *(una buona notte con)* **sogni belli** *(dolci)*.

11 – Più vitamine, più salute *(meglio è)*.
12 **Chi vuole essere in forma la mattina, non deve** *(dovrebbe)* **mai rinunciare a una sana colazione.**
13 **Con questo elettrodomestico** *(apparecchio)* **preparerete** *(preparate)* **in un attimo succhi di frutta vitaminici che vi daranno forza ed energia per la giornata.**

8 **Handumdrehen (im ~)** (lett. "giro di mano"), *in un attimo/baleno*, è composto dal sostantivo **die Hand**, *la mano* + il verbo separabile **umdrehen** *girare, torcere*. La particella **um-** è mista, ossia:
– è separabile quando ha il significato di cambiare luogo, direzione o quello di modificare, trasformare qualcosa: **(sich) umdrehen**, *girarsi, voltarsi* → **er dreht sich um**, *si gira*; **umbauen**, *rinnovare, ristrutturare* (un immobile) → **Sie bauen das Haus um**, *ristrutturano la casa*;
– è inseparabile quando ha il significato di circondare qualcosa. I verbi con questo significato sono pochi. Uno di questi è: **umarmen**, *abbracciarsi* → **Sie umarmten sich alle**, *tutti si abbracciavano*.

Übung 1 – Übersetzen Sie bitte!

❶ Mehrere Personen leiden an Kopfschmerzen. ❷ Es regnet, trotzdem wollen sie den Ausflug machen. ❸ Wer zu spät kommt, verliert seinen Platz. ❹ Bist du mit deiner neuen Arbeit zufrieden? ❺ Sie verzichten auf alles.

Übung 2 – Ergänzen Sie bitte!

❶ È rimasto da noi una settimana.
Er … eine Woche bei uns ………. .

❷ Chi ha tempo può venire.
……. hat, kann kommen.

❸ Ma non getteremo la spugna.
Aber wir werden nicht das …………… .

❹ Girati!
…. dich ..!

91

Einundneunzigste Lektion

Wiederholung – Ripasso

1 I verbi forti (= irregolari) al passato

Cambiano la radice al Präteritum, alcuni anche al Perfekt e molti verbi modificano la vocale radicale **e** o **a** alla 2ª e alla 3ª persona singolare del presente indicativo. La maggior parte dei verbi forti segue questo modello di coniugazione:

• **a/ä – (i)e – a** e **Umlaut** sulla **a** alla 2ª e alla 3ª persona singolare del presente indicativo: **fangen**, *afferrare* – **er fängt** – **fing** – **gefangen**; **hängen**, *essere appeso* – **hing** – **gehangen**.

• **a – u – a**, salvo eccezioni, **Umlaut** sulla **a** alla 2ª e alla 3ª persona singolare del presente indicativo: **fahren**, *andare, guidare* – **er fährt** – **fuhr** – **gefahren**; **tragen**, *portare* – **er trägt** – **trug** – **getragen**;

• **e – a – e**, salvo eccezioni, **i(e)** alla 2ª e alla 3ª persona singolare del presente indicativo: **essen**, *mangiare* – **er isst** – **aß** – **gegessen**;

Soluzioni dell'esercizio 1

❶ Parecchie persone soffrono di mal di testa. ❷ Piove, ciononostante vogliono fare l'escursione. ❸ Chi arriva tardi, perde il posto. ❹ Sei contento del tuo nuovo lavoro? ❺ Rinunciano a tutto.

❺ Non ha soldi, eppure va a Berlino. *(in aereo)*
Er hat kein Geld, trotzdem . . . . nach Berlin.

Soluzioni dell'esercizio 2

❶ – ist – geblieben ❷ Wer Zeit – ❸ – Handtuch werfen ❹ Dreh – um ❺ – fliegt er –

Seconda ondata: 41ª lezione

91

Novantunesima lezione

sehen, *vedere* – **er sieht** – **sah** – **gesehen**;

• **e – a – o**, salvo eccezioni, **i(e)** alla 2ª e alla 3ª persona singolare del presente indicativo: **helfen**, *aiutare* – **er hilft** – **half** – **geholfen**; **empfehlen**, *consigliare* – **er empfiehlt** – **empfahl** – **empfohlen**; **nehmen**, *prendere* – **du nimmst /er nimmt** – **nahm** – **genommen** (Attenzione alla doppia **m** alla 2ª e alla 3ª persona singolare del presente indicativo!);

• **ei – i(e) – i(e)**: **leiden**, *soffrire* – **litt** – **gelitten**; **bleiben**, *restare* – **blieb** – **geblieben**;

• **i – a – u**: **singen**, *cantare* – **sang** – **gesungen**; **trinken**, *bere* – **trank** – **getrunken**;

• **i – a – o**: **gewinnen**, *vincere* – **gewann** – **gewonnen**; **schwimmen**, *nuotare* – **schwamm** – **geschwommen**;

• **ie – o – o**: **fliegen**, *volare* – **flog** – **geflogen**; **verlieren**, *perdere* – **verlor** – **verloren**.

• **e – o – o**: ecco un nuovo verbo: **heben**, *sollevare/alzare* – **hob** – **gehoben**.

• Non seguono queste regole: **gehen**, *andare* – **ging** – **gegangen**; **kommen**, *venire* – **kam** – **gekommen**; **liegen**, *essere sdraiato* – **lag** – **gelegen**; **rufen**, *chiamare* – **rief** – **gerufen**; **sitzen**, *essere seduto* – **saß** – **gesessen**; **stehen**, *essere in piedi* – **stand** – **gestanden**; **tun**, *fare* – **tat** – **getan**.

2 I connettivi o legamenti sintattici

Sono parole (congiunzioni, avverbi, preposizioni) o espressioni che collegano due enunciati. Ne avete incontrate diverse nel corso di queste lezioni, in particolare nelle ultime sei. Rivediamole nei prossimi paragrafi.

2.1 Le congiunzioni subordinanti: *obwohl*, "benché, sebbene", e *damit*, "affinché, così (che)"

– **obwohl**, *benché, sebbene*, serve a esprimere dei fatti contraddittori. Si costruisce con il verbo all'indicativo posizionato in fondo alla frase. La subordinata introdotta da **obwohl** si posiziona a inizio frase, ma può anche essere posposta alla proposizione principale:
Obwohl ich wenig geschlafen habe, bin ich nicht müde, *Sebbene abbia dormito poco, non sono stanco/a*;
Ich bin nicht müde, obwohl ich wenig geschlafen habe.

– **damit**, *affinché, così (che)*, serve a esprimere uno scopo (= la finalità) di un'azione. Si costruisce con il verbo all'indicativo posizionato in fondo alla frase. Il suo uso è obbligatorio se il soggetto della proposizione principale è diverso da quello della subordinata. Se i soggetti sono identici l'uso di **damit** è comunque corretto, ma si preferisce la costruzione con **um... zu...** o **zum**:
Ich rufe ihn an, damit er früher kommt, *Lo chiamo così arriva prima*.

2.2 Gli avverbi di congiunzione *deshalb*, "perciò, pertanto", e *trotzdem*, "ciononostante, tuttavia"

deshalb, *perciò, pertanto*, serve a esprimere una conseguenza e **trotzdem**, *ciononostante, tuttavia*, una concessione. Possono introdurre sia una nuova frase sia una subordinata preceduta dalla virgola. In questi due casi, il verbo coniugato è posizionato prima del soggetto e segue la congiunzione avverbiale:

Es regnet, deshalb bleiben wir zu Hause / Es regnet. Deshalb bleiben wir zu Hause, *Piove, perciò rimaniamo a casa.*
Er hat kein Geld, trotzdem kauft er sich ein Auto / Er hat kein Geld. Trotzdem kauft er sich ein Auto, *Non ha soldi, ciononostante si compra un'auto.*
Le congiunzioni avverbiali possono stare anche al centro della frase:
Wir bleiben deshalb zu Hause; **Er kauft sich trotzdem ein Auto**.

2.3 Le congiunzioni coordinanti: *aber* o *sondern*

Traducono entrambe *ma*, tuttavia il loro uso è diverso. Attenzione! Una proposizione introdotta da una congiunzione coordinante si costruisce come una frase semplice:
– la congiunzione **aber** introduce una riserva o una restrizione dopo una proposizione dichiarativa affermativa o negativa ed è sempre preceduta dalla virgola:
Ich habe ihn eingeladen, aber er ist nicht gekommen, *L'ho invitato, ma non è venuto.*
Er ist nicht groß, aber er ist stark, *Non è alto, ma è forte.*
– la congiunzione **sondern** serve a rettificare qualcosa che è stato negato in precedenza, pertanto la troviamo dopo una negazione ed è sempre preceduta dalla virgola:
Wir fahren nicht mit dem Auto, sondern wir mieten Fahrräder, *Non andiamo con la macchina, bensì affittiamo delle biciclette.*
Ich will keinen Kaffee, sondern Tee, *Non voglio il caffè, ma il tè.*

3 *ohne zu*, "senza" / *anstatt zu*, "al posto di, anziché"; *ohne dass*, "senza che" / *(an)statt dass*, "invece di/che"

ohne zu, *senza*, e **(an)statt zu**, *invece di*, introducono una proposizione infinitiva preceduta dalla virgola. **zu** si posiziona davanti all'infinito o, nel caso di un verbo separabile, tra la particella e l'infinito. Il complemento (se presente nella frase) si posiziona tra **ohne** e **zu**. Questa costruzione è possibile solo se il soggetto dell'infinitiva e quello della principale è lo stesso:
Er hat das Geld genommen, ohne ein Wort zu sagen, *Ha preso i soldi senza dire una parola.*
1000 Dinge, die du machen kannst, anstatt zu arbeiten, *1000 cose che puoi fare al posto di lavorare.*

Se i soggetti sono diversi occorre usare **ohne dass**, *senza che*, e **(an) statt dass**, *al posto di, anziché*. Entrambe le congiunzioni possono essere usate in caso di soggetti identici, tuttavia la costruzione infinitiva resta preferibile. La virgola tra la principale e la subordinata è obbligatoria:
Sie ist nach München umgezogen, ohne dass ich es wusste, *Si è trasferita a Monaco senza che lo sapessi.*
(An)Statt dass er zu mir kommt, gehe ich zu ihm, *Anziché venire lui da me, vado io da lui.*

4 La costruzione *zum* + verbo sostantivato

Serve a esprimere la finalità di un'azione e può sostituire **um... zu** se l'infinitiva non ha complementi:
Ich brauche das Buch, um zu lernen / zum Lernen, *Mi serve il libro per studiare.*
Ich brauche das Buch, um jetzt zu lernen, *Mi serve il libro per studiare adesso.*
È scorretto dire: **Ich brauche das Buch, ~~zum jetzt Lernen~~**.

5 Il pronome interrogativo *wozu*

Serve a domandare la finalità di un'azione → *perché, a che scopo*:
Wozu brauchst du das Buch? – Um zu lernen / Zum Lernen, *Perché ti serve il libro? – Per studiare.*
Wozu rufst du ihn an? – Damit er früher kommt, *Perché gli telefoni? – Perché venga prima.*

6 L'*es* esplicativo

Occupa la posizione I e la sua funzione è quella di enfatizzare il soggetto. La coniugazione del verbo dipende dal soggetto, non da **es**:
– singolare: **Es fehlt ein Stück**, *Manca un pezzo.*
– plurale: **Es fehlen mehrere Stücke**, *Mancano diversi pezzi.*

Nel caso la frase abbia un complemento circostanziale, questo può sostituire **es** e andare a inizio frase. In questo modo l'attenzione resta focalizzata sul soggetto:
Natürlich fehlt etwas, *Naturalmente manca qualcosa.*

7 Il comparativo con *je... desto/umso...*, "più... più"

La prima parte della comparazione è formata dalla subordinata con **je** + comparativo all'inizio e verbo coniugato alla fine. La seconda parte, da **desto** o **umso** (sono intercambiabili) + comparativo seguiti dal verbo coniugato. La stessa costruzione vale per: **je weniger..., desto/umso weniger** *meno... meno* e **je besser..., desto/umso besser**, *meglio... meglio*:

Je kälter es ist, desto besser ist es, *Più freddo è, meglio è.*

Je mehr du heute lernst, umso weniger musst du morgen lernen, *Più studi oggi, meno dovrai studiare domani.*

Se il termine di paragone è un sostantivo, questo farà parte del gruppo **je mehr/weniger** o **desto** (o **umso**) **mehr/weniger**:

Je weniger Geld du jetzt ausgibst, desto mehr Geld hast du für deine Reise, *Meno denaro spendi adesso, più denaro avrai per il tuo viaggio.*

8 Il plurale dei sostantivi

Il plurale dei sostantivi si costruisce in vari modi, tuttavia è possibile distinguere alcune categorie di desinenze che vi aiuteranno a memorizzare i sostantivi alla loro forma plurale:

– formano il plurale con **-e** molti sostantivi maschili e neutri e molti sostantivi monosillabici femminili: **der Monat**, **die Monate**, *il mese/i mesi*; **das Gerät**, **die Geräte**, *l'apparecchio/gli apparecchi*; **die Nacht**, **die Nächte**, *la notte/le notti*. Inoltre i sostantivi monosillabici aggiungono molto spesso l'**Umlaut** sulle vocali **a/o/u**: **der Ball**, **die Bälle**, *il pallone/i palloni*;

– formano il plurale con **-(e)n** numerosi sostantivi femminili e tutti i nomi maschili deboli: **die Frau**, **die Frauen**, *la donna/le donne*; **die Tasche**, **die Taschen**, *la borsa/le borse*; **der Junge**, **die Jungen**, *il ragazzo/i ragazzi*. Questa desinenza si aggiunge anche ad alcuni nomi neutri, tra cui: **das Auge**, **die Augen**, *l'occhio/gli occhi*;

– non aggiungono desinenze al plurale i nomi maschili e neutri terminanti in **-chen**, **-el**, **-en**, **-er** o **-lein**. La maggior parte dei nomi maschili aggiunge l'**Umlaut** sulle vocali **a/o/u**: **der Lehrer**, **die Lehrer**, *l'insegnante/gli insegnanti*; **das Mädchen**, **die Mädchen** *la ragazza/le ragazze*; **der Apfel**, **die Äpfel**, *la mela/le mele.*

– formano il plurale con **-er** e generalmente con l'**Umlaut** sulle vocali **a/o/u** la maggior parte dei sostantivi monosillabici neutri e qualche sostantivo maschile: **das Buch**, **die Bücher**, *il libro/i libri*; **der Mann**, **die Männer**, *l'uomo/gli uomini*;

***

Wiederholungsdialog

1 Alien lebte auf einem Planeten, wo es nichts gab. Keine Sonne, keine Natur und auch keine Farben.

2 Er kannte nichts anderes und liebte die Geschichten seiner Großmutter über andere Planeten, vor allem die über die Erde.

3 „Da ist es besonders schön" wiederholte sie oft. Deshalb wollte Alien auch dahin.

4 Er wollte das Meer und die Berge sehen, die vier Jahreszeiten erleben, durch Wälder mit Schnee oder Blumen laufen.

5 Und er wollte auch mit den Menschen reden, damit sie etwas für die Erde tun.

6 Seine Großmutter hatte ihm nämlich erzählt, dass manche Leute nicht an die Natur denken, sondern leider nur ans Geld.

7 Alien befindet sich jetzt seit mehreren Jahren auf der Erde.

***

Übersetzen Sie bitte!

❶ Je mehr du isst, desto mehr nimmst du zu. ❷ Anstatt zu kochen, lade ich dich ins Restaurant ein. ❸ Er hat überall gesucht, trotzdem hat er nichts gefunden. ❹ Wozu machst du das? ❺ Es fehlt nicht viel.

– formano il plurale con **-s** la maggior parte dei sostantivi di origine straniera (che terminano generalmente in **-a**, **-i** o **-o**) e le abbreviazioni: **das Foto**, **die Fotos**, *la foto/le foto*; **das Restaurant**, **die Restaurants**, il *ristorante/i ristoranti*.

***

8 Er hat viele schöne Länder besichtigt und viele nette Leute kennengelernt. Fast alle wollen etwas für die Erde tun.

9 Das ist doch eine gute Nachricht, oder nicht?

Traduzione del dialogo

1 Alien viveva su un pianeta dove non c'era niente. [Non c'era] Il sole, la natura e nemmeno i colori. **2** Non conosceva nient'altro e amava i racconti di sua nonna sugli altri pianeti, soprattutto quelli sulla Terra. **3** "Là, è particolarmente bello" ripeteva spesso. Perciò anche Alien voleva andarci. **4** Voleva vedere il mare e le montagne, vivere le stagioni, camminare per i boschi con la neve o con i fiori. **5** E voleva anche parlare con gli umani perché facessero *(facciano)* qualcosa per la Terra. **6** Sua nonna, infatti, gli aveva raccontato che molte persone non pensano alla natura, bensì solo al denaro, purtroppo. **7** Alien si trova ora sulla Terra da parecchi anni. **8** Ha visitato molti bei paesi e conosciuto molte persone gentili. Quasi tutti vogliono fare qualcosa per la Terra. **9** È una bella notizia, no?

***

Soluzioni dell'esercizio

❶ Più mangi, più ingrassi. ❷ Anziché cucinare, ti invito al ristorante. ❸ Ha cercato ovunque, ciononostante non ha trovato niente. ❹ Perché lo fai? ❺ Non manca molto.

Seconda ondata: 42ª lezione

Zweiundneunzigste Lektion

Ich verstehe nichts

1 – In der **Wasch**maschine [1] lag ein **blau**er **Pu**lli. Ist es **dei**ner [2]?
2 – Ja, das ist **mei**ner, **dan**ke. Hast du **ir**gendeine [3] **Idee**, was mit der Ma**schi**ne los ist? Sie geht nicht mehr an. [4]
3 – Ich **glau**be, die ist im **Ei**mer [5].
4 – Im **Ei**mer?
5 – Ja, die ist futsch.

Pronuncia

2... ***ir****ghèntainə*... **3**... ***ai****m^a* **5** ... *futsh*

Osservazioni sulla pronuncia

(2) **irgendeine** è composto dal prefisso **irgend-** e dall'articolo indeterminativo **eine**. La **d** di **irgend** si pronuncia come la **d** finale, ossia *[t]*. La stessa pronuncia vale per tutti i nomi composti dal prefisso **irgend-**.

Note

1 I seguenti sostantivi sono composti da un verbo + sostantivo: **waschen**, *lavare* + **die Maschine**, *la macchina* = **die Waschmaschine (n)**, *la lavatrice*; **kühlen**, *raffreddare* + **der Schrank**, *armadio* = **der Kühlschrank (¨-e)**, *il frigorifero*; **spülen**, *lavare le stoviglie* + **die Maschine** = **die Spülmaschine (n)**, *la lavastoviglie*. A questa lista di elettrodomestici aggiungiamo **der Backofen (¨)**, *il forno* (da cucina) = **backen**, *cuocere* + **der Ofen**, *forno*.

2 I pronomi possessivi **meiner**, **deiner**..., *il mio, il tuo*..., sostituiscono un sostantivo che è stato menzionato precedentemente. Hanno la stessa radice degli aggettivi possessivi (**mein-**, **dein-**, **sein-** ecc. - cfr. L35, §1) e si declinano in base al genere e al numero del sostantivo che sostituiscono. La declinazione è la stessa dei pronomi indefiniti **einer/keiner** (cfr. L84, §6). Alle frasi 1 e 2, **deiner**, *il tuo*, e **meiner**, *il mio*, si riferiscono

Novantaduesima lezione

Non capisco niente

1 – Nella lavatrice c'era un maglione blu. È tuo?
2 – Sì, è mio, grazie. Hai *(qualsiasi)* idea [di] cosa abbia la lavatrice *(apparecchio)*? Non si accende più.
3 – Credo sia fuori uso *(è nel secchio)*.
4 – Im Eimer?
5 – Sì, è andata.

rispettivamente ai possessori **du** e **ich** e sostituiscono **der Pulli** (N m.): **Ist es deiner = dein Pulli?**, *È il tuo maglione?*; **Ja, das ist meiner = mein Pulli**, *Sì, è il mio = il mio maglione*. Nelle prossime lezioni vi daremo altri esempi. Per la tabella completa dei pronomi possessivi vi rimandiamo alla prossima lezione di ripasso.

3 Il prefisso **irgend-** si usa per riferirsi a qualcosa in maniera generale o non specifica. Si unisce all'articolo indeterminativo o ai pronomi (interrogativi, indefiniti). Si traduce *uno/a, qualunque/qualsiasi/qualche* o con altre espressioni che indicano qualcosa di non specifico: **Ich lese nicht irgendein Buch**, *Non leggo un libro qualunque*; **Ich möchte irgendwann heiraten**, *Voglio sposarmi prima o poi/un giorno*; **Du bist nicht irgendwer**, *Non sei una persona qualsiasi*. Se il termine unito a **irgend-** è declinabile, **irgend-** prende la desinenza corrispondente: **Nimm irgendeinen Stift** (A m.) / **irgendeine Zeitung** (A f.), *Prendi una penna (qualsiasi) / un giornale qualsiasi*.

4 **angehen**, *accendersi*, e il suo contrario **ausgehen**, *spegnersi*, si usano per riferirsi alla luce o a qualsiasi apparecchio elettronico: **Das Licht ist plötzlich ausgegangen**, *La luce è andata via (si è spenta) improvvisamente*.

5 I modi di dire colloquiali **im Eimer sein** (lett. "dentro al secchio"), e **futsch sein** (cfr. F5) equivalgono entrambi a *essere fuori uso/andato*: **Unser Computer ist futsch**, *Il nostro computer è andato*. **Im Eimer sein** si usa anche per riferirsi a una persona con il significato di *essere esausti/esauriti/a pezzi*: **Nach dem Ausflug war ich total im Eimer**, *Dopo la gita ero completamente esausto/a*.

6 – Futsch? Was heißt das? Ich ver**ste**he kein Wort von dem, was du sagst.

7 – Bringt man dir im **Deutsch**unterricht **kei**ne **Um**gangssprache bei?

8 – Nein, nicht **wirk**lich.

9 – Ja, dann ist es **a**ber Zeit, dass du ein paar **Aus**drücke lernst. In **an**deren **Wor**ten: die **Wasch**maschine ist ka**putt** und die Repara**tur** wird be**stimmt** nicht **bil**lig.

10 – Ach, du **Schei**ße!

11 – Na so was, du lernst **a**ber schnell! □

***

Übung 1 – Übersetzen Sie bitte!

❶ Wir müssen aber irgendwo schlafen. ❷ Mein Pass liegt hier. Und wo ist deiner? ❸ Heute ist nicht irgendein Tag. ❹ Wie geht das aus? ❺ Das Ding ist total futsch.

Übung 2 – Ergänzen Sie bitte!

❶ Sono completamente esaurito/a.
Ich bin total . . . .

❷ Non è un'amica qualsiasi.
Das ist nicht . . . .

❸ Mio padre parla russo. – Anche il mio.
Mein Vater spricht Russisch. – . . . .

❹ Abbiamo comprato un frigorifero e una lavastoviglie.
Wir haben einen . . . . und eine . . . . gekauft.

❺ Come si accende?
Wie . . . . das . . ?

6 – Futsch? Cosa vuol dire? Non capisco una parola di quello che dici.
7 – Non ti insegnano il linguaggio colloquiale a lezione di tedesco?
8 – No, non proprio.
9 – Ah, allora è tempo che impari qualche espressione. In altre parole: la lavatrice è rotta e la riparazione di certo non costerà poco *(non sarà di certo economica)*.
10 – Oh, merda!
11 – Ah vedi, *(così cosa)* impari in fretta!

***

Soluzioni dell'esercizio 1

❶ Ma dobbiamo dormire da qualche parte. ❷ Il mio passaporto è qui. E dov'è il tuo? ❸ Oggi non è un giorno qualunque. ❹ Come si spegne? ❺ Questa cosa è completamente rotta.

Soluzioni dell'esercizio 2

❶ – im Eimer ❷ – irgendeine Freundin ❸ – Meiner auch ❹ – Kühlschrank – Spülmaschine – ❺ – geht – an

Seconda ondata: 43ª lezione

Dreiundneunzigste Lektion

Weg mit dem Handy! [1]

1 – **Kin**der, zieht euch an [2] und kommt **bi**tte den Tisch **de**cken [3]! Wir er**war**ten Be**such** [4].
(...)

2 **Ha**llooo, weg mit dem **Han**dy! Ich **re**de mit euch.

3 – Was hast du ge**sagt**? Wir **ha**ben dich nicht ge**hört**.

4 – Geht den Tisch **de**cken und gebt mir so**fort** **eu**re **Han**dys! **Le**o, das gilt [5] nicht nur für **dei**ne Ge**schwis**ter, **son**dern auch für dich [6].

5 Los [7], be**eilt** euch, **eu**re **Groß**mutter ist ge**ra**de **an**gekommen [8].

Pronuncia

4 *... ghilt...*

Note

1 **weg** può fungere da avverbio o da particella separabile (cfr. F14). Serve a indicare un distacco, una separazione o una partenza. La sua traduzione dipende dal verbo e dal contesto: **Sie ist weg** o **weggegangen** *È partita*; **Weg mit dir/euch!**, *Vai/Andate via!*

2 **(sich) anziehen**, *vestirsi/indossare/mettere* (un abito), può essere o meno pronominale: **Zieh deine Schuhe an**, *Mettiti le scarpe*.

3 **den Tisch decken** (lett. "coprire") significa *apparecchiare la tavola*. Approfittiamo di questo dialogo per rivedere o imparare un po' di vocabolario inerente alle stoviglie: **das Messer (-)**, *il coltello*; **die Gabel (n)**, *la forchetta*; **der Löffel (-)**, *il cucchiaio*; **das Glas (¨-er)**, *il bicchiere*; **der Teller (-)**, *il piatto*; **die Tasse (n)**, *la tazza*.

4 In questa frase **der Besuch** significa *la visita di un ospite/visite*. Il verbo corrispondente è **jdn besuchen**, *andare a trovare*. **Er besucht seine Großeltern jeden Tag**, *Va a trovare i suoi nonni tutti i giorni*.

Novantatreesima lezione

Mettete via i cellulari!

1 – Bambini, vestitevi e venite ad apparecchiare *(coprire)* la tavola per piacere! Aspettiamo visite *(visita)*.
(...)

2 Hey, mettete via il cellulare! Parlo con voi.

3 – Cosa hai detto? Non ti abbiamo sentito.

4 – Andate a preparare la tavola e datemi subito i vostri cellulari! Leo, non vale solo per i tuoi fratelli, ma anche per te.

5 Dai, sbrigatevi. Vostra nonna è appena arrivata.

5 Il verbo **gelten**, *valere*, modifica la vocale alla 2ª e alla 3ª persona singolare del presente indicativo: **e → i**. Come **halten**, *tenere*, non aggiunge la **-t** alla 3ª persona singolare in quanto la radice termina già per **-t**: **Das gilt für alle**, *Vale per tutti*.

6 **nicht nur... sondern auch** ecco un'altra congiunzione correlativa. Traduce *non solo... ma/bensì anche*: **Er isst nicht nur viel Obst, sondern auch viel Gemüse**, *Non mangia solo molta frutta, ma anche molta verdura*.

7 **los** si usa per esortare qcn a sbrigarsi a fare qcs o ad andare via e può avere la funzione di avverbio o di particella separabile: **Los, mach die Tür auf!**, *Dai, apri la porta!*; **Wir müssen losfahren, bevor es dunkel** (lett. "scuro") **wird**, *Dobbiamo partire prima che faccia buio*.

8 Usato come avverbio di tempo, **gerade** + verbo al Perfekt significa *appena*, per indicare che un'azione si è appena conclusa. **gerade** + verbo al presente, invece, serve a esprimere il gerundio: **Er schreibt gerade einen Brief**, *Sta scrivendo una lettera*.

6 – **Ha**llo **O**ma!
7 – Du **lie**ber **Hi**mmel! Ihr seid **a**ber groß
ge**wor**den! [9] Kommt, setzt euch zu mir.
8 Ich **ha**be da **et**was **Neu**es, das ich euch **zei**gen **möch**te.
9 – Wow **coo**les Smart**pho**ne! Ist das deins [10]?
10 – Ja. Da staunt ihr, was?
11 – Das war be**stimmt teu**er.
12 – **Ü**ber Geld spricht [11] man nicht. **Wo**llen wir **ei**ne Fa**mi**liengruppe er**ste**llen?
13 – Das geht jetzt nicht. Wir **ha**ben **Han**dyverbot.
14 – Wenn es so ist, **le**ge ich auch meins weg und das ist auch **rich**tig so. □

*12 … èr**shtè**llən 13 … **Hèn**di-fèrbo:t*

Note

9 • Molti verbi italiani che esprimono un cambiamento si traducono in tedesco con la costruzione aggettivo + **werden**: **groß werden** (lett. "diventare grandi"), *crescere*; **dick werden** (lett. "diventare grassi"), *ingrassare*. L'aggettivo può anche essere al grado superlativo: **eng**, *stretto* → **enger werden** (lett. "diventare più stretto"), *restringersi* → **Die Straße wird enger**, *La strada si restringe*.
• In questa frase **aber** funge da rafforzativo, pertanto in italiano possiamo non tradurlo.

10 **deins**, *il tuo*, è un pronome possessivo. Si riferisce a **das Handy** e ha la funzione di soggetto: **meins**, *il mio*, (cfr. F14) ha la funzione di complemento oggetto.

***

Übung 1 – Übersetzen Sie bitte!

❶ Habt ihr den Tisch gedeckt? ❷ Sind sie schon weg? ❸ Ich esse nicht nur Gemüse, sondern auch Fleisch. ❹ Das gilt auch für dich. ❺ Sein Sohn ist groß geworden.

6 – Ciao nonna!
7 – *(Tu caro)* Cielo! Come siete cresciuti *(diventati grandi)*! Venite, sedetevi accanto a me.
8 Ho qui una cosa nuova che vorrei mostrarvi.
9 – Wow, bello [lo] smartphone. È tuo?
10 – Sì. Siete sopresi *(Vi stupisce)*, vero?
11 – Sarà costato *(Questo era)* sicuramente caro.
12 – Non si parla di soldi. Creiamo un gruppo di famiglia?
13 – Adesso no *(non va)*. C'è il divieto [di usare] il cellulare *(cellulare-divieto)*.
14 – Se è così metto via anche il mio come è giusto che sia *(questo è anche giusto così)*.

11 **sprechen** può essere usato da solo o con **über**, *di* + A, o **mit**, *con* + D: **Sprechen Sie bitte leiser**, *Parlate piano per favore*, **Wir sprechen über dich**, *Parliamo di te*; **Hast du schon mit ihm gesprochen?**, *Hai già parlato con lui?*

***

Soluzioni dell'esercizio 1

❶ Avete preparato il tavolo? ❷ Sono già andati via? ❸ Non mangio solo verdura, ma anche carne. ❹ Vale anche per te. ❺ Suo figlio è cresciuto.

Übung 2 – Ergänzen Sie bitte!

1. Mi vesto.
   Ich ..... mich ...
2. Non solo è altissimo, ma anche forte.
   Er ist .... sehr groß, sondern auch sehr stark.
3. Andate via!
   ...... euch!
4. Vado a trovare mia sorella.
   Ich .... Schwester.

94

Vierundneunzigste Lektion

Liebes [1] Tagebuch,

1 **heu**te war kein **gu**ter Tag.
2 Am **Mor**gen ist mir was **Du**mmes pass**iert** [2].
3 Mir [3] ist das **Han**dy ins Klo ge**fa**llen. [4] So was kann auch nur mir pass**ie**ren.

Note

1 Usato per introdurre una lettera o un discorso, l'aggettivo **lieb** significa *caro/a*, altrimenti la sua traduzione è: *gentile*: **Das ist lieb von dir**, *È gentile da parte tua*; **Er ist ein lieber Mensch**, *È una persona gentile*. Il suo contrario è **böse**, *cattivo*: **Böser Hund**, *cane cattivo*.

2 • In alcuni contesti la forma contratta **was** (**etwas**) può essere tradotta: *una cosa*.
• Vi ricordiamo che il participio passato dei verbi in **-ieren** si forma senza il prefisso **ge-** e aggiungendo una **-t** alla radice del verbo: **passieren**, *succedere, capitare* → **passiert**; **studieren**, *studiare* → **studiert**.

3 Memorizzate tutte queste costruzioni al dativo: **Mir ist kalt** (lett. "a me è freddo"), *Ho freddo*; **Mir geht's gut** (lett. "a me va bene"), *Sto bene*. **Mir ist eine Idee gekommen** (lett. "a me è un'idea venuta"), *Mi è venuta un'idea*.

❺ Ho bisogno di coltello e forchetta.
Ich brauche ...... und ....

Soluzioni dell'esercizio 2
❶ – ziehe – an ❷ – nicht nur – ❸ Weg mit – ❹ – besuche meine – ❺ – Messer – Gabeln

Seconda ondata: 44ª lezione

94

Novantaquattresima lezione

Caro diario,

1 oggi non è stata una buona giornata.
2 La mattina mi è successa un cosa stupida.
3 Mi è caduto il cellulare nel gabinetto. Una cosa così può capitare solo a me.

4 *Il gabinetto*, *il water*, si traduce **das Klo**, abbreviazione di **Klosett** derivato dell'inglese ***water-closet***: **Ich muss aufs Klo**, *Devo andare in bagno/ al gabinetto*. Attenzione alla preposizione!

4 Da**nach ha**be ich mich mit **mei**nem Chef ge**stri**tten. So**bald** [5] man ihm wider**spricht** [6], regt er sich auf.
5 Der Tag **ha**tte **wirk**lich schlecht **an**gefangen.
6 Am **Nach**mittag **ha**tte ich **mei**ne **prak**tische **Fahr**prüfung. Da [7] es mein **zwei**tes Mal war, war ich sehr ner**vös**.
7 Nach fünf Mi**nu**ten **sag**te mir schon der **Fahr**prüfer, es war der**sel**be [8] wie das **ers**te Mal: „Sie sind **durch**gefallen [9]".
8 Wie ist das **mög**lich? Ich **ha**tte schon **ü**ber [10] **drei**ßig **Fahr**stunden! Was soll ich **ma**chen? Soll ich es **noch**mal ver**su**chen?
9 Man sagt ja: **A**ller **gu**ten **Din**ge sind drei [11].

*4 … ghe**shtri**ttən… vid^a**shpricht**… 6 … **fa:**^a-prue:fuñg… 7 … **fa:**^a-pru:ef^a… de:^a-**zèl**bə…*

Osservazioni sulla pronuncia

(4) Non confondete la pronuncia di **wider-**, la cui **i** è breve, con quella dell'avverbio **wieder** dove il dittongo **ie** si pronuncia come una **i** lunga.

Note

5 **sobald**, *non appena*, è una congiuzione subordinante: **Ich zeige es dir, sobald es fertig ist**, *Te lo mostro non appena è finito*.

6 **wider-** è una particella mista: è inseparabile in **jdm widersprechen**, *contraddire qcn* (in italiano *contraddire* regge il complemento oggetto!), ma è separabile in **sich widerspiegeln**: **Die Sonne spiegelt sich im Fenster wider**, *Il sole si riflette sulla finestra*.

***

Übung 1 – Übersetzen Sie bitte!

❶ Ist dir nicht warm? ❷ Er ist aufs Klo gegangen. ❸ Widersprich mir nicht! ❹ Sie trägt dasselbe Kleid wie gestern. ❺ Da es regnet, bleiben wir zu Hause.

4 Dopo ho litigato con il mio capo. Non appena lo si contraddice, s'innervosisce.
5 La giornata era iniziata davvero male.
6 Il pomeriggio avevo l'esame pratico di guida. Dato che era la seconda volta, ero molto nervosa.
7 Dopo cinque minuti l'esaminatore, era lo stesso della *(come la)* prima volta, mi ha detto: "È bocciata".
8 Com'è possibile? Ho preso *(avuto)* più di trenta lezioni di guida! Cosa devo fare? Devo provarci di nuovo?
9 Si dice: Non c'è due senza tre *(di tutte buone cose sono tre)*.

7 da, *poiché*, *siccome*, è una congiunzione subordinante. Esprime una causa o una motivazione. È sinomino di **weil**, *perché*, tuttavia **da** si usa quando la subordinata causale precede la frase principale e **weil** quando la frase principale precede la subordinata causale: **Da ich kein Geld habe, kaufe ich es nicht**, *Siccome non ho soldi, non lo compro*; **Ich kaufe es nicht, weil ich kein Geld habe**, *Non lo compro perché non ho soldi*.

8 **derselbe**, **dieselbe**, **dasselbe** e **dieselben**, *lo stesso, la stessa* e *gli stessi/le stesse*, è formato dall'articolo determinativo + **selbe**, e si declina come l'aggettivo in un gruppo nominale senza articolo: **Er trägt denselben Pulli** (A m.) / **dieselbe Hose** (A f.) **wie gestern**, *Indossa lo stesso maglione / gli stessi pantaloni di ieri*.

9 **durch-** è una particella mista, ma è perlopiù separabile: **(bei einer Prüfung) durchfallen**, *essere bocciati, fare fiasco (a un esame)* → **Er ist beim Abi durchgefallen**, *È stato bocciato alla maturità*; **etw. durchlesen**, *leggere qcs* (fino alla fine) → **Hast du den Brief richtig durchgelesen?**, *Hai letto la lettera (fino in fondo)?*

10 In questa frase **über** è un avverbio e significa *più di, oltre*: **über 40 Grad**, *più di 40 gradi*.

11 L'uso del genitivo in **Aller guten Dinge** denota un alto registro linguistico.

***

Soluzioni dell'esercizio 1

❶ Non hai caldo? ❷ È andato al gabinetto. ❸ Non mi contraddire! ❹ Indossa lo stesso vestito di ieri. ❺ Siccome piove, restiamo a casa.

Übung 2 – Ergänzen Sie bitte!

❶ Cos'hai studiato?
Was .... du ....?

❷ Ha contraddetto il suo insegnante.
Er hat ...... Lehrer ....

❸ Lo leggerò *(leggo)* più tardi. *(sottinteso "per intero")*
Ich .... es später ......

❹ Abitiamo nella stessa strada.
Wir wohnen in ....

95

Fünfundneunzigste Lektion

Leise bitte!

1 – **Kö**nnen wir **bi**tte **Ru**he **ha**ben?
2 – Ent**schul**digung, darf ich **bi**tte auf die Toi**le**tte **ge**hen?
3 – Du **hä**ttest in der **Pau**se **ge**hen **kö**nnen. [1]
4 – Ich **ha**be es ver**ge**ssen.

Pronuncia

*3 ... **pauzə**...*

Note

1 Usati da soli ai tempi Perfekt e Plusquamperfekt, i verbi modali hanno un participio passato regolare: **du hättest gekonnt**, *avresti potuto*; **ich habe gekonnt**, *ho potuto*; **ihr hättet gesollt**, *avreste dovuto* ecc. Ma quando il participio passato è unito a un infinito, anche il participio passato va all'infinito. Questa regola è detta del doppio infinito: **Du hättest in der Pause gehen können** e non **gekonnt** (lett. "tu avresti nella ricreazione andare potere"), *Saresti potuto andare durante la ricreazione*; **Ich habe nicht früher kommen können** e non **gekonnt** (lett. "ho non

5 Chiamami non appena hai finito.
Ruf mich an, ... fertig bist.

Soluzioni dell'esercizio 2
1 – hast – studiert 2 – seinem – widersprochen 3 – lese – durch 4 – derselben Straße 5 – sobald du –

Seconda ondata 45ª lezione

95

Novantacinquesima lezione

Silenzio *(Silenzioso)* per favore!

1 – Possiamo fare *(avere)* silenzio per cortesia!
2 – Scusi, posso andare in bagno per favore?
3 – Saresti potuto andare durante la ricreazione.
4 – L'ho dimenticato.

prima venire potere"), *Non sono potuto venire prima*; **Ihr hättet es ihm erklären sollen** e non ~~**gesollt**~~ (lett. "avreste esso a lui spiegare dovere"), *Avreste dovuto spiegarglielo*.

5 – Das **näch**ste Mal gehst du **bi**tte in der **Pau**se. So, wir be**gin**nen [2] mit Gra**mma**tik: wenn oder als?
6 – Och nö, nicht schon **wie**der Gra**mma**tik.
7 – **Sei**te 54, **Ü**bung 2 und **kei**ne Wider**re**de. In**zwi**schen **ge**he ich den Pro**jek**tor **ho**len.
8 *(fünf Minuten später)*
9 Was ist denn hier los? Könnt ihr **bi**tte die **Stüh**le [3] **wie**der **rich**tig **auf**stellen?
10 **Ru**he, **bi**tte! So, **kö**nnen wir nun **ar**beiten? Wer kann mir **ei**nen Satz mit „wenn" **sa**gen?... **Nie**mand? **Oh**ne **Ar**beit, **kei**ne Be**loh**nung.
11 – Frau **Schnei**der [4], ich **ha**be ein **Bei**spiel.
12 – Sehr gut. Lies es uns **bi**tte vor. [5]
13 – Wenn die **Ka**tze aus dem Haus ist, **tan**zen die **Mäu**se auf dem Tisch.

*7 … vidᵃ**re:**də… proi**è**kto:ᵃ… **10** … be**lo:**nuñg*

Note

2 Il contrario di **beginnen** o **anfangen**, *cominciare, iniziare*, è **enden**, *finire, terminare*, o **aufhören**, *smettere, cessare*: **Die Unterricht beginnt um 14 Uhr**, *La lezione inizia alle 14*; **Die Unterricht endet um 14 Uhr**, *La lezione termina alle 14*; **Es beginnt zu regnen**, *Inizia a piovere*; **Es hat aufgehört zu regnen**, *Ha smesso di piovere*; **Hör auf zu rauchen**, *Smettila di fumare*. Questi verbi possono anche reggere la costruzione con la preposizione **mit** + D, come nel dialogo, o come in questi esempi: **Ich fange mit den Hausaufgaben an**, *Comincio dai compiti*; **Ich höre mit dem Rauchen auf**, *Smetto di* (lett. "con il") *fumare*.

3 **die Stühle**, *le sedie*, è il plurale di **der Stuhl**, *la sedia*. Rivediamo con l'occasione alcuni vocaboli riferiti all'arredo e prestate attenzione al loro genere perché non sempre corrisponde a quello dei loro equivalenti italiani: **der Tisch**, pl. **die Tische**, *il tavolo/i tavoli*; **der Schrank**, pl. **die**

5 – La prossima volta, per favore, vai durante la ricreazione. Allora iniziamo dalla grammatica: "**wenn**" o "**als**"?

6 – Oh no, non di nuovo grammatica.

7 – Pagina 54, esercizio 2 e niente obiezioni. Nel frattempo vado a prendere il proiettore.

8 *(cinque minuti dopo)*

9 Cosa succede qui? Potete per favore rimettere a posto *(riposizionare correttamente)* le sedie?

10 Silenzio, per favore! Allora possiamo lavorare adesso? Chi sa dirmi una frase con "**wenn**"?... Nessuno? Se non si lavora, non c'è ricompensa.

11 – Frau Schneider, io ho un esempio.

12 – Molto bene. Leggicelo.

13 – Quando il gatto non c'è *(è fuori dalla casa)*, i topi ballano *(sul tavolo)*.

Schränke, *l'armadio/gli armadi*; **das Bett**, pl. **die Betten**, *il letto/i letti*; **das Sofa**, pl. **die Sofas**, *il divano/i divani*; **der Sessel**, pl. **die Sessel**, *la poltrona/le poltrone*; **die Lampe**, pl. **die Lampen**, *la lampada/le lampade* *[**lamp**ə]*.

4 In tedesco, **Frau**, *signora*, e **Herr**, *signore*, devono sempre essere accompagnati dal nome della persona o dal titolo: **Bitte, Herr Professor**, *Prego, professore*. **Frau Doktor Schmidt**: il titolo **Doktor**, *dottore*, seguito dal nome della persona, indica il conseguimento di un titolo accademico, una laurea o un dottorato. **der Doktor (en)** significa anche *il dottore/medico*.

5 In quest'esempio la particella **vor-** serve a sfumare il significato del verbo: **etw. lesen (er liest – las – gelesen)** significa *leggere qcs*, sottinteso per sé, a bassa voce, ma **jdm etw. vorlesen** significa *leggere qcs a qcn*, sottinteso ad alta voce o davanti a più persone: **Er liest viel**, *Legge molto*, **Lesen Sie Ihren Kindern eine schöne Geschichte vor**, *Leggete una bella storia ai vostri bambini*. N.B. **vorlesen** si coniuga come **lesen**.

Übung 1 – Übersetzen Sie bitte!

❶ Wir haben es leider nicht machen können. ❷ Der Sessel ist kaputt. ❸ Kann ich dir meinen Text vorlesen? ❹ Wir haben das Sofa und das Bett verkauft. ❺ Sie hätten wissen sollen, dass es nicht gut war.

Übung 2 – Ergänzen Sie bitte!

❶ Lasciate qui il tavolo e le sedie.
Lassen Sie … Tisch und die …… hier.

❷ Avrebbe potuto dire no.
Sie hätte nein ………… .

❸ Non smette di piovere.
Es …. nicht … zu regnen.

❹ È un letto grande.
Es ist ein ……….. .

96 Sechsundneunzigste Lektion

Die Kündigung

1 – **Hal**lo!
2 – Hi, ich bin's Jo. **Stör'** ich?
3 – Nein, **über**haupt nicht [1]. Was gibt's **Neu**es?
4 – **Kön**nen wir uns **heu**te **se**hen?

Pronuncia
… ***kuen**diguñg* **3** … ***ue:**b^{a}Haupt…*

Note

1 L'avverbio **überhaupt** (come **gar**) serve a rafforzare una negazione e si traduce *assolutamente no*, *per niente*, o possiamo anche non tradurlo: **Ich sehe überhaupt/gar nichts**, *Non vedo assolutamente niente*; **Wir haben überhaupt/gar kein Hunger**, *Non abbiamo per niente fame*.

Soluzioni dell'esercizio 1

❶ Putroppo non abbiamo potuto farlo. ❷ La poltrona è rotta. ❸ Posso leggerti il mio testo? ❹ Abbiamo venduto il divano e il letto. ❺ Avrebbero dovuto sapere che non andava bene.

❺ Tutte le sere legge una storia ai suoi figli.
Jeden Abend ..... sie ihren Kindern eine Geschichte ....

Soluzioni dell'esercizio 2

❶ – den – Stühle – ❷ – sagen können ❸ – hört – auf – ❹ – großes Bett ❺ – liest – vor

Seconda ondata: 46ª lezione

96

Novantaseiesima lezione

Le dimissioni

1 – Pronto!
2 – Ciao, sono Jo. Disturbo?
3 – No, assolutamente. Cosa c'è di nuovo?
4 – Possiamo vederci oggi?

5 – Hängt da**von** ab, wann? [2]
6 – Jetzt.
7 – Jetzt!? Bist du nicht bei der **Ar**beit [3]?
8 – Nein.
9 – Hast du dir den Tag **frei**genommen?
10 – Ja, kann man so **sa**gen.
11 – Was meinst du mit „kann man so **sa**gen"?
12 – Ich **ha**be ge**kün**digt. [4]
13 – Ach so!... Und wa**rum**?
14 – Ich will mich **selb**ständig **ma**chen [5]. Ich **ha**be **ei**ne **I**dee und ich **glau**be, es **könn**te **klap**pen.
15 – Und wenn nicht?
16 – Sei [6] doch nicht so nega**tiv**! Weißt du noch, was du **frü**her **im**mer **sag**test? „Wo ein **Wil**le ist, ist auch ein Weg." [7]
17 – Ja, das ist **rich**tig!
18 – **Al**so, bis gleich im Ca**fé** [8]!

*14 ... **zèlp**shtèndiçh...*

Note

2 Il verbo **abhängen von** è separabile ed è formato dalla particella **ab** e seguito dalla preposizione **von**. È seguito dal dativo in quanto **von** si costruisce con il dativo. Osservate questi esempi con **Es hängt von**: **Es hängt vom** (= von dem) **Verkehr ab**, *Dipende dal traffico*; **Es hängt davon ab, wie viel es kostet**, *Dipende da quanto costa*. N.B. Nel dialogo, il pronome **es** è omesso (= linguaggio parlato).

3 Nei complementi di luogo, la preposizione **bei** si trova davanti al sostantivo che indica una persona, ma anche prima del nome che indica un luogo di lavoro, un'istituzione o un'impresa: **Sie wohnt bei ihrer Tante**, *Vive da sua zia*; **Sie arbeitet bei der Post / bei Schmidt & Co**, *Lavora alle poste/ da Schmidt & Co*. In entrambi i casi **bei** introduce un complemento di stato in luogo (la posizione). Vi ricordiamo che la preposizione **bei** può anche essere usata con funzione temporale o causale: **beim**

5 – Dipende, quando?
6 – Adesso.
7 – Adesso!? Non sei al lavoro?
8 – No.
9 – Ti sei preso la giornata *(libero-prendere)*?
10 – Sì, si può dire di sì *(così)*.
11 – Cosa intendi con "si può dire di sì *(così)*"?
12 – Ho dato le dimissioni.
13 – Ah!... E perché?
14 – Voglio mettermi in proprio *(rendermi autonomo)*. Ho un'idea e credo potrebbe funzionare.
15 – E se non [funziona]?
16 – Non essere così negativo. Sai cosa dicevi sempre prima? "Volere è potere" *(Dove c'è una volontà, c'è anche un modo)*.
17 – Sì, è vero.
18 – Allora, a tra poco al bar!

Essen, *durante il pasto, mentre si mangia*; **bei schlechtem Wetter**, *in caso di maltempo*.

4 Usato senza complemento oggetto (= verbo intransitivo), **kündigen** significa *dare le dimissioni, licenziarsi*. Usato con un complemento al dativo significa *licenziare*: **Mein Chef hat mir gestern gekündigt**, *Il mio capo mi ha licenziato ieri*, o **Mir ist gestern gekündigt worden**, *Sono stato licenziato ieri* (forma passiva). Il sostantivo femminile **die Kündigung** significa sia *la dimissione* che *il licenziamento*.

5 *mettersi in proprio* si traduce **sich selbständig machen** (lett. "rendersi autonomi"): **Er hat sich selbständig gemacht**, *Si è messo in proprio*.

6 Vi ricordate come si coniuga **sein** all'imperativo? **Sei brav!**, *Sii saggio/a!*; **Seid vorsichtig!**, *Siate prudenti!*; **Seien Sie nicht traurig!**, *Non sia triste!* Sebbene la coniugazione sia la stessa, non dovete confonderlo con il **Konjunktiv I** presente (cfr. L86, N4).

7 Si può anche dire: **Wer will, der kann**, *Chi ha volontà, ha facoltà*.

8 **das Café**, *la caffetteria, il bar*, è il locale in cui si serve il caffè. **der Kaffee**, *il caffè*, è invece la bevanda. Non confondeteli.

Übung 1 – Übersetzen Sie bitte!

❶ Warum haben Sie gekündigt? ❷ Wovon hängt es ab? ❸ Seien Sie bitte pünktlich! ❹ Er lebt noch bei seinen Eltern. ❺ Ich habe gar nichts gemacht.

Übung 2 – Ergänzen Sie bitte!

❶ Dipende da te.
Es hängt ... dir ...

❷ Volere è potere. / Chi ha volontà, ha facoltà.
... ., der kann.

❸ Ha lavorato alla posta.
Er hat ... ... Post gearbeitet.

❹ Non siate tristi.
.... nicht ....

97

Siebenundneunzigste Lektion

In einer Studentenkneipe

1 – Grüß dich [1] Tom, was machst du denn hier? Ich **dach**te, **dei**ne **El**tern **wür**den **heu**te **kom**men. [2]

Pronuncia

... shtudèntən-knaipə

Note

1 La formula di saluto **Grüß dich!**, *Ciao!*, è propria del linguaggio parlato e si usa quando ci si rivolge a una persona a cui si dà del tu. Il verbo **grüßen** significa *salutare* nel senso di *dare il saluto*: **Sie grüßt mich nicht mehr**, *Non mi saluta più*; **Grüß sie von mir** (lett. "salutala da me"), *Salutala da parte mia*. Il verbo **begrüßen** traduce *dare il benvenuto*: **Wir begrüßen Sie recht herzlich auf der neuen Internetseite der Firma...**, *Vi diamo il cordiale benvenuto sulla nuova pagina web dell'azienda...*

Soluzioni dell'esercizio 1
❶ Perché si è licenziata? ❷ Da cosa dipende? ❸ Siate puntuali per favore! ❹ Vive ancora con i suoi genitori. ❺ Non ho fatto assolutamente niente.

❺ Non sa assolutamente niente. *(due opzioni possibili)*
Sie weiß .... / ... nichts.

Soluzioni dell'esercizio 2
❶ – von – ab ❷ Wer will – ❸ – bei der – ❹ Seid – traurig ❺ überhaupt/gar

Seconda ondata: 47ª lezione

97

Novantasettesima lezione

In un pub per studenti

1 – Ciao Tom, che ci fai qui? Pensavo che i tuoi genitori arrivassero oggi.

2 Ecco un esempio di discorso indiretto introdotto da **ich dachte**, *io pensavo*. Fatta eccezione per **sein** e per la 3ª persona singolare (ne riparleremo nella lezione di ripasso), in tedesco il discorso indiretto, quando ci si riferisce a un fatto attuale, è reso generalmente con il **Konjunktiv II** presente o con il presente indicativo: ..., **dass deine Eltern heute kommen**.

2 – Hi! Nein, sie **ko**mmen nicht **heu**te, **son**dern **mor**gen [3].
3 – Na, dann setz dich doch zu uns. Soll ich dir auch ein Bier be**ste**llen? [4]
4 – Ich will nicht **stö**ren.
5 – Du störst **ü**berhaupt nicht. Darf ich **vor**stellen: **mei**ne **neu**e WG **Mit**bewohnerin **A**melie.
6 – **Schö**ner **Na**me! Ich bin Tom.
7 – **Ha**llo!
8 – Was machst du hier in **Mün**chen?
9 – Ich stu**die**re an der **Kunst**akademie.
10 – Oh, **su**per! Macht's Spaß? [5]
11 – Ja, sehr. Und was stu**dierst** du?
12 – Nichts Be**son**deres, Ver**wal**tung.
13 – Ge**fällt** es dir nicht?
14 – Ich **wür**de **lie**ber Kunst stu**die**ren, wie du.
15 – Ich auch, aber **mei**ne **El**tern **sa**gen, das ist **brot**lose Kunst.

*5 … **mit**-bevo:nərin… 9 … shtu**di:**rə… **kunst**-akademi: 15… **bro:t**-lo:zə…*

Note

3 Avete imparato che **nicht** si posiziona dopo il verbo, il complemento all'accusativo (cfr. F13), il complemento al dativo e dopo numerosi complementi di tempo: **Er kommt morgen nicht**, *Non viene domani*. In questo caso si sta negando tutta la frase. Se la negazione si riferisce a un solo elemento della frase o al complemento di tempo, **nicht** si posiziona davanti all'elemento che si vuole negare e la frase è generalmente completata da un'alternativa introdotta da **sondern**: **Ich kenne nicht ihren Mann, sondern ihren Bruder**, *Non conosco suo marito, bensì suo fratello*; **Er kommt nicht morgen, sondern heute**.

4 Vi ricorderete che **sollen**, *dovere*, si usa per formulare una domanda oppure, come in questo esempio, per fare una proposta o per chiedere un consiglio. La sua traduzione dipende dal contesto: **Was soll ich tun?**,

2 – Ciao! No, non arrivano oggi, bensì domani.
3 – Bene, allora siediti con noi. Ordino una birra anche per te?
4 – Non voglio disturbare.
5 – Non disturbi affatto. Ti presento *(Posso presentare)* la mia nuova coinquilina Amelie.
6 – Bel nome! Io sono Tom.
7 – Ciao!
8 – Cosa fai qui a Monaco?
9 – Studio all'Accademia di Belle Arti.
10 – Oh, fantastico! Ti piace?
11 – Sì, molto. E cosa studi tu?
12 – Niente di speciale. Amministrazione.
13 – Non ti piace?
14 – Preferirei studiare arte, come te.
15 – Anche io, ma i miei genitori dicono che l'arte non sfama *(è arte senza pane)*.

Cosa devo fare?; **Was soll ich ihm zum Geburtstag schenken?**, *Cosa gli regalo per il compleanno?*

5 Memorizzate questa locuzione perché la userete spesso: **(jdm) Spaß machen**, *piacere (a qcn)*, *divertire* o *essere divertente/piacevole*: **Es macht mir keinen Spaß** (lett. "esso fa a me nessun divertimento"), **das zu tun**, *Non mi diverte/piace farlo*; **Es hat viel Spaß gemacht** (lett. "esso ha molto divertimento fatto"), *Era molto divertente*; **Viel Spaß!**, *Buon divertimento!*

Übung 1 – Übersetzen Sie bitte!

❶ Meine Arbeit macht mir keinen Spaß! ❷ Er sagt, du würdest es machen. ❸ Was soll ich anziehen? ❹ Ich arbeite nicht morgen, sondern übermorgen. ❺ Grüß deine Eltern von uns.

Übung 2 – Ergänzen Sie bitte!

❶ Chi dobbiamo chiamare?
Wen .... anrufen?

❷ Non lavora di giovedì, ma di mercoledì.
Sie arbeitet ...., sondern mittwochs.

❸ Ha detto che vengono oggi.
Er hat gesagt, sie ...... heute ....

***

Approfittiamo di questa lezione per viaggiare un po' e per imparare alcune formule di saluto. Esistono alcune differenze regionali; per esempio verrete salutati con **Moin, Moin** *[moin moin] o* **Moinset** *nella Germania del nord e con* **Grüß Gott** *o* **Grüß euch/Sie (Gott)**, *che è la formula plurale di* **Grüß dich**, *in quella del sud. Nella Svizzera tedesca* buongiorno *si dice generalmente* **Grüezi (mitenand)** *[**gru**tsi (**mi**tenant)] (***Grüezi** *viene da* **Grüß** *e* **mitenand** *da* **miteinander**, in-

98

Achtundneunzigste Lektion

Wiederholung – Ripasso

1 Il discorso indiretto

In passato si traduceva con il **Konjunktiv I**, ma con l'evoluzione della lingua, lo si usa ormai sempre meno e al suo posto si preferisce il **Konjunktiv II** o l'indicativo.

Soluzioni dell'esercizio 1

❶ Il mio lavoro non mi piace. ❷ Dice che lo fai tu. ❸ Cosa mi metto? ❹ Non lavoro domani, ma dopodomani. ❺ Saluta i tuoi genitori da parte nostra.

❹ Cosa devo rispondere?
Was .... ich ....?

❺ Ciao, come stai?
.... dich, wie geht's dir?

Soluzioni dell'esercizio 2

❶ – sollen wir – ❷ – nicht donnerstags – ❸ – würden – kommen ❹ – soll – antworten ❺ Grüß –

***

sieme). *In Austria e in Baviera si usa* **Servus** *per dire sia* ciao/buongiorno *che* arrivederci. *Tra i saluti più informali, vi capiterà di sentire* **na?** *che è una forma contratta di:* ciao come stai? *e alla quale si risponde con la stessa forma contratta:* **na?** o **na, du?**
Osservate infine la formula di saluto per quando ci si congeda al telefono: **Auf Wiederhören!** *(lett. "a risentire")! Oggi, tuttavia, lo si usa solo in situazione molto formali.*

Seconda ondata: 48ª lezione

98

Novantottesima lezione

• Il **Konjunktiv I** presente si usa per riportare dei fatti attuali. Il suo uso si limita perlopiù al verbo **sein**, l'unico verbo che ha una coniugazione diversa a tutte le persone, e per la 3ª persona singolare degli altri verbi.
Cominciamo dalla coniugazione di **sein** e della 3ᵉ persona singolare:
- **sein**: **ich sei, du sei(e)st, er/sie/es sei, wir seien, ihr sei(e)t, sie/Sie seien**;
- 3ª pers. sing. degli altri verbi: basta eleminare la **-n** dell'infinito:

haben → er/sie/es habe; kommen → er/sie/es komme ecc.

Vediamo adesso il passaggio dal discorso diretto a quello indiretto:
Er sagt: „Ich bin müde". → Er sagt, er sei müde, *Dice che è stanco*.
Er sagt: „Anna kommt mit". → Er sagt, Anna komme mit, *Dice che Anna viene con noi.*
Alle altre persone si usa il **Konjunktiv II** presente per evitare di fare confusione con il presente indicativo la cui coniugazione è molto simile a quella del **Konjunktiv I**.
Er sagt: „Sie kommen mit". → Er sagt, sie würden mitkommen, *Dice, che vengono anche loro.*
N.B. Il **Konjunktiv I** di **mitkommen** alla 3ª persona plurale = **sie kommen mit** è uguale al presente indicativo.
Oggi, con l'evoluzione della lingua, si usa il **Konjunktiv II** per **sein** e per la 3ª persona singolare degli altri verbi:
Er sagt: „Du bist müde". → Er sagt, du wärst müde, *Dice che sei stanco* al posto di **du seist**.

• Il **Konjunktiv I** passato si usa per riportare dei fatti passati. Si forma con l'ausiliare **sein** o **haben** al **Konjunktiv I** presente + participio passato del verbo in fondo alla frase. La regola sull'uso degli ausiliari è la stessa che per il Perfekt (cfr. L42, §3): **kommen → ich sei gekommen**; **sein → du seist gewesen**; **sagen → er habe gesagt**... Osservate la coniugazione completa di **haben** al **Konjunktiv I** presente: **ich habe**, **du habest**, **er/sie/es habe**, **wir haben**, **ihr habet**, **sie/Sie haben**.
Er sagt: „Ich bin gut angekommen". → Er sagt, er sei gut angekommen, *Dice che è arrivato bene.*
Er sagt: „Leo hat viel gearbeitet". → Er sagt, Leo habe viel gearbeitet, *Dice che Leo ha lavorato molto.*

Anche in questo caso si usa sempre più spesso il **Konjunktiv II** passato al posto del **Konjunktiv I** passato:
Er sagt: „Ich bin gut angekommen". → Er sagt, er wäre gut angekommen, *Dice che è arrivato bene.*
Er sagt: „Leo hat viel gearbeitet". → Er sagt, Leo hätte viel gearbeitet, *Dice che Leo ha lavorato molto.*
Oggi è corretto usare l'indicativo (presente/Perfekt/Präteritum) al posto del **Konjunktiv I** e **II** + **dass** a inizio frase. Nel parlato,

tuttavia, **dass** è perlopiù omesso:
Er sagt: „Sie ist/war müde": Er sagt, dass sie müde ist/war. → Er sagt, sie ist/war müde (linguaggio parlato).

N.B. Esiste anche il **Konjunktiv I** futuro, ma non ve lo spieghiamo perché può essere sostituito dal **Konjunktiv I** presente.

2 I pronomi possessivi

La radice del pronome possessivo (seconda colonna) dipende dal possessore ed è identica alla radice dell'aggettivo possessivo (cfr. L35, §1).

ich	**mein-**	*il mio*
du	**dein-**	*il tuo*
er/es	**sein-**	*il suo*
sie	**ihr-**	*il suo*
wir	**unser-**	*il nostro*
ihr	**eu(e)r-**	*il vostro*
sie	**ihr-**	*il loro*
Sie	**Ihr-**	*il vostro*

Per il momento osservate soltanto la radice (indicata in rosso) senza considerare la desinenza. La 3ª persona singolare, **sein-** si riferisce al possessore maschile e neutro e **ihr-** al possessore femminile:
Mein Vater ist Deutscher. – Meiner auch, *Mio padre è tedesco. – Il mio anche* → possessore = **ich**;
Ist das Leas Fahrrad? – Ja, das ist ihres, *È la bici di Lea? – Sì, è la sua* → possessore = **sie**, *lei* (Lea);
Ist das Toms Fahrrad? – Ja das ist seins, *È la bici di Tom? – Sì, è la sua* → possessore = **er**, *lui* (Tom).
La declinazione dipende dalla funzione del pronome possessivo all'interno della frase e dal genere e numero del nome che sostituisce. Osservate per il momento la declinazione del pronome possessivo **mein-**, *il mio, la mia, i miei, le mie*. In rosso sono indicate le desinenze comuni a tutti i pronomi possessivi. Più avanti vi daremo

degli esempi. La declinazione è la stessa dei pronomi e aggettivi indefiniti **einer/keiner**, *uno/nessuno* (cfr. L84, §6). Non indichiamo la declinazione al genitivo perché è poco usata.

	Maschile	Femminile	Neutro	Plurale
Nominativo	**meiner**	**meine**	**meins**	**meine**
Accusativo	**meinen**	**meine**	**meins**	**meine**
Dativo	**meinem**	**meiner**	**meinem**	**meinen**

Esempi:
Ihr habt nicht euren Schlüssel genommen, sondern unseren, *Non avete preso le vostre chiavi, ma le nostre* → **unseren** è all'accusativo maschile in quanto il complemento oggetto si riferisce a un sostantivo maschile → **der Schlüssel**;
Ich nehme dein Fahrrad, denn meins ist kaputt, *Prendo la tua bici perché la mia è rotta* → **meins** è il nominativo neutro perché il soggetto si riferisce a un sostantivo neutro → **das Fahrrad**.

3 La posizione di *nicht* nella frase

La negazione **nicht** può occupare diverse posizioni all'interno della frase a seconda dell'elemento che s'intende negare:
– se usato per negare il verbo, ossia per negare l'intera frase, **nicht** si posiziona in fondo alla frase e cede l'ultima posizione solo a: infiniti, participi, particelle separabili e complementi con preposizione, cioè ad altri elementi ancora più strettamente legati al verbo.
Ich lese das Buch nicht, *Non leggo il libro.*
Ich habe das Buch nicht gelesen, *Non ho letto il libro.*
– **nicht** si posiziona subito dopo il verbo quando si vuole negare ciò che segue dopo, ossia prima dell'elemento che si vuole negare: complemento, predicato nominale, aggettivo attributivo, numeri e pronomi indefiniti, avverbio, e l'avverbio di tempo come **morgen**, **heute**, **am Samstag**... In questo caso è generalmente seguito da un'alternativa introdotta da **sondern...**, *ma/bensì...*
Ich kenne seinen Bruder nicht ↔ **Ich kenne nicht seinen Bruder, sondern seine Schwester**, *Non conosco suo fratello ↔... ma sua sorella.*
Er kommt heute nicht → **Er kommt nicht heute, sondern morgen**,

Non viene oggi ↔... ma domani.
Ich wohne nicht in Berlin, (sondern in Hamburg), *Non abito a Berlino, (bensì ad Amburgo).*
Ich bin nicht Lea, (sondern Anna), *Non sono Lea, (ma Anna).*
Ich bin nicht krank, (sondern müde), *Non sono malato (ma stanco).*

4 Le particelle miste

Le particelle sono dette "miste" quando sono sia separabili sia inseparabili. Sono otto e voi ne avete già imparate sei. Rivediamole:
– **über-** è perlopiù inseparabile: **überraschen**, *sorprendere/stupire* → **Das überrascht mich**, *Mi sorprende molto*; **übersetzen**, *tradurre* → **Übersetzen Sie!**, *Traducete!* È invece separabile in **überkochen**, *traboccare* → **Die Milch kocht gleich über**, *Il latte sta per traboccare*.

– **um-** è separabile quando indica l'idea di "cambiare luogo o direzione" o quella di "modificare qcs": **umziehen**, *traslocare* → **Ich ziehe bald um**, *Traslocherò presto*; **umbauen**, *trasformare, rinnovare* (un immobile) → **Er hat sein Haus umgebaut**, *Ha rinnovato casa sua*. È inseparabile nel caso di "circondare". I verbi inseparabili costruiti con **um** sono pochi: **umarmen**, *abbracciarsi, salutarsi con un abbraccio* → **Sie umarmten sich alle**, *Tutti si sono abbracciati*.

– **unter-** è generalmente inseparabile: **unterschreiben**, *firmare* → **Bitte unterschreiben Sie hier**, *Prego, firmi qui*; **unterstreichen**, *sottolineare* → **Unterstreichen Sie die Antwort!**, *Sottolinei la risposta!* Ma è separabile quando esprime un movimento verso il basso: **untergehen**, *declinare, tramontare, affondare* → **Die Sonne geht unter**, *Il sole tramonta*; **Das Schiff ist untergegangen**, *La barca è affondata*.

– **wider-** è inseparabile quando esprime l'idea di "contraddire": **jdm widersprechen**, *contraddire, rispondere a qcn* → **Er hat seinem Lehrer widersprochen**, *Ha contraddetto il professore*. È separabile quando esprime l'idea di "riflettersi": **sich widerspiegeln**, *riflettersi* → **Der Mond spiegelt sich im Wasser wider**, *La luna si riflette sull'acqua*.

– **wieder-** è inseparabile nel caso di **wiederholen**, *ripetere* o *ripassare*, come vedremo alla lezione 100 → **Ich wiederhole:...**, *Ripeto: ...*Altrimenti è sempre separabile: **(sich) wiedersehen**, *rivedersi* → **Wann sehen wir uns wieder?**, *Quando ci rivediamo?*

– **durch-** è generalmente separabile: **etw. durchlesen**, *leggere qcs* (interamente) → **Ich habe ihren Brief dreimal durchgelesen**, *Ho letto la sua lettera tre volte.*

5 I verbi e gli aggettivi con preposizione

Molti verbi e aggettivi si costruiscono con la preposizione. Vanno imparati insieme alla preposizione e al caso retto dalla preposizione. Nel caso di una preposizione che regge un caso fisso, il verbo e l'aggettivo reggeranno automaticamente quel caso:
anfangen mit, *iniziare con* + dativo, dato che **mit** regge il dativo: **Wir fangen mit der ersten Übung an**, *Iniziamo con il primo esercizio.*
geeignet für, *adatto a* + accusativo poiché **für** regge l'accusativo: **Es ist für Kinder geeignet**, *È adatto ai bambini.*
Nel caso di una preposizione mista, il verbo e l'aggettivo reggeranno l'accusativo o il dativo. Ancora una volta vi ripetiamo che i verbi e gli aggettivi con preposizione vanno imparati insieme al caso corrispondente:
warten auf, *aspettare* + accusativo: **Er wartet auf den Bus**, *Aspetta l'autobus.*
leiden an, *soffrire di* + dativo: **Er leidet an starken Kopfschmerzen**, *Soffre di forti mal di testa.*

6 *da*, "siccome", e *sobald*, "non appena"

Sono entrambe congiunzioni subordinanti:
– **da**, *siccome, dato che*, serve a spiegare una causa o a dare una motivazione. Diversamente da **weil**, *perché*, **da** introduce una subordinata causale a inizio frase, ossia preposta alla frase

***

principale: **Da es warm ist, gehen wir ins Schwimmbad**, *Siccome fa caldo andiamo in piscina* → **Wir gehen ins Schwimmbad, weil es warm ist**, *Andiamo in piscina perché fa caldo.*
– **sobald**, *(non) appena*, introduce una proposizione temporale: **Ich komme, sobald ich kann**, *Vengo appena posso.*

7 Le congiunzioni correlative

– **entweder... oder**, *o... o/oppure*: **Ich komme entweder heute oder morgen**, *Vengo o oggi o domani.*
– **weder... noch**, *né... né*: **Er kennt weder meinen Bruder noch meine Schwester**, *Non conosce né mio fratello né mia sorella.*
– **sowohl... als auch**, *sia... sia/che*: **Sowohl Lea als auch Tom sind gekommen**, *Sia Lea che Tom sono venuti.*
– **nicht nur... , sondern auch**, *non solo... ma anche*: **Er kann nicht nur Französisch, sondern auch Russisch**, *Non parla solo francese, ma anche russo.*
N.B. La virgola prima di **sondern** è obbligatoria.

8 Il doppio infinito

Il doppio infinito, ossia due infiniti che si susseguono all'interno della stessa frase, si utilizza con alcuni verbi, principalmente con i verbi modali. Quando il verbo modale è coniugato a un tempo composto (Perfekt o Plusquamperfekt), l'infinito si sostituisce al participio passato.
Er hat ihr helfen wollen (~~gewollt~~), *Ha voluto aiutarla;*
Du hättest mich anrufen sollen (~~gesollt~~), *Avresti dovuto chiamarmi.*
Ci sono altri verbi che reggono il doppio infinito, ma non li vedremo adesso. Un trucco: quando ci sono tre verbi nella frase principale, uno solo è coniugato!

***

Wiederholungsdialog

1 – Guten Tag, mein Name ist Peter Schmidt. Ich hätte gern einen Termin bei Doktor Bauer.
2 – Sie können entweder morgen um neun Uhr oder heute um elf kommen.
3 – Ich komme heute.
4 – Perfekt! Könnten Sie bitte Ihren Namen wiederholen?
5 – Peter Schmidt mit dt.
6 *(beim Arzt)*
7 – Guten Tag, nehmen Sie bitte Platz. Was kann ich für Sie tun?
8 – Ich habe seit heute Nacht starke Bauchschmerzen.
9 – Leiden Sie oft an Bauchschmerzen?
10 – Nein, nicht oft.
11 – Haben Sie vielleicht zu viel gegessen oder getrunken?
12 – Na ja, jetzt mit dem Oktoberfest…
13 – Legen Sie sich bitte hierhin. Tut's weh, wenn ich hier drücke?
14 – Ein bisschen.
15 – Sie können sich wieder anziehen. Es ist nichts Schlimmes. In den nächsten Tagen sollten Sie aber leicht essen und viel trinken.
16 – Viel trinken?!
17 – Ja, also ich meine Wasser.

Traduzione del dialogo

1 Buongiorno mi chiamo Peter Schmidt. Vorrei un appuntamento con il Dott. Bauer. **2** Può venire domani alle 9 oppure oggi alle 11. **3** Vengo oggi. **4** Perfetto. Potrebbe ripetermi il suo nome per cortesia? **5** Peter Schmidt con la d e la t. **6** *(dal medico)* **7** Buongiorno, si sieda. Cosa posso fare per Lei? **8** Da stanotte ho un forte mal di stomaco. **9** Soffre spesso di mal di stomaco? **10** No, non spesso. **11** Per caso ha mangiato o bevuto troppo? **12** Sì, ora con l'Oktoberfest... **13** Si sdrai per favore. Le fa male quando premo qui? **14** Sì, un po'. **15** Può rivestirsi. Non è niente di grave. Nei prossimi giorni deve mangiare leggero e bere molto. **16** Bere molto?! **17** Sì, insomma intendo acqua.

***

Übersetzen Sie bitte!

❶ Ich rufe dich an, sobald ich etwas weiß. ❷ Er sagt, er sei nicht mehr in Deutschland. ❸ Dieser Schlüssel ist nicht eurer, sondern meiner. ❹ Wir können nicht darauf verzichten. ❺ Sie ist nicht nur sehr gut in Sport, sondern auch in Musik.

Soluzioni dell'esercizio

❶ Ti chiamo non appena so qualcosa. ❷ Dice che non è più in Germania. ❸ Questa chiave non è la vostra, ma la mia. ❹ Non possiamo rinunciarci. ❺ Non è solo brava nello sport, ma anche in musica.

Seconda ondata: 49ª lezione

Neunundneunzigste Lektion

Fleißig lernen

1 – Bevor ich's vergesse: die Franzosen **ko**mmen am **Do**nnerstag um 12 Uhr in **Frank**furt [1] an. **Wür**den Sie **bi**tte die **Ho**telzimmer reser**vie**ren? [2]
2 – Ja, **selbst**verständlich.
3 – **Wür**den Sie **bi**tte dann [3] **die**sen Text auf **Eng**lisch über**se**tzen und wenn **mög**lich auch auf Fran**zö**sisch?
4 – Mein Fran**zö**sisch ist ein **biss**chen **ein**gerostet. **Un**ser fran**zö**sischer **Trai**nee **könn**te mir **a**ber **hel**fen. **Sei**ne **Deutsch**kenntnisse sind jetzt gut ge**nug**.
5 – Ja, das ist **rich**tig [4]. Er hat **vie**le **Fort**schritte ge**macht**. Ach, da sind Sie ja schon Herr Du**bois**! Wir **ha**ben **ei**ne **klei**ne **Auf**gabe für Sie.
6 – Das **ha**be ich ge**hört**. Ich **ma**che es gern.
(...)

Pronuncia

*2... **zèlpst**-fershtèntliçh 4... **ain**gherostət... **trè**:nii...*

Note

1 La posizione dei complementi circostanziali all'interno della frase varia a seconda dell'informazione a cui si vuole attribuire importanza e all'intenzione di chi parla, ma in generale l'ordine è il seguente: complemento di tempo (Temporal), complemento di causa (Kausal), complemento di modo (Modal) e complemento di luogo (Lokal). Per ricordarvi quest'ordine memorizzate la parola: "TeKaMoLo". La frase 1 è formata da un complemento di tempo (**am Donnerstag um 12 Uhr**, *giovedì alle 12*) seguito da un complemento di luogo (**in Frankfurt**, *a Francoforte*). Vediamo altri esempi in cui sono presenti altri complementi: **Sie will**

Novantanovesima lezione

Studiare con disciplina

1 – Prima che mi dimentichi *(lo dimentico)*: i francesi arrivano a Francoforte giovedì alle 12. Prenoterebbe per favore la camera d'albergo?
2 – Sì, certamente.
3 – Poi tradurrebbe per favore questo testo in inglese e se possibile anche in francese?
4 – Il mio francese è un po' arrugginito. Però il nostro stagista francese potrebbe aiutarmi. La sua conoscenza del tedesco è già abbastanza buona *(Le sue conoscenze del tedesco sono adesso buone abbastanza)*.
5 – Sì, è vero. Ha fatto molti progressi. Ah, è già qui Sig. Dubois! Abbiamo un piccolo compito per Lei.
6 – Ho sentito. Lo faccio volentieri.
(...)

wegen des schlechten Wetters (causa) **mit dem Zug fahren** (mezzo), *Vuole andare in treno a causa del maltempo*; **Sie sind gestern** (tempo) **mit dem Auto** (mezzo) **nach Wien** (luogo) **gefahren**, *Sono andati a Vienna in macchina ieri.*

2 In tedesco, per rivolgere a qualcuno una domanda cortese si usa il **Konjunktiv II** (cfr. F3).

3 Per esprimere cronologicamente una sequenza di eventi si impiegano gli avverbi: **zuerst**, *prima*, **dann** *poi*, **danach**, *dopo* e **zum Schluss** (lett. "alla fine") *infine/per finire*: **Zuerst bin ich zur Bank gegangen. Dann bin ich einkaufen gegangen. Danach hatte ich einen Termin beim Zahnarzt und zum Schluss habe ich den Wagen in die Werkstatt gebracht**, *Prima sono andato in banca, poi a fare la spesa. Dopo avevo appuntamento dal dentista e per finire ho portato la macchina in carrozzeria.*

4 Il contrario di **richtig**, *giusto, corretto*, è **falsch**, *sbagliato, falso*: **Ich habe eine falsche Nummer**, *Ho un numero sbagliato.*

7 – **Dan**ke für **Ih**re **Hil**fe Herr Du**bois**. **Oh**ne Sie **hät**te ich es nicht ge**schafft** [5]. Darf ich Sie auf ein Bier **ein**laden? [6]

8 Ich bin mit den Kol**le**gen der Ex**port**abteilung im **Brau**haus ver**ab**redet. [7]

9 – Ja **gern**, **a**ber zu**erst** muss ich **mei**ne Deutsch-**Auf**gaben **ma**chen. Ich bin bei der **vor**letzten Lek**tion**.

10 – Kein Pro**blem**, ich **hal**te **Ih**nen **ei**nen Platz frei und gratu**lie**re **Ih**nen für **Ih**re Diszi**plin**. Sie **ha**ben **vie**le **Fort**schritte ge**macht**. □

Note

5 Memorizzate quest'espressione: Ich hab's geschafft!, *Ce l'ho fatta, Ci sono riuscito/a!*; Hilf mir bitte! Ich schaffe es nicht, *Aiutami per favore! Io non ci riesco.*

***

Übung 1 – Übersetzen Sie bitte!

❶ Es ist falsch. ❷ Würdest du mir bitte helfen, den Brief zu schreiben? ❸ Mit wem sind sie verabredet? ❹ Ich hab's geschafft! ❺ Zum Schluss möchte ich sagen, dass...

Übung 2 – Ergänzen Sie bitte!

❶ Prima mangiamo, poi lavoriamo.
...... essen wir, ... arbeiten wir.

❷ Ho appuntamento con suo padre.
Ich bin ... seinem Vater ....

❸ Va a Berlino domani.
Er fliegt ....

❹ Va a Berlino in macchina.
Er fährt ... .

❺ Non ci riesci?
.... es nicht?

7 – Grazie per il Suo aiuto Sig. Dubois. Senza di Lei non ce l'avrei fatta. Posso invitarLa a bere una birra *(su una birra invitare)*?

8 Ho appuntamento in birreria con i colleghi del reparto export.

9 – Sì, volentieri, ma prima devo fare i compiti di tedesco. Sono alla penultima lezione.

10 – Nessun problema, Le tengo un posto *(libero)* e complimenti per la Sua disciplina. Ha fatto molti progressi.

6 Osservate questa costruzione all'accusativo: **auf einen Kaffee, ein Bier einladen** (lett. "invitare su un caffè, una birra"), *invitare a bere/offrire un caffè/una birra*: **Er hat mich auf einen Kaffee eingeladen**, *Mi ha invitato a bere un caffè.*

7 **mit jdm verabredet sein** significa *avere appuntamento con qcn*: **Ich bin mit meinem Freund verabredet**, *Ho appuntamento con il mio amico.*

***

Soluzioni dell'esercizio 1

❶ È falso/sbagliato. ❷ Per favore mi aiuteresti a scrivere la lettera? ❸ Con chi hanno appuntamento? ❹ Ce l'ho fatta! ❺ Infine vorrei dire, che…

Soluzioni dell'esercizio 2

❶ Zuerst – dann – ❷ – mit – verabredet ❸ – morgen nach Berlin ❹ – mit dem Auto nach Berlin ❺ Schaffst du –

Seconda ondata: 50ª lezione

Hundertste Lektion

Letzter Tag, letzte Lektion

1 – Sie **ha**ben das **Schwie**rigste **hin**ter sich. **Herz**lichen **Glück**wunsch! Nun **so**llen Sie die **The**men wieder**ho**len und ver**tie**fen.

2 Und was **hal**ten Sie von **ei**nem **Auf**enthalt in **Deutsch**land? [1] **O**der bei **un**seren **Nach**barn in **Ös**terreich?

3 **Bei**de **Län**der **bie**ten **ei**ne **Viel**falt an Na**tur** und Kul**tur**:

4 **fri**sche **Mee**resluft und **wun**derschöne **Strän**de an der **Ost**- und **Nord**see,

5 **pracht**volle **Schlö**sser und **Ber**ge in **Ba**yern,

6 Ba**rock** und **Fest**spiele in **Salz**burg,

7 **sti**mmungsvolle **Weih**nachtsmärkte in der **Ad**ventszeit, um nur **ei**nige **Bei**spiele zu **ne**nnen.

8 Bei der Ge**le**genheit **könn**ten Sie **Ih**re **Sprach**kenntnisse **tes**ten.

9 Wir emp**feh**len **Ih**nen, so oft wie **mög**lich Deutsch zu **spre**chen.

10 Nun sind wir **fer**tig und die Zeit ist ge**ko**mmen, **Ab**schied zu **neh**men.

11 Wir **ho**ffen, Sie **ha**tten Spaß beim **Ler**nen und **wer**den moti**viert wei**terarbeiten [2].

Note

1 etwas von etwas halten, *pensare qcs di qcs,* si usa per esprimere o per conoscere un'opinione su qcs: Was hältst du von seinem neuen Auto / von seiner neuen Freundin?, *Cosa ne pensi della sua nuova auto/della sua nuova ragazza?*

Centesima lezione

Ultimo giorno, ultima lezione

1 – Vi lasciate alle spalle la parte più difficile *(è dietro di voi)*. Congratulazioni! Adesso dovete ripassare e approfondire gli argomenti [di queste lezioni].
2 E cosa ne pensate di un soggiorno in Germania? O dai nostri vicini in Austria?
3 Entrambi i paesi offrono una grande varietà naturale e culturale *(in natura e cultura)*:
4 fresca aria marina e spiagge meravigliose sul Mar Baltico e sul Mare del Nord,
5 castelli sfarzosi e montagne in Baviera,
6 [stile] barocco e festival a Salisburgo,
7 incantevoli mercatini di Natale durante il periodo dell'Avvento, solo per citare alcuni esempi.
8 Con l'occasione potreste mettere alla prova la vostra conoscenza della lingua.
9 Vi consigliamo di parlare tedesco il più spesso possibile.
10 Adesso abbiamo finito ed è arrivato il tempo di salutarsi *(prendere congedo)*.
11 Speriamo che vi siate divertiti a imparare [il tedesco] e che continuerete a lavorare con motivazione *(motivati)*.

2 Usato come particella (separabile), **weiter** si traduce *continuare a/ancora*: **weiterschlafen**, *continuare a dormire* → **Ich möchte weiterschlafen**, *Vorrei (continuare a) dormire ancora*; **weiterlesen**, *continuare a leggere* → **Lies weiter**, *Continua a leggere*. **weiter** è il comparativo di maggioranza di **weit**, *lontano*.

12 Auch wir **ha**ben es ge**nos**sen, **Ih**nen **un**sere **Spra**che **bei**zubringen.

13 Tschüss! Und viel**leicht** bis zu **ei**nem **näch**sten **A**benteuer. □

***

Übung 1 – Übersetzen Sie bitte!

❶ Super, Sie haben's geschafft! ❷ Aber es ist noch nicht fertig. ❸ Es geht weiter. ❹ Wir empfehlen Ihnen, jeden Tag Übungen zu machen. ❺ So werden Sie noch mehr Fortschritte machen.

Übung 2 – Ergänzen Sie bitte!

❶ Se ogni giorno imparate tre parole nuove...
.... jeden Tag drei neue Wörter lernen, ...

❷ ...in un anno conoscerete *(conoscete)* più di mille parole.
...,.......... in einem Jahr mehr als tausend neue Wörter.

❸ Ripassate anche le parole che già conoscete.
.... auch die Wörter, die Sie schon kennen.

❹ È importante parlare tedesco il più spesso possibile.
Es ist wichtig, so oft wie möglich Deutsch ....

❺ Buon divertimento!
.........!

***

Oggi avete concluso la fase di assimilazione, ma non dimenticate di proseguire con la fase attiva fino a raggiungere nuovamente questa lezione 100. Continuate dunque a ripassare una lezione

12 Anche a noi ha fatto piacere *(abbiamo apprezzato)* insegnarvi la nostra lingua.
13 Ciao! E magari alla prossima avventura.

***

Soluzioni dell'esercizio 1
❶ Fantastico, ce l'avete fatta! ❷ Ma non è ancora finita. ❸ [Si] continua. ❹ Vi consigliamo di fare pratica *(esercizi)* tutti i giorni. ❺ In questo modo farete ancora più progressi.

Soluzioni dell'esercizio 2
❶ Wenn Sie – ❷ – kennen Sie – ❸ Wiederholen Sie – ❹ – zu sprechen
❺ Viel Spaß

***

al giorno (domani toccherà alla 52ª lezione e così via): al termine della fase attiva avrete finalmente concluso il vostro percorso di apprendimento del tedesco "senza sforzo" con il metodo Assimil!

Seconda ondata: 51ª lezione

Appendice grammaticale

1 Le tabelle della declinazione

1.1 Il gruppo nominale con l'articolo determinativo

N	der alte Mann	die schöne Frau	das kleine Kind	die großen Kinder
A	den alten Mann	die schöne Frau	das kleine Kind	die großen Kinder
D	dem alten Mann	der schönen Frau	dem kleinen Kind	den großen Kindern
G	des alten Mannes	der schönen Frau	des kleinen Kindes	der großen Kinder

I pronomi dimostrativi **dieser, diese, dieses, diese** e i pronomi interrogativi **welcher, welche, welches, welche** si declinano come **der, die, das, die**: **dieser alte Mann** (N m.), **diese schöne Frau** (N e A f.), **welche großen Kinder** (N e A pl.). I pronomi **jeder, jede, jedes** si declinano come **der, die, das** al singolare e come **die** al plurale: **jedes kleine Kind** (N e A n.), **alle großen Kinder** (N e A pl.).

1.2 Il gruppo nominale con l'articolo indeterminativo

N	**ein alter Mann**	**eine schöne Frau**	**ein kleines Kind**	**große Kinder**
A	**einen alten Mann**	**eine schöne Frau**	**ein kleines Kind**	**große Kinder**
D	**einem alten Mann**	**einer schönen Frau**	**einem kleinen Kind**	**großen Kindern**
G	**eines alten Mannes**	**einer schönen Frau**	**eines kleinen Kindes**	**großer Kinder**

Gli aggettivi possessivi **mein, dein, sein, ihr, unser, euer, ihr, Ihr** si declinano come **ein, eine** al singolare e come **die** al plurale: **mein alter Mann** (N m.), **dein kleines Kind** (N e A n.), **unsere großen Kinder** (N e A pl.).

1.3 Il gruppo nominale senza l'articolo

N	**alter Mann**	**schöne Frau**	**kleines Kind**	**große Kinder**
A	**alten Mann**	**schöne Frau**	**kleines Kind**	**große Kinder**
D	**altem Mann**	**schöner Frau**	**kleinem Kind**	**großen Kindern**
G	**alten Mannes**	**schöner Frau**	**kleinen Kindes**	**großer Kinder**

1.4 I pronomi personali

N	ich	du	er	sie	es
A	mich	dich	ihn	sie	es
D	mir	dir	ihm	ihr	ihm

N	wir	ihr	sie	Sie
A	uns	euch	sie	Sie
D	uns	euch	ihnen	Ihnen

1.5 I pronomi riflessivi

	ich	du	er	sie	es
A	mich	dich	sich	sich	sich
D	mir	dir	sich	sich	sich

	wir	ihr	sie	Sie
A	uns	euch	sich	sich
D	uns	euch	sich	sich

1.6 I pronomi interrogativi *wer*, "chi" e *was*, "cosa/che cosa"

N	wer	was
A	wen	was
D	wem	
G	wessen	

2 I quattro casi della declinazione

Il nominativo

È il caso del soggetto e dell'attributo del soggetto:
Der Schüler macht seine Hausaufgaben, *L'allievo fa i compiti*;
Du bist der beste Schüler, *Sei l'allievo migliore*.

L'accusativo

È il caso del complemento oggetto:

Ich schreibe eine Mail, *Scrivo un'e-mail.*

È introdotto dalle preposizioni **durch**, *attraverso, per*; **für**, *per*; **gegen**, *contro*; **ohne**, *senza*, e **um**, *intorno a.*

Das ist für deine Eltern, *È per i tuoi genitori.*

Il dativo

È il caso del complemento di termine:

Ich gebe es meiner Schwester, *Lo do a mia sorella.*

È introdotto dalle preposizioni **aus**, *da*, **bei**, *presso* (compl. di stato in luogo); **mit**, *con*; **nach**, *dopo* (compl. di tempo); **seit**, *da*; **von**, *dal da parte di/di*; **zu**, *a* (compl. di moto a luogo): **Ich komme nach der Schule**, *Vengo dopo la scuola.*

Il genitivo

Serve a esprimere la proprietà o il possesso:

Der Deutschlehrer der Kinder kommt aus Hamburg, *L'insegnante di tedesco dei bambini viene da Amburgo.*

È introdotto dalle preposizioni **während**, *mentre*, *durante* e **wegen**, *a causa di*:

Was machst du während der Woche?, *Cosa fai durante la settimana?*

3 Le tabelle della coniugazione

3.1 Gli ausiliari, i verbi regolari e irregolari

- **Il presente indicativo**

	haben	sein	werden	machen (VR)
ich	habe	bin	werde	mache
du	hast	bist	wirst	machst
er/sie/es	hat	ist	wird	macht
wir	haben	sind	werden	machen
ihr	habt	seid	werdet	macht
sie/Sie	haben	sind	werden	machen

	arbeiten (VR)	fahren (VI)	sehen (VI)	geben (VI)	lesen (VI)
ich	arbeite	fahre	sehe	gebe	lese
du	arbeitest	fährst	siehst	gibst	liest
er/sie/es	arbeitet	fährt	sieht	gibt	liest
wir	arbeiten	fahren	sehen	geben	lesen
ihr	arbeitet	fahrt	seht	gebt	lest
sie/Sie	arbeiten	fahren	sehen	geben	lesen

VR = verbo regolare / VI = verbo irregolare

• Il Präteritum

	haben	sein	werden	machen (VR)
ich	hatte	war	wurde	machte
du	hattest	warst	wurdest	machtest
er/sie/es	hatte	war	wurde	machte
wir	hatten	waren	wurden	machten
ihr	hattet	wart	wurdet	machtet
sie/Sie	hatten	waren	wurden	machten

	arbeiten (VR)	fahren (VI)	sehen (VI)	lesen (VI)
ich	arbeitete	fuhr	sah	las
du	arbeitetest	fuhrst	sahst	last
er/sie/es	arbeitete	fuhr	sah	las
wir	arbeiteten	fuhren	sahen	lasen
ihr	arbeitetet	fuhrt	saht	last
sie/Sie	arbeiteten	fuhren	sahen	lasen

• Il Perfekt

Il Perfekt si forma con l'ausiliare **haben** o **sein** al presente indicativo + participio passato.

	haben	sein	werden
ich	habe gehabt	bin gewesen	bin geworden
du	hast gehabt	bist gewesen	bist geworden
...	...	...	...

	machen (VR)	fahren (VI)
ich	habe gemacht	bin gefahren
du	hast gemacht	bist gefahren
...	...	...

• Il Plusquamperfekt

Il Plusquamperfekt, corrisponde al nostro trapassato prossimo e si forma con l'ausiliare **haben** o **sein** al Präteritum + participio passato.

	haben	sein	werden	machen (VR)	fahren (VI)
ich	hatte gehabt	war gewesen	war geworden	hatte gemacht	war gefahren
du	hattest gehabt	warst gewesen	warst geworden	hattest gemacht	warst gefahren
...	...	...	...	...	...

• Il Futur I

Il **Futur I** si forma con l'ausiliare **werden** al presente indicativo + infinito.

	haben	sein	machen	fahren
ich	werde haben	werde sein	werde machen	werde fahren
du	wirst haben	wirst sein	wirst machen	wirst fahren
...	...	...	...	...

• L'imperativo

	haben	sein	machen
(du)	Hab!	Sei!	Mach!
(wir)	Haben wir!	Seien wir!	Machen wir!
(ihr)	Habt!	Seid!	Macht!
(Sie)	Haben Sie!	Seien Sie!	Machen Sie!

	fahren	sehen	geben
(du)	Fahr!	Sieh!	Gib!
(wir)	Fahren wir!	Sehen wir!	Geben wir!
(ihr)	Fahrt!	Seht!	Gebt!
(Sie)	Fahren Sie!	Sehen Sie!	Geben Sie!

• Il Konjunktiv II presente

	haben	sein	machen	fahren
ich	hätte	wäre	würde machen	würde fahren
du	hättest	wärst	würdest machen	würdest fahren
er/sie/es	hätte	wäre	würde machen	würde fahren
wir	hätten	wären	würden machen	würden fahren
ihr	hättet	wärt	würdet machen	würdet fahren
sie/Sie	hätten	wären	würden machen	würden fahren

• Il Konjunktiv II passato

	haben	sein	machen	fahren
ich	hätte gehabt	wäre gewesen	hätte gemacht	wäre gefahen

du	hättest gehabt	wärst gewesen	hättest gemacht	wärst gefahren
er/sie/es	hätte gehabt	wäre gewesen	hätte gemacht	wäre gefahren
wir	hätten gehabt	wären gewesen	hätten gemacht	wären gefahren
ihr	hättet gehabt	wärt gewesen	hättet gemacht	wärt gefahren
sie/Sie	hätten gehabt	wären gewesen	hätten gemacht	wären gefahren

3.2 I verbi modali e il verbo *wissen*

• Il presente indicativo

	können	dürfen	müssen	sollen
ich	kann	darf	muss	soll
du	kannst	darfst	musst	sollst
er/sie/es	kann	darf	muss	soll
wir	können	dürfen	müssen	sollen
ihr	könnt	dürft	müsst	sollt
sie/Sie	können	dürfen	müssen	sollen

	wollen	mögen	wissen
ich	will	mag	weiß
du	willst	magst	weißt
er/sie/es	will	mag	weiß
wir	wollen	mögen	wissen
ihr	wollt	mögt	wisst
sie/Sie	wollen	mögen	wissen

• Il Präteritum

Il Präteritum si forma dalla radice del verbo al Präteritum + le desinenze **-te/-test/-te/-ten/-tet/-ten**.

	können	dürfen	müssen	sollen
ich	konnte	durfte	musste	sollte
du	konntest	durftest	musstest	solltest
...	...	...	...	...

	wollen	mögen	wissen
ich	wollte	mochte	wusste
du	wolltest	mochtest	wusstest
...	...	...	...

• **Il Perfekt**

	wissen
ich	habe gewusst
du	hast gewusst
...	...

• **Il Plusquamperfekt**

	wissen
ich	hatte gewusst
du	hattest gewusst
...	...

Il Perfekt e il Plusquamperfekt dei verbi modali sono usati raramente. Anche perché in una frase in cui si debba usare il Perfekt o il Plusquamperfekt dei verbi modali e un secondo verbo all'infinito, il verbo modale rimane all'infinito (= doppio infinito). L'ausiliare è sempre haben: **Er hat/hatte nicht kommen können**, *Non è/era potuto venire.*

• **Il futuro**

	wissen
ich	werde wissen
du	wirst wissen
...	...

Il futuro dei verbi modali è poco utilizzato. Nel formare il futuro di un verbo modale costruito con un infinito, il modale resta all'infinito: **Er wird vielleicht mitkommen wollen**, *Forse vorrà venire* (sottinteso *con noi/te...*).

• Il Konjunktiv II presente dei verbi modali + *wissen*

Il Konjunktiv II presente dei verbi modali e del verbo *wissen* si forma a partire dalla radice del verbo al Konjunktiv II + desinenze **-te/-test/-te/-ten/-tet/-ten**.

	können	**dürfen**	**müssen**	**sollen**
ich	**könnte**	**dürfte**	**müsste**	**sollte**
du	**könntest**	**dürftest**	**müsstest**	**solltest**
...	...	...	...	...

	wollen	**mögen**	**wissen**
ich	**wollte**	**möchte**	**wüsste**
du	**wolltest**	**möchtest**	**wüsstest**
...	...	...	...

• Il Konjunktiv II passato dei verbi modali + *wissen*

Il Konjunktiv II passato dei verbi modali e di *wissen* si forma con l'ausiliare **haben** al Konjunktiv II + participio passato.

	können	**dürfen**	**müssen**	**sollen**
ich	**hätte gekonnt**	**hätte gedurft**	**hätte gemusst**	**hätte gesollt**
du	**hättest gekonnt**	**hättest gedurft**	**hättest gemusst**	**hättest gesollt**
...	...	...	...	...

	wollen	**mögen**	**wissen**
ich	**hätte gewollt**	**hätte gemocht**	**hätte gewusst**

du	hättest gewollt	hättest gemocht	hättest gewusst
...	...	...	...

3.3 I verbi misti

• Il Präteritum

Si forma a partire dalla radice del verbo al Präteritum + le desinenze **-te/-test/-te/-ten/-tet/-ten**.

	brennen	bringen	denken
ich	brannte	brachte	dachte
du	branntest	brachtest	dachtest
...	...	...	...

	kennen	nennen	rennen
ich	kannte	nannte	rannte
du	kanntest	nanntest	ranntest
...	...	...	...

• Il participio passato

brennen	bringen	denken
gebrannt	gebracht	gedacht

kennen	nennen	rennen
gekannt	genannt	gerannt

4 La sintassi

La sintassi tedesca è piuttosto complessa. Per costruire una frase in modo corretto occorre rispettare alcune regole.

4.1 La posizione dei complementi all'accusativo e al dativo

Il gruppo nominale al dativo precede quello all'accusativo:

Ich schicke meinem Vater <u>eine Mail</u>, *Mando un'e-mail a mio padre.*
Il pronome personale precede il gruppo nominale indipendentemente dal caso:
Ich schicke ihm <u>eine Mail</u>, *Gli mando una mail;*
Ich schicke <u>sie</u> meinem Vater, *La mando a mio padre.*
Il pronome personale all'accusativo precede il pronome personale al dativo:
Ich schicke <u>sie</u> ihm, *Gliela mando.*

4.2 La frase semplice o proposizione indipendente

In una proposizione indipendente il verbo coniugato occupa la posizione II. Gli altri elementi (soggetto, complementi) ruotano intorno al verbo. Nel caso in cui il gruppo verbale sia formato da un participio passato o da un infinito, il participio passato o l'infinito si posizionano in fondo alla frase:

	Verbo coniugato		Infinito / participio passato
Ich	**arbeite**	**morgen**	**-**
Ich	**muss**	**morgen**	**<u>arbeiten</u>.**
Ich	**habe**	**gestern**	**<u>gearbeitet</u>.**
Gestern	**habe**	**ich**	**<u>gearbeitet</u>.**

4.3 La proposizione principale a inizio frase

Se la proposizione principale è posizionata a inizio frase la sintassi non cambia (cfr. 4.2):

Soggetto	Verbo coniugato		Infinito / participio passato
Er	**lernt**	**Deutsch,**	
Er	**will**	**Deutsch**	**<u>lernen</u>,**
Er	**hat**	**Deutsch**	**<u>gelernt</u>,**

weil er nach Berlin geht.

Se la proposizione principale segue la subordinata, il soggetto e il verbo s'invertono:

Da er nach Berlin geht,...

Verbo coniugato	Soggetto		Infinito / participio passato
lernt	**er**	**Deutsch.**	
will	**er**	**Deutsch**	**lernen.**
hat	**er**	**Deutsch**	**gelernt**

4.4 La proposizione subordinata

Può essere posizionata prima o dopo la proposizione principale. La sintassi della proposizione subordinata non cambia (cfr. 4.3):

Er lernt Deutsch, .../..., lernt er Deutsch.

Congiunzione subordinante	Soggetto		Infinito / participio passato	Verbo coniugato
weil/Da	**er**	**nach Berlin**	**-**	**geht**
weil/Da	**er**	**nach Berlin**	**gehen**	**will**
weil/Da	**er**	**nach Berlin**	**gegangen**	**ist**

Indice grammaticale e lessicale

La prima cifra rimanda al numero della lezione, la seconda alla nota oppure al paragrafo nel caso di una lezione di ripasso. Le lezioni di ripasso sono indicate in grassetto.
Questo indice grammaticale è suddiviso in quattro paragrafi principali:
- Gruppo nominale, pronomi e avverbi
- Verbi e coniugazioni
- Declinazione e preposizioni
- Frase e sintassi
Ciascun paragrafo sarà poi a sua volta suddiviso in sottoparagrafi.

1 Gruppo nominale, pronomi e avverbi

Articoli

Nomi comuni

Aggettivi qualificativi

Aggettivi determinativi

Pronomi

Pronomi e avverbi interrogativi

Verbi irregolari o forti

- presente indicativo **14,4**
- imperativo **14,5**; **21,2**
- Perfekt **42,3**
- Präteritum **49,3**
- Plusquamperfekt **84,2**
- futuro semplice = **Futur I 56,5**
- **Konjunktiv II 77,2**
- passivo d'azione e passivo di stato **84,1**
- modelli di coniugazione al passato **91,1**
- discorso indiretto = **Konjunktiv I 98,1**

Verbi modali + *wissen* "sapere"

- presente indicativo **28,1**
- Präteritum **49,3**
- futuro semplice = **Futur I 56,5**
- **Konjunktiv II 77,2**
- discorso indiretto = **Konjunktiv I 98,1**
- doppio infinito **98,8**

Verbi con particella

- particelle separabili **42,2**
- particelle inseparabili **42,2**
- particelle **hin** e **her 63,8**
- particelle miste **98,4**

Verbi

- ~ di posizione e verbi di movimento **56,3**
- ~ misti **77,1**
- ~ con preposizione **77,4**; **84,5**; **98,5**

3 Declinazione e preposizioni

Nominativo

- uso e declinazione **14,1/2/3**

Accusativo

Dativo

Genitivo

Posizione o movimento

Altro

4 Frase e sintassi

Proposizione

Bibliografia

Dizionari

Il nuovo dizionario di Tedesco, Zanichelli, 4a edizione, 2019
Dit Paravia, Paravia, 5a edizione, 2012
Il tedesco Smart, Zanichelli, 2016

Dizionari online

Leo: https://dict.leo.org
Pons: https://de.pons.com
Langenscheidt: https://de.langenscheidt.com

Grammatica

Grammatica attiva della lingua tedesca, Hoepli, 2012
Grammatica tedesca. Con esercizi di autoverifica. Zanichelli, 2014

Per una panoramica dei migliori corsi, dizionari e grammatiche di tedesco vi consigliamo di visitare il sito web di Libri News.

Letteratura

Seiffart (Achim), *Sophie Schölle - Die weiße Rose*, Klett Sprachen 2013

Lopez (Elisabeth), *Racconti in tedesco per principianti*, pubblicazione indipendente, 2021

Sul sito delle case editrici Klett e Black Cat potrete trovare libri di narrativa suddivisi per livello linguistico. Raccomandiamo inoltre le storie graduate da leggere e ascoltare pubblicate della casa editrice Loescher.

Materiale disponibile online con approfondimenti

Lingolia deutsch: https://deutsch.lingolia.com/de
Deutsche Welle: https://youtube.com/@dwlearngerman
Deutsches Cafe: https://youtube.com/@DeutschesCafe
Goethe Institut: https://youtube.com/@GoetheInstitut

News e Podcast in lingua tedesca

News in slow German: https://www.newsinslowgerman.com
Super Easy German: https://www.easygerman.org/podcast

Video

NICOS WEG: https://learngerman.dw.com, con materiale disponibile anche sul canale Youtube di Deutsche Welle (già citato).

NETFLIX: potrete migliorare il vostro tedesco approfittando delle serie TV in tedesco disponibili con i sottotitoli, tra cui consigliamo: *Perfume, Dark, Dogs of Berlin, Holiday Secrets.*

Espressioni e modi di dire

Formule di saluto

I numeri accanto alla traduzione italiana rimandano al numero della lezione seguito dall'indicazione del numero di frase, titolo, o della nota (N) in cui l'espressione è stata utilizzata.

Angenehm! *Piacere!* 53,09
April, April! *Pesce d'aprile!* 40,N2
Auf Wiederhören! *Arrivederci!* (al telefono) 97,NC
(Auf) Wiedersehen! *Arrivederci!* 82,07
Grüß dich! *Ciao!* 97,01
Guten Abend! *Buonasera!* 31,04
Guten Morgen! *Buongiorno!* (mattino) 13,N2
Gute Nacht! *Buona notte!* 19,08
Guten Tag! *Buongiorno!* 05,01
Hallo! *Ciao!* (buongiorno) 01,01
Hallo! *Pronto!* 17,titolo
Herein! *Entra/te, Entri!* 10,N3
Hi! *Ciao!* 06,01
Tschüs(s)! *Ciao!* (quando si va via) 06,NC
Willkommen! *Benvenuti!* 75,titolo

Oltre alle classiche formule di saluto potrete sentire alcune varianti regionali (cfr. nota culturale, lezione 97):

Grüezi mitenand, *buongiorno* (svizzero tedesco)
Grüß dich!, **Grüß Gott!**, **Grüß euch/Sie (Gott)!** (lett. "saluto te/Dio/voi/Lei (Dio)") (nel sud della Germania)
Moin, Moin (nel nord della Germania)
Servus, *buongiorno, arrivederci* (Austria e Baviera)

Cortesia

Bitte! *Prego! Per favore,* 10,N1
Bitte schön! *Prego!* 86,14
Danke! *Grazie!* 06,02
Entschuldigung! *Scusa!* 05,03
Gratuliere! *Congratulazioni* 29,titolo
Guten Appetit! *Buon appetito!* 57,titolo
Mahlzeit! *Buon appetito!* 86,01
Verzeihung! *Scusa!* 80,02
Viel Spaß! *Buon Divertimento!* 78,07

Mettere in guardia

Achtung! *Attenzione!* 25,04
Feuer! *Al fuoco!* 25,N2
Hilfe! *Aiuto!* 25,N2
Nur keine Panik! *Niente panico!* 73,04

Ordini

Aufstehen! *In piedi!* 13, titolo
Hände hoch! *Mani in alto!* 25,N2
Bitte leise! *Silenzio per cortesia!* 39,02
Keine Widerrede! *Niente discussioni!* 95,07
Los! *Dai!* 93,05
Weg mit dir/euch! *Vai/Andate via!* 93,N1

Esclamazioni e interiezioni

Ach! *Ah!* 11,04
Also... *Allora...* 11,06

Du Ärmster/Ärmste! *Ah poverino!* 40,06
Du Glückspilz! *Che fortunato/a!* 06,04
In Ordnung! *D'accordo!* 33,08
Junge, Junge! *Ragazzi!* 79,06
Kein Wunder! *Non c'è da meravigliarsi!* 15,03
Manometer! *Accidenti!* 86,15
Mensch! *Che noia!* 11,04
Mist! *Accidenti!* 15,titolo
Na... *Bene/Eh/Allora...* 16,06
Pech gehabt! *Che sfortuna!* 83,10
Quatsch! *Sciocchezze!* 16,05
Sag bloß! *Ma dai!* 89,06
Scheiße! / Ach du Scheiße! *Merda! / Ah merda!* 92,10
Super! *Benissimo!* 06,03
Tja! *Già!* 27,05; *Eh,* 28,07
Uff! *Uff!* 40,08
Wow! *Wow!* 34,01

Altri modi di dire

April, April, der macht was er will. / April, April, der weiß nicht was er will. *Marzo tempo pazzo* 85,10/NC
auf Hochtouren arbeiten *lavorare a pieno regime* 82,02
bekannt wie ein bunter Hund *conosciuto come la betonica* 57,N3
das Feinste vom Feinsten *il top del top* 74,07
das Handtuch werfen *gettare la spugna* 90,02
Das kannst du laut sagen! *Puoi dirlo forte!* 85,07
Das sieht ihm/ihr ähnlich. *Tipico di lui/lei.* 47,07
den Jackpot knacken *fare jackpot* 61,05
Drum und Dran *con tutti gli annessi e i connessi* 34,04
einen Bärenhunger haben *avere una fame da lupi* 57,07
einen Frosch im Hals haben *avere un rospo in gola* 57,N2
einen Tapetenwechsel brauchen *avere bisogno di cambiare aria* 83,02
im Eimer sein *essere andato/rotto; essere esausto/esaurito* 92,03
sich in Schale werfen/schmeißen *mettersi in tiro* 76,N6
Was zu viel ist, ist zu viel! *Quando è troppo è troppo!* 66,04

Lessici

Nei lessici che seguono troverete i vocaboli che sono stati utilizzati in ciascuna lezione del corso. Alle parole che sono state impiegate con significato differente corrisponderanno più traduzioni e per ciascuna di esse troverete il numero della lezione in cui il termine è stato impiegato per la prima volta. In alcuni casi, come per i verbi irregolari, troverete più rimandi.

Attenzione! Il lessico non vuole essere esaustivo e i vocaboli inseriti possono avere altri significati oltre a quelli elencati.

I verbi sono alla forma dell'infinito e, per facilitare la comprensione, abbiamo scelto di scrivere i verbi separabili con una barra obliqua tra la particella e il verbo: **an/fangen**, *cominciare*. I pronomi personali sono riportati a tutti i casi, mentre per gli altri pronomi, gli articoli e gli aggettivi possessivi è riportato solo il nominativo. Per gli aggettivi alla forma attributiva sono riportate solo le desinenze del nominativo **-e(r/s)**.

Qui di seguito trovate l'elenco delle abbreviazioni utilizzate:

abbrev. abbreviazione
acc. accusativo
agg. aggettivo
agg. sost. aggettivo sostantivato
art. det. articolo determinativo
art. indet. articolo determinativo
avv. avverbio

colloq. colloquiale
compar. comparativo
compl. complemento
cong. congiunzione
cong. sub. congiunzione subordinante
dat. dativo
esclam. esclamazione
f. femminile
gen. genitivo
idiom. idiomatico
indef. indefinito
inf. infinito
interr. interrogativo
Konj. Konjunktiv
m. maschile
n. neutro
neg. negazione
nom. nominativo
part. sep. particella separabile
pl. plurale
prep. preposizione
pron. pronome
pron. pers. pronome personale
pron. rel. pronome relativo
sing. singolare
sogg. soggetto
sost. sostantivo
v. verbo
v. sost. verbo sostantivato

Lessico tedesco-italiano

A

ab *(+ dat.)*	da, a partire da 71
ab/biegen (rechts/links ~)	girare (a destra/a sinistra) 60
Abend (e) (der ~)	sera 41, 43
Abendessen (-) (das ~)	cena 69
abends	la/di sera, tutte le sere 66
aber	ma 3, 10
ab/hängen von *(+ dat.)*	dipendere da 96
ab/holen	passare a prendere 22
Abi (das ~) *(sing.)*	diploma di maturità 40
Abitur (das ~) *(sing.)*	diploma di maturità 40
Abkürzung (en) (die ~)	abbreviazione 78
ab/nehmen	dimagrire 29
Abreise (die ~) *(sing.)*	partenza 75
Abschied nehmen	congedarsi, prendere congedo 100
Abteilung (en) (die ~)	reparto 75
Adresse (n) (die ~)	indirizzo 88
Advent (im ~)	durante l'Avvento 100
Adventszeit (die ~) *(sing.)*	periodo dell'Avvento 100
Afghane (n) (der ~)	afgano 59
ähnlich	somigliante 47
Ahnung (die ~) *(sing.)*	intuizione, presentimento 40
Ahnung haben (keine ~) *(idiom.)*	non avere idea, non sapere 40
Akademie (n) (die ~)	accademia 97
alle	tutti/tutte 11, 13, 38, 43
allein	solo (senza nessuno) 62
allerdings	tuttavia 73
alles	tutto 9, 44
Alltag (der ~) *(sing.)*	di tutti i giorni, quotidiano 73
Alltagsgespräch (e) (das ~)	lingua di comunicazione quotidiana 73
als	già da 37
als *(+ compar. magg.)*	di *(+ compar. magg.)* 26, 48
als *(cong. sub. + v. passato)*	quando (azione svolta nel passato) 44
also	allora 11, 20
alt	vecchio/a, antico/a 10, 11, 66
alt (wie ~) *(interr.)*	quanti anni 10
Alter (das ~) *(sing.)*	età 29, 58
Alterserscheinungen (die ~) *(pl.)*	segni dell'età 58
altmodisch	antiquato 38
am (= an + dem)	a/al/alla 20, 22; il (+ data) 24

am liebsten	più di tutto; in assoluto 65
Amerikaner (-) (der ~)	americano 54
Ampel (n) (die ~)	semaforo 60
an *(+ dat.)* ... entlang	lungo *(prep.)* 85
an *(+ acc. o dat.) (prep.)*	su 55
an/bieten	offrire 44
andere (r/s)	altro 22
ändern (sich ~)	cambiare (diventare qualcos'altro) 44, 45
anders	altro 47
anderthalb	uno/una/un' e mezzo/a 22
Anfang (¨e) (der ~)	inizio 51
an/fangen	cominciare 11, 25
an/gehen	accendersi (apparecchio elettronico) 92
an/halten	fermare, fermarsi (con un veicolo) 60
an/hören (sich gut/nicht gut ~)	sembrare (buono/non buono) 79
an/kommen	arrivare 46
an/kommen auf *(+ acc.)*	dipendere da 46
an/locken	richiamare, attirare 54, 88
an/machen	accendere 72
an/rufen	chiamare, telefonare 17
angenehm	piacevole 53, 75
angesehen	rinomato 73
Angst (¨e) (die ~)	paura 33
Ankunft (¨e) (die ~)	arrivo 87
Anlass (¨e) (der ~)	occasione (evento) 74
an/schalten	accendere 72
anscheinend	apparentemente 61
an/sehen (sich etw. ~)	guardare con interesse/attenzione 74
an/sprechen	approcciare 62
(an)statt ... zu (+ v. inf.)	invece di/anziché + v. inf. 85
(an)statt dass	anziché, invece di 85
an/stoßen	brindare 52
anstrengend	stressante 66
Antwort (en) (die ~)	risposta 46
antworten	rispondere 48
an/ziehen (jdn ~)	vestire (qcn) 72
an/ziehen (sich ~)	vestirsi 72, 93
Apfel (¨) (der ~)	mela 18
Appetit (der ~) *(sing.)*	appetito 57
April (der ~) *(sing.)*	aprile 24
Aprilwetter (das ~)	tempo di marzo 85
Arbeit (en) (die ~)	lavoro 65
arbeiten	lavorare 3
Arbeiter (-) (der ~)	lavoratore 68

Arbeitsmentalität (die ~) *(sing.)*	mentalità lavorativa 80
Architekt (en) (der ~)	architetto 61
Ärger (der ~) *(sing.)*	noie (guai) 68
arm	povero 81
Armut (die ~) *(sing.)*	povertà 81
Arzt (¨e) (der ~)	dottore, medico 12
auch	anche 9, 18
auf *(+ acc. o dat.)*	su, durante 17, 37
Aufenthalt (e) (der ~)	soggiorno 51
Aufenthaltsgenehmigung (en) (die ~)	permesso di soggiorno 51
Aufgabe (n) (die ~)	compito 76, 99
aufgeregt	agitato 76
auf/haben	essere aperto 41
auf/hören	cessare, smettere 95
auf/legen	applicare, mettere, riattaccare (telefono) 72
auf/machen	aprire 72
auf/räumen	riordinare 15
auf/regen (sich ~)	agitarsi, innervosirsi 68, 94
auf/regen (sich über jdn/etw. ~)	prendersela con qcn/per qcs 68
Aufregung (die ~) *(sing.)*	agitazione 60
auf/stehen	alzarsi 13, 19, 68, 72
auf/stellen	posizionare 95
Auftrag (¨e) (der ~)	incarico 71
Aufzug (¨e) (der ~)	ascensore 22
Auge (n) (das ~)	occhio 26
August (der ~) *(sing.)*	agosto 24
Auktion (en) (die ~)	vendita all'asta 39
aus *(+ dat.) (prep.)*	da (provenienza) 2
Ausdruck (¨e) (der ~)	espressione 50, 92
aus/drücken	esprimere 73
Ausflug (¨e) (der ~)	escursione 66
aus/führen	portare (condurre) 57
Ausgang (¨e) (der ~)	uscita 22
aus/geben	spendere (denaro) 74
aus/gehen	uscire (la sera) 40; spegnere (luce o apparecchio elettronico) 92
aus/gehen (mit jdm ~)	uscire (con qcn) 61
aus/laden	scaricare 23
Ausland (das ~) *(sing.)*	estero (paese) 37
aus/machen	spegnere (luce o apparecchio elettronico) 72
aus/reichen	bastare (essere sufficiente) 73

aus/schalten	spegnere (luce o apparecchio elettronico) 47
aus/schlafen	svegliarsi tardi, non svegliarsi in tempo 72
aus/sehen	apparire 30
außer *(+ dat.)*	tranne, eccetto, a parte 76
außerdem	inoltre 69
Außerirdische (n) (der ~)	extraterrestre 79
aus/sprechen	pronunciare 51
aus/steigen	scendere 72
aus/trinken	scolare (svuotare) 72
Ausverkauf (der ~) *(sing.)*	saldi 38
Auto (s) (das ~)	automobile 15, 23
Autobahn (en) (die ~)	autostrada 25
Automat (en) (der ~)	distributore automatico 64
Autopapiere (die ~) *(pl.)*	patente 15
Autor (en) (der ~)	autore 73

B

Baby (s) (das ~)	neonato 60
backen	cuocere al forno (pasticceria, pane) 44
Bäcker (-) (der ~)	panettiere 82
Bäckerei (en) (die ~)	panetteria 82
Bäckergeselle (n) (der ~)	apprendista panettiere 82
Bäckermeister (-) (der ~)	mastro panettiere 82
Backofen (¨) (der ~)	forno (da cucina) 82
Bad (¨er) (das ~)	bagno, stanza da bagno 55, 86
baden	fare il bagno (in piscina, al mare, al lago, a qcn) 27
baden (sich ~)	lavarsi (fare il bagno in vasca) 27
Bahn (en) (die ~)	tratto (strada) 25
Bahnhof (¨e) (der ~)	stazione 31
bald	presto 40
Bank (en) (die ~)	banca 64
Bankautomat (en) (der ~)	bancomat 64
Bär (en) (der ~)	orso 57
barock	barocco *(agg.)* 39
Barock (der ~) *(sing.)*	barocco *(sost.)* 100
Bauch (¨) (der ~)	pancia 58
bauen	costruire 78
Baum (¨e) (der ~)	albero 52
Bayern	Baviera 67
bedienen	far funzionare 74
beeilen (sich ~)	sbrigarsi 33

beeindrucken	impressionare 76
befinden (sich ~)	trovarsi 51
befragen (jdn ~)	chiedere (a qcn) 51
beginnen	cominciare 33, 36
begleiten	accompagnare 83
begrüßen	dare il benvenuto 97
bei *(+ dat.)*	da, presso qcn, in caso di, a 37, 87, 96
bei/bringen	insegnare 50, 92
beim (= bei + dem)	a (cfr. bei) 38, 96
beim (= bei dem + *v. sost.*)	mentre *(+ v. al gerundio)* 83, 96
Bein (e) (das ~)	gamba 68
beisammen	riuniti insieme, riuniti in compagnia 52
Beispiel (e) (das ~)	esempio 31
Beispiel (zum ~) (*abbrev.* z. B.)	per esempio 31
bekannt	famoso 57
bekommen	avere figli, ricevere 37
Belohnung (en) (die ~)	ricompensa 95
benutzen	usare 31, 79
beobachten	osservare 79
berechnen	calcolare 74
bereit	pronto (finito, fatto) 82
Berg (e) (der ~)	montagna 66
Bericht (e) (der ~)	rapporto (messaggio) 32
Berliner (-) (der ~)	berlinese *(sost.)* 43
besichtigen	visitare 67
besondere (r/s)	particolare *(agg.)*, speciale *(agg.)* 52
besonders	particolare *(avv.)*, speciale (avv.) 52; particolarmente 85
besser	meglio 17, 22
Besseres (es gibt ~)	c'è di meglio 83
beste (der, die, das ~)	il/la migliore 40
bestellen	ordinare (al ristorante, ecc.) 54
besten (am ~)	meglio 53
bestimmt	sicuramente 24
Besuch (der ~) *(sing.)*	visita (ospiti) 93
besuchen	andare a trovare (fare visita) 93
Bett (en) (das ~)	letto 39, 48
Beute (n) (die ~)	bottino 88
bevor *(cong.)*	prima che 23, 68
Bewegung (die ~) *(sing.)*	movimento (esercizio fisico) 85
Bewerbung (en) (die ~)	candidatura 80
Bewerbungsunterlagen (die ~) *(pl.)*	domanda di candidatura 80
Bier (e) (das ~)	birra 33
Biersorte (n) (die ~)	tipo di birra 54

bieten	offrire, proporre 39, 79
Bikini (s) (der ~)	bikini 36
Bild (er) (das ~)	disegno, foto, immagine 86
billig	economico (a buon mercato) 92
Birne (n) (die ~)	pera 18
bis	fino (tempo e luogo) 23
bis *(+ acc.)*	fino a 32
bis zu *(+ dat.)*	fino a 40
bisschen (ein ~)	un po' 62
bitte	prego 10
blau	blu 38
bleiben	restare 11
bleiben (liegen ~)	restare sdraiati (a letto) 72
Blick (e) (der ~)	sguardo 61
Blog (s) (das ~)	blog 64
bloß nicht	solo non, non solo 72
Blume (n) (die ~)	fiore 53
Boden (¨) (der ~)	pavimento, terra (suolo) 52
Bord (an ~)	a bordo 75
böse	cattivo 94
Braten (-) (der ~)	arrosto 71
Bratwurst (¨e) (die ~)	salsiccia alla griglia 76
brauchen	avere bisogno di 22
Brauhaus (¨er) (das ~)	birrificio 54
braun	abbronzato, marrone 34
braun werden	abbronzarsi 34
Brief (e) (der ~)	lettera 93
Brille (die ~) *(sing.)*	occhiali 89
bringen	portare 15
Brite (n) (der ~)	britannico (abitante della Gran Bretagna) 54
Brot (e) (das ~)	pane 13
Brötchen (-) (das ~)	panino 53
brotlos	attività che non rende/non dà da vivere 97
Bruder (¨) (der ~)	fratello 11
Buch (¨er) (das ~)	libro 31
buchen	prenotare 34
Buchhandlung (en) (die ~)	libreria 69
Buchstabe (n) (der ~)	lettera (dell'alfabeto) 59
buchstabieren	sillabare 59
Bundesland (¨er) (das ~)	Stato federale 40
Bundesrepublik Deutschland (die ~) *(sing.)* (*abbrev.* BRD)	Repubblica Federale Tedesca (RFT) 78

bunt	colorato 57
Burger (-) (der ~)	hamburger 41
Büro (s) (das ~)	ufficio 68
Bus (se) (der ~)	autobus 79
Bußgeld (das ~) *(sing.)*	multa 83
Butter (die ~) *(sing.)*	burro 13

C

Café (s) (das ~)	bar (caffetteria) 96
Camping (das ~) *(sing.)*	campeggio 69
Campingplatz (¨e) (der ~)	area per il campeggio 69
charmant	affascinante 61
Chef (s) (der ~)	capo (dirigente) 47
Cola (s) (die ~)	Coca Cola 64
Computer (-) (der ~)	computer 44
cool	bello, tranquillo 11, 38
Countdown (der ~) *(sing.)*	conto alla rovescia 82
Cousin (s) (der ~)	cugino 67
Cousine (n) (die ~)	cugina 67

D

da	qui/qua, lì/là, laggiù, dato che 9, 16, 20, 94
da	là, allora *(temporale)* 20
dabei/haben	avere con sé, portare appresso 9
Dach (¨er) (das ~)	tetto 61
dahin	ci (in quel luogo) *(moto a luogo)* 65
dahin (bis ~)	fino ad allora 67
dahinter	dietro *(avv.)* 75
damalig	di allora 78
damals	allora, all'epoca 43
Dame (n) (die ~)	signora 30, 39
damit	così (affinché) 85
danach	dopo 22, 75
daneben	accanto 75
dann	allora 19, 23
darunter	tra cui 81
das *(art. det. n. nom. e acc.)*	il, lo, la 2, 4, 15
dass *(cong. sub.)*	che 27
Datum (Daten) (das ~)	data 78
dauern	durare 33
davor	davanti *(avv.)*, prima *(avv.)* 75
dazu	per questo 39
decken (den Tisch ~)	apparecchiare la tavola 93
dein/e *(agg.)*	tuo/tua, tuoi/tue 8, 17, 26

deiner/deine/deins *(pron.)*	il/la tuo/tua 92
dem *(art. det. m. e n. dat.)*	il, lo, la 25
denken an *(+ acc.)*	pensare a 27
den *(art. det.)*	il, lo, la *(sing. m. acc.)*; i, gli, le *(pl. dat.)* 15, 37
denn	allora, perché, poiché, visto che 12, 57
der *(art. det. sing.)*	il, lo, la *(nom.)*; la *(f. dat.)* 4, 15
derjenige/diejenige /dasjenige/diejenigen	colui/colei/coloro/chi 73
derselbe/dieselbe /dasselbe/dieselbe(n)	lo/la/gli/le stesso/a/i/e 94
deshalb	perciò 89
Design (das ~) *(sing.)*	design 74
deutsch	tedesco *(agg.)* 25
Deutsch (das ~) *(sing.)*	tedesco, lingua tedesca 1, 18
Deutsche Demokratische Republik (die ~) *(sing.)* *(abbrev.* DDR)	Repubblica Democratica Tedesca (RDT) 78
Deutschland	Germania 54
Dezember (der ~) *(sing.)*	dicembre 24
Diamant (en) (der ~)	diamante 74
Diamanthochzeit (die ~) *(sing.)*	nozze di diamante 74
Diät (en) (die ~)	dieta 36
dich	te, ti *(acc.)*; ti *(pron. rifl.)* 17, 20
dick	grasso (corpulento) 93
die *(art. det.)*	la *(f. sing. nom. e acc.)*; i, gli, le *(pl. nom. e acc.)* 2, 4
Dienstag (e) (der ~)	martedì 20
dieser/diese/dieses	questo/a, questi/e 45, 48
Ding (e) (das ~)	cosa (oggetto) 79
dir	ti, a te 6, 20, 38
direkt	direttamente 55
Dirigent (en) (der ~)	direttore d'orchestra 68
Disko (s) (die ~)	discoteca 89
Disziplin (die ~) *(sing.)*	disciplina 51, 99
doch	ma, tuttavia, sì 16, 19, 26, 36
Doktor (en) (der ~)	dottore (medico) 95
Doktor (titolo accademico)	Dottore 95
Donnerstag (e) (der ~)	giovedì 20
dort	là/laggiù 39
downloaden	scaricare (file, dati) 6
dran kommen	essere il turno di qcn 82
dran sein	toccare a qcn (essere il turno di qcn) 82
draußen	fuori (all'esterno) 75
dringend	urgentemente 83

drinnen	dentro 75
drücken	premere 74
du	tu 1, 8
dumm	stupido 94
dunkel	buio, scuro 60, 93
Dunkles (ein ~)	una scura (birra) 54
dünn	sottile 90
durch *(+ acc. + v. passivo)*	da *(compl. di causa efficiente)*, grazie a 83
durch *(+ acc.)*	attraverso, per 18
durch/fallen	essere bocciato 94
durch/lesen	leggere (interamente) 94
dürfen	potere (avere il permesso), avere il diritto 18, 23
Durst (der ~) *(sing.)*	sete 41
Düsseldorf	Düsseldorf 87
duzen	dare del tu 5

E

E-Mail (s) (die ~)	e-mail 64
eben *(+ v. passato)*	appena (da poco) 64
Ecke (n) (die ~)	angolo 80
egal (jdm ~ sein)	non importare (a qcn) 33
egal in welch- *(+ dat.)*	importare (non importa in quale) 50
eher	piuttosto 79
ehrlich	onestamente 66
Ei (er) (das ~)	uovo 13
eigentlich	veramente, in realtà, quindi 24, 32
Eimer (-) (der ~)	secchio 65
ein	un/uno *(art. indet.)* 12
ein/laden	invitare 20, 99
einander (o *prep.* + einander)	si... (l'uno con l'altro, reciprocamente) 79
Eindruck (¨e) (der ~)	impressione 79
eine	una *(art. indet.)* 10
eineinhalb	uno/una/un' e mezzo/a 22
einfach	facile, semplice, facilmente, semplicemente 16, 74, 85
Eingang (¨e) (der ~)	entrata 22
eingerostet	arrugginito 99
Einheit (die ~) *(sing.)*	unità (unione) 78
einige	alcuni/e 100
einkaufen gehen	andare a fare la spesa 99
einmal (*forma contratta:* mal)	una volta 12, 15
eins	uno/a *(pron. indef.)* 69
einverstanden	d'accordo 89

Eisen (das ~) *(sing.)*	ferro 74
Eltern (die ~) *(pl.)*	genitori 20
Empfang haben	avere campo (ricezione) 66
empfangen	accogliere, ricevere 43, 59
Ende (n) (das ~)	fine *(sost.)* 27
Ende sein (zu ~)	essere finito 27
enden	finire 54
endlich	finalmente, infine 9, 19, 25
Energie (die ~) *(sing.)*	energia 90
Englisch (das ~) *(sing.)*	inglese (lingua) 23
Enkel (-) (der ~)	nipote (di nonni) *(m.)* 52
Enkelin (nen) (die ~)	nipote (di nonni) *(f.)* 44
Enkelkind (er) (das ~)	nipote (di nonni) *(m./f.)*, nipotino/a 52
Entschädigung (die ~) *(sing.)*	disagio (danno) 87
entschuldigen	scusare 69
entweder ... oder	o..., o/oppure... 62
er	egli, lui *(nom.)* 12
Erde (die ~) *(sing.)*	Terra 79
Erdkunde (die ~) *(sing.)*	geografia 46
erhalten	ottenere, ricevere 74, 81
erhitzen	scaldare 82
erinnern (jn an jn/etwas ~)	ricordare (qcs a qcn, far venire in mente qcs a qcn) 61
erinnern (sich ~) (an + *acc.*)	ricordarsi di 61
Erinnerung (en) (die ~)	ricordo/i 37
erklären	spiegare 95
erleben	vivere un'esperienza 65
ernsthaft	seriamente 65
erraten	indovinare 81
erreichen	raggiungere 71, 87
Erscheinung (en) (die ~)	apparizione 58
erst	solo/soltanto... (non... che) 69
erste (r/s)	primo/a 30
erstellen	creare 93
Ersten (zum ~)	per primo (elenco) 39
erstmal	prima (per prima cosa) 71
erwarten	aspettare 80
erwischen	beccare (sorprendere qcn a fare qcs) 83
erzählen	raccontare 45
es	esso/a, questo/a, lo/la 4, 6, 9, 17
es ist	sono/è (+ orario) 19
Eskimo (s) (der ~)	eschimese 37
essen	mangiare 12, 13
Essen (das ~) *(sing.)*	cibo, pasto 12, 85

etwa	pressapoco 88
etwas (*forma contratta:* was)	qualcosa, un po', un po' di 11, 24, 50, 62
etwas später	un po' più tardi 11
eu(e)r/e	vostro/a, vostri/e 30
euch	vi, voi *(acc.)*; vi, a voi *(dat.)*; vi *(pron. rifl.)* 17, 30, 52
Euro (der ~) (s)	euro 4, 18
Europameisterschaft (en) (die ~) (*abbrev.* EM)	campionato europeo 33
Examen (das ~) (*pl.* Examina)	esame (scuola, università...) 60
Exportabteilung (en) (die ~)	reparto esportazioni 99

F

fahren	andare (con un veicolo su ruote), guidare, partire 6, 25
fahren (über Rot ~)	passare col rosso 83
Fahrprüfer (-) (der ~)	esaminatore di guida 94
Fahrprüfung (en) (die ~)	esame di guida 94
Fahrrad (¨er) (das ~)	bicicletta 71, 85
Fahrstunde (n) (die ~)	lezione di guida 94
Fall (¨e) (der ~)	caduta 43
fallen	cadere 94
falsch	falso, sbagliato 99
Familie (n) (die ~)	famiglia 8
Familiengruppe (n) (die ~)	gruppo di famiglia 93
Familienname (n) (der ~)	cognome, nome di famiglia 8
fangen	afferrare, catturare 88
fantastisch	fantastico 58
Farbe (n) (die ~)	colore 53
Fasching (der ~) *(sing.)*	carnevale (in Baviera) 87
Fasnacht (die ~)	carnevale (in Baden-Württemberg) 87
fast	quasi 53
faul	pigro 3, 44
Februar (der ~) *(sing.)*	febbraio 24
fehlen	mancare 86
Fehler (-) (der ~)	errore, sbaglio 68
feiern	festeggiare 43, 50
fein	elegante, raffinato 74
Felsen (-) (der ~)	roccia 67
Fenster (-) (das ~)	finestra 94
Ferien (die ~) *(pl.)*	ferie 6, 25
Ferien (in die ~ fahren)	andare in ferie 6
Ferienhaus (¨er) (das ~)	casa delle vacanze 55
Fernsehen (das ~) *(sing.)*	televisore, televisione 51

Fernseher (-) (der ~)	televisore, televisione 80
Fernzug (¨e) (der ~)	treno a lunga percorrenza 87
fertig	pronto, terminato 66
fertig machen	sfinire (stancare) 66
Fest (e) (das ~)	festa 54, 100
Festnetz (das ~) *(sing.)*	telefono fisso 47
Festspiele (die ~) *(pl.)*	festival 100
Fete (n) (die ~)	festa 61
fettig	grasso (unto) 90
Feuer (das ~) *(sing.)*	fuoco 25, 87
finden	trovare 15, 26
Firma (die ~) (*pl.* Firmen)	ditta 34
Fisch (e) (der ~)	pesce 53
Fischbrötchen (-) (das ~)	panino al pesce 53
Fischer (-) (der ~)	pescatore 10, 65
Fischerhäuschen (-) (das ~)	casetta dei pescatori 65
fit sein	essere in forma 90
Flasche (n) (die ~)	bottiglia 86
Fleisch (das ~) *(sing.)*	carne 79
fleischlos	senza carne 79
fleißig	disciplinatamente 99
fliegen	andare (in aereo), volare 6
Flieger (-) (der ~)	aereo 26
Flöte (n) (die ~)	flauto 81
fluchen	imprecare 50
Flug (¨e) (der ~)	volo (aereo) 60
Flughafen (¨) (der ~)	aeroporto 60
Fluss (¨e) (der ~)	fiume 85
folgen	seguire 29
folgend	seguente 71
formulieren	formulare 73
Fortschritt (e) (der ~)	progresso 50
Foto (s) (das ~)	foto 52
Fotograf (en) (der ~)	fotografo 53
Frage (n) (die ~)	domanda 10
fragen (jdn ~)	chiedere (a qcn) 16
fragen (jdn nach dem Weg, der Uhrzeit,… fragen)	chiedere (chiedere la strada, l'ora,… a qcn) 60
Frankreich	Francia 65
Franzose (n) (der ~)	francese (abitante della Francia) 54
Französisch (das ~) *(sing.)*	francese (lingua) 23
Frau (en) (die ~)	donna, signora 2, 19, 29
Fräulein (-) (das ~)	signorina *(desueto)* 19
frei	libero 39

frei halten (einen Platz, einen Tisch)	tenere libero (un posto, un tavolo) 71
frei/nehmen (sich den Tag ~)	prendersi il giorno libero 96
Freitag (e) (der ~)	venerdì 20
Freude (die ~) *(sing.)*	gioia 52
freuen (sich ~ auf + *acc.*)	non vedere l'ora 82
freuen (sich ~ über + *acc.*)	essere contento (per qcs che sta avvenendo e o che è già avvenuto) 82
freuen (sich ~)	essere contento, rallegrarsi 25, 30
Freund (e) (der ~)	amico 20
Freundin (nen) (die ~)	amica 38
freundlich	amichevole 30
frisch	fresco *(agg.)* 100
Frisur (en) (die ~)	pettinatura 58
Frosch (¨e) (der ~)	rana 57
Frucht (¨e) (die ~)	frutta *(pl.)* 13
früh	presto 9
Frühaufsteher (-) (der ~)	mattiniero 72
früher	prima 44
Frühling (der ~) *(sing.)*	primavera 75
Frühstück (e) (das ~)	colazione 13
Frühstück (zum ~)	a colazione 13
Frühstücksei (er) (das ~)	uovo sodo 13
Fuchs (¨e) (der ~)	volpe 88
fühlen (sich ~)	sentirsi 24, 30
für *(+ acc.)*	per 18
Fürst (e) (der ~)	principe 81
Fürstenhof (¨e) (der ~)	corte principesca 81
Fuß (¨e) (der ~)	piede 61
Fußball (der ~) *(sing.)*	calcio 89
futsch *(colloq.)*	andato, rotto 92

G

Gabel (n) (die ~)	forchetta 93
ganz	completamente 16
gar *(+ neg.)*	affatto, per niente 62, 96
garantieren	garantire 90
Garten (¨) (der ~)	giardino 4
Gasse (n) (die ~)	vicolo 81
Gast (¨e) (der ~)	ospite (che è invitato) 86
Gastgeber (n) (der ~)	ospite (che invita) *(m.)* 86
Gastgeberin (nen) (die ~)	ospite (che invita) *(f.)* 86
geben	dare 18
geboren sein	essere nato 37
Geburt (en) (die ~)	nascita 24, 81

Geburtshaus (¨er) (das ~)	casa natale 81
Geburtstag (e) (der ~)	compleanno 24
Gedanke (n) (der ~)	idea, pensiero 59
geehrt	egregio 30
geeignet (für) *(+ acc.)*	adatto a 90
gefährlich	pericoloso 87
gefallen	piacere 38
Gefieder (das ~) *(sing.)*	piumaggio 88
gegen *(+ acc.)*	contro 18
Gegend (en) (die ~)	località 55
Gehalt (¨er) (das ~)	salario, stipendio 34, 80
Gehaltsvorstellungen (die ~) *(pl.)*	salario ideale 80
gehen	andare 6, 15
gehören	appartenere 55
gehören zu *(+ dat.)*	fare parte di 55
Geige (n) (die ~)	violino 30
Geigenunterricht (der ~) *(sing.)*	lezione di violino 30
Geiger (-) (der ~)	violinista 68
gelaunt sein (gut/schlecht ~)	essere di buon/cattivo umore 68
gelb	giallo 38
Geld (das ~) *(sing.)*	denaro 73
gelegen	ubicato 55
Gelegenheit (en) (die ~)	occasione, circostanza 29, 100
gelten	valere (regola) 93
gemeinsam	insieme 81
Gemeinschaft (en) (die ~)	comunità 30
Gemüse (das ~) *(sing.)*	verdura 93
genau	esattamente 8; preciso 74
genauso	tanto, altrettanto 45
Genehmigung (en) (die ~)	autorizzazione 51
genießen	godere 27
genug	abbastanza 68
geöffnet	aperto 87
Gepäck (das ~) *(sing.)*	bagagli 23
gerade	proprio 80; appena 93
geradeaus	dritto *(avv.)* 16
Gerät (e) (das ~)	apparecchio (dispositivo) 90
Gericht (e) (das ~)	piatto (pietanza) 71
gern	volentieri 36
gern (v. + ~)	piacere (+ v. inf.) 54
Geruch (¨e) (der ~)	odore 88
Gesang (der ~) *(sing.)*	canto 88
Geschäft (e) (das ~)	negozio 69
Geschenk (e) (das ~)	regalo 74

Geschichte (n) (die ~)	storia 78
geschlossen *(agg.)*	chiuso 66
Geschmack (der ~) *(sing.)*	gusto 38
Geschwister (die ~) *(pl.)*	fratelli (fratelli e sorelle) 93
Geselle (n) (der ~)	apprendista 82
Gesicht (er) (das ~)	faccia 83
Gespräch (e) (das ~)	colloquio, conversazione 73, 76, 79
gestern	ieri 30
gestylt	stilosa 76
gesund	in modo sano 18
Getränk (e) (das ~)	bevanda 57
Getreide (das ~) *(sing.)*	cereali 81
gewagt	audace 80
gewinnen	vincere 34
Glas (¨er) (das ~)	bicchiere 15, 57
glauben	credere 43
gleich	subito 33
Gleiche (das ~) *(sing.)*	lo stesso (la stessa cosa) 58
gleichzeitig	contemporaneamente 74
Globetrotter/in (-/nen) (die ~)	giramondo *(sost.)* 37
Glück (das ~) *(sing.)*	fortuna, felicità 6, 12, 15
glücklich	felice, fortunato 15, 37, 43
Glückspilz (e) (der ~) *(idiom.)*	fortunato/a *(sost.)* (persona fortunata) 6
Glückstag (e) (der ~)	giorno fortunato 72
Glückwunsch (¨e) (die ~)	congratulazioni 60
Gold (das ~) *(sing.)*	oro *(sost.)* 74
Goldhochzeit (die ~) *(sing.)*	nozze d'oro 74
Grammatik (die ~) *(sing.)*	grammatica 95
gratulieren	augurare, fare gli auguri, congratularsi 24, 29
Grau (das ~) *(sing.)*	grigio *(sost.)* 58
Grenze (n) (die ~)	frontiera 74
grenzenlos	illimitato 79
griechisch	greco *(agg.)* 65
groß	alto 58
Größe (n) (die ~)	taglia (abbigliamento) 29
großes (A, B ...)	maiuscola (A, B ...) 59
grün	verde 61
gründen	fondare 45
Gruppe (n) (die ~)	gruppo 66
Gruß (¨e) (der ~)	saluto 30
grüßen	salutare (dare il saluto) 97
gut	buono *(agg.)* 5; bene *(avv.)* 6
gut (nicht ~)	non buono, cattivo (sapore) 12

gut (sehr ~)	molto buono / buonissimo 12

H

Haar (e) (das ~)	capello (capelli) 90
haben	avere *(v.)* 9, 11, 15, 20, 30
Hafen (¨) (der ~)	porto 60
halb	metà, mezzo/a 19
halbtags	mezza giornata 72
Hals (¨e) (der ~)	gola 57
halten	tenere 50
halten (etw. von *(dat.)* etw. ~)	pensare (qcs di qcs) 100
Hand (¨e) (der ~)	mano 25
handeln (sich ~ um) *(+ acc.)*	trattarsi di 71
Handtuch (¨er) (das ~)	asciugamano 90
Handumdrehen (im ~)	in un attimo 90
Handy (s) (das ~)	cellulare 17
Handynummer (n) (die ~)	numero di cellulare 17
Handyverbot (das ~) *(sing.)*	divieto di usare il cellulare 93
hängen	appendere 53
Hauptbahnhof (¨e) (der ~)	stazione centrale 73
Hauptsache	l'importante, la cosa principale 73
Hauptstadt (¨e) (die ~)	capitale 78
Haus (¨er) (das ~)	casa 4, 15
Häuschen (-) (das ~)	casetta 65
Hause (nach ~ gehen)	andare a casa 55
Hause (zu ~ sein)	essere a casa 55
Hausschlüssel (-) (der ~)	chiave di casa 15
heben	sollevare 91
Heimat (en) (die ~)	patria 37
heiraten	sposarsi 29
heiß	molto caldo 64
heißen	chiamarsi 5, 8
helfen	aiutare 26
Helles (ein ~)	una bionda (birra) 54
heran/wachsen	crescere 48
Herberge (n) (die ~)	ostello 69
Herbst (der ~) *(sing.)*	autunno 75
herein/kommen	entrare 10
Herr (en) (der ~)	signore 16, 31, 39
herrlich	magnifico 27
herüber/reichen (*forma contratta:* rüberreichen)	passare (allungare, dare) 86
Herz (en) (das ~)	cuore 52
herzlich	affettuoso, cordialmente 30

heute	oggi 6, 27
heutig	di oggi (odierno) 78
hier	qui 2, 23
hierher	qui (avvicinamento) 23, 86
Hightech (das o die ~)	alta tecnologia 74
Hilfe (die ~) *(sing.)*	aiuto 25
Himmel (der ~) *(sing.)*	cielo 93
hin	là (con allontanamento) 62
hinten	dietro 39
hinter *(+ acc. o dat.)*	dietro 56
Hitze (die ~) *(sing.)*	calore, canicola 64
Hitzefrei *(senza art., sing.)*	congedo per il caldo eccessivo 64
Hobby (s) (das ~)	passatempo 72
hoch	alto 25, 46
hoch (wie ~ ist es) *(interr.)*	quant'è alto (altitudine, altezza) 46, 49
Hochtouren (auf ~ arbeiten)	lavorare a pieno regime 82
Hochzeit (en) (die ~)	matrimonio 74
Hof (¨e) (der ~)	cortile (corte) 81
hoffen	sperare 58
hoffentlich	speriamo che 83
höflich	cortese 80
Höflichkeit (die ~) *(sing.)*	cortesia 80
Höhepunkt (e) (der ~)	culmine 87
holen	andare a prendere 68
Holz (¨er) (das ~)	legno 61
hören	sentire 17; ascoltare, dare ascolto 88
Hose (n) (die ~)	pantaloni 94
Hotel (s) (das ~)	albergo 34, 69
Hotelzimmer (-) (das ~)	camera d'albergo 99
hübsch	bello/a 45
Hund (e) (der ~)	cane 57
Hunderttausend (e) (das ~)	centinaia di migliaia 87
Hunger (der ~) *(sing.)*	fame 41
Hunger sterben (vor ~)	morire di fame 41

I

ich	io 1
Idee (n) (die ~)	idea 33
ihm	gli, a lui 47
ihn	lo, lui *(acc.)* 17
ihnen	a loro, gli *(m. e f. pl.)* 17
Ihnen *(cortesia)*	Le, a Lei; Vi, a Voi 29
ihr	voi *(nom.)* 9, 16; le, a lei *(f. dat.)* 47
Ihr/e	Suo/a, Suoi/Sue *(cortesia)* 10, 25

im (= in + dem)	*cfr.* in 37
immer	sempre 5, 11, 16
in *(+ acc. o dat.)*	a, in, tra 6, 10, 20
inbegriffen	tutto compreso 83
indisch *(agg.)*	indiano 41
indiskret	indiscreto 10
Innenstadt (die ~) *(sing.)*	centro (città) 51
Insel (n) (die ~)	isola 65
insgesamt	in totale 81
interessant	interessante 51
Internet (das ~) *(sing.)*	Internet 55
Internetseite (n) (die ~)	pagina web 97
inzwischen	frattempo (nel) 95
irdisch	terrestre 79
irgend-	qualsiasi/qualunque/qualche 92
irgendein/e	uno/una/un qualsiasi/qualunque /qualche 92
irgendwann	prima o poi 92
irgendwer	persona qualsiasi/qualunque 92
Irgendwo	da qualche parte 92
Italien	Italia 65
Italiener (-)	italiano (abitante) 54
Italienerin (nen)	italiana (abitante) 54
italienisch *(agg.)*	italiano 41

J

ja	sì 1, 9; bene 12
Jahr (e) (die ~)	anno 18
Jahreszeit (en) (die ~)	stagione 65
Jahrhundert (e) (das ~)	secolo 39
Januar (der ~) *(sing.)*	gennaio 24
Japaner (-) (der ~)	giapponese (abitante del Giappone) 54
japanisch	giapponese *(agg.)* 45
je (+ comparativo) ... desto/umso (+ comparativo)	più... più... 87
je besser ... desto/umso besser	migliore... migliore... 87
je weniger ... desto/umso weniger	meno... meno... 87
jeder/jede/jedes	ogni 54
jein *(idiom.)*	sì e no 50
jemand	qualcuno 47
jemand anders	qualcun altro 47
jetzig	attuale 78
jetzt	adesso 11, 17
Job (s) (der ~)	lavoro 34

Jugend (die ~) *(sing.)*	gioventù 44, 69
Jugendherberge (n) (die ~)	ostello della gioventù 69
Jugendliche (n) (der ~)	giovane 44
Juli (der ~) *(sing.)*	luglio 24
jung	giovane 11
Junge (n) (der ~)	maschio (ragazzo) 60
Jungs *(pl. - colloq.)*	ragazzi 79
Juni (der ~) *(sing.)*	giugno 24

K

Kaffee (s) (der ~)	caffè 13
Kaffeehaus (¨er) (das ~)	caffetteria 57
Kalorie (n) (die ~)	caloria 74, 86
kalorienarm	ipocalorico 86
Kalorienverbrauch (der ~) *(sing.)*	consumo calorico 74
kalt *(agg.)*	freddo 24
kämpfen	combattere 87
kämpfen *(+ acc.)*	battersi per qcs 87
Kandidat (en) (der ~)	candidato 76
Kandidatin (nen) (die ~)	candidata 76
kaputt	rotto 15
kaputt machen	rompere 15
Karneval (der ~)	carnevale (in Renania) 87
Karriere (n) (die ~)	carriera 80
Karriere machen	fare carriera 72
Karte (n) (die ~)	carta da gioco 73
Käse (-) (der ~)	formaggio 13
Katze (n) (die ~)	gatto 57
Kauf (¨e) (der ~)	acquisto 39
kaufen	comprare 33
kein/e	nessuno/a 5, 15, 20
kein/e ... mehr	non... più 20
keineswegs	affatto 69
kennen	conoscere 1, 16
kennenlernen	conoscere (fare la conoscenza) 61
Kenntnisse (die ~) *(pl.)*	conoscenza (sapere) 99
Kilo (s) (das ~)	chilo 18
Kilometer (-) (der ~)	chilometro 25, 46
Kind (er) (das ~)	bambino 31, 37
Kinder bekommen	avere figli 37
Kino (s) (das ~)	cinema 89
Kirschbaum (¨e) (der ~)	ciliegio 52
Kirsche (n) (die ~)	ciliegia 18, 52
Klappe (n) (die ~)	becco 50

klappen *(colloq.)*	funzionare (andare bene) 96
klasse	fantastico 30
Kleid (er) (das ~)	abito 29
Kleidung (die ~) *(sing.)*	abbigliamento 75
Kleine (n) (der/die/das ~)	bambino piccolo 52
kleines (a, b ...)	minuscola (a, b ...) 59
Kleinigkeit (en) (die ~)	piccolo dettaglio 86
klingeln	suonare (telefono, porta) 72
klingen	suonare (suono, voce) 72
klingen (gut ~)	sembrare buono, suonare bene (idea) 55
Klo (s) (das ~)	gabinetto 94
knacken	rompere, scricchiolare, spezzare 61
Kneipe (n) (die ~)	pub 97
Koch (¨e) (der ~)	cuoco 10
kochen	cucinare 12
Koffer (-) (der ~)	valigia 23
Kollege (n) (der ~)	collega 99
Köln	Colonia 87
komisch	strano 27
kommen	venire, arrivare 2, 9, 20
Kommunikation (die ~) *(sing.)*	comunicazione 79
Kommunikationsmittel (-) (das ~)	mezzo di comunicazione 79
komponieren	comporre (musica) 81
Komponieren (das ~)	comporre, composizione (musica) 81
Komponist (en) (der ~)	compositore 81
König (e) (der ~)	re 80
Königin (nen) (die ~)	regina 48
können	potere *(v.)* (avere la capacità) 5, 9, 17; sapere *(v.)* (essere in grado) 23
Konstanz	Costanza (città) 10, 51
Konstanzer (-) (der ~)	abitante di Costanza 51
Konzern (e) (der ~)	gruppo industriale, azienda 87
Konzert (e) (das ~)	concerto 81
Kopf (¨) (der ~)	testa 58
Korsika	Corsica 34
kosten	costare 4, 18
Kraft (¨e) (die ~)	forza 90
krank	malato *(agg.)* 89
Kranke (n) (der ~)	malato *(sost.)* 60
Krankenhaus (¨er) (das ~)	ospedale 60
Kreuzung (en) (die ~)	incrocio 60
Krieg (e) (der ~)	guerra 78
Kübel (-) (der ~)	secchio 65
Küche (n) (die ~)	cucina 4, 15

Kuchen (-) (der ~)	torta 36
kühlen	raffreddare 92
Kühlschrank (¨e) (der ~)	frigorifero 92
Kultur (die ~) *(sing.)*	cultura 100
kündigen	licenziarsi 45; dare le dimissioni 96
kündigen (jdm ~)	licenziare qcn 96
Kündigung (en) (die ~)	dimissioni, licenziamento 96
Kunst (die ~) *(sing.)*	arte 97
Kunstakademie (n) (die ~)	Accademia di Belle Arti 97
Kur (en) (die ~)	terme 86
kurz	corto 38; velocemente 68
kurzum	in breve 53

L

lächeln	sorridere 52
lachen	ridere 88
Lampe (n) (die ~)	lampada 95
Land (¨er) (das ~)	paese 37
Land (auf dem ~)	(in) campagna 69
lang	lungo *(agg.)* 29, 46
lang (wie ~) *(interr.)*	quant'è lungo 46
lange	a lungo 24; da lungo tempo 58
lange (wie ~) *(interr.)*	quanto a lungo, quanto tempo 47
langsam	lentamente 25
lassen	lasciare 15
laufen	camminare (velocemente), correre 60
laufen (gut/schlecht ~)	andare bene/male 76
Laune (n) (die ~)	umore 68
laut	forte (ad alta voce, chiassoso) 85
lauten	essere (risposta, numero di telefono, indirizzo) 17, 50
leben	vivere 57
Leben (das ~) *(sing.)*	vita 45, 69
Lebensmittelgeschäft (e) (das ~)	negozio di alimentari 69
Lebensversicherungsvertrag (¨e) (der ~)	polizza di assicurazione sulla vita 51
lecker	delizioso 44
leer	vuoto 71
Lehre (n) (die ~)	insegnamento 88
Lehrer (-) (der ~)	insegnante *(m.)* 20, 30
Lehrerin (nen) (die ~)	insegnante *(f.)* 2
leicht	facile, facilmente, leggero, leggermente 76
leid/tun	dispiacersi, fare pena 20, 50

leiden an *(+ dat.)*	soffrire di 90
leider	purtroppo 17
leise	piano (silenziosamente) , silenzioso 39
Leiter (-) (der ~)	capo (di un reparto) 76
Lektion (en) (die ~)	lezione (di libro) 50, 99
lernen	imparare 1, 18
lesen	leggere 23
Leser (-) (der ~)	lettore 72
letzte (r/s)	ultimo 27
Leute (die ~) *(pl.)*	gente 51
Licht (er) (das ~)	luce 72
lieb	gentile 94
Liebe (die ~) *(sing.)*	amore 61
liebe (r/s)	caro/a 24, 30
lieben	amare 53
lieber (*v. inf.* + ~)	preferire *(+ v. inf.)* 54
Liebling (e) (der ~)	preferito 55
Lieblingsreiseziel (e) (das ~)	meta (di viaggio) preferita 55
Lied (er) (das ~)	canzone 86
liefern	consegnare 41
Lieferservice (der ~) *(sing.)*	servizio di consegna 41
liegen	essere disteso, essere sdraiato, giacere 55
links	a sinistra 16
Liste (n) (die ~)	lista 67
Löffel (-) (der ~)	cucchiaio 86
los (was ist ~?) *(idiom.)*	che succede? 26
los *(part. sep. + v. modale)*	andare via, partire 9, 26
los/fahren	partire 24
los/kommen	partire 85
Lotterie (n) (die ~)	lotteria 34
Lotterieschein (e) (der ~)	biglietto della lotteria 72
Löwenzahn (der ~) *(sing.)*	dente di leone (fiore) 62
Luft (die ~) *(sing.)*	aria 100
Lust (die ~) *(sing.)*	voglia 20

M

machen	fare 9, 15
Mädchen (-) (das ~)	ragazza 19
Magen (¨) (der ~)	stomaco 71
Mahlzeit (en) (die ~)	pasto 86
Mai (der ~) *(sing.)*	maggio 24
Mainz	Magonza 87
Mal (e) (das ~)	volta 32, 41, 53
Mal (zum ersten ~)	per la prima volta 53

Mama (s) (die ~)	mamma 33
Mami (s) (die ~)	mammina (mamma) 33
man	si (impersonale) 12
Management (das ~) *(sing.)*	direzione (ufficio direttivo) 64
manche *(pl.)*	alcuni/e 73
manchmal	talvolta, a volte 89
Mann (¨er) (der ~)	marito 12; uomo (signore) 19
Männchen (-) (das ~)	buon uomo, ometto/omino (uomo piccolo) 19
Männlein (-) (das ~)	buon uomo, ometto/omino (uomo piccolo) 19
Manometer (-) (das ~)	manometro 86
Mantel (¨) (der ~)	cappotto 58
Märchen (-) (das ~)	favola 48
märchenhaft	fiabesco 67
Margerite (n) (die ~)	margherita 62
Markt (¨e) (der ~)	mercato 51
Marktplatz (¨e) (der ~)	piazza del mercato 51
März (der ~) *(sing.)*	marzo 24
Maschine (n) (die ~)	macchina (apparecchio) 92
Matratze (n) (die ~)	materasso 90
Mauer (n) (die ~)	muro (esterno) 43
Mauerfall (der ~) *(sing.)*	caduta del muro (di Berlino) 43
Maus (¨e) (die ~)	topo 95
Meer (e) (das ~) *(sing.)*	mare 83
Meeresluft (die ~) *(sing.)*	aria marina 100
mehr	più 26
mehrere	più *(agg. indef.)* 31
mein/e *(agg.)*	mio/mia, miei/mie 8, 18, 20, 26
meinen	pensare 38, 55; intendere (voler dire) 67, 96
meiner/meine/meins *(pron.)*	il/la mio/mia 92
meisten (am ~)	di più, più di tutto 66
meistens	di solito 59
Meister (-) (der ~)	mastro (maestro) 82, 88
Meisterschaft (en) (die ~)	campionato 33
melden (sich ~)	farsi sentire 66
Mensch (en) (der ~)	persona, uomo (essere umano) 11, 43
Mensch (Ach ~) *(esclam.)*	uffa! 11
Menschen (die ~) *(pl.)*	persone, esseri umani 43
Mentalität (en) (die ~)	mentalità 80
merken (sich etwas ~)	ricordare qcs (memorizzare) 88
Messer (-) (das ~)	coltello 93
Meter (-) (der ~)	metro 46

Methode (n) (die ~)	metodo 90
mich	me, mi *(acc.)*; mi *(pron. rifl)* 17
mieten	affittare, noleggiare (prendere in affitto/a noleggio) 55
Milch (die ~) *(sing.)*	latte 76
Milchkaffee (s) (der ~)	caffelatte 76
Minute (n) (die ~)	minuto 33
mir	mi, a me *(dat.)* 18, 26, 38
Mist (der ~) *(sing.)*	letame 15
Mist *(esclam.)*	accidenti! 15
mit *(+ dat.)*	con 13, 17
mit/kommen	venire con qcn 24
mit/kommen (gut/nicht gut ~)	seguire bene/male 78
Mitarbeiter (-) (der ~)	collaboratore 68
Mitbewohnerin (nen) (die ~)	coinquilina 97
Mittag (e) (der ~)	mezzogiorno 43
Mittel (-) (das ~)	mezzo (strumento) 69, 79
Mittwoch (e) (der ~)	mercoledì 20
mobil	mobile *(agg.)* 79
Modell (e) (das ~)	modello 74
modisch	alla moda 38
mögen	piacere 58
mögen (möcht-)	desiderare, volere *(Konj. II)* 17
möglich	possibile 65
Moment (e) (der ~)	momento 27
Monat (e) (der ~)	mese 41
Mond (der ~) *(sing.)*	Luna 78
Montag (e) (der ~)	lunedì 20
morgen	domani 19
Morgen (-) (der ~)	mattino 13, 43
morgens	la mattina (tutte le mattine) 66
morgens bis abends (von ~)	dalla mattina alla sera 66
motivieren	motivare 66
motiviert	motivato (con motivazione) 100
müde	stanco 3, 19
Mühe (n) (die ~)	sforzo 1
Müller (-) (der ~)	mugnaio 10
München	Monaco 51
Mund (¨er) (der ~)	bocca 57
Musik (die ~) *(sing.)*	musica 81
Musikunterricht (der ~) *(sing.)*	lezione di musica 81
müssen	dovere *(v.)* 16
Mutter (¨) (die ~)	madre 31
Muttersprachler (-) (der ~)	madrelingua *(sost.)* 73

N

nach *(+ dat.) (prep.)*	a/verso 6, 16; dopo 8, 40
nach (+ orario)	e/dopo le (+ orario) 22
nach/denken	riflettere 65
Nachbar (n) (der ~)	vicino di casa 69
nachdem	dopo che 78
nachdenken (über) *(+ acc.)*	riflettere su 65
nachher	dopo 57
Nachmittag (e) (der ~)	pomeriggio 43
Nachname (n) (der ~)	cognome 8, 59
Nachrichten (die ~) *(pl.)*	notiziario (notizie) 64
nächste (r/s)	prossimo/a 20
Nacht (¨e) (die ~)	notte 19
Nacht (¨e) (über ~)	durante la notte, di notte 67
Nachtisch (e) (der ~)	dessert 36
nah	vicino *(agg.)* 70
Name (n) (der ~)	nome 8, 16
nämlich	infatti 50
Nase (n) (die ~)	naso 50
nass	bagnato, umido 32
Natur (die ~) *(sing.)*	natura 65
natürlich	certamente 59
ne / nee	no 50
neben *(+ acc. o dat.)*	accanto a 52
negativ	negativo 96
nehmen	prendere 10
nein	no 11
Nelke (n) (die ~)	garofano 62
Nerv (en) (der ~)	nervo 50
nerven	infastidire 50
nervös	nervoso 94
nett	simpatico 30
neu	nuovo 2, 18
nicht	non 13, 15
nicht mehr	non più 24
nicht nur ... sondern auch	non solo... ma anche 93
Nichtdeutsche (n) (der ~)	non tedesco 54
nichts	niente 1, 15
(nie)mals	mai 62
niemand	nessuno 53
Nikolaus (der ~) *(sing.)*	San Nicola 82
Nil (der ~)	il Nilo 46
nö	no 50
noch	ancora 40, 46, 55

noch nicht	non ancora 55
Nordsee (die ~) *(sing.)*	Mare del Nord 66
Note (n) (die ~)	voto 82
nötig	necessario 85
notwendig	necessario 58
November (der ~) *(sing.)*	novembre 24
null	zero 18
Nummer (n) (die ~)	numero 32
nur	solo, solamente, soltanto 23, 31
nur noch	solo (solamente) 82
Nuss (¨e) (die ~)	noce 61
nutzen	sfruttare 81

O

ob	se *(cong. interr.)* 62
oben	in cima, in alto 67, 75
Obst (das ~) *(sing.)*	frutta 13, 18
Obstkuchen (-) (der ~)	torta alla frutta 36
Obstsaft (¨e) (der ~)	succo di frutta 90
obwohl	sebbene 89
oder	o, oppure 3, 31
Ofen (¨) (der ~)	forno 82
offen	a vista (cucina) 55
offiziell	ufficiale 78
öffnen	aprire 78, 87
oft	spesso 12
ohne *(+ acc.)*	senza 1, 18
ohne dass	senza che 80
ohne zu *(+ v. inf.)*	senza *(+ v. inf.)* 80
Ohr (en) (das ~)	orecchio 58
Oktober (der ~) *(sing.)*	ottobre 24
Oktoberfest (das ~)	festa della birra di Monaco 54
Oma (s) (die ~)	nonna 48
Omi (s) (die ~)	nonnina 48
Onkel (-) (der ~)	zio 86
Opa (s) (der ~)	nonno 48
Oper (n) (die ~)	opera musicale 81
Operation (en) (die ~)	operazione (chirurgica) 83
Opi (s) (der ~)	nonnino 48
Orange (n) (die ~)	arancia 18
Ordnung (die ~) *(sing.)*	ordine 15, 33
original	originale *(agg.)* 57
Original (im ~)	in versione originale 73
Ort (e) (der ~)	posto, luogo 40, 55

Ostern (-)	Pasqua 67
Österreich	Austria 100
Ostsee (die ~) *(sing.)*	mar Baltico 100

P

Paar (e) (das ~)	paio 52
paar (ein ~)	qualche 52
Panik (die ~) *(sing.)*	panico 73
Panorama (das ~) (*pl.* Panoramen)	panorama 61
Panoramadach (¨er) (das ~)	tettuccio panoramico (auto) 61
Papa (s) (der ~)	papà 33
Papiere (die ~) *(pl.)*	documenti 15, 25
parken	parcheggiare 23
Parken	parcheggio 23
Pass (¨e) (der ~)	passaporto 26
Passagier (e) (der ~)	passeggero 75
passieren	succedere, capitare 68, 94
Pause (n) (die ~)	ricreazione 95
Pech (das ~) *(sing.)*	sfortuna 32, 83
Pech haben	avere sfortuna 32
perfekt	perfetto *(agg.)* 22
Person (en) (die ~)	persona 31, 67
Personalleiter (-) (der ~)	capo del personale 76
persönlich	personalmente 64
Pfeffer (der ~) *(sing.)*	pepe 86
Pfeiffer (-) (der ~)	pifferaio 10
Pfingsten (-)	Pentecoste 67
Phönix (e) (der ~)	fenice 88
Pilz (e) (der ~)	fungo 6
Pizza (-) (s) (die ~)	pizza 41
Planet (en) (der ~)	pianeta 79
Platz (¨e) (der ~)	posto 10; piazza 51
Plätzchen (-) (das ~)	biscotto 82
Polizei (die ~) *(sing.)*	polizia 23
Polizist (en) (der ~)	poliziotto 60
Polterabend (e) (der ~)	festa di addio al celibato, sera del baccano 15
poltern	fare baccano/fracasso 15
Poltern (das ~) *(sing.)*	baccano 15
Pommes Frites (die ~) *(pl.)*	patatine fritte 57
Positive (das ~) *(sing.)*	lato positivo 79
Post (die ~) *(sing.)*	posta (ufficio postale) 96
prachtvoll	sfarzoso 100
praktisch	pratico 41, 94

Preis (e) (der ~)	prezzo 66; premio 68
Preisvorstellung (en) (die ~)	idea di prezzo 74
privat	privato 34
Privatstrand (¨e) (der ~)	spiaggia privata 34
probieren	assaggiare 12, 18
Problem (e) (das ~)	problema 4
Profil (e) (das ~)	profilo 80
Projektor (en) (der ~)	proiettore 95
Prüfer (-) (der ~)	esaminatore 94
Prüfung (en) (die ~)	esame 94
Pulli (s) (der ~)	maglione 38
Punkt (e) (der ~)	punto 83
pünktlich	puntuale 80
Pünktlichkeit (die ~) *(sing.)*	puntualità 47

Q

Quatsch (der ~) *(sing.)*	sciocchezza 16
Quiz (-) (das ~)	quiz 46

R

Rabe (n) (der ~)	corvo 88
Rad (¨er) (das ~)	ruota 71; bicicletta 85
Radler (-) (das/der ~)	mix di birra e succo di limone 54
Radweg (e) (der ~)	pista ciclabile 85
rauchen	fumare (sigaretta) 23
Realität (die ~) *(sing.)*	realtà 65
rechnen mit *(+ dat.)*	aspettarsi (mettere in conto), attendere qcs 87
Recht (e) (das ~)	diritto 64
recht haben	avere ragione 11
rechts	a destra 16
rechtschreiben	scrivere correttamente (ortografia) 73
Rechtschreibwörterbuch (¨er) (das ~)	dizionario ortografico 73
Rede (n) (die ~)	discorso 88
reden	parlare 68
Regen (der ~) *(sing.)*	pioggia 32
Regencape (s) (das ~)	impermeabile 85
Regenfall (¨e) (der ~)	rovescio di pioggia 32
regnen	piovere 50
reich	ricco 61
rein/kommen	entrare 83
Reise (n) (die ~)	viaggio 26, 37
Reisegruppe (n) (die ~)	gruppo di viaggio 66
reisen	viaggiare 8, 45

Reisende (n) (der ~)	viaggiatore 87
Reisepass (¨e) (der ~)	passaporto 26
Reparatur (en) (die ~)	riparazione 92
reservieren	prenotare 59, 99
Reservierung (en) (die ~)	prenotazione 59
retten	salvare 83
Rhein (der ~)	Reno 10, 59
rheinisch	renano 87
richtig	corretto, esatto 46; giusto (adatto) 74; bene 80; correttamente 95
riechen	odorare 86
Rom	Roma 45
Rose (n) (die ~)	rosa (fiore) 62
Rosenmontag(e) (der ~)	lunedì delle Rose (antecedente il martedì grasso) 87
Rosenmontagsumzug (¨e) (der ~)	sfilata del lunedì delle Rose (antecedente il martedì grasso) 87
rot	rosso 38
Rotwein (e) (der ~)	vino rosso 57
Rücken (-) (der ~)	schiena 58
Rückenschmerzen (die ~) *(pl.)*	mal di schiena 58
rufen	chiamare 87
Ruhe (die ~) *(sing.)*	silenzio 3
Runde (n) (die ~)	giro, manche (turno di gioco) 46
runter *(colloq.)*	abbasso 90
Russisch (das ~) *(sing.)*	russo (lingua) 2

S

Sache (n) (die ~)	cosa 73
Sack (¨e) (der ~)	sacco 82
Saft (¨e) (der ~)	succo 90
sagen	dire 5, 12, 15
Sahne (die ~) *(sing.)*	panna 36
Salz (das ~) *(sing.)*	sale 86
Salzburg	Salisburgo 81
Salzkammergut (das ~) *(sing.)*	camera del sale 81
Samstag (e) (der ~)	sabato 20
Sand (der ~) *(sing.)*	sabbia 65
Sandstrand (¨e) (der ~)	spiaggia sabbiosa 65
Sankt Petersburg	San Pietroburgo 2
Satz (¨e) (der ~)	frase 73
Sauberkeit (die ~) *(sing.)*	pulizia 51
sauer	agro, marinato 71
Sauerbraten (-) (der ~)	arrosto marinato (nell'aceto) 71

schade	peccato *(esclam.)* 27
schaden	nuocere 85
Schaf (e) (das ~)	pecora 19
Schäfchen (-) (das ~)	pecorella 19
schaffen	riuscire 99
Schale (n) (die ~)	conchiglia 76
Schatz (¨e) (der ~)	tesoro 60
schauen	guardare 31, 55
Schein (e) (der ~)	biglietto (scontrino) 72
scheinen	avere l'aria (sembrare), brillare, splendere 53
Scheiße (die ~) *(sing.)*	merda 92
Scherben (die ~) *(pl.)*	cocci 15
schief/gehen	andare storto 89
schief/laufen	andare storto 89
Schiff (e) (das ~)	nave 78
Schild (er) (das ~)	cartello 25
schlafen	dormire 3, 19
Schlafzimmer (-) (das ~)	camera da letto 4
schlagen	battere (al gioco), colpire (picchiare) 85
schlecht	male *(avv.)* 17; cattivo 83
schlicht	sobrio 74
schließen	chiudere 87
schlimm	grave 73
Schlimmeres (es gibt ~)	c'è di peggio 83
Schloss (¨er) (das ~)	castello 67
Schluss (¨e) (der ~)	conclusione 73
Schluss (zum ~)	infine, per finire 99
Schlüssel (-) (der ~)	chiave 15
schmecken	avere il/un sapore di 12, 41
schmecken (gut ~)	avere un buon sapore, essere buono 12
Schmeichler (-) (der ~)	adulatore 58
schmeißen	gettare 76
Schmerz (en) (der ~)	male *(sost.)*, dolore 58
Schnabel (¨) (der ~)	becco 88
schnappen	afferrare 88
Schnaps (der ~) *(sing.)*	liquore 86
Schnee (der ~) *(sing.)*	neve 67
Schneewittchen	Biancaneve 48
Schneider (-) (der ~)	sarto 10
schneien	nevicare 67
schnell	velocemente 23; veloce 33
Schnitzel (-) (das ~)	cotoletta 57
Schokolade (n) (die ~)	cioccolato 36

Schokoladenkuchen (-) (der ~)	torta al cioccolato 36
Schokonikolaus (¨e) (der ~)	San Nicola di cioccolato 82
schon	già, ormai 9, 19
schön	bello 2, 55
schon wieder	di nuovo 36, 72
Schönste (n) (die ~)	la più bella 48
Schrank (¨e) (der ~)	armadio 92
schreiben	scrivere 71
Schuh (e) (der ~)	scarpa 93
Schuld (die ~) *(sing.)*	colpa 44
Schulden (die ~) *(pl.)*	debito di denaro 81
Schule (n) (die ~)	scuola 40
Schüler (~) (der ~)	studente 87
Schülerin (nen) (die ~)	studentessa 87
Schwaben	Svevia (regione) 69
schwäbisch	svevo 69
Schwarz (das ~) *(sing.)*	nero *(sost.)* 39
schwer	difficile, difficilmente 31, 71; pesante 82
Schwester (n) (die ~)	sorella 11, 31
schwierig	difficile 100
Schwierigste (das ~) *(sing.)*	la parte/cosa più difficile 100
Schwimmbad (¨er) (das ~)	piscina 89
schwimmen	nuotare 23
schwören	giurare 88
See (n) (der ~)	lago 66
See (n) (die ~)	mare 66
sehen	vedere 13
sehenswert	interessante da vedere 55
Sehenswürdigkeit (en) (die ~)	attrazione turistica 66
sehr	molto (intensità) 9, 12, 30
sein	essere *(v.)* 2, 3, 4, 9, 10, 11, 15, 16, 18, 22, 27, 38
sein/e	suo/sua, suoi/sue (di lui) 11, 17
seit *(+ dat.)*	da *(temporale)* 30, 41
Seite (n) (die ~)	lato 60
Sekt (e) (der ~)	spumante 43
Sekunde (n) (die ~)	secondo/i (frazione di tempo) 46
selbst	stesso/a (in persona) 48
selbständig	autonomo 96
selbständig (sich ~ machen)	mettersi in proprio 96
selbstverständlich	certamente 99
selten	raramente 65
September (der ~) *(sing.)*	settembre 24
Service (der ~) *(sing.)*	servizio 41

Sessel (-) (der ~)	poltrona 95
setzen (sich ~)	sedersi (mettersi seduti) 52
Shampoo (s) (das ~)	shampoo 90
shoppen	fare shopping 38
sich	si *(pron. rifl.)* 33, 68
sicher	sicuro *(agg.)* 16; sicuro *(avv.)* 32
sicher (auf Nummer ~ gehen)	andare a colpo sicuro *(idiom.)* 32
sie	lei *(nom.)*, la, lei *(acc.)* 2; esse, essi, loro *(m. e f. nom.)* 11; li, le, loro *(m. e f. acc.)* 17
Sie *(cortesia)*	Lei, Voi *(nom.)* 5, 10; La, Lei, Vi, Voi *(acc.)* 17
siezen	dare del Lei 31
Silber (das ~) *(sing.)*	argento 74
Silberhochzeit (die ~) *(sing.)*	nozze d'argento 74
singen	cantare 46, 88
sinken	calare (temperatura) 32
sitzen	essere seduti 52
Smartphone (s) (das ~)	smartphone 79
Sneewittchen (basso tedesco)	Biancaneve 48
so	così, davvero, talmente 16, 24, 31
so etwas (*forma contratta:* sowas)	qualcosa così/di questo genere 24
sobald	appena 94
Sofa (s) (das ~)	divano 95
sofort	subito 9, 27
sogar	persino 34
Sohn (¨e) (der ~)	figlio 29
sollen	dovere *(v.)* 22
Sommer (-) (der ~)	estate 32
sondern *(dopo neg.)*	bensì 87
Sonne (die ~) *(sing.)*	sole 83
Sonntag (e) (der ~)	domenica 20
sonntags	la domenica (tutte le domeniche) 66
sonst	altrimenti 22, 26
Sorte (n) (die ~)	tipo, varietà, sorta 54
sowohl ... als auch ...	sia... sia/che... 81
Spanisch (das ~) *(sing.)*	spagnolo (lingua) 23
spät	tardi 9
spät (wie ~ ist es) *(interr.)*	che ora/e è/sono 19
Spätaufsteher (-) (der ~)	dormiglione 72
später	più tardi 11
Spaß (der ~) *(sing.)*	divertimento 78
Spaß machen	divertire, essere divertente, piacere 97
Spezialität (en) (die ~)	specialità 69
speziell	apposta (specialmente) 44

Spiegel (-) (der ~)	specchio 48
Spieglein (-) (das ~)	specchietto 48
Spiele (e) (das ~)	gioco 100
spielen	giocare 89
spinnen	dare i numeri 50
Sport (der ~) *(sing.)*	sport 58
Sprachbuch (¨er) (das ~)	libro di lingua 36
Sprache (n) (die ~)	lingua 50
Sprachwissenschaftler (-) (der ~)	linguista 73
sprechen	parlare 17
sprechen über *(+ acc.)*	parlare (di) 93
Sprichwort (¨er) (das ~)	proverbio 85
spülen	lavare (stoviglie) 92
Spülmaschine (n) (die ~)	lavastoviglie 92
spüren	sentire (sensazione) 72
Staat (en) (der ~)	stato (paese) 78
Staaten (die ~) *(pl. - colloq.)*	Stati Uniti 89
Stadt (¨e) (die ~)	città 78
stark	forte 32
starten	iniziare 80
statt/finden	avere luogo 87
staunen	stupire 93
stehen	esserci scritto 23; stare (in piedi/in posizione verticale) 52
stehen (jm (gut) ~)	stare (bene) a qcn (abito, pettinatura) 38
steigen	salire (aumentare) 66
steigen (auf einen Berg ~)	scalare (una montagna) 66
steigen (aus dem Bett, Bus, Zug ~)	scendere (dal letto, dall'autobus, dal treno) 66
steigen (in den Bus, Zug ~)	salire (su un bus, treno) 66
Stelle (n) (die ~)	luogo, posto 69, 80
stellen (sich ~)	mettersi in piedi (in posizione verticale) 52
sterben	morire 41, 81
Stichwort (¨er) (das ~)	lemma 73
Stiefel (-) (der ~)	stivale 82
Stift (e) (der ~)	matita 92
Stil (e) (der ~)	stile 74
Stimme (n) (die ~)	voce 72
stimmen	essere giusto 15
Stimmung (die ~) *(sing.)*	atmosfera (ambiente, situazione) 100
stimmungsvoll	incantevole 100
Stock (der ~) (*pl.* Stockwerke)	piano (edificio) 80
stören	disturbare 69

Strand (¨e) (der ~)	spiaggia 34, 55
Straße (n) (die ~)	strada, via 10
Straßenbahn (en) (die ~)	tram 79
streiten	litigare 38, 82
streiten (mit jdm ~)	litigare con qcn 94
Strom (¨e) (der ~)	fiume 65
Strömen (in ~ regnen)	piovere a dirotto 65
Strumpf (¨e) (der ~)	calza 52
Stück (e) (das ~)	pezzo 13, 44
Student (en) (der ~)	studente 97
Studentenkneipe (n) (die ~)	pub per studenti 97
studieren	studiare 94
Stuhl (¨e) (der ~)	sedia 95
Stunde ((die) halbe ~)	mezz'ora 19
Stunde (n) (die ~)	ora intera (60 minuti) 19
Stundenkilometer (-)	chilometro all'ora 25
Sturheit (die ~) *(sing.)*	testardaggine 51
Sturm (¨e) (der ~)	tempesta 87
suchen	cercare 29
Süden (der ~) *(sing.)*	sud 32
Südsee (die ~) *(sing.)*	mari del sud 83
Supermarkt (¨e) (der ~)	supermercato 41
surfen	navigare su Internet 55
süß	dolce 82, 90
Süßigkeiten (die ~) *(pl.)*	dolcetti 82
Symphonie (n) (die ~)	sinfonia 81

T

Tag (e) (der ~)	giorno 5
Tagebuch (¨er) (das ~)	diario 94
Tagesgericht (e) (das ~)	piatto del giorno 71
tanken	fare benzina 69
Tankstelle (n) (die ~)	benzinaio (distributore di carburante) 69
Tante (n) (die ~)	zia 86
tanzen	ballare 45
Tapete (n) (die ~)	tappezzeria 83
Tasse (n) (die ~)	tazza 15
Taste (n) (die ~)	tasto (tastiera) 74
Tat (en) (die ~)	azione 87
Tausend (e) (das ~)	mille 87
Taxi (s) (das ~)	taxi 66
Tee (s) (der ~)	tè 13
Teelöffel (-) (der ~)	cucchiaino 86
Teig (e) (der ~)	sfoglia (pastasfoglia) 82

Teil (e) (ein ~ sein)	essere una parte (elemento) 50
Teil (e) (der ~)	parte (di un insieme) 50
teilen	dividere 78
Teilung (en) (die ~)	divisione 78
Telefon (e) (das ~)	telefono 17
telefonieren	telefonare 74
Telefonnummer (n) (die ~)	numero di telefono 17
Teller (-) (der ~)	piatto 15
Tempel (-) (der ~)	tempio 66
Temperatur (en) (die ~)	temperatura 32
Termin (e) (der ~)	appuntamento 47
Terrasse (n) (die ~)	terrazza 59
testen	testare 46, 78
Text (e) (der ~)	testo 99
Theater (-) (das ~)	teatro 89
Thema (das ~) (*pl.* Themen)	argomento 40, 100
Thermalbad (¨er) (das ~)	bagni termali 86
Tipp (s) (der ~)	consiglio 81
Tisch (e) (der ~)	tavolo 53, 59
Tischreservierung (en) (die ~)	prenotazione di un tavolo (ristorante) 59
Tochter (¨) (die ~)	figlia 29
Toilette (n) (auf die ~ gehen)	andare in bagno 95
Toilette (n) (die ~)	bagno 95
toll	fantastico, ottimo 24, 45
top	super 76
Tourist (en) (der ~)	turista 54
traditionell	tradizionale 57
tragen	portare 23, indossare 29
Trainee (s) (der ~)	stagista 99
trauen (sich ~)	osare 62
Traum (¨e) (der ~)	sogno 27
träumen	sognare 72, 83
traurig	triste 96
treffen	incontrare 20
trinken	bere 13
trocken	secco 64
trotzdem	eppure, ciononostante, tuttavia 90
Tulpe (n) (die ~)	tulipano 62
tun	fare 20, 50, 82
tun (gut ~)	fare bene 50
tun (weh ~)	fare male 50
Tür (en) (die ~)	porta 55, 82
typisch	tipico, tipicamente 51

U

U-Bahn (die ~) *(sing.)*	metro (metropolitana) 79
über	oltre (più di) 94
über *(+ acc.)*	a proposito di 38
über (+ festività, parti del giorno)	a, per, durante, di 67
über *(+ acc. o dat.)*	sopra 37, 53
über/kochen	traboccare (dalla pentola) 59
überall	ovunque 79
überfüllt	strapieno 55
überglücklich	strafelice 43
überhaupt *(+ neg.)*	assolutamente *(+ neg.)*, per niente 96
überholen	sorpassare (un veicolo) 59
überlegen	riflettere 59
übermorgen	dopodomani 30
überprüfen	controllare 82
überraschen	sorprendere 59
Überraschung (en) (die ~)	sorpresa 22
übersetzen	tradurre 59
übersetzen (auf ~)	tradurre in 99
Übersetzung (en) (die ~)	traduzione 71
übertreiben	esagerare 32
übrigens	comunque, tra l'altro 53
Uhr	ora/ore 19
Uhr (en) (die ~)	orologio 74
Uhr (wie viel ~ ist es)	ora (che ora è, che ore sono) 19, 22
Uhrzeit (en) (die ~)	ora, orario 60, 69
Uhrzeit (um die ~)	a quest'ora 69
um	a/alle (+ orario) 19
um ... zu	per *(+ v. inf.)* 50
um *(+ acc.)*	circa, intorno (a) 18, 37
umarmen (sich ~)	abbracciarsi 43
um/bauen	rinnovare (edificio) 90
um/drehen (sich ~)	voltarsi 80
Umfrage (n) (die ~)	sondaggio 51
Umgang (der ~) *(sing.)*	relazione 50
Umgangssprache (die ~) *(sing.)*	linguaggio colloquiale 50
umgekehrt	contrario, invertito 8
umso besser	tanto meglio 57
umsonst	gratuitamente 67
Umwelt (die ~) *(sing.)*	ambiente 87
um/ziehen	traslocare 75
Umzug (¨e) (der ~)	sfilata (carri allegorici) 87
und	e *(cong.)* 1, 8
unerträglich	insopportabile 64

unerwartet	inatteso/a 86
ungefähr	circa 22
Unglück (das ~) *(sing.)*	infelicità, sfortuna 15, 65
unglücklich	infelice, sfortunato 15
unmöglich	impossibile 65
Unordnung (die ~) *(sing.)*	disordine 15
uns	ci, noi *(acc.)*; ci, a noi *(dat.)*; ci, *(pron. rifl.)* 5, 15, 37
unser/e	nostro/a, nostri/e 29, 46
Unsinn (der ~) *(sing.)*	assurdità 25
unten	in basso 75
unter *(+ acc. o dat.)*	sotto 56
unter/gehen	calare (sole), tramontare 78
Untergrundbahn (die ~) *(sing.)*	metropolitana 79
Unterlagen (die ~) *(pl.)*	documenti 80
Unterricht (der ~) *(sing.)*	lezione (corso) 30
Unterschied (e) (der ~)	differenza 75, 86
unterschreiben	firmare 78
unterstreichen	sottolineare 78
unterwegs sein	essere in/per strada, essere in giro 66
unvernünftig	irragionevole 65
unwiderstehlich	irresistibile 85
updaten	aggiornare 6
Urenkel (-) (der ~)	pronipote (maschio) di nonni 52
Urenkelin (nen) (die ~)	pronipote (femmina) di nonni 52
Urenkelkind (er) (das ~)	pronipote (maschio) di nonni 52
Urlaub (e) (der ~)	vacanza 6, 27
Urlaub (in ~ fahren)	andare in vacanza 6

V

Vater (¨) (der ~)	padre 31
verabredet (mit jdm ~ sein)	avere appuntamento con qcn 99
verändern (sich ~)	cambiare (aspetto) 45
Verbot (e) (das ~)	divieto 93
verboten	vietato 23, 33
Verbrauch (der ~) *(sing.)*	consumo 74
verbringen	passare (vacanze, giornata) 55
verdienen	guadagnare 81
Vereinigten Staaten (die ~) *(pl.)*	Stati Uniti 89
verfahren (sich ~)	perdersi, sbagliare strada (con un veicolo) 60
Vergangenheit (die ~) *(sing.)*	passato 75
vergehen	passare, trascorrere (tempo) 40, 45
vergessen	dimenticare 13

Vergnügen (das ~) *(sing.)*	piacere *(sost.)* 57
verheiratet	sposato/a 2
Verkäufer (-) (der ~)	venditore 80
verkauft	venduto 39
Verkehr (der ~) *(sing.)*	traffico 96
verlangen	esigere 87
verlassen	lasciare 89
verlaufen (sich ~)	perdersi, sbagliare strada (a piedi) 60
verlieben (sich ~ in) *(+ acc.)*	innamorarsi di 37
verlieren	perdere 73, 88
vermieten	affittare, noleggiare (dare in affitto/a noleggio) 55
vermissen (jdn ~)	mancare (qcn a qcn) (sentire la mancanza) 86
Vernissage (n) (die ~)	inaugurazione 53
vernünftig	ragionevole 65
verpassen	perdere (volo, treno, film…) 26
verschieden	diverso 54
verschlafen	svegliarsi tardi, non svegliarsi in tempo 47
verschwenderisch	spendaccione 81
Versicherung (en) (die ~)	assicurazione 51
Verspätung (die ~) *(sing.)*	ritardo 80
verständlich	comprensibile 73
Verständnis (das ~) *(sing.)*	comprensione 64
verständnisvoll	comprensivo 64
verstehen	capire 1
verstopft	congestionato 55
versuchen	provare 19
vertiefen	approfondire 100
Vertrag (¨e) (der ~)	contratto 51
Verwaltung (die ~) *(sing.)*	amministrazione 97
verzichten auf *(+ acc.)*	rinunciare a 90
viel	molto, tanto 3, 13, 18
viel (so ~)	così tanto 18, 65
viel (zu ~)	troppo 66
Vielfalt (en) (die ~)	varietà 54, 100
vielversprechend	promettente 80
Viertel (-) (das ~)	quarto 22
Viertelstunde (n) (die ~)	quarto d'ora 47
Vitamin (e) (das ~)	vitamina 90
vitaminreich	ricco di vitamine 90
Volk (¨er) (das ~)	popolo 43
Volkspolizei (die ~) *(sing.)*	polizia popolare 43

voll	pieno 23
vollgeparkt	pieno, completo (parcheggio) 23
von ... bis ...	da... a ... 32
von *(+ dat. + v. passivo)*	da *(compl. d'agente)* 83
von *(+ dat.)*	da, da parte di 32, 83
vor	meno (+ orario) 22; di *(causale)* 41
vor *(+ acc. o dat.) (prep.)*	davanti, prima 8
vor *(+ dat.)* (~ einem Jahr)	fa (un anno ~) 45
vor allem	soprattutto 55
vor/bereiten	preparare 69
vor/kommen (jdm ~)	capitare (succedere a qcn) 88
vor/lesen	leggere (ad alta voce) 95
vorletzte (r/s)	penultimo 99
Vormittag (e) (der ~)	mattina 43
Vorname (n) (der ~)	nome 8
vorne *(avv.)*	davanti 39
Vorsatz (¨e) (der ~)	proposito 18
Vorschlag (¨e) (der ~)	proposta 41
vor/schlagen	proporre 41, 85
vorsichtig	prudente 96
vor/stellen (jdm jdn)	presentare (a qcn qcn) 97
Vorstellung (en) (die ~)	idea 74; presentazione 76
Vorstellungsgespräch (e) (das ~)	colloquio di presentazione 76
Vorteil (e) (der ~)	vantaggio 73

W

wagen	rischiare 62
Wagen (-) (der ~)	macchina (automobile) 99
Wagner (-) (der ~)	mastro carraio 10
wahr	vero 26
während	mentre 82; durante 49
Wahrheit (en) (die ~)	verità 48
Wald (¨er) (der ~)	bosco, foresta 88
Wand (¨e) (die ~)	parete (muro interno) 48
wann *(interr.)*	quando 20
warm	caldo 24
warten (auf) *(+ acc.)*	aspettare 22
warum	perché 16
was *(pron. interr.)*	cosa 9, 18
was (*colloq., forma contratta di* etwas)	qualcosa 71
was *(pron. rel.)*	cosa che (ciò che) 73
was für ein/e	che *(esclam.)* 12; che genere di 36
waschen	lavare 92
Waschen (das ~) *(sing.)*	lavaggio 90

Waschmaschine (n) (die ~)	lavatrice 92
Wasser (das ~) *(sing.)*	acqua 27
Wechsel (der ~) *(pl. raro)*	cambiamento 83
wechseln (Arbeit, Geld ...)	cambiare (lavoro, denaro...) 34, 40
Wecker (-) (der ~)	sveglia 72
weder ... noch ...	né... né... 50
weg *(avv.)*	partito (andato via) 43
Weg (e) (der ~)	strada 16
weg/gehen	partire, andare via 93
weg/legen	mettere via 93
weg sein	essere/andare via, non esserci (più), essere sparito
wegen *(+ gen.)*	a causa di 49
Weihnachten (-)	Natale 67
Weihnachtsbäckerei (en) (die ~)	panetteria di Natale 82
Weihnachtsmarkt (¨e) (der ~)	mercatino di Natale 100
weil	perché *(cong. sub.)* 58
Wein (e) (der ~)	vino 51
weinen	piangere 88
Weiß (das ~) *(sing.)*	bianco *(sost.)* 39
weit	lontano 89
weiter/arbeiten	continuare a lavorare 100
weiter/gehen	continuare, andare avanti 47
welch-	quale *(agg.)* 29; quale *(pron. interr.)* 83
Welt (en) (die ~)	mondo 33, 37
Weltmeisterschaft (en) (die ~) *(abbrev.* WM)	campionato del mondo 33
wem *(pron. interr. dat.)*	(a) chi 44
wen *(pron. interr. acc.)*	chi 17
wenig	poco 3, 13
wenig (zu ~)	troppo poco 3
wenn *(cong. sub.)*	se 29; quando 31
wer *(pron. interr. nom.)*	chi *(pron. interr.)* 2, 12; chi *(pron. rel.)* 90
werden	diventare, essere 24, 48
werden *(+ v. inf.)*	costruzione del tempo verbale futuro 40
werfen	lanciare 76
Werk (e) (das ~)	opera d'arte (lavoro) 81
Werkstatt (¨e) (die ~)	carrozzeria (officina) 99
wert (etw. ~ sein)	valere qcs 88
wessen *(pron. interr. gen.)*	di chi 61
Westberlin	Berlino ovest 43
Westberliner (-) (der ~)	berlinese dell'ovest *(sost.)* 43
Westen (der ~) *(sing.)*	ovest 43
Wetter (das ~) *(sing.)*	tempo (meteorologico) 32

Wetterbericht (e) (der ~)	bollettino meteo 32
wichtig	importante 71
wider/spiegeln (sich ~)	riflettersi 94
Widerrede (keine ~)	obiezione (niente obiezioni) 95
widersprechen	contraddire 69, 94
wie	come 5, 8, 17, 24, 27; che *(compar. di uguaglianza)* 58
wie *(+ agg.)*	che... *(esclam.)* 27
wie viel *(interr.)*	quanto 4
wie viel/e	quanto/a, quanti/e 46
wieder	di nuovo 72
wieder los/gehen	ricominciare 82
wieder/finden	ritrovare 89
wiederholen	ripassare, ripetere 89, 100
wieder/kommen	ritornare 89
wieder/sehen	rivedere 89
Wiedervereinigung (die ~) *(sing.)*	riunificazione 78
Wiener *(agg. sost.)*	viennese, di Vienna 57
Wiener Schnitzel (-) (das ~)	cotoletta viennese 57
Wiese (n) (die ~)	prato 54
wieso	perché *(interr.)* 36
Wievielte (der ~)	quanto (quanti ne abbiamo oggi) 40
Wille (der ~) *(sing.)*	volontà 96
Winter (der ~) *(sing.)*	inverno 75
wir	noi *(nom.)* 5, 9
wirken	agire (avere effetto) 90
wirklich	veramente 8
wissen	sapere *(v.)* (conoscere) 26, 46
Wissen (das ~) *(sing.)*	sapere *(sost.)* (conoscenza) 78
Wissenschaftler (-) (der ~)	scenziato 73
witzig	divertente 23
wo	dove 10
wo(r)- *(+ prep.)*	cosa *(pron. interr.)* 62
Woche (n) (die ~)	settimana 20, 41
Wochenende (n) (das ~)	fine settimana 67
woher	da dove 2
wohin	verso dove 6
wohl	bene *(avv.)* 30
wohnen	abitare 10, 15
Wohngemeinschaft (en) (die ~) (*abbrev.* WG)	abitazione condivisa 30
Wohnzimmer (-) (das ~)	salotto 15
Wolf (¨e) (der ~)	lupo 57
Wolke (n) (die ~)	nuvola 37

wollen	volere 18, 23
Wort (¨er) (das ~)	parola 50
Wort (e) (das ~)	parola 51
Wörterbuch (¨er) (das ~)	dizionario 73
wozu	perché (a che scopo) *(interr.)* 85
Wunder (-) (das ~)	meraviglia 15
Wunderkind (er) (das ~)	bambino prodigio 81
wunderschön	meraviglioso 53
Wurst (¨e) (die ~)	salsiccia 13, 76

Z

zahlen	pagare 25, 34
zählen	contare 19
Zahn (¨e) (der ~)	dente 58
Zahnarzt (¨e) (der ~)	dentista 99
zeigen	mostrare 94
Zeit (die ~) *(sing.)*	tempo 20; momento 55
Zeit (en) (die ~)	epoca 81
Zeiten (die ~) *(pl.)*	i tempi 44
Zeitung (en) (die ~)	giornale 92
Ziel (e) (das ~)	meta 55
Zimmer (-) (das ~)	camera, stanza 4, 15
zögern	esitare 80
zu	troppo 3, 11, 24; a *(+ v. inf.)* 26
zu *(+ v. inf.)*	da *(+ v. inf.)* 13; di *(+ v. inf.)* 26

zu viel	troppo 3
zuerst	per primo (per prima cosa) 64
Zufall (¨e) (der ~)	coincidenza (caso) 59
zufrieden	soddisfatto 48, 90
zufrieden (mit) *(+ dat.)*	soddisfatto (di) 90
Zug (¨e) (der ~)	treno 66
zu/geben	ammettere 41
zu/haben	essere chiuso 41
zu/hören	ascoltare 47
zum (= zu + dem)	a 13; di/a/da/per *(+ v. inf.)* 20
zumindest	perlomeno 57
zu/nehmen	ingrassare 29
zurück	di ritorno 89
zusammen	insieme 37
zusammenlaufen	affluire 57
Zuschauer (-) (der ~)	telespettatore 51
Zuschauerin (nen) (die ~)	telespettatrice 51
Zuverlässigkeit (die ~) *(sing.)*	affidabilità 51
Zweifel (-) (der ~)	dubbio 88
Zweig (e) (der ~)	ramo 80
Zweigstelle (n) (die ~)	filiale 80
zweimal	due volte 57
Zweiten (zum ~)	per secondo (elenco) 39
zwischen *(+ acc. o dat.)*	tra 52

Lessico italiano-tedesco

A

a	in *(+ acc. o dat.)* 10; zum (= zu + dem) 13; a *(+ acc.)* 6, 16; über (+ festività, *compl. di tempo*) 67; bei *(+ dat.)* 96
a	beim (= bei + dem) 38
a *(+ v. inf.)*	zum (= zu + dem) 20
a *(+ v. inf.)*	zu *(+ v. inf.)* 26
a causa di	durch *(+ voce passiva)* 83
a/al/alla	am (= an + dem) 22
a/alle (+ orario)	um 19
a/verso *(moto a luogo)*	nach 6, 16
abbasso	runter *(colloq.)* 90
abbastanza	genug 68
abbigliamento	die Kleidung *(sing.)* 75
abbracciarsi	sich umarmen 43
abbreviazione	die Abkürzung (en) 78
abbronzarsi	braun werden 34
abbronzato	braun 34
abitare	wohnen 10
abitazione condivisa	die Wohngemeinschaft (en) *(abbrev.* WG) 30
abito	das Kleid (er) 29
accademia	die Akademie (n) 97
Accademia di Belle Arti	die Kunstakademie (n) 97
accanto *(avv.)*	daneben 75
accanto a	neben *(+ acc. o dat.)* 52, 56
accendere	an/machen, an/schalten 72
accendersi (apparecchio elettronico)	an/gehen 92
accidenti *(esclam.)*	Mist! 15
accogliere	empfangen 43
accompagnare	begleiten 83
acqua	das Wasser *(sing.)* 27
acquisto	der Kauf (¨e) 39
adatto a	geeignet (für) *(+ acc.)* 90
adesso	jetzt 11, 17
adulatore	der Schmeichler (-) 58
aereo	der Flieger (-) 26
aeroporto	der Flughafen (¨) 60
affascinante	charmant 61
affatto	gar *(+ neg.)* 62; keineswegs 69
afferrare	fangen, schnappen 88

affettuoso	herzlich 30
affidabilità	die Zuverlässigkeit *(sing.)* 51
affittare (dare in affitto)	vermieten 55
affittare (prendere in affitto)	mieten 55
affluire	zusammen/laufen 57
afgano (nome di abitante)	der Afghane (n) 59
aggiornare	updaten 6
agire (avere effetto)	wirken 90
agitarsi	sich auf/regen 68
agitato	aufgeregt 76
agitazione	die Aufregung *(sing.)* 60
agosto	der August *(sing.)* 24
agro	sauer 71
aiutare	helfen 26
aiuto	die Hilfe *(sing.)* 25
al/alla (+ giorni della settimana)	am (= an + dem) 20
albergo	das Hotel (s) 34, 69
albero	der Baum (¨e); 52
alcuni/e	manche *(pl.)* 73; einige 100
alimentari (negozio di ~)	das Lebensmittelgeschäft (e) 69
allora	also 11; denn 12, dann 19, 23
allora (all'epoca)	damals 43
allora (fino ad ~)	bis dahin 67
allora (di ~)	damalig 78
alto	hoch 25, 46; groß 46
alto (in ~)	oben 75
alto (quant'è ~) *(interr.)* (altitudine, altezza)	wie hoch ist es 46, 49
altrettanto, tanto	genauso 45
altrimenti	sonst 22, 26
altro	andere (r/s) 22; anders 47
alzarsi	auf/stehen 13, 19, 68, 72
amare	lieben 53
ambiente	die Umwelt *(sing.)* 87
americano	der Amerikaner (-) 54
amica	die Freundin (nen) 38
amichevole	freundlich 30
amico	der Freund (e) 20
ammettere	zu/geben 41
amministrazione	die Verwaltung *(sing.)* 97
amore	die Liebe *(sing.)* 61
anche	auch 9, 18; also 20
ancora	noch 40, 46, 55
ancora (non ~)	noch nicht 55
andare	gehen 6,15; los *(part. sep. + v. modale)* 9
andare (in aereo)	fliegen 6

andare (con veicolo su ruote)	fahren 6
andare avanti	weiter/gehen 47
andare a trovare (fare visita)	besuchen 93
andare bene/male	gut/schlecht laufen 76
andato, rotto	futsch *(colloq.)* 92
angolo	die Ecke (n) 80
anni (quanti ~) *(interr.)*	wie alt 10
anno	das Jahr (e) 18
antico	alt 66
antiquato	altmodisch 38
anziché (invece di)	(an)statt dass 85
aperto	geöffnet 87
aperto (essere ~)	auf/haben 41
apparecchiare la tavola	den Tisch decken 93
apparecchio (dispositivo)	das Gerät (e) 90
apparentemente	anscheinend 61
apparire	aus/sehen 30
apparizione	die Erscheinung (en) 58
appartenere	gehören 55
appena	eben 64; gerade 93; sobald 94
appendere	hängen 53
appetito	der Appetit *(sing.)* 57
applicare	auf/legen 72
apposta (specialmente)	speziell 44
apprendista	der Geselle (n) 82
appresso (avere ~)	dabei haben 9
approcciare qcn	jdn an/sprechen 62
approfondire	vertiefen 100
appuntamento	der Termin (e) 47
appuntamento (avere ~ con qcn)	mit jdm verabredet sein 99
aprile	der April 24
aprire	auf/machen 72; öffnen 78, 87
arancia	die Orange (n) 18
architetto	der Architekt (en) 61
argento	das Silber *(sing.)* 74
argomento	das Thema (*pl.* Themen) 40, 100
aria	die Luft *(sing.)* 100
armadio	der Schrank (¨e) 92
arrivare	kommen 9; an/kommen 46
arrivo	die Ankunft (¨e) 87
arrosto	der Braten (-) 71
arrosto marinato (nell'aceto)	der Sauerbraten (-) 71
arrugginito	eingerostet 99
arte	die Kunst *(sing.)* 97
ascensore	der Aufzug (¨e) 22
asciugamano	das Handtuch (¨er) 90

ascoltare	zu/hören 47
ascoltare qcn	jdn/auf jdn hören 88
ascoltare qcs	etw. hören 88
aspettare	erwarten 80; warten 22
aspettare qcn/qcs	warten auf *(+ acc.)* 22
aspettarsi (mettere in conto)	rechnen mit *(+ dat.)* 87
assaggiare	probieren 12, 18
ascoltare qcs	etw. hören 88
assicurazione	die Versicherung (en) 51
assolutamente (per niente)	überhaupt *(+ neg.)* 96
assurdità	der Unsinn *(sing.)* 25
asta (vendita all'~)	die Auktion (en) 39
atmosfera (ambiente, situazione)	die Stimmung *(sing.)* 100
attimo (in un ~)	im Handumdrehen 90
attrarre	an/locken 88
attraverso	durch *(+ acc.)* 18
attrazione turistica	die Sehenswürdigkeit (en) 66
attuale	jetzig 78
audace	gewagt 80
augurare, fare gli auguri	gratulieren 24
Austria	Österreich 100
autobus	der Bus (se) 79
automobile	das Auto (s) 15, 23
autonomo	selbständig 96
autore	der Autor (en) 73
autorizzazione	die Genehmigung (en) 51
autostrada	die Autobahn (en) 25
autunno	der Herbst 75
avere figli	bekommen 37
avere *(v.)*	haben 9, 11, 15, 20, 30
avere con sé/appresso	dabei/haben 9
avere l'aria (sembrare)	scheinen 53
avere luogo	statt/finden 87
Avvento (periodo dell'~)	die Adventszeit *(sing.)* 100
azione	die Tat (en) 87

B

baccano	das Poltern *(sing.)* 15
baccano (fare ~)	poltern 15
bagagli	das Gepäck *(sing.)* 23
bagnato	nass 32
bagni termali	das Thermalbad (¨er) 86
bagno	das Bad (¨er) 55, 86; die Toilette (n) 95
bagno (andare in ~)	auf die Toilette (n) gehen 95

bagno (fare il ~) (in piscina, al mare, al lago, a qcn)	baden 27
ballare	tanzen 45
bambino	das Kind (er) 31, 37
bambino prodigio	das Wunderkind (er) 81
banca	die Bank (en) 64
bancomat	der Bankautomat (en) 64
bar (caffetteria)	das Café (s) 96
barocco *(agg.)*	barock 39
barocco *(sost.)*	der Barock *(sing.)* 100
basso (in ~)	unten 75
bastare (essere sufficiente)	aus/reichen 73
battere (al gioco)	schlagen 85
battersi per qcs	kämpfen für *(+ acc.)* 87
Baviera	Bayern 67
beccare (sorprendere qcn a fare qcs)	erwischen 83
becco	die Klappe (n) 50; der Schnabel (¨) 88
bella (la più ~)	die Schönste (n) 48
bello *(agg.)*	schön 2, 55; cool 38; hübsch 45
bene *(avv.)*	gut 6; Ja 12; wohl 30
bene (fare ~)	gut tun 50
bensì	sondern *(dopo neg.)* 87
benvenuto (dare il ~)	begrüßen 97
benzina (fare ~)	tanken 69
benzinaio (distributore di benzina)	die Tankstelle (n) 69
bere	trinken 13
berlinese *(sost.)*	der Berliner (-) 43
berlinese dell'ovest *(sost.)*	der Westberliner (-) 43
Berlino ovest	Westberlin 43
bevanda	das Getränk (e) 57
Biancaneve	Schneewittchen, Sneewittchen (basso tedesco) 48
bianco *(sost.)*	das Weiß 39
bicchiere	das Glas (¨er) 15, 57
bicicletta	das Fahrrad (¨er) 71, 85; das Rad (¨er) 85
biglietto (scontrino)	der Schein (e) 72
biglietto della lotteria	der Lotterieschein (e) 72
bikini	der Bikini (s) 36
bionda (una ~) (birra)	ein Helles 54
birra	das Bier (e) 33
birra (festa della ~)	das Oktoberfest (e) 54
birra (tipo di ~)	die Biersorte (n) 54
birrificio	das Brauhaus (¨er) 54
biscotto	das Plätzchen (-) 82
bisogno (avere ~ di)	brauchen 22
blog	das Blog (s) 64

blu	blau 38
bocca	der Mund (¨er) 57
bocciato (essere ~)	durch/fallen 94
bordo (a ~)	an Bord 75
bosco	der Wald (¨er) 88
bottiglia	die Flasche (n) 86
bottino	die Beute (n) 88
breve (in ~)	kurzum 53
brillare	scheinen 53
brindare	an/stoßen 52
britannico *(sost.)*	der Brite (n) 54
buio	dunkel 60
buon uomo	das Männchen (-), das Männlein (-) 19
buono (essere ~) (sapore)	schmecken 41
buono (molto ~) / buonissimo	sehr gut 12
buono *(agg.)*	gut 5, 12
burro	die Butter *(sing.)* 13

C

cadere	fallen 94
caduta	der Fall (¨e) 43
caduta del muro (di Berlino)	der Mauerfall *(sing.)* 43
caffè	der Kaffee (s) 13
caffelatte	der Milchkaffee (s) 76
caffetteria (locale)	das Kaffeehaus (¨er) 57; das Café (s) 96
calare (sole)	unter/gehen 78
calare (temperatura)	sinken 32
calcio (sport)	der Fußball 89
calcolare	berechnen 74
caldo	warm 24
caldo (molto ~)	heiß 64
calore	die Hitze 64
caloria	die Kalorie (n) 74, 86
calza	der Strumpf (¨e) 52
cambiamento	der Wechsel *(pl. raro)* 83
cambiare (aspetto)	sich verändern 45
cambiare (diventare qualcos'altro)	sich ändern 44, 45
cambiare (lavoro, denaro ...)	wechseln (Arbeit, Geld ...) 34, 40
camera	das Zimmer (-) 4, 15
camera d'albergo	das Hotelzimmer (-) 99
camera da letto	das Schlafzimmer (-) 4
camminare (velocemente)	laufen 60
campagna (in ~)	auf dem Land wohnen 69
campeggio	das Camping *(sing.)* 69
campeggio (area per il ~)	der Campingplatz (¨e) 69

campionato	die Meisterschaft (en) 33
campionato del mondo	die Weltmeisterschaft (en) (*abbrev.* WM) 33
campionato europeo	die Europameisterschaft (en) (*abbrev.* EM) 33
campo (avere ~) (ricezione)	Empfang haben 66
candidata	die Kandidatin (nen) 76
candidato	der Kandidat (en) 76
candidatura	die Bewerbung (en) 80
cane	der Hund (e) 57
canicola	die Hitze *(sing.)* 64
cantare	singen 46, 88
canto	der Gesang *(sing.)* 88
canzone	das Lied (er) 86
capello (capelli)	das Haar (e) 90
capire	verstehen 1
capitale (città)	die Hauptstadt (¨e) 78
capitare (succedere a qcn)	jdm vor/kommen 88
capitare (succedere)	passieren 94
capo (di reparto)	der Leiter (-) 76
capo (dirigente)	der Chef (s) 47
capo del personale	der Personalleiter (-) 76
cappotto	der Mantel (¨) 58
carne	das Fleisch *(sing.)* 79
carne (senza ~)	fleischlos 79
carnevale (in Baden-Württemberg)	die Fasnacht, die Fastnacht 87
carnevale (in Baviera)	der Fasching *(sing.)* 87
carnevale (in Renania)	der Karneval (e/s) 87
caro/a	liebe (r/s) 24, 30
carraio (mastro ~)	der Wagner (-) 10
carriera	die Karriere (n) 80
carriera (fare ~)	Karriere machen 72
carrozzeria (officina)	die Werkstatt (¨e) 99
carta da gioco	die Karte (n) 73
cartello	das Schild (er) 25
casa	das Haus (¨er) 4, 15
casa (a ~ di qcn)	bei *(+ dat.)* 37
casa (andare a ~) *(moto a luogo)*	nach Hause 55
casa (essere a ~) *(stato in luogo)*	zu Hause 55
casa delle vacanze	das Ferienhaus (¨er) 55
casa natale	das Geburtshaus (¨er) 81
casetta	das Häuschen (-) 65
caso (in ~ di)	bei *(+ dat.)* 87, 96
castello	das Schloss (¨er) 67
cattivo	böse 94
catturare	fangen 88

causa (a ~ di)	wegen *(+ gen.)* 49
celibato (festa di addio al ~)	der Polterabend (e) 15
cellulare	das Handy (s) 17
cena	das Abendessen (-) 69
centinaia di migliaia	das Hunderttausend (e) 87
centro (città)	die Innenstadt *(sing.)* 51
cercare	suchen 29
cereali	das Getreide *(sing.)* 81
certamente	natürlich 59; selbstverständlich 99
che *(compar. di uguaglianza)*	wie 58
che *(cong. sub.)*	dass 27
che *(esclam.)*	was für ein/e 12
che cosa *(interr.)*	was 9, 18
che genere di	was für ein/e 36
che *(+ agg.) (esclam.)*	wie *(+ agg.)* 27
che succede?	was ist los? *(idiom.)* 26
chi *(pron. interr.)*	wer *(nom.)* 2, 12; wen *(acc.)* 17; wem *(dat.)* 44; wessen *(gen.)* 61; wer *(pron. rel.)* 90
chiamarsi	heißen 5, 8
chiamare	rufen 87
chiamare (telefonare)	an/rufen 17
chiamare (gridare)	rufen 87
chiave	der Schlüssel (-) 15
chiave di casa	der Hausschlüssel (-) 15
chiedere (a qcn)	jdn fragen16; jdn befragen 51
chiedere (la strada, l'ora… a qcn)	fragen (jdn nach dem Weg, der Uhrzeit ~) 60
chilo	das Kilo (s) 18
chilometro	das Kilometer (-) 25, 46
chilometro all'ora	Stundenkilometer (-) 25
chiudere	schließen 87
chiuso *(agg.)*	geschlossen 66
chiuso (essere ~)	zu/haben 41
ci (in quel luogo) *(moto a luogo)*	dahin 65
ci *(pron.)*	uns *(acc. e dat.)*, uns *(pron. rifl.)* 5, 15, 37
cibo	das Essen *(sing.)* 12, 85
cielo	der Himmel *(sing.)* 93
ciliegia	die Kirsche (n) 18, 52
ciliegio	der Kirschbaum (¨e) 52
cima (in ~)	oben 67
cinema	das Kino (s) 89
cioccolato	die Schokolade (n) 36
circa	um *(+ acc.)*18; ungefähr 22
città	die Stadt (¨e) 78
Coca Cola	die Cola (s) 64

coccio — die Scherbe (n) 15
cognome — der Nachname (n) 8, 59; der Familienname (n) 8
coincidenza (caso) — der Zufall (¨e) 59
coinquilina — die Mitbewohnerin (nen) 97
colazione — das Frühstück (e) 13
colazione (a ~) — zum Frühstück 13
collaboratore — der Mitarbeiter (-) 68
collega — der Kollege (n) 99
colloquio — das Gespräch (e) 76
colloquio di presentazione — das Vorstellungsgespräch (e) 76
Colonia (città) — Köln 87
colorato — bunt 57
colore — die Farbe (n) 53
colpa — die Schuld *(sing.)* 44
colpire (picchiare) — schlagen 85
coltello — das Messer (-) 93
colui/colei/coloro/chi — derjenige/diejenige/dasjenige/diejenigen 73
combattere — kämpfen 87
come — wie 5, 8, 17, 24, 27
cominciare — an/fangen 11, 25; beginnen 33, 36
compito — die Aufgabe (n) 76, 99
compleanno — der Geburtstag (e) 24
completamente — ganz 16
comporre (il ~ musica) *(sost.)* — das Komponieren *(sing.)* 81
comporre (musica) *(v.)* — komponieren 81
compositore — der Komponist (en) 81
comprare — kaufen 33
comprensibile — verständlich 73
comprensione — das Verständnis *(sing.)* 64
comprensivo — verständnisvoll 64
compreso (tutto ~) — inbegriffen 83
computer — der Computer (-) 44
comunicazione — die Kommunikation *(sing.)* 79
comunicazione (mezzo di ~) — das Kommunikationsmittel (-) 79
comunità — die Gemeinschaft (en) 30
comunque (tra l'altro) — übrigens 53
con — mit *(+ dat.)* 13
con sé (avere ~) — dabei haben 9
concerto — das Konzert (e) 81
conchiglia — die Schale (n) 76
conclusione — der Schluss (¨e) 73
congedarsi (prendere congedo) — Abschied nehmen 100
congedo per il caldo eccessivo — Hitzefrei *(senza art., sing.)* 64
congestionato — verstopft 55

congratularsi	gratulieren 29
congratulazioni	die Glückwunsch (¨e) 60
conoscenza (sapere)	die Kenntnisse *(pl.)* 99
conoscere	kennen 1, 16
conoscere (fare la conoscenza di qcn)	kennen/lernen 61
consegna (servizio di ~)	der Lieferservice *(sing.)* 41
consegnare	liefern 41
consiglio	der Tipp (s) 81
consumo	der Verbrauch 74
consumo calorico	der Kalorienverbrauch 74
contare	zählen 19
contemporaneamente	gleichzeitig 74
contento (essere ~)	sich freuen 25; sich freuen auf, 30, 82; sich freuen über 82
continuare	weiter/gehen 47
conto alla rovescia	der Countdown 82
contraddire	widersprechen 69, 94
contrario	umgekehrt 8
contratto	der Vertrag (¨e) 51
contro	gegen *(+ acc.)* 18
controllare	überprüfen 82
conversazione	das Gespräch (e) 73, 79
cordialmente	herzlich 30
correre	laufen 60
correttamente	richtig 95
corretto	richtig 46
Corsica	Korsika 34
corte principesca	der Fürstenhof (¨e) 81
cortese	höflich 80
cortesia	die Höflichkeit *(sing.)* 80
cortile (corte)	der Hof (¨e) 81
corto	kurz 38
corvo	der Rabe (n) 88
cosa *(sost.)*	die Sache (n) 73; das Ding (e) 79
cosa *(pron. interr.)*	was 9, 18; wo(r)- *(+ prep.)* 62
cosa che (ciò che) *(pron. rel.)*	was 73
così	so 16, 24, 31
così (affinché)	damit 85
Costanza (abitante di ~)	der Konstanzer (-) 51
Costanza (città)	Konstanz 10, 51
costare	kosten 4, 18
costruire	bauen 78
cotoletta	das Schnitzel (-) 57
cotoletta viennese	das Wiener Schnitzel (-) 57
creare	erstellen 93
credere	glauben 43

crescere	heran/wachsen 48
cucchiaino	der Teelöffel (-) 86
cucchiaio	der Löffel (-) 86
cucina	die Küche (n) 4, 15
cucinare	kochen 12
cugina	die Cousine (n) 67
cugino	der Cousin (s) 67
culmine	der Höhepunkt (e) 87
cultura	die Kultur *(sing.)* 100
cuocere al forno (pasticceria, pane)	backen 44
cuoco	der Koch (¨e) 10
cuore	das Herz (en) 52

D

d'accordo	einverstanden 89
da *(prep.)*	von *(+ dat.)* 32
da *(+ inf. sost.)*	zum (= zu + dem) 20
da (a partire ~)	ab *(+ dat. cfr. acc. o dat.)* 71
da *(compl. d'agente)*	von *(+ dat. - v. passivo)* 83
da *(compl. di causa efficiente)*	durch *(+ acc. - v. passivo)* 83
da (già ~)	als 37
da (presso) qcn *(compl. di luogo)*	bei *(+ dat.)* 37
da (provenienza)	aus *(+ dat.)* 2
da (temporale)	seit *(+ dat.)* 30, 41
da *(+ v. inf.)*	zu *(+ v. inf.)* 13
da… a …	von … bis … 32
dare	geben 18
dare del tu	duzen 5
data	das Datum (Daten) 78
dato che	da 94
davanti *(prep.)*	vor *(+ acc. o dat.)* 8
davanti *(avv.)*	vorne 39; davor 75
davvero	so 31
debito (di denaro)	die Schulden *(pl.)* 81
delizioso	lecker 44
denaro	das Geld *(sing.)* 73
dente	der Zahn (¨e) 58
dente di leone (fiore)	der Löwenzahn *(sing.)* 62
dentista	der Zahnarzt (¨e) 99
dentro	drinnen 75
desiderare *(Konj. II)*	mögen (möcht-) 17
design	das Design *(sing.)* 74
dessert	der Nachtisch (e) 36
destra (a ~)	rechts 16
dettaglio (piccolo ~)	die Kleinigkeit (en) 86

di *(+ compar. di maggioranza)*	als *(+ compar. di maggioranza)* 26, 48
di *(+ inf. sost.)*	zum (= zu + dem) 20
di *(+ v. inf.)*	zu *(+ v. inf.)* 26
diamante	der Diamant (en) 74
diario	das Tagebuch (¨er) 94
dicembre	der Dezember 24
dieta	die Diät (en) 36
dieta bikini	die Bikini-Diät (en) 36
dietro *(avv.)*	hinten 39; dahinter 75
dietro *(prep.)*	hinter *(+ acc. o dat.)* 56
differenza	der Unterschied (e) 75, 86
difficile	schwer 31; schwierig 100
difficile (la parte/cosa più ~)	das Schwierigste *(sing.)* 100
difficilmente	schwer 71
dimagrire	ab/nehmen 29
dimenticare	vergessen 13
dimissione	die Kündigung (en) 96
dimissioni (dare le ~)	kündigen 96
dipendere da	an/kommen auf *(+ acc.)* 46; ab/hängen von *(+ dat.)* 96
dire	sagen 5, 12, 15
direttamente	direkt 55
direttore d'orchestra	der Dirigent (en) 68
direzione (ufficio direttivo)	das Management *(sing.)* 64
diritto	das Recht (e) 64
diritto (avere il ~)	dürfen 18
dirotto (piovere a ~)	in Strömen regnen 65
disagio (danno)	die Entschädigung *(sing.)* 87
disciplina	die Disziplin *(sing.)* 51, 99
disciplinatamente	fleißig 99
discorso	die Rede (n) 88
discoteca	die Disko (s) 89
disegno	das Bild (er) 86
disordine	die Unordnung *(sing.)* 15
dispiacersi	leid/tun (jdm ~) 20, 50
disteso (essere ~) (in posizione orizzontale, sdraiato)	liegen 55
distributore automatico	der Automat (en) 64
disturbare	stören 69
ditta	die Firma (*pl.* Firmen) 34
divano	das Sofa (s) 95
diventare	werden 24, 48
diverso	verschieden 54
divertente	witzig 23
divertente (essere ~)	Spaß machen 97
divertimento	der Spaß *(sing.)* 78

divertire	Spaß machen 97
dividere	teilen 78
divieto	das Verbot (e) 93
divieto di usare il cellulare	das Handyverbot *(sing.)* 93
divisione	die Teilung (en) 78
dizionario	das Wörterbuch (¨er) 73
dizionario ortografico	das Rechtschreibwörterbuch (¨er) 73
documenti	die Papiere *(pl.)* 15, 25; die Unterlagen *(pl.)* 80
dolce	süß 82, 90
dolcetti	die Süßigkeiten *(pl.)* 82
dolore	Der Schmerz (en) 58
domanda	die Frage (n) 10
domanda di candidatura	die Bewerbungsunterlagen *(pl.)* 80
domani	morgen 19
domenica	der Sonntag (e) 20
domenica (la ~) (tutte le domeniche)	sonntags 66
donna	die Frau (en) 2
dopo *(avv.)*	danach 22, 75 ; nachher 57
dopo *(prep.)*	nach *(+ dat.)* 8, 40
dopo che	nachdem 78
dopodomani	übermorgen 30
dormiglione	der Spätaufsteher (-) 72
dormire	schlafen 3, 19
dormire fino a tardi	aus/schlafen 72
dottore (medico)	der Arzt (¨e) 12; der Doktor (en) 95 12
Dottore (titolo accademico)	Doktor 95
dove *(stato in luogo)*	wo 10
dove (da ~) *(moto da luogo)*	woher 2
dove (verso ~) *(moto a luogo)*	wohin 6
dovere *(v.)*	müssen 16; sollen 22
dritto *(avv.)*	geradeaus 16
dubbio	der Zweifel (-) 88
due volte	zweimal 57
durante *(prep.)*	während *(+ gen.)* 49
durare	dauern 33

E

e	und 1
è (+ orario)	es ist 19
e (+ orario)	nach (+ orario) 22
economico (a buon mercato)	billig 92
egli	er 1
egregio	geehrt 30

elegante	fein 74
e-mail	die E-Mail (s) 64
energia	die Energie *(sing.)* 90
entrare	herein/kommen 10; rein/kommen 83
entrata	der Eingang (¨e) 22
epoca	die Zeit (en) 81
eppure	trotzdem 90
errore	der Fehler (-) 68
esagerare	übertreiben 32
esame	die Prüfung (en) 94
esame (scuola, università...)	das Examen (*pl.* Examina) 60
esame di guida	die Fahrprüfung (en) 94
esaminatore	der Prüfer (-) 94
esaminatore di guida	der Fahrprüfer (-) 94
esattamente	genau 8
esatto	richtig 46
eschimese	der Eskimo (s) 37
escursione	der Ausflug (¨e) 66
esempio	das Beispiel (e) 31
esempio (per ~)	zum Beispiel (*abbrev.* z. B.) 31
esigere	verlangen 87
esitare	zögern 80
espressione	der Ausdruck (¨e) 50, 92
esprimere	aus/drücken 73
essere *(v.)*	sein 2, 3, 4, 9, 10, 11, 15, 16, 18, 22, 27, 38
essi/e	sie 6
esso/a	es *(n. nom.)* 6
estate	der Sommer (-) 32
estero (paese ~)	das Ausland *(sing.)* 37
età	das Alter *(sing.)* 29, 58
età (segni dell'~)	die Alterserscheinungen *(pl.)* 58
euro	der Euro (s) 4, 18
export (reparto ~)	die Exportabteilung (en) 99
extraterrestre *(sost.)*	der Außerirdische 79

F

fa (un anno fa)	vor *(+ dat.)* (vor einem Jahr) 45
faccia	das Gesicht (er) 83
facile	einfach 16; leicht 76
facilmente	leicht 76
falso	falsch 99
fame	der Hunger *(sing.)* 41
famiglia	die Familie (n) 8
famiglia (gruppo di ~)	die Familiengruppe (n) 93
famoso	bekannt 57

fantastico	toll 24; klasse 30; fantastisch 58
fare	machen 9, 15; tun 20, 50
fatto (di ~), infatti	nämlich 50
favola	das Märchen (-) 48
febbraio	der Februar 24
felice	glücklich 15, 37, 43
felicità	das Glück *(sing.)* 15
felice (strafelice)	überglücklich 43
fenice	der Phönix (e) 88
ferie	die Ferien *(pl.)* 6, 25
ferie (andare in ~)	in die Ferien fahren 6
fermare qcn	an/halten 60
fermarsi (con un veicolo)	an/halten 60
ferro	das Eisen 74
festa	das Fest (e) 54, 100; die Fete (n) 61
festa della birra di Monaco (Oktoberfest)	das Oktoberfest (e) 54
festeggiare	feiern 43, 50
festival	die Festspiele *(pl.)* 100
fiabesco	märchenhaft 67
figlia	die Tochter (¨) 29
figli	Kinder bekommen 37
figlio	der Sohn (¨e) 29
filiale	die Zweigstelle (n) 80
finalmente	endlich 9, 25
fine *(sost.)*	das Ende (n) 27
finestra	das Fenster (-) 94
finire	enden 54
finire (per ~)	zum Schluss 99
finito (essere ~)	zu Ende sein 27
fino (tempo e luogo)	bis 23
fino a	bis *(+ acc.)* 32; bis zu *(+ dat.)* 40
fiore	die Blume (n) 53
firmare	unterschreiben 78
fiume	der Strom (¨e) 65; der Fluss (¨e) 85
fiumi (a ~)	in Strömen 65
flauto	die Flöte (n) 81
fondare	gründen 45
forchetta	die Gabel (n) 93
foresta	der Wald (¨er) 88
forma (essere in forma)	fit (fit sein) 90
formaggio	der Käse (-) 13
formulare	formulieren 73
forno	der Ofen (¨) 82
forno (da cucina)	der Backofen (¨) 82
forte (ad alta voce, chiassoso)	laut 85

forte (che ha forza)	stark 32
fortuna	das Glück 6, 12, 15
fortunato (giorno ~)	der Glückstag (e) 72
fortunato *(agg.)*	glücklich 15
fortunato/a *(sost.)* (persona fortunata)	der Glückspilz (e) *(idiom.)* 6
forza	die Kraft (¨e) 90
foto	das Foto (s) 52; das Bild (er) 86 52
fotografo	das Fotograf (en) 53
fracasso (fare ~)	poltern 15
francese (abitante della Francia)	der Franzose (n) 54
francese (lingua)	das Französisch 23
Francia	Frankreich 65
frase	der Satz (¨e) 73
fratelli (fratelli e sorelle)	die Geschwister *(pl.)* 93
fratello	der Bruder (¨) 11
frattempo (nel ~)	inzwischen 95
freddo *(agg.)*	kalt 24
fresco *(agg.)*	frisch 100
frigorifero	der Kühlschrank (¨e) 92
frontiera	die Grenze (n) 74
frutta	das Obst *(sing.)* 13, 18; die Frucht (¨e) 13
fumare (sigaretta)	rauchen 23
fungo	der Pilz (e) 6
funzionare (andare bene)	klappen *(colloq.)* 96
funzionare (fare ~)	bedienen 74
fuoco	das Feuer *(sing.)* 25, 87
fuori (all'esterno)	draußen 75

G

gabinetto	das Klo (s) 94
gamba	das Bein (e) 68
garantire	garantieren 90
garofano	die Nelke (n) 62
gatto	die Katze (n) 57
genitori	die Eltern *(pl.)* 20
gennaio	der Januar *(sing.)* 24
gente	die Menschen *(pl.)* 43; die Leute *(pl.)* 51
gentile	lieb 94
geografia	die Erdkunde *(sing.)* 46
Germania	Deutschland 54
gettare	schmeißen 76
già	schon 19, 9
giacere	liegen 55

giallo	gelb 38
giapponese (abitante del Giappone)	der Japaner (-) 54
giapponese *(agg.)*	japanisch 45
giardino	der Garten (¨) 4
giocare	spielen 89
gioco	das Spiele (e) 100
gioia	die Freude *(sing.)* 52
giornale	die Zeitung (en) 92
giorno	der Tag (e) 5
giorni (di tutti i ~)	der Alltag *(sing.)* 73
giovane *(agg.)*	jung 11
giovane *(sost.)*	der Jugendliche (n) 44
giovedì	der Donnerstag (e) 20
gioventù	die Jugend *(sing.)* 44, 69
giramondo *(sost.)*	die Globetrotter/in (-/nen) 37
girare (a destra/a sinistra)	(rechts/links) ab/biegen 60
giro	die Runde (n) 46
giro (essere in ~)	unterwegs sein 66
giugno	der Juni *(sing.)* 24
giurare	schwören 88
giusto (adatto)	richtig 74
giusto (essere ~)	stimmen 15
gli *(art. det.)*	die 4
gli *(pron.)*	ihm *(sing. dat.)* 47; ihnen *(m. e f. pl. dat.)* 50
godere	genießen 27
gola	der Hals (¨e) 57
grammatica	die Grammatik *(sing.)* 95
grasso *(agg.)*	fettig 90; dick 93
gratuitamente	umsonst 67
grave	schlimm 73
grazie a *(compl. di causa efficiente)*	durch *(+ acc. + v. passivo)* 83
greco *(agg.)*	griechisch 65
gridare	rufen 87
grigio *(sost.)*	das Grau *(sing.)* 58
gruppo	die Gruppe (n) 66
gruppo di viaggio	die Reisegruppe (n) 66
gruppo industriale	der Konzern (e) 87
guadagnare	verdienen 81
guardare	schauen 31, 55
guardare con interesse/attenzione	sich etw. an/sehen 74
guerra	der Krieg (e) 78
guidare	fahren 6, 25
gusto	der Geschmack *(sing.)* 38

H

hamburger	der Burger (-) 41

I

i	die 4
idea	die Idee (n) 33; die Vorstellung (en) 74, 80
idea (non avere ~)	keine Ahnung haben *(idiom.)* 40
idea (pensiero)	der Gedanke (n) 59
ieri	gestern 30
il	der, die, das *(nom.)* 4; den *(m. acc.)*, die *(f. acc.)*, das *(n. acc.)* 15; dem *(m. e n. dat.)*, der *(f. dat.)* 25
il (+ data)	am (= an + dem) + *dat.* 24
illimitato	grenzenlos 79
immagine	das Bild (er) 86
imparare	lernen 1, 18
impermeabile	das Regencape (s) 85
importante	wichtig 71
importante (l'~)	Hauptsache 73
importare (non ~ a qcn)	jdm egal sein 33
importare (non importa in quale...)	egal in welch- *(+ dat.)* 50
impossibile	unmöglich 65
imprecare	fluchen 50
impressionare	beeindrucken 76
impressione	der Eindruck (¨e) 79
in	in *(+ acc. o dat.)* 6, 10
inatteso	unerwartet 86
inaugurazione	die Vernissage (n) 53
incantevole	stimmungsvoll 100
incarico	der Auftrag (¨e) 71
incontrare	treffen 20
incrocio	die Kreuzung (en) 60
indiano *(agg.)*	indisch 41
indirizzo	die Adresse (n) 88
indiscreto	indiskret 10
indovinare	erraten 81
infastidire	nerven 50
infatti	nämlich 50
infelice	unglücklich 15
infelicità	das Unglück 15, 65
infine	endlich 19; zum Schluss 99
inglese (lingua)	das Englisch *(sing.)* 23
ingrassare	zu/nehmen 29
iniziare	starten 80

inizio	der Anfang (¨e) 51
innamorarsi di	sich verlieben in *(+ acc.)* 37
innervosirsi	sich auf/regen 94
inoltre	außerdem 69
insegnamento	die Lehre (n) 88
insegnante *(f.)*	die Lehrerin (nen) 2
insegnante *(m.)*	der Lehrer (-) 20, 30
insegnare	bei/bringen 50, 92
insieme	zusammen 37; gemeinsam 81
insieme (riuniti, in compagnia)	beisammen 52
insopportabile	unerträglich 64
intendere (voler dire)	meinen 67
interessante	interessant 51
interessante da vedere	sehenswert 55
Internet	das Internet *(sing.)* 55
intorno (a)	um *(+ acc.)* 18, 37
intuizione	die Ahnung *(sing.)* 40
invece di *(+ v. inf.)*	(an)statt ... zu *(+ v. inf.)* 85
inverno	der Winter *(sing.)* 75
invertito	umgekehrt 8
invitare	ein/laden 20, 99
invitare (a bere una birra, un caffè)	auf ein Bier, einen Kaffee ein/laden 99
io	ich 1
ipocalorico	kalorienarm 86
irragionevole	unvernünftig 65
irresistibile	unwiderstehlich 85
isola	die Insel (n) 65
Italia	Italien 65
italiana (abitante)	Italienerin (nen) 54
italiano (abitante)	Italiener (-) 54
italiano *(agg.)*	italienisch 41

L

là (con allontanamento)	hin 62
la *(art. det.)*	der, die, das *(nom.)* 4; den *(m. acc.)*, die *(f. acc.)*, das *(n. acc.)* 15; dem *(m. e n. dat.)*, der *(f. dat.)* 25
la *(pron.)*	sie *(acc.)* 17
La *(cortesia)*	Sie *(acc.)* 17
laggiù	dort 39; da 16, 20
lago	der See (n) 66
lampada	die Lampe (n) 95
lanciare	werfen 76
lasciare	lassen 15; verlassen 89
lato	die Seite (n) 60

latte	die Milch *(sing.)* 76
lavaggio	das Waschen *(sing.)* 90
lavare	waschen 92
lavare (stoviglie)	spülen 92
lavarsi (fare il bagno in vasca)	sich baden 27
lavastoviglie	die Spülmaschine (n) 92
lavatrice	die Waschmaschine (n) 92
lavorare	arbeiten 3
lavorare (continuare a ~)	weiter/arbeiten 100
lavorare a pieno regime	auf Hochtouren arbeiten 82
lavoratore	der Arbeiter (-) 68
lavoro	der Job (s) 34; die Arbeit (en) 65
le *(art. det.)*	die 4
le *(pron.)*	ihr *(sing. dat.)* 47; sie *(pl. acc.)* 17
Le *(cortesia)*	Ihnen *(dat.)* 29
leggere	lesen 23
leggere (ad alta voce)	vor/lesen 95
leggere (interamente)	durch/lesen 94
leggermente	leicht 76
leggero	leicht 76
legno	das Holz (¨er) 61
lei	sie *(nom. e acc.)* 2
Lei *(cortesia)*	Sie *(nom. e acc.)* 5, 10
lei (a ~)	ihr *(dat.)* 47
Lei (a ~) *(cortesia)*	Ihnen *(dat.)* 29
Lei (dare del ~)	siezen 31
lemma	das Stichwort (¨er) 73
lentamente	langsam 25
letame	der Mist 15
lettera	der Brief (e) 93
lettera (dell'alfabeto)	der Buchstabe (n) 59
letto	das Bett (en) 39, 48
lettore	der Leser (-) 72
lezione (corso, classe)	der Unterricht (en) 30; die Lektion (en) 50, 99
lezione di guida	die Fahrstunde (n) 94
lezione di musica	der Musikunterricht *(sing.)* 81
lì	da 9
li *(pron.)*	sie *(acc.)* 17
libero	frei 39
libreria	die Buchhandlung (en) 69
libro	das Buch (¨er) 31
licenziamento	die Kündigung (en) 96
licenziare	jdm kündigen 96
licenziarsi	kündigen 45
lingua	die Sprache (n) 50

lingua di comunicazione quotidiana	das Alltagsgespräch (e) 73
lingua (libro di ~)	das Sprachbuch (¨er) 36
linguaggio colloquiale	die Umgangssprache *(sing.)* 50
linguista	der Sprachwissenschaftler (-) 73
liquore	der Schnaps *(sing.)* 86
lista	die Liste (n) 67
litigare	(sich) streiten 38, 82
litigare con qcn	mit jdm streiten 94
lo *(art. det.)*	der, die, das *(nom.)* 4; den *(m. acc.)*, die *(f. acc.)*, das *(n. acc.)* 15; dem *(m. e n. dat.)*, der *(f. dat.)* 25
lo *(pron.)*	ihn *(m. acc.)*, es *(n. acc.)* 17
località	die Gegend (en) 55
lontano	weit 89
loro	sie *(nom. e acc.)* 11, 17
loro (a ~)	ihnen *(dat.)* 11, 17
lotteria	die Lotterie (n) 34
luce	das Licht (er) 72
luglio	der Juli *(sing.)* 24
lui	er *(nom.)*, ihn *(acc.)* 12
lui (a ~)	ihm *(dat.)* 47
Luna	der Mond *(sing.)* 78
lunedì	der Montag (e) 20
lungo *(agg.)*	lang 29, 46
lungo *(prep.)*	an *(+ dat.)* ... entlang 85
lungo (a ~) *(avv.)*	lange 24
lungo (quant'è ~) *(interr.)*	wie lang (~ ist es) 46
lungo (quanto a ~) *(interr.)*	wie lange 47
luogo	der Ort (e) 55; die Stelle (n) 69
lupo	der Wolf (¨e) 57

M

ma	aber 3,10; doch 16, 19, 26
macchina (apparecchio)	die Maschine (n) 92
macchina (automobile)	der Wagen (-) 99
madre	die Mutter (¨) 31
madrelingua *(sost.)*	der Muttersprachler (-) 73
maggio	der Mai *(sing.)* 24
maglione	der Pulli (s) 38
magnifico	herrlich 27
Magonza	Mainz 87
mai	(nie)mals 62
maiuscola (A, B... ~)	großes (A, B ...) 59
malato	der Kranke (n) *(sost.)* 60; krank *(agg.)* 89
male (dolore) *(sost.)*	der Schmerz (en) 58

male (fare ~)	weh tun 50
male *(avv.)*	schlecht 17
mamma	die Mama (s) 33
mammina	die Mami (s) 33
mancare	fehlen 86
mancare (qcn a qcn) (sentire la mancanza)	jdn vermissen 86
manche (turno di gioco)	die Runde (n) 46
mangiare	essen 12, 13
mano	der Hand (¨e) 25
manometro	das Manometer (-) 86
mar Baltico	die Ostsee *(sing.)* 100
mare	die See (n) 66; das Meer (e) 83
Mare del Nord	die Nordsee *(sing.)* 66
margherita	die Margerite (n) 62
mari del sud	die Südsee *(sing.)* 83
marinato	sauer 71
marito	der Mann (¨er) 12
marrone	braun 34
martedì	der Dienstag (e) 20
marzo	der März 24
maschio (ragazzo)	der Junge (n) 60
mastro (maestro)	der Meister (-) 82, 88
materasso	die Matratze (n) 90
matita	der Stift (e) 92
matrimonio	die Hochzeit (en) 74
mattina	der Vormittag (e) 43
mattina (dalla ~ alla sera)	von morgens bis abends 66
mattina (la ~) (tutte le mattine)	morgens 66
mattiniero	der Frühaufsteher (-) 72
mattino	der Morgen (-) 13, 43
maturità (diploma)	das Abi, das Abitur 40
me	mich *(acc.)* 17
me (a ~)	mir *(dat.)* 18, 26, 38
meglio	besser 17, 22; am besten 53
meglio (c'è di ~)	es gibt Besseres 83
mela	der Apfel (¨) 18
meno (+ orario)	vor 22
meno... meno... *(compar.)*	je weniger ... desto/umso weniger 87
mentalità	die Mentalität (en) 80
mentalità lavorativa	die Arbeitsmentalität *(sing.)* 80
mentre	während 82; beim (= bei dem + *v. sost.*) 96 82
meraviglia	das Wunder (-) 15
meraviglioso	wunderschön 53
mercatino di Natale	der Weihnachtsmarkt (¨e) 100

mercato	der Markt (¨e) 51
mercoledì	der Mittwoch (e) 20
merda	die Scheiße *(sing.)* 92
mese	der Monat (e) 41
meta	das Ziel (e) 55
meta (di viaggio) preferita	das Lieblingsreiseziel (e) 55
metà	halb 19
meteo (bollettino ~)	der Wetterbericht (e) 32
metodo	die Methode (n) 90
metro	der Meter (-) 46
metro (metropolitana)	der U-Bahn *(sing.)* 79
metropolitana	die Untergrundbahn *(sing.)* 79
mettere via	weg/legen 93
mettersi in piedi (in posizione verticale)	sich stellen 52
mettersi in proprio	sich selbständig machen 96
mezz'ora	die halbe Stunde 19
mezza giornata	halbtags 72
mezzo/a (metà)	halb 19
mezzo (strumento)	das Mittel (-) 69, 79
mezzogiorno	der Mittag (e) 43
mi *(pron.)*	mich *(acc.)*; mir *(dat.)*; mich *(rifl.)* 17, 18, 26, 38
migliore (il/la ~)	der, die, das beste 40
migliore... migliore... *(compar.)*	je besser ... desto/umso besser 87
mille	das Tausend (e) 87
minuscola (a, b... ~)	kleines (a, b ...) 59
minuto (ora)	die Minute (n) 33
mio/mia, miei/mie *(agg.)*	mein/e 8, 18, 20, 26
mio/mia (il/la ~) *(pron.)*	meiner/meine/meins 92
mobile *(agg.)*	mobil 79
moda (alla ~)	modisch 38
modello	das Modell (e) 74
molto	viel (quantità) 3, 13; sehr (intensità) 9, 12, 30
momento	der Moment (e) 27; die Zeit *(sing.)* 55
Monaco	München 51
mondo	die Welt (en) 33, 37
montagna	der Berg (e) 66
morire	sterben 41, 81
mostrare	zeigen 94
motivare	motivieren 66
motivato (con motivazione)	motiviert 100
movimento (esercizio fisico)	die Bewegung *(sing.)* 85
mugnaio	der Müller (-) 10
multa	das Bußgeld *(sing.)* 83

muro (esterno)	die Mauer (n) 43
muro (interno, parete)	die Wand (¨e) 48
musica	die Musik *(sing.)* 81

N

nascita	die Geburt (en) 24, 81
naso	die Nase (n) 50
Natale	Weihnachten (-) 67
nato (essere ~)	geboren sein 37
natura	die Natur *(sing.)* 65
nave	das Schiff (e) 78
navigare su Internet	surfen 55
né... né...	weder ... noch ... 50
necessario	notwendig 58; nötig 85
negativo *(agg.)*	negativ 96
negozio	das Geschäft (e) 69
neonato	das Baby (s) 60
nero *(sost.)*	das Schwarz *(sing.)* 39
nervo	der Nerv (en) 50
nervoso	nervös 94
nessuno/a	kein/e 5, 15, 20; niemand 53
neve	der Schnee *(sing.)* 67
nevicare	schneien 67
niente	nichts 1, 15
niente (per ~)	gar *(+ neg.)* 62, 96
Nilo	der Nil 46
nipote (di nonni) *(f.)*	die Enkelin (nen) 44
nipote (di nonni) *(m)*	der Enkel (-) 52
nipote, nipotino/a (di nonni) *(m./f.)*	das Enkelkind (er) 44
no	nein 11; ne/nee 50; nö 50
noce	die Nuss (¨e) 61
noi	wir *(nom.)*, uns *(acc.)* 5, 9
noi (a ~)	uns *(dat.)* 37
noie (guai)	der Ärger *(sing.)* 68
noleggiare (prendere a noleggio)	mieten 55
nome	der Vorname (n) 8; der Name (n) 8, 16
nome di famiglia	der Familienname (n) 8
non	nicht 13, 15
non solo	bloß 72
non solo... ma anche	nicht nur ... sondern auch 93
non... più	kein/e ... mehr 20
nonna	die Oma (s) 48
nonnina	die Omi (s) 48
nonnino	der Opi (s) 48
nonno	der Opa (s) 48

nostro/a, nostri/e	unser/e 29, 46
notiziario (notizie)	die Nachrichten *(pl.)* 64
notte	die Nacht (¨e) 19
novembre	der November 24
nozze d'oro	die Goldhochzeit *(sing.)* 74
nozze d'argento	die Silberhochzeit *(sing.)* 74
nozze di diamante	die Diamanthochzeit *(sing.)* 74
numero	die Nummer (n) 32
numero di cellulare	die Handynummer (n) 17
numero di telefono	die Telefonnummer (n) 17
numeri (dare i ~)	spinnen 50
nuocere	schaden 85
nuotare	schwimmen 23
nuovo	neu 2; 18 18
nuovo (di ~)	schon wieder 36, 72; wieder 72
nuvola	die Wolke (n) 37

O

o *(cong.)*	oder 3
o..., o/oppure...	entweder ... oder 62
obbedire	hören (etw.) 88
obiezione (niente obiezioni)	keine Widerrede 95
occasione (circostanza)	die Gelegenheit (en) 29, 100
occasione (evento)	der Anlass (¨e) 74
occhiali	die Brille *(sing.)* 89
occhio	das Auge (n) 26
odorare	riechen 86
odore	der Geruch (¨e) 88
offrire	an/bieten 44; bieten 79
oggi	heute 6, 27
oggi (di ~) (odierno)	heutig 78
ogni	jeder/jede/ jedes 54
Oktoberfest (festa della birra di Monaco)	das Oktoberfest (e) 54
oltre (più di)	über 94
ometto/omino (uomo piccolo)	das Männchen (-), das Männlein (-) 19
onestamente	ehrlich 66
opera (d'arte) (lavoro)	das Werk (e) 81
opera musicale	die Oper (n) 81
operazione (chirurgica)	die Operation (en) 83
oppure	oder 31
ora (a quest'~)	um die Uhrzeit 69
ora (non vedere l' ~)	sich freuen auf *(+ acc.)* 30, 82
ora (orario)	die Uhrzeit (en) 60, 69
ora/e	Uhr 19

ora/e (che ~ è/sono) *(interr.)*	wie viel Uhr ist es, wie spät ist es 19
ora/e (a che ~) *(interr.)*	um wie viel Uhr 22
ora intera (60 minuti)	die Stunde (n) 19
ordinare (al ristorante, ecc.)	bestellen 54
ordine	die Ordnung *(sing.)* 15, 33
orecchio	das Ohr (en) 58
originale (in versione ~)	im Original 73
originale *(agg.)*	original 57
ormai (già)	schon 9
oro *(sost.)*	das Gold *(sing.)* 74
orologio	die Uhr (en) 74
orso	der Bär (en) 57
osare	sich trauen 62
ospedale	das Krankenhaus (¨er) 60
ospite (che è invitato)	der Gast (¨e) 86
ospite (che invita) *(m.)*	der Gastgeber (n) 86
ospite (che invita) *(f.)*	die Gastgeberin (nen) 86
osservare	beobachten 79
ostello	die Herberge (n) 69
ostello della gioventù	die Jugendherberge (n) 69
ottenere	erhalten 74
ottimo	toll 45
ottobre	der Oktober 24
ovest *(sost.)*	der Westen *(sing.)* 43
ovunque	überall 79

P

padre	der Vater (¨) 31
paese	das Land (¨er) 37
pagare	zahlen 25, 34
pagina web	die Internetseite (n) 97
paio	das Paar (e) 52
pancia	der Bauch (¨) 58
pane	das Brot (e) 13
panetteria	die Bäckerei (en) 82
panetteria di Natale	die Weihnachtsbäckerei (en) 82
panettiere	der Bäcker (-) 82
panettiere (apprendista ~)	der Bäckergeselle (n) 82
panettiere (mastro ~)	der Bäckermeister (-) 82
panico	die Panik *(sing.)* 73
panino	das Brötchen (-) 53
panino al pesce	das Fischbrötchen (-) 53
panna	die Sahne *(sing.)* 36
panorama	das Panorama (*pl.* Panoramen) 61
pantaloni	die Hose (n) 94

papà	der Papa (s), der Papi (s) 33
parcheggiare	parken 23
parcheggio	Parken 23
parete (muro interno)	die Wand (¨e) 48
parlare	sprechen 17; reden 68
parlare (di)	sprechen über *(+ acc.)* 93
parola	das Wort (¨er) 50; das Wort (e) 51
parte *(sost.)*	der Teil (e) 50
parte (da ~ di)	von *(+ dat.)* 32
parte (di un insieme)	das Teil (e) 50
parte (fare ~ di)	gehören zu *(+ dat.)* 55
partenza	die Abreise *(sing.)* 75
particolare *(agg.)*	besondere (r/s) 52
particolarmente	besonders 85
partire	fahren 6; los *(part. sep. + v. modale)* 9; los/fahren 24; los/kommen 85; weg/gehen 93
partito (essere ~)	weg sein 43, 93
Pasqua	Ostern (-) 67
passaporto	der Pass (¨e), der Reisepass (¨e) 26
passare col rosso	über Rot fahren 83
passare (allungare/dare)	herüber/reichen (*forma contratta:* rüberreichen) 86
passare (tempo)	vergehen 40, 45
passare (vacanza, giornata)	verbringen 55
passatempo	das Hobby (s) 72
passato	die Vergangenheit *(sing.)* 75
passeggero	der Passagier (e) 75
pasto	das Essen *(sing.)* 12; die Mahlzeit (en) 86
patatine fritte	die Pommes Frites *(pl.)* 57
patente	die Autopapiere *(pl.)* 15
patria	die Heimat (en) 37
paura	die Angst (¨e) 33
pavimento	der Boden (¨) 52
peccato *(esclam.)*	schade 27
pecora	das Schaf (e) 19
pecorella	das Schäfchen (-) 19
peggio (c'è di ~)	es gibt Schlimmeres 83
pena (fare ~)	leid/tun 50
pensare	meinen 38, 55
pensare (qcs di qcs)	etw. von etw. (dat) halten 100
pensare a	denken an *(+ acc.)* 27
pensiero (idea)	der Gedanke (n) 59
Pentecoste	Pfingsten (-) 67
penultimo	vorletzte (r/s) 99
pepe	der Pfeffer *(sing.)* 86

per	für *(+ acc.)*, durch *(+ acc.)* 18
per (+ festività) (per Natale)	über (über Weihnachten) 67
per *(+ v. inf.)*	zum (= zu + dem) + *v. inf.* 20
per *(+ sost.)*	zum (= zu + dem) + *v. sost.* 20
per *(+ v. inf.)*, al fine di	um ... zu 50
per questo	dazu 39
pera	die Birne (n) 18
perché (nelle domande)	warum 16; wieso 36, wozu 85
perché (nelle risposte)	denn 57, weil 58
perciò	deshalb 89
perdere	verlieren 73, 88
perdere (aereo, treno, film...)	verpassen 26
perdersi (a piedi)	sich verlaufen 60
perdersi (sbagliare strada con un veicolo)	sich verfahren 60
perfetto *(agg.)*	perfekt 22
pericoloso	gefährlich 87
perlomeno	zumindest 57
permesso (avere il ~)	dürfen 18
permesso di soggiorno	die Aufenthaltsgenehmigung (en) 51
persino	sogar 34
persona	die Person (en) 31, 67
persona (essere umano)	der Mensch (en) 43
personalmente	persönlich 64
persone (esseri umani)	die Menschen *(pl.)* 43
pesante	schwer 82
pescatore	der Fischer (-) 10, 65
pesce	der Fisch (e) 53
pettinatura	die Frisur (en) 58
pezzo	das Stück (e) 13, 44
piacere *(sost.)*	das Vergnügung *(sing.)* 57
piacere *(v.)*	gefallen 38; mögen 58; Spaß machen 97
piacere *(+ v. inf.)*	v. + gern 54
piacevole	angenehm 75
pianeta	der Planet (en) 79
piangere	weinen 88
piano (edificio)	der Stock *(pl.* Stockwerke) 80
piano (silenziosamente) *(avv.)*	leise 39
piatto	der Teller (-) 15
piatto (pietanza)	das Gericht (e) 71
piatto del giorno	das Tagesgericht (e) 71
piazza	der Platz (¨e) 51
piazza del mercato	der Marktplatz (¨e) 51
piccolo (bambino ~) *(sost.)*	der/die/das Kleine (n) 52
piede	der Fuß (¨e) 61
pieno, completo (di parcheggio)	vollgeparkt 23

pieno *(agg.)*	voll 23
pifferaio	der Pfeiffer (-) 10
pigro	faul 3, 44
pioggia	der Regen *(sing.)* 32
Piovere	regnen 50
piscina	das Schwimmbad (¨er) 89
pista ciclabile	der Radweg (e) 85
più	mehr 26; mehrere 31
più di tutto	am liebsten 65; am meisten 66
più (non ~)	nicht mehr 24
più di	über 94
più... più...	je (+ comparativo) ... desto/umso (+ comparativo) 87
piumaggio	das Gefieder *(sing.)* 88
piuttosto	eher 79
pizza	die Pizza (-) (s) 41
po' (un ~)	etwas 11, 50; ein bisschen 62
poco	wenig 3, 13
poco (troppo ~)	zu wenig 3
poiché	denn 57
polizia	die Polizei *(sing.)* 23
Polizia popolare	die Volkspolizei *(sing.)* 43
poliziotto	der Polizist (en) 60
polizza d'assicurazione sulla vita	der Lebensversicherungsvertrag (¨e) 51
poltrona	der Sessel (-) 95
pomeriggio	der Nachmittag (e) 43
popolo	das Volk (¨er) 43
porta	die Tür (en) 55, 82
portare	bringen 15; tragen 23, 29
portare (condurre)	aus/führen 57
porto	der Hafen (¨) 60
positivo (lato ~)	das Positive *(sing.)* 79
posizionare	auf/stellen 95
possibile	möglich 65
posta (ufficio postale)	die Post *(sing.)* 96
posto	der Platz (¨e) 10; die Stelle (n) 80; der Ort (e) 40
potere *(v.)* (avere il permesso/il diritto)	dürfen 18, 23
potere *(v.)* (avere la capacità)	können 5, 9, 17
povero	arm 81
povertà	die Armut *(sing.)* 81
pratico	praktisch 41, 94
prato	die Wiese (n) 54
preciso	genau 74
preferire *(+ v. inf.)*	*v. inf.* + lieber 54

preferire *(superlativo)*	am liebsten 65
preferito *(sost.)*	Lieblings- 55
prego	bitte 10
premere	drücken 74
premio	der Preis (e) 68
prendere	nehmen 10
prendere (andare a ~)	holen 68
prendere (passare a ~)	ab/holen 22
prendersela con qcn/per qcs	sich über jdn/etw. auf/regen 68
prendersi la giornata libera	sich den Tag frei/nehmen 96
prenotare	buchen 34; reservieren 59, 99
prenotazione	die Reservierung (en) 59
prenotazione di un tavolo (ristorante) *(sost.)*	die Tischreservierung (en) 59
preparare	vor/bereiten 69
presentare (a qcn qcn)	vor/stellen (jdm jdn) 97
presentazione	die Vorstellung (en) 76
presentimento	die Ahnung *(sing.)* 40
pressappoco	etwa 88
presso (qcn)	bei *(+ dat.)* 37
presto *(avv.)*	früh 9; bald 40 9
prevedere (aspettarsi)	rechnen mit *(+ dat.)* 87
prezzo	der Preis (e) 66
prezzo (idea di ~)	die Preisvorstellung (en) 74
prima *(avv.)*	früher 44; davor 75;
prima che *(cong.)*	bevor 23, 68
prima *(cong.)*	vor *(+ acc. o dat.)* 8
prima o poi	irgendwann 92
primavera	der Frühling 75
primo (per ~) (per prima cosa)	zuerst 64; erstmal 71
primo (per ~) elenco	zum Ersten 39
primo/a *(agg.)*	erste (r/s) 30
principale (la cosa ~) (l'importante)	Hauptsache 73
principe	der Fürst (e) 81
privato *(agg.)*	privat 34
problema	das Problem (e) 4
profilo	das Profil (e) 80
progresso	das Fortschritt (e) 50
proiettore	der Projektor (en) 95
promettente	vielversprechend 80
pronipote (di nonni) *(f.)*	die Urenkelin (nen) 52
pronipote (di nonni) *(m.)*	der Urenkel (-) 52
pronipote (di nonni) *(m./f.)*	das Urenkelkind (er) 52
pronto (finito)	fertig 66; bereit 82
pronunciare	aus/sprechen 51

proporre	bieten 39; vor/schlagen 41, 85
proposito	der Vorsatz (¨e) 18
proposito (a proposito di)	über *(+ acc.)* 38
proposta	der Vorschlag (¨e) 41
proprio (esattamente)	gerade 80
proprio (mettersi in proprio)	sich selbständig machen 96
prossimo *(agg.)*	nächste (r/s) 20
provare	versuchen 19
proverbio	das Sprichwort (¨er) 85
prudente	vorsichtig 96
pub	die Kneipe (n) 97
pub per studenti	die Studentenkneipe (n) 97
pulizia	die Sauberkeit *(sing.)* 51
punto	der Punkt (e) 83
puntuale	pünktlich 80
puntualità	die Pünktlichkeit 47
purtroppo	leider 17

Q

qua	da 9
qualche (un paio)	ein paar 52
qualche parte (da ~)	irgendwo 92
qualcosa	etwas (*forma contratta:* was) 11, 24, 62; was *(colloq.)* 71
qualcosa così/di questo genere	so etwas (*forma contratta:* sowas) 24
qualcun altro	jemand anders 47
qualcuno	jemand 47
quale	welch- 29, 83
qualsiasi/qualunque/qualche	irgend- 92
qualsiasi/qualunque/qualche (uno/una/un ~) *(agg.)*	irgendein/irgendeine 92
qualsiasi/qualunque (persona ~)	irgendwer 92
quando *(cong.)*	wenn (azione ricorrente) 31; als (azione svolta nel passato) 44
quando *(interr.)*	wann 20
quanto/a, quanti/e *(interr.)*	wie viel/e 46
quarto	das Viertel (-) 22
quarto d'ora	die Viertelstunde (n) 47
quasi	fast 53
questo/a	das 2, 15; es 4; dieser/diese/dieses 45, 48
qui	hier 2, 23; da 9
qui (avvicinamento)	hierher 23, 86
quindi	eigentlich 32
quiz	das Quiz (-) 46
quotidiano (di tutti i giorni)	Alltags- 73

R

rabbia (noia, irritazione)	der Ärger *(sing.)* 68
raccontare	erzählen 45
raffinato *(agg.)*	fein 74
raffreddare	kühlen 92
ragazza	das Mädchen (-) 19
ragazzi	Jungs *(pl. - colloq.)* 79
raggiungere	erreichen 71, 87
ragione (avere ~)	recht haben 11
ragionevole	vernünftig 65
rallegrarsi	sich freuen 25
ramo	der Zweig (e) 80
rana	der Frosch (¨e) 57
rapporto (messaggio)	der Bericht (e) 32
raramente	selten 65
re	der König (e) 80
realtà	die Realität *(sing.)* 65
realtà (in ~)	eigentlich 24
reciprocamente	einander (o *prep.* + einander) 79
regalo	das Geschenk (e) 74
regina	die Königin (nen) 48
relazione	der Umgang *(sing.)* 50
renano	rheinisch 87
Reno	der Rhein *(sing.)* 10, 59
reparto	die Abteilung (en) 75
Repubblica Democratica Tedesca (RDT)	die Deutsche Demokratische Republik *(sing.)* *(abbrev.* DDR) 78
Repubblica Federale Tedesca (RFT)	die Bundesrepublik Deutschland *(sing.)* *(abbrev.* BRD) 78
restare	bleiben 11
restare sdraiati (a letto)	(im Bett) liegen bleiben 72
riattaccare (telefono)	auf/legen 72
ricco	reich 61
ricevere	bekommen 37; erhalten 81
ricevere (accogliere)	empfangen 59
richiamare (attirare)	an/locken 54
ricominciare	wieder los/gehen 82
ricompensa	die Belohnung (en) 95
ricordarsi di	sich erinnern an *(+ acc.)* 61
ricordare qcs (tenere a mente)	sich etwas merken 88
ricordare qcs a qcn (far venire in mente qcs a qcn)	jn an jn/etwas erinnern an *(+ acc.)* 61
ricordo/i *(sost.)*	die Erinnerung (en) 37
ricreazione	die Pause (n) 95
ridere	lachen 88

riflettere su qcs (pensarci sopra)	überlegen 59; nach/denken (über) *(+ acc.)* 65
riflettersi	sich wider/spiegeln 94
rinnovare (edificio)	um/bauen 90
rinomato	angesehen 73
rinunciare a	verzichten auf *(+ acc.)* 90
riordinare	auf/räumen 15
riparazione	die Reparatur (en) 92
ripassare	wiederholen 100
ripetere	wiederholen 89
rischiare	wagen 62
rispondere	antworten 48
risposta	die Antwort (en) 46
ritardo	die Verspätung *(sing.)* 80
ritornare	wieder/kommen 89
ritorno (di ~)	zurück 89
ritrovare	wieder/finden 89
riunificazione	die Wiedervereinigung *(sing.)* 78
riuniti insieme	beisammen 52
riuscire	schaffen 99
rivedere	wieder/sehen 89
roccia	der Felsen (-) 67
Roma	Rom 45
rompere	kaputt machen 15; knacken 61 15
rosa	die Rose (n) 62
rosso	rot 38
rotto	kaputt 15
rovescio di pioggia	der Regenfall (¨e) 32
ruota	das Rad (¨er) 71
russo (lingua)	das Russisch *(sing.)* 2

S

sabato	der Samstag (e) 20
sabbia	der Sand *(sing.)* 65
sabbiosa (spiaggia ~)	der Sandstrand (¨e) 65
sacco	der Sack (¨e) 82
salario	das Gehalt (¨er) 80
salario ideale	die Gehaltsvorstellungen *(pl.)* 80
saldi	der Ausverkauf *(sing.)* 38
sale	das Salz *(sing.)* 86
salire (aumentare) (prezzo)	steigen 66
salire (su un bus, treno)	in den Bus, Zug steigen 66
Salisburgo	Salzburg 81
salotto	das Wohnzimmer (-) 15
salsiccia	die Wurst (¨e) 13

salsiccia alla griglia	die Bratwurst (¨e) 76
salutare (dare il saluto)	grüßen 97
saluto	der Gruß (¨e) 30
salvare	retten 83
San Nicola	der Nikolaus *(sing.)* 82
San Pietroburgo	Sankt Petersburg 2
sano *(avv.)*	gesund 18
sapere *(sost.)* (conoscenza)	das Wissen *(sing.)* 78
sapere *(v.)*	können 23; wissen 26, 46
sapore (avere il ~/un ~ di)	schmecken 12
saporito (essere ~)	gut schmecken 12
sarto	der Schneider (-) 10
sbagliare strada (a piedi)	sich verlaufen 60
sbagliare strada (con un veicolo)	sich verahren 60
sbagliato	falsch 99
sbaglio	der Fehler (-) 68
sbrigarsi	sich beeilen 33
scalare (una montagna)	auf einen Berg steigen 66
scaldare	erhitzen 82
scaricare (file, dati)	downloaden 6
scaricare	aus/laden 23
scarpa	der Schuh (e) 93
scendere (dal letto, treno, auto)	aus dem Bett, Bus, Zug steigen 66
scendere (da un veicolo)	aus/steigen 72
scenziato	der Wissenschaftler (-) 73
schiena	der Rücken (-) 58
schiena (mal di ~)	die Rückenschmerzen *(pl.)* 58
sciocchezza	der Quatsch *(sing.)* 16
scolare (svuotare)	aus/trinken 72
scricchiolare	knacken 61
scritto (esserci ~)	stehen 23
scrivere	schreiben 71
scrivere correttamente (ortografia)	rechtschreiben 73
scuola	die Schule (n) 40
scura (una ~) (birra)	ein Dunkles *(sost. n.)* 54
scuro	dunkel 60, 93
scusare	entschuldigen 69
sdraiato (essere ~) (in posizione orizzontale)	liegen 55
se *(cong. sub.)*	wenn 29
se *(cong. interr.)*	ob 62
se *(pron. rifl. dat.)*	sich 68
sebbene	obwohl 89
secchio	der Eimer (-), der Kübel (-) 65
secco	trocken 64
secolo	das Jahrhundert (e) 39

secondo (per ~) (elenco)	zum Zweiten 39
secondo (tempo)	die Sekunde (n) 46
sedersi	sich setzen 52
sedia	der Stuhl (¨e) 95
sedere, essere seduto	sitzen 52
seguente	folgend 71
seguire	folgen 29
seguire bene/male	gut/nicht gut mit/kommen 78
semaforo	die Ampel (n) 60
sembrare	scheinen 53
sembrare (buono/non buono)	sich gut/nicht gut an/hören *(idiom.)* 79; gut/nicht gut klingen 55
semplice *(avv.)*	einfach 74
semplicemente	einfach 85
sempre	immer 5, 11, 16
sentire qcs	etw. hören 17
sentire (farsi ~)	sich melden 66
sentire (sensazione)	spüren 72
sentirsi	sich fühlen 24, 30
senza	ohne *(+ acc.)* 1, 18
senza *(+ v. inf.)*	ohne zu *(+ v. inf.)* 80
senza che	ohne dass 80
sera	der Abend (e) 41, 43
sera (la/di ~) (tutte le sere)	abends 66
seriamente	ernsthaft 65
servizio	der Service *(sing.)* 41
sete	der Durst *(sing.)* 41
settembre	der September *(sing.)* 24
settimana	die Woche (n) 20, 41
settimana (fine ~)	das Wochenende (n) 67
Seychelles (le isole ~)	die Seychellen *(pl.)* 83
sfarzoso	prachtvoll 100
sfilata (carri allegorici)	der Umzug (¨e) 87
sfinire	fertig machen 66
sfoglia (pastasfoglia)	der Teig (e) 82
sfortuna	das Unglück *(sing.)* 15, 65; das Pech *(sing.)* 32, 83
sfortuna (avere ~)	Pech haben 32
sfortunato *(agg.)*	unglücklich 15
sforzo	die Mühe (n) 1
sfruttare	nutzen 81
sguardo	der Blick (e) 61
shampoo	das Shampoo (s) 90
shopping (fare ~)	shoppen 38
sì	ja 1, 9; doch 36
si (impersonale)	man 12

si (riflessivo)	sich *(pron. rifl. m. e f. sing. e pl.)* 33, 68
si… (l'uno con l'altro, reciprocamente)	einander (o *prep.* + einander) 79
sì e no	jein *(idiom.)* 50
sia… sia/che…	sowohl … als auch … 81
sicuramente	bestimmt 24
sicuro *(agg.)*	sicher 16
sicuro (andare a colpo ~)	auf Nummer sicher gehen *(idiom.)* 32
signora	die Frau (en) 19; Frau 29; die Dame (n) 30, 39
signore	der Herr (en) 16, 31, 39
signorina *(desueto)*	das Fräulein (-) 19
silenzio	die Ruhe *(sing.)* 3
silenzioso	leise 39
sillabare	buchstabieren 59
simpatico	nett 30
sinfonia	die Symphonie (n) 81
sinistra (a ~)	links 16
slang	die Umgangssprache *(sing.)* 50
smartphone	das Smartphone (s) 79
smettere	auf/hören 95
sobrio	schlicht 74
soddisfatto	zufrieden 48, 90
soddisfatto di	zufrieden (mit) *(+ dat.)* 90
soffrire di	leiden an *(+ dat.)* 90
soggiorno	der Aufenthalt (e) 51
sognare	träumen 72, 83
sogno	der Traum (¨e) 27
solamente	nur 23
sole	die Sonne *(sing.)* 83
solito (di ~)	meistens 59
sollevare	heben 91
solo (da ~) (senza nessuno)	allein 62
solo (soltanto)	nur 31, nur noch 82
solo non, non (~)	bloß nicht 72
solo/soltanto… (non… che)	erst 69
somigliante	ähnlich 47
sondaggio	die Umfrage (n) 51
sono (+ orario)	es ist 19
sopra	über *(+ acc. o dat.)* 37, 53
soprattutto	vor allem 55
sorella	die Schwester (n) 11, 31
sorpassare (un veicolo)	überholen 59
sorprendere	überraschen 59
sorpresa	die Überraschung (en) 22
sorridere	lächeln 52

sottile	dünn 90
sotto *(prep.)*	unter *(+ acc. o dat.)* 56
sottolineare	unterstreichen 78
spagnolo (lingua)	das Spanisch *(sing.)* 23
specchietto	das Spieglein (-) 48
specchio	der Spiegel (-) 48
speciale *(agg.)*	besondere (r/s) 52
speciale *(avv.)*	besonders 52, 85
specialità	die Spezialität (en) 69
spegnere (luce o apparecchio elettronico)	aus/schalten 47; aus/machen 72; aus/gehen 92
spendaccione *(agg.)*	verschwenderisch 81
spendere (denaro)	aus/geben 74
sperare	hoffen 58
speriamo che	hoffentlich 83
spesa (andare a fare la ~)	einkaufen gehen 99
spesso	oft 12
spezzare	knacken 61
spiaggia	der Strand (¨e) 34, 55
spiaggia privata	der Privatstrand (¨e) 34
spiaggia sabbiosa	der Sandstrand (¨e) 65
spiegare	erklären 95
splendere	scheinen 53
sport	der Sport *(sing.)* 58
sposarsi	heiraten 29
sposato	verheiratet 2
spumante	der Sekt (e) 43
stagione	die Jahreszeit (en) 65
stagista	der Trainee (s) 99
stanco	müde 3, 19
stare (bene) a qcn (abito, pettinatura)	jm (gut) stehen 38
stare in piedi (in posizione verticale)	stehen 52
Stati Uniti	die Vereinigten Staaten *(pl.)*, die Staaten *(pl. - colloq.)* 89
Stato (Paese)	der Staat (en) 78
Stato federale	das Bundesland (¨er) 40
stazione	der Bahnhof (¨e) 31
stazione centrale	der Hauptbahnhof (¨e) 73
stesso (lo ~) (la stessa cosa)	das Gleiche *(sing.)* 58
stesso/a (in persona)	selbst 48
stesso/a/i/e (lo/la/gli/le ~)	derselbe/dieselbe/dasselbe/dieselbe(n) 94
stile	der Stil (e) 74
stiloso	gestylt 76
stipendio	das Gehalt (¨er) 34

stivale	der Stiefel (-) 82
stomaco	der Magen (¨) 71
storia	die Geschichte (n) 78
storto (andare ~)	schief/laufen, schief/gehen 89
strada	die Straße (n) 10; der Weg (e) 16
strada (essere per ~)	unterwegs sein 66
strano	komisch 27
strapieno	überfüllt 55
stressante	anstrengend 66
studente	der Schüler (-) 87; der Student (en) 97
studentessa	die Schülerin (nen) 87
studiare	studieren 94
stupido *(agg.)*	dumm 94
stupire	staunen 93
su	auf *(+ acc. o dat.)* 17; an *(+ acc. o dat.)* 55
subito	sofort 9, 27; gleich 33
succedere (accadere)	passieren 68
succo	der Saft (¨e) 90
succo di frutta	der Obstsaft (¨e) 90
sud (il ~)	der Süden *(sing.)* 32
Suo/Sua, Suoi/Sue *(cortesia - agg.)*	Ihr/e 10, 25
suo/sua, suoi/sue (di lei)	Ihr/e 11
suo/sua, suoi/sue (di lui)	sein/e 11, 17
suonare (suono, voce)	klingen 72
suonare (telefono, porta)	klingeln 72
super	top 76
supermercato	der Supermarkt (¨e) 41
sveglia	der Wecker (-) 72
svegliarsi (non ~ in tempo)	verschlafen 47
Svevia (regione)	Schwaben 69
svevo *(agg.)*	schwäbisch 69

T

taglia (abbigliamento)	die Größe (n) 29
Tahiti	Tahiti 34
talmente	so 31
talvolta (a volte)	manchmal 89
tanto	viel 18
tanto (così ~)	so viel 18, 65
tanto meglio	umso besser 57
tappezzeria	die Tapete (n) 83
tardi	spät 9
tardi (più ~)	später 11
tardi (un po' più ~)	etwas später 11
tasto (tastiera)	die Taste (n) 74

tavolo	der Tisch (e) 53, 59
taxi	das Taxi (s) 66
tazza	die Tasse (n) 15
tè	der Tee (s) 13
te	dich *(acc.)* 17
te (a ~)	dir *(dat.)* 17
teatro	das Theater (-) 89
tecnologia (alta ~)	das/die Hightech 74
tedesco (lingua)	das Deutsch *(sing.)* 1, 18
tedesco (non ~)	der Nichtdeutsche (n) 54
tedesco *(agg.)*	deutsch 25
telefonare	telefonieren 74
telefono (apparecchio)	das Telefon (e) 17
telefono fisso	das Festnetz *(sing.)* 47
telespettatore	der Zuschauer (-) 51
telespettatrice	die Zuschauerin (nen) 51
televisione	das Fernsehen *(sing.)* 51; der Fernseher (-) 80
temperatura	die Temperatur (en) 32
tempesta	der Sturm (¨e) 87
tempi (i ~)	die Zeiten *(pl.)* 44
tempio	der Tempel (-) 66
tempo	die Zeit *(sing.)* 20
tempo (meteorologico)	das Wetter *(sing.)* 32
tempo (quanto ~) *(interr.)*	wie lange 47
tempo di marzo	das Aprilwetter 85
tenere	halten 50
tenere libero (un posto, un tavolo)	frei halten (Platz, Tisch) 71
terme	die Kur (en) 86
terminato	fertig 66
Terra	die Erde *(sing.)* 79
terra (suolo)	der Boden (¨) 52
terrazza	die Terrasse (n) 59
terrestre	irdisch 79
tesoro	der Schatz (¨e) 60
testa	der Kopf (¨) 58
testardaggine	die Sturheit *(sing.)* 51
testare	testen 46, 78
testo	der Text (e) 99
tetto	das Dach (¨er) 61
tettuccio panoramico (auto)	das Panoramadach (¨er) 61
ti *(pron.)*	dich *(acc.)*; dir *(dat.)*; dich *(rifl.)* 6, 20, 38
tipico (tipicamente)	typisch 51
tipo (varietà, sorta)	die Sorte (n) 54
toccare a qcn, essere il turno di qcn	dran sein, dran kommen 82
topo	die Maus (¨e) 95

torta	der Kuchen (-) 36
torta al cioccolato	der Schokoladenkuchen (-) 36
torta alla frutta	der Obstkuchen (-) 36
totale (in ~)	insgesamt 81
tra	in *(+ acc. o dat.)* 20; zwischen *(+ acc. o dat.)* 52
traboccare (dalla pentola)	über/kochen 59
tradizionale	traditionell 57
tradurre	übersetzen 59
tradurre in	auf übersetzen auf (+ lingua) 99
traduzione	die Übersetzung (en) 71
traffico	der Verkehr *(sing.)* 96
tram	die Straßenbahn (en) 79
tramontare	unter/gehen 78
tranne	außer *(+ dat.)* 76
tranquillo	cool 11
trascorrere (tempo)	vergehen 40
traslocare	um/ziehen 75
trattarsi di	sich handeln um *(+ acc.)* 71
tratto (di strada)	die Bahn (en) 25
treno	der Zug (¨e) 66
treno a lunga percorrenza	der Fernzug (¨e) 87
triste	traurig 96
troppo	zu 3, 11, 24; zu viel 3, 66
trovare	finden 15, 26
trovarsi	sich befinden 51
tu	du 1, 8
tulipano	die Tulpe (n) 62
tuo/tua, tuoi/tue *(agg.)*	dein/e 8, 17, 26
tuo/tua (il/la ~) *(pron.)*	deiner/deine/deins 92
turista	der Tourist (en) 54
turno (essere il ~ di qcn)	dran kommen 82
tuttavia	doch 19; allerdings 73
tutti/tutte	alle 11, 13, 38, 43
tutto	alles 9, 44

U

ubicato	gelegen 55
uffa *(esclam.)*	Ach Mensch! 11
ufficiale *(agg.)*	offiziell 78
ufficio	das Büro (s) 68
ultimo	letzte (r/s) 27
umano (essere ~)	der Mensch (en) 11
umido	nass 32
umore	die Laune (n) 68

umore (essere di buon/cattivo ~)	gut/schlecht gelaunt sein 68
un/uno/una *(art. indet.)*	ein/eine 10, 12
unità (unione)	die Einheit *(sing.)* 78
uno *(pron. indef.)*	eins 69
uno/una e mezzo/a	anderthalb, eineinhalb 22
uomo (persona, essere umano)	der Mensch (en) 11, 43
uomo (signore)	der Mann (¨er) 19
uovo	das Ei (er) 13
uovo sodo	das Frühstücksei (er) 13
urgentemente	dringend 83
usare	benutzen 31, 79
uscire (con qcn)	mit jdm aus/gehen 61
uscire (la sera)	aus/gehen 40
uscita	der Ausgang (¨e) 22

V

vacanza	der Urlaub (e) 6, 27
vacanza (andare in ~)	in Urlaub fahren 6
valere (regola)	gelten 93
valere qcs	etw. + *acc.* wert sein 88
valigia	der Koffer (-) 23
vantaggio	der Vorteil (e) 73
varietà	die Vielfalt (en) 54, 100
vecchio *(agg.)*	alt 10, 11
vedere	sehen 13
vedere (non ~ l'ora)	sich darauf freuen 30
veloce *(agg.)*	schnell 25, 33
velocemente	schnell 23; kurz 68
venditore	der Verkäufer (-) 80
venduto	verkauft 39
venerdì	der Freitag (e) 20
venire	kommen 2, 20
venire con qcn	mit/kommen 24
veramente	wirklich 8; eigentlich 24 8
verde	grün 61
verdura	das Gemüse *(sing.)* 93
verità	die Wahrheit (en) 48
vero	wahr 26
vestire (qcn)	jdn an/ziehen 72
vestirsi	sich an/ziehen 76, 93
vi *(pron.)*	euch *(acc. e dat.)*; euch *(rifl.)* 17, 30, 52
Vi *(cortesia)*	Sie *(acc.)*; Ihnen *(dat.)* 5
via	die Straße (n) 10
via (essere ~), non esserci	weg sein 43
via (andare ~)	los *(+ v. modale)* 9, 26; weg sein/gehen 43

viaggiare	reisen 8, 45
viaggiatore	der Reisende (n) 87
viaggio	die Reise (n) 26, 37
viaggio (essere in ~)	unterwegs sein 66
vicino (di casa) *(sost.)*	der Nachbar (n) 69
vicino *(agg.)*	nah 70
vicolo	die Gasse (n) 81
viennese, di Vienna	Wiener *(agg. sost.)* 57
vietato	verboten 23, 33
vincere	gewinnen 34
vino	der Wein (e) 51
vino rosso	der Rotwein (e) 57
violino	die Geige (n) 30
violino (lezione di ~)	der Geigenunterricht *(sing.)* 30
violinista	der Geiger (-) 68
visita (di ospiti)	der Besuch *(sing.)* 93
visitare	besichtigen 67
vista (a ~) (cucina)	offen 55
visto che	denn 57
vita	das Leben *(sing.)* 45, 69
vitamina	das Vitamin (e) 90
vitamine (ricco di ~)	vitaminreich 90
vivere	leben 57
vivere un'esperienza	erleben 65
voce	die Stimme (n) 72
voglia	die Lust *(sing.)* 20

voi	ihr *(nom.)*; euch *(acc.)* 9, 16
voi (a ~)	euch *(dat.)* 16
Voi *(cortesia)*	Sie *(nom. e acc.)* 5
Voi (a ~) *(cortesia)*	Ihnen *(dat.)* 15
volare	fliegen 6
volentieri	gern 36
volere	mögen (möcht-) 17; wollen 18, 23
volo (aereo)	der Flug (¨e) 60
volontà	der Wille *(sing.)* 96
volpe	der Fuchs (¨e) 88
volta	das Mal (e) 32, 53
volta (per la prima ~)	zum ersten Mal 53
volta (una ~)	einmal (*forma contratta:* mal) 12, 15; das Mal (e) 41
voltarsi	sich um/drehen 80
vostro/a, vostri/e	eu(e)r/e 30
voto	die Note (n) 82
vuoto	leer 71

W

water (gabinetto)	das Klo (s) 94

Z

zero	null 18
zia	die Tante (n) 86
zio	der Onkel (-) 86

ASSiMiL
Il metodo intuitivo

Il tedesco

con Assimil è anche:

Quaderno di esercizi Tedesco - primi passi

Quaderno di esercizi Tedesco - principianti

Quaderno di esercizi Tedesco - intermedi

MISTO
Carta | A sostegno della gestione forestale responsabile
FSC® C006037
FSC www.fsc.org

Questo libro rispetta le foreste!

Il tedesco - Collana Senza Sforzo
Stampato in Italia - marzo 2025
Stampa: Vincenzo Bona s.p.a. - Torino